INHALT

W0245089

ROLF GOETZ

SENEGAL GAMBIA

Praktischer Reiseführer an die
Westküste Afrikas

PETER MEYER REISEFÜHRER
2. aktualisierte, neu bearbeitete Auflage
Frankfurt am Main 1996

IMPRESSUM

© 1991, 1996 Peter Meyer Reiseführer

Schopenhauerstraße 11, 60316 Frankfurt a.M.

Umschlag- und Reihenkonzept, insbesondere die
Kombination von Griffmarken und Schlagwort-System
auf dem Umschlag, sowie Text, Karten, Tabellen und
Illustrationen sind urheberrechtlich geschützt.

Druck und Bindung: Tiskarna DAN, Ljubljana

Umschlaggestaltung: Fuhr & Wolf, Frankfurt am Main

Karten & Grundrisse: Peter Meyer

Fotos: Andrea Kunz (S. 159, 196, 199), Hubertus Hüne (S. 254),
alle übrigen Wolfgang Fritz, Rolf Goetz

Zeichnungen: Silke Schmidt, Offenbach

Recherche der 2. Auflage: Andrea Kunz

unter Mitarbeit von Mamadou Diop dit Mala, Dakar

Mit Textbeiträgen von Annette Sievers

Lektorat & Gestaltung: Annette Sievers

VERTRIEB FÜR DEN BUCHHANDEL

PROLIT GMBH, Postfach 9, D-35463 Fernwald-Annerod

AVA/buch 2000, Postfach 89, CH-8910 Affoltern a.A.

FREYTAG & BERNDT, Postfach 169, A-1071 Wien

NILSSON & LAMM, Postbus 195, NL-1380 AD Weesp

andere Länder über den Verlag

ISBN 3-922 057-09-8

Kartenlegende

🚐	Bushaltestelle, Busverbindung
🚕 🚗	Taxistandplatz, Mietwagenfirma
🅿 🅿	Tankstelle, Parkplatz
⊖ N22	Grenzübergang, Straßennummer
✈ ⊙	Flughafen, Flugbüro
⛴ 🚢	Fähre, Schiff
🗼 📡	Leuchtturm, Sender
ⓘ ✪	Information, Polizei
✉ 📞	Post, Telefon(-zelle)
💱	Bank, Wechselstube
✚ $	Krankenhaus, Apotheke
⊖	Botschaft, Konsulat
🛍 📖	Laden, Buchhandlung
◼ ☪	Moschee
⛪ ✝	Kirche
⚰	Friedhof
	Park, Nationalpark
	Sumpf, Mangroven
🗿 🗿	Denkmal, Menhir
✕ ☕	Restaurant, Café, Kneipe
🎵	Disco, Kulturzentrum
M K	Museum, Kino
🏨 ⛺	Hotel, Campement
⚽ 🏟	Sportplatz, Stadion
🚲	Fahrradladen und -verleih
▲ 1000	Gipfel mit Höhenangabe in m
🏖	Strand, Badestelle

Vorwort

Bürgerkriege, Hunger, Seuchen – politisch und ökonomisch macht Afrika vornehmlich durch Negativschlagzeilen von sich reden. Der riesige Kontinent hat mit einem denkbar schlechten Image zu kämpfen. Um so wichtiger erscheint es, die faszinierenden Facetten dieses Erdteils zu beleuchten und Länder vorzustellen, die nicht unbedingt in gängige Klischees passen. Nur sechs Flugstunden von Europa entfernt, entwickeln sich Senegal und Gambia zunehmend zum Tor zu Westafrika. An dem Küstenstrich von Saint-Louis im Norden bis Cap Skirring im tropischen Süden sind komfortable Ferienresorts entstanden, in denen selbst der unbedarfte Afrikareisende ohne Probleme zurechtkommt.

Senegal ist heute das meistbesuchte Reiseland Westafrikas, und auch das kleine Gambia zieht immer mehr europäische Gäste an, nicht nur Sonnenanbeter, sondern mehr und mehr begeisterte Musik- und Trommelfans, die neben der lebhaften westafrikanischen Musikkultur auch die relaxte Lebensart des Kleinstaates am Gambia River suchen.

Wer mehr als Sonne und Meer sucht, wird von den auf engstem Raum sich konzentrierenden landschaftlichen und kulturellen Kontrasten überrascht. »Senegambia« ist ein Übergangsland zwischen dem Afrika der südlichen Sahara und dem feuchttropischen Regenwald. Während sich im Norden die wüstenhafte Sahelzone immer weiter ausbreitet, finden sich in der südlich gelegenen Casamance noch immergrüne Palmenwälder, riesige Kapokbäume und fruchtbares Kulturland. Zwar können beide Länder nicht mit herausragenden Naturwundern aufwarten, faszinierend ist dennoch das je nach Jahreszeit wechselnde Farbenspiel der Savanne: In der sommerlichen Regenperiode präsentiert sich das Land ganz in leuchtendem Grün mit üppig wuchernder Vegetation und sattgrünen Reiskulturen. In der langen Trockenperiode dagegen dominieren warme Rot- und Brauntöne. Exkursionen in ein halbes Dutzend geschützter Nationalparks machen mit der Tier- und Vogelwelt Westafrikas bekannt, die jeden in ihren Bann zieht.

Je weiter der Besucher die europäisierte Küstenregion hinter sich läßt, desto mehr wird er das ursprüngliche Afrika kennenlernen. In den Dörfern mit ihren strohgedeckten Rundhütten, Ziehbrunnen und den Hirse stampfenden Wolof- oder Mandingo-Frauen scheint die Zeit noch stehengeblieben zu sein.

In den urbanen Ballungsräumen dagegen pulsiert das Leben. Vor allem die Metropole Dakar präsentiert sich als eine Stadt zwischen europäischer Moderne und afrikanischer Tradition. Harte Gegensätze prallen unvereinbar aufeinander. Im Straßenbild kollidieren tradierte Werte mit Fortschritt, bittere Armut mit schwelgendem Luxus und afrikanischer Lebensrhythmus mit französischem Flair. Manche Senegalesen geben sich heute französischer als die Franzosen selbst. Nicht nur daß sie deren Sprache sprechen – französische Eßkultur und Pariser Chic tun das Übrige.

Die einstige englische Kronkolonie Gambia dagegen zeigt unverkennbar britische Züge. Auch hier hat sich so manches Relikt aus der kolonialen Epoche erhalten, in den Straßen Banjuls kann sich selbst so manches Fish & Chips Restaurant behaupten.

Doch vor allem beeindrucken die Menschen mit ihrem unverkennbar afrikanischen Lebensrhythmus. So sind es oftmals die zufälligen Begegnungen, die die Reise zum Erlebnis machen. Auf eine einfache Frage nach dem Weg kann es passieren, daß der Angesprochene alles Hals über Kopf stehen läßt und für eine ausgiebige Stadtbesichtigung zur Verfügung steht. Zeit spielt keine Rolle, sie ist das Einzige, was in Afrika in Hülle und Fülle vorhanden ist.

Ich habe mich bemüht, die Angaben in diesem Buch so aktuell, gründlich und gewissenhaft zusammenzustellen, wie es möglich war. Aber zwangsläufig bleibt es nicht aus, daß sich verschiedene Daten wie Preisangaben, Abfahrtszeiten, Wechselkurse (Angaben, die viele herkömmliche Reiseführer erst gar nicht bieten) ändern, bis der Reisende dort eintrifft.

Helfen Sie den Lesern der nächsten Auflage mit Ihren Anregungen, Ergänzungen und Korrekturen, auch in unseren Karten und Plänen. Auch für Beschreibungen von Wanderrouten, Fahrradtouren und anderen Aktivitäten sind wir dankbar. Bitte notieren Sie den Zeitraum Ihrer Reise, schreiben Sie Namen und Ortsnamen bitte in Druckbuchstaben. Zuschriften mit verwertbaren Informationen honoriert der Verlag mit einem Buch aus seinem Programm.

ROLF GOETZ
Januar 1996

Peter Meyer Reiseführer
– Korrekturen SeGa 96 –
Schopenhauerstraße 11
D-60316 Frankfurt am Main

NATUR & GESCHICHTE

DIE NATUR SENEGAMBIAS

In vielfacher Hinsicht treffen Aussagen über Natur und Menschen des Senegal auch für das kleine Gambia zu. Die Grenzziehung zwischen beiden Staaten resultiert aus der Kolonialzeit: Senegal war lange französische, Gambia britische Kolonie. Daß die Natur nicht vor der wie mit Lineal und Zirkel gezogenen Grenze Halt macht, ist selbstverständlich.

Geographie

Senegal liegt an der äußersten Westspitze des afrikanischen Kontinents. Seine Fläche umfaßt 196.772 km². Es ist damit etwa dreimal so groß wie Bayern. Die heutigen Landesgrenzen gehen größtenteils auf die Kolonialzeit zurück. Der Einfachheit halber griff man auf die einstigen Provinzgrenzen von Französisch-Westafrika zurück. Durch die willkürliche Grenzziehung wurden natürliche Landschaften mißachtet und gewachsene Kulturräume rücksichtslos auseinandergerissen. Lediglich im Norden bildet der *Sénégal-Fluß* eine natürliche Grenze zu Mauretanien. Im Osten grenzt das Land an Mali. Die südlichen Nachbarländer sind Guinea-Bissau (ehemalige portugiesische Kolonie) und Guinea (ehemals französisch). Entlang des *Gambia River* durchschneidet im Süden das schlauchartige 475 km lange und nur knapp 50 km breite Staatsgebiet von Gambia senegalesisches Territorium.

Senegal, Teil des *Senegal-Mauretanischen Beckens,* ist ein überwiegend flaches Land. Die sandig-tonigen, weiten Ebenen erreichen im breiten Tiefland der Küste keine 40 m Höhe, im Landesinneren nur selten 200 m. Ausnahme sind die vulkanischen Basaltschlote der *Mamellen* am Cap Vert. Lediglich im Südosten, im *Bassariland,* machen sich die hügeligen Ausläufer des *Futa Djalon,* ein Richtung Südküste Westafrikas ansteigendes Gebirge, bemerkbar. Der höchste Berg des Landes liegt im Südosten; es ist der 414 m hohe *Goléakouto.*

Gewässersysteme

Trotz der ausgesprochenen Trockenheit weiter Regionen sind Senegal und Gambia zugleich auch Länder des Wassers. Neben dem 450 km langen Küstenstreifen am Atlantik ziehen sich mehrere breite, sich zum Teil vielfach verästelnde Wasseradern vor allem durch Senegal.

Der Norden wird ganz vom **Sénégal** geprägt, dem das Land seinen Namen verdankt. Seine beiden Haupt-Quellflüsse entspringen im wasserreichen Bergland von Guinea und fließen vereint mit aus Mali kommenden Flüssen in einem weitem Bogen durch das Nachbarland, um den Osten Senegals zu erreichen. Dort erreicht der Sénégal als breiter und gemächlich dahinfließender Strom nach 1700 km den Atlantik. Sein bedeutendster Nebenfluß ist der *Falémé,* der zum großen Teil an der Grenze zu Mali entlangfließt und im »Dreiländereck« nahe der mauretanischen Grenze in den Sénégal mündet.

In der Regenzeit wächst der Sénégal zu einem manchmal bis zu 20 km breiten Strom an und ist von seiner Mündung bei Saint-Louis bis nach Kayes (Mali) auf einer Strecke von mehr als 900 km schiffbar. Er ist damit eine der wichtigsten Verkehrsadern in das innere Westafrikas. Sein fruchtbares Schwemmland macht eine intensive landwirtschaftliche Nutzung möglich. Das Sénégal-Tal zieht bereits seit vielen Jahrhunderten Menschen an, denn inmitten einer weiten Trockenzone bildet der breite Strom eine natürliche große Flußoase. Der Anbau von Hirse und Reis machen sie zu einer wichtigen Kornkammer des Landes. Durch das geringe Gefälle am Unterlauf wirken sich die Gezeiten des Atlantiks noch Hunderte von Kilometern im Landesinnern aus, so daß der Strom selbst während der Trockenzeit die Schiffahrt bis Podor, knapp 200 km landeinwärts, ermöglicht. Gleichzeitig stellt dies ein Problem dar, da sich das Süßwasser des Flusses mit dem sich unfruchtbar auswirkenden Salz des Atlantiks vermischt.

Ein zweites, überaus weitverzweigtes Gewässersystem bildet das 150 km südlich von Dakar gelegene **Sine-Saloum-Gebiet** mit seinem vom Schilf und Mangroven bewachsenen Mündungsdelta. Das von unzähligen Wasserarmen und Inseln durchsetzte Gebiet bietet einen fast schon üppigen Kontrast zu dem trockenen nördlichen Landesteil.

Die Region **Casamance** im Süden wird von dem gleichnamigen Fluß durchflossen, der nach rund 300 km in einem ebenfalls breiten Delta in den Atlantik mündet. Der ruhig dahinfließende Strom mit zahlreich gewundenen Seitenarmen, *Bolongs,* und undurchdringlichen Mangrovendickichten ist die Lebensader einer immergrünen und fruchtbaren Kulturlandschaft.

Gambia ist das kleinste Land Afrikas. Mit 11.295 km² ist es knapp halb so groß wie Mecklenburg-Vorpommern bzw. würde ein Viertel der Fläche der Schweiz bedecken. Der Zwergstaat zieht sich zu beiden Seiten des Gambia River als schmaler, blinddarmähnlicher Schlauch nach Osten in das Staatsgebiet des großen Nachbarn Senegal hinein, der das Land bis auf den etwa 50 km breiten Zugang zum Atlantik von allen Seiten umschließt. Die längste Ausdehnung der Enklave in östlicher Richtung beträgt etwa 480 km, in der Breite mißt das Land maximal 65 km. Die schmalste Stelle zwischen der nördlichen und südlichen Landesgrenze beläuft sich auf ganze 24 km.

Das Landschaftsbild wird entscheidend vom *Gambia River* geprägt. Er entspringt im wasserreichen Hochland von Guinea, dem *Futa Djalon,* von wo aus er sich in unzähligen Windungen über 1600 km hinweg zum Atlantik schlängelt. Durch mitgeführte Sandmassen und Unmengen von Schlick entstanden im Flußbett zahlreiche kleine Inseln, wie beispielsweise *James Island.* Die im breiten Mündungsgebiet gelegene Hauptstadt Banjul wurde ebenfalls auf einer aufgeschwemmten Halbinsel errichtet.

An der Trichtermündung des Stroms haben sich an den Ufern dichte Mangrovensümpfe breitgemacht, die im Brackwasser und in den zahlreichen labyrinthartigen Verästelungen des Flusses, der hier ebenfalls noch einen hohen Salzgehalt hat, ideale Lebensbedingungen vorfinden. Durch den Einfluß der Gezeiten weist die Küstenregion stark versalzte Böden auf. Weite Teile des Landesinneren sind mit ausgewaschenem unfruchtbaren, rötlichem Lateritboden bedeckt. Weder auf dem versalzten noch auf dem betonharten Lateritboden können Pflanzen überleben, ein Problem, welches sich durch Absenkung des Grundwasserspiegels und starkes Abholzen der Wälder ausbreitet. Dazu kommt, daß in den vergangenen Jahren die durchschnittlichen Niederschlagsmengen auch hier durch das Vordringen der Sahara um etwa 15 % zurückgegangen sind; Fluß und Böden werden nicht mehr genügend durch Süßwasser gespült. Zwischen diesen Gebieten finden sich Streifen fruchtbarer Sandböden, die hauptsächlich für den Anbau von Erdnüssen genutzt werden.

Von der Flußebene steigt das Land zu einer leicht gewellten bis zu 200 m hohen Hügellandschaft an. Gambia liegt im Grenzbereich von zwei typisch westafrikanischen Vegetations- und Klimazonen. Der Nordosten des Landes unterliegt noch größtenteils den Einflüssen der Trockensavanne mit den für diese Zone charakteristischen Affenbrotbäumen, Akazien und Kapokbäumen. Der südwestlich vom Fluß gelegene Teil wird bereits vom feuchteren Guineaklima erfaßt, in dem sich eine dichte bewachsene Waldsavanne entfaltet.

Landschafts- und Klimazonen

Senegal zeichnet sich durch eine vielgestaltige und abwechslungsreiche Landschaft aus. Während der Norden in der trockenen Sahelzone liegt, überrascht der Süden des Landes durch ein feucht-tropisches Klima mit üppiger Vegetation.

Der **Sahel** ist ein 200 bis 300 km breiter trockener Landstreifen, der den afrikanischen Kontinent wie ein Gürtel umschlingt. Nördlich davon breitet sich die große Sandwüste der Sahara aus, südlich liegen die tropischen Regenwälder Guineas. Der Sahel ist quasi ein Übergangsraum von der Trocken- zur Feuchtzone. Das aus dem Arabischen stammende Wort »Sahel« bedeutet so viel wie »Ufer«. Für die Transsaharakarawanen aus dem Norden stellte die Sahelzone einst tatsächlich so etwas wie das rettende Ufer aus dem unendlichen Sandmeer dar. Der Übergang von der Wüste ist zunächst nahezu unmerklich. Je weiter nach Süden man kommt, desto mehr werden die Sanddünen von Sukkulenten, Dornbüschen und schließlich trockenresistenten Akazien und Affenbrotbäumen verdrängt. Durch eine Reihe verschiedener, ineinandergreifender Faktoren, insbesondere Überweidung und Bevölkerungswachstum, dringt die Wüste jedoch unaufhaltsam immer weiter nach Süden vor. Ein großer Teil Senegals nördlich von Dakar gehört zum

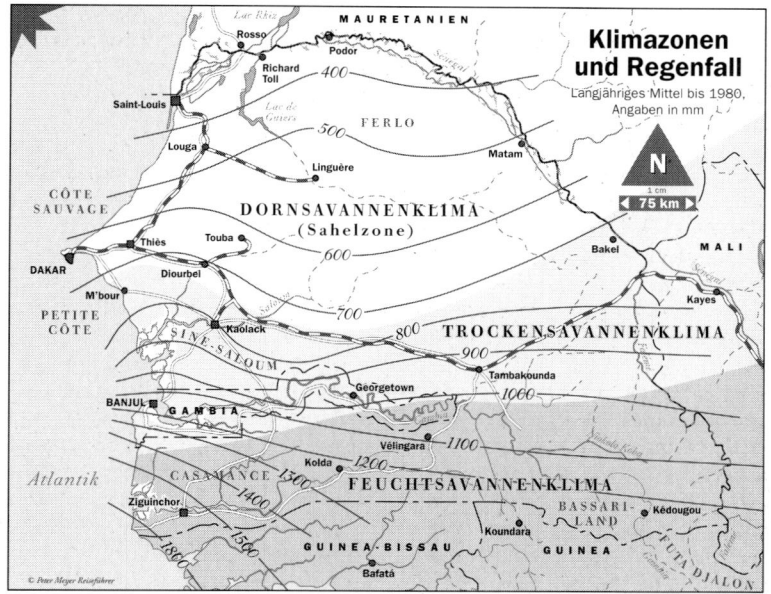

Klimazonen und Regenfall
Langjähriges Mittel bis 1980.
Angaben in mm

© Peter Meyer-Reiseführer

Hauptdürregebiet der Sahelzone, das sich rund 1000 km vom Atlantik bis über den Tschad hinaus unaufhörlich südwärts schiebt und schon jetzt die Gartenbaukulturen vor den Toren der Hauptstadt durch ihre Staubstürme und wandernden Sanddünen bedroht.

Über dieses Dürregebiet hinaus liegt die ganze nördliche Hälfte des Landes in der trockenen Sahelzone. Den größten Teil davon nimmt die fast menschenleere *Ferlo-Dornstrauchsavanne* ein, ein in der Trockenzeit überaus heißer, verdorrter und lebensfeindlicher Landstrich. Sommertemperaturen von mehr als 40 Grad sind typisch. Während der langen Trockenperiode bläst der *Harmattan*, ein heißer, von Norden aus der Sahara

kommender Wind, der staubfeinen Saharasand mit sich führt und den Himmel oftmals in dunkle Wolken hüllt. In den Sommermonaten dagegen bestimmen feuchte Südwinde das Wetter, die als tropische Monsunregenfront auch den Norden erfassen. Mit Regen kann im Ferlo allerdings nur in den Monaten August bis Oktober gerechnet werden. Die Niederschlagsmengen sind relativ gering, wegen der fortgeschrittenen Bodenerosion fließen sie oft ohne Spuren zu hinterlassen sofort ab.

Südlich des Ferlo, etwa ab der Linie Dakar – Tambacounda, schließt sich die etwas feuchtere **Trockensavanne** an, die sich bis hinunter zum Gambia River erstreckt. Sie wird von

Klimatabelle Senegal

Min.= Mittlere tägliche Tiefsttemperaturen im langjährigen Schnitt
Max.= Mittlere tägliche Höchsttemperaturen im langjährigen Schnitt
Tage = Tage mit Regen; mm = Niederschlag pro Monat in mm

	Dakar, 30 m ü. NN				Ziguinchor, 9 m ü. NN		
	Min.	*Max.*	*Tage*	*mm*	*Min.*	*Max.*	*mm*
Januar	18	26	0	0	17	33	0
Februar	17	27	0	0	17	34	0
März	18	27	0	0	19	35	0
April	18	27	0	0	20	35	0
Mai	20	29	0	0	22	35	12
Juni	23	31	2	18	24	33	142
Juli	24	31	7	89	23	31	406
August	24	31	13	254	23	30	559
September	24	32	11	132	23	31	338
Oktober	24	32	3	38	23	31	160
November	23	30	0	3	21	32	8
Dezember	19	27	1	8	18	31	0

Jahres-Mittelwerte von:	Saint-Louis	Dakar	Ziguinchor
Durchschnittstemperatur	25°C	25°C	28°C
Jahresregenmenge	345 mm	540 mm	1547 mm
Relative Luftfeuchtigkeit mittags	59 %	66 %	56 %
Trockenster Monat	Januar	Juli	Feb./März
Feuchtester Monat	August	Aug./Sept.	August

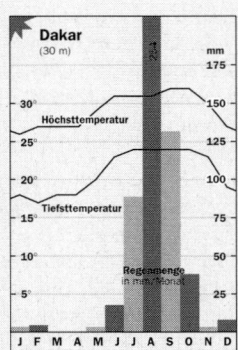

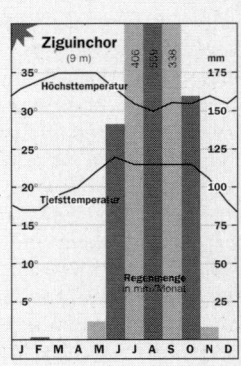

hohen Gräsern und etwas dichterem Baumwuchs (Tamarinde, Kapok, Flammenbaum) dominiert. Diese Region ist gleichzeitig eines der wichtigsten Zentren des Erdnußanbaus.

Die nördliche **Küstenregion** zwischen Saint-Louis und dem Cap Vert ist äußerst flach und reicht 100 bis 200 km landeinwärts. Sie wird von einem gemäßigten, milden, fast mediterranen Meeresklima bestimmt. Die Temperaturen liegen deutlich niedriger als im Ferlo. Einer der kühlsten Punkte ist Saint-Louis an der Sénégal-Mündung, wo das Thermometer im Januar, dem kältesten Monat, nachts auf unter 10°C sinken kann.

Südlich vom Cap Vert beginnt die **Petite Côte**, ein Küstenstreifen mit schönen Sandstränden und sehr guten Bademöglichkeiten. Obschon die Petite Côte dem Einfluß des trockenen Sahelklimas unterliegt, ist es auf Grund der kühlen Meeresbrise nie so heiß wie im Landesinneren.

Die **Casamance** im Süden ist ein Ausläufer der feucht-tropischen Regenwaldzone Guineas. Sie unterscheidet sich vom Norden des Landes durch deutlich höhere Luftfeuchtigkeit und Niederschläge. Mit einer durchschnittlichen Niederschlagsmenge von 1200 bis 1400 mm pro Jahr fällt drei- bis viermal mehr Regen als im Norden. Der Regen entlädt sich in starken Gewittergüssen. Es ist heiß und feucht zugleich. Die Regenzeit im Süden dauert etwa fünf Monate von Juni bis Oktober. Entsprechend üppig präsentiert sich die Natur. Die Feuchtsavanne wird in der Casamance zum *Feuchtwald.* Charakteristisch für diese Region sind die hohen Kapokbäume und Ölpalmen. Entlang des Casamance-Flusses wuchern dichte Mangrovensümpfe, umgeben von einer fruchtbaren Kulturlandschaft, die ideale Bedingungen für den Reisanbau bietet.

Gambias Klima ist subtropisch und wird durch eine längere Trockenperiode im Winter und die sommerliche Regenzeit bestimmt. Die trockene Jahreszeit beginnt Mitte November und geht bis Mitte Mai. Das Wetter in dieser Zeit wird von nordöstlichen Passatwinden und ab Februar vom *Harmattan* bestimmt, der trockene, heiße Winde aus der Sahara und staubfeine Sandmassen mit sich bringt, welche die Nachmittage in einen diesigen Dunstschleier hüllen und das Fotografieren übrigens schwierig machen. Die Temperaturen im Landesinneren können dabei erheblichen Schwankungen unterliegen und in den Monaten April und Mai gelegentlich auf über 40°C ansteigen. An der Atlantikküste dagegen herrscht ein ausgeglicheneres Klima mit idealen Durchschnittstemperaturen um die 24 Grad und einer relativ niedrigen Luftfeuchtigkeit von 30 bis 60%.

Im Mai erreichen erste Tiefdruckgebiete mit feuchter Luft aus südwestlicher Richtung das östliche Landesinnere, wo diese mit den aufgeheizten kontinentalen Luftmassen zusammentreffen. Die Regenzeit beginnt mit teils heftigen Unwettern, die im Landesinneren mitunter weite Strecken unpassierbar machen. Auf die Küstenregion wirkt sich die Mon-

Klimatabelle Gambia

Min. = Mittlere tägliche
Tiefsttemperaturen in °C.
Max. = Mittlere tägliche
Höchsttemperaturen in °C.
Feuchte = Relative Luftfeuchtigkeit in
Prozent.
mm = Niederschläge pro Monat in mm.
Regen = Tage mit Regen pro Monat.
Sonne = Sonnenstunden pro Tag.
Wasser = Wassertemperatur °C.
Jeweils übers Jahr gemittelt.

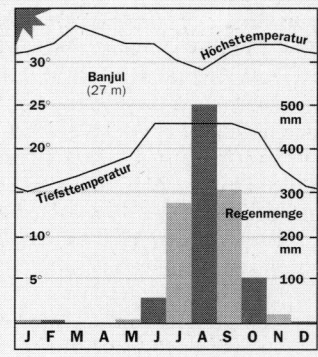

Banjul 27 m ü. NN

Monat	Min.	Max.	Feuchte	mm	Regen	Sonne	Wasser
Januar	15°	31°	27 %	3	0 T	8 Std.	21°
Februar	16°	32°	26 %	3	0 T	9 Std.	20°
März	17°	34°	29 %	0	0 T	10 Std.	21°
April	18°	33°	41 %	0	0 T	10 Std.	21°
Mai	19°	32°	49 %	10	1 T	10 Std.	23°
Juni	23°	32°	61 %	58	5 T	8 Std.	25°
Juli	23°	30°	72 %	282	16 T	6 Std.	26°
August	23°	29°	78 %	510	19 T	6 Std.	26°
September	23°	31°	73 %	310	19 T	6 Std.	26°
Oktober	22°	32°	65 %	109	8 T	7 Std.	27°
November	18°	32°	47 %	18	1 T	8 Std.	26°
Dezember	16°	31°	36 %	3	0 T	8 Std.	24°

Jahres-Mittelwerte von:	Banjul-Yundum	Geogetown	Tambacounda
Lage	27 m ü.NN	2 m ü.NN	57 m ü.NN
Durchschnitt Niederschlag	1396 mm	1058 mm	942 mm
Anzahl der Regentage	60	79	67
Dez. – April	0 – 2 mm	0 – 2 mm	0 mm
August	510 mm	355 mm	289 mm
Regentage im August	19	22	19
Relative Luftfeuchtigkeit mittags	51 %	40 %	43 %
Trockenster Monat	Februar	April	April
Feuchtester Monat	August	Aug./Sept.	Aug./Sept.

(morgens und mittags ist die Luftfeuchtigkeit immer am geringsten) sunfront erst einige Wochen später aus, die Regenzeit kann dort dafür bis in den November hinein andauern. Der Regen fällt unregelmäßig, zum Teil als heftiger Platzregen, selten als Dauerregen. Zwischendurch kann es für mehrere Tage sonnig sein. Die niederschlagsreichen Monate sind August und September. Während dieser Zeit kann es ausgesprochen schwül sein. Die Tagestemperaturen erreichen dann Werte von über 30° Celsius, die relative Luftfeuchtigkeit steigt an manchen Tagen auf mehr als 80 % an. Das Wetter ist feucht und heiß zugleich, die Vegetation beeindruckt durch eine besonders reizvolle Üppigkeit.

Flora, Fauna und Naturschutz

Am Übergang zweier Klimazonen gelegen, bieten Senegal und Gambia eine beeindruckende und abwechslungsreiche Vielfalt an Vegetationsformen. Im Norden Senegals wird die karge Natur ganz von trockenresistenten Sukkulentengewächsen und typischen Vertretern der Dornbuschsavanne geprägt. Weiter südlich nehmen die Niederschlagsmengen zu und sind Voraussetzung für eine sich überreich entfaltende Flora am Rande des Feuchtwaldes. Die Tatsache, daß durch das Eingreifen des Menschen und sein Vordringen in einstmals unbewohnte Gebiete die Vielfalt bereits stark abgenommen hat, darf dabei dennoch nicht unterschlagen werden. So wurde durch bäuerliche Besiedlung und die Ausdehnung des Erdnußanbaus die natürliche Vegetation und mit ihr die Fauna zurückgedrängt oder gar ganz vernichtet. Im Norden des Landes tragen Überweidung und eine Art Brandrodung, mit der die Felder gedüngt werden sollen, zur Ausbreitung der Steppenlandschaft bei. Baobabs und Akazien beherrschen dort das Bild.

Der **Baobab** *(Adansonia digitata)* oder *Affenbrotbaum* zählt zu den Wahrzeichen Senegals und fand in stilisierter Form Eingang ins Staatswappen. Es ist eine Charakterpflanze der Savanne, die eine Höhe von 30 m erreichen kann. Der Baobab vermag große Wassermengen zu speichern und kann so auch längere Trockenperioden ohne Schaden überstehen. Selbst Buschfeuer können ihm nicht viel anhaben. Sowohl vom äußeren Erscheinungsbild als auch vom erreichbaren Alter handelt es sich um ein außergewöhnliches Gewächs. Die durch gewaltige Stämme und knorrig gewundenen Äste äußerst bizarr wirkenden Bäume können bis zu tausend Jahre alt werden. Sie sind fast das ganze Jahr über laublos, wodurch die exotische Ausdruckskraft noch erhöht wird. Vergleicht man die Äste mit Wurzeln, wirken die Bäume wie auf den Kopf gestellt. Von den kahlen Ästen baumeln überdimensionale längliche Früchte herunter, die zu Erfrischungsgetränken verarbeitet oder einfach nur gegessen werden. Die jungen Blätter finden als Gemüse Verwendung. Baobabs werden in manchen Regionen Westafrikas als heilig verehrt. Geradezu waldartige Ansammlungen finden sich zu beiden

Die starken Bretterwurzeln eines alten Kapokbaumes können mannshoch werden.

Seiten der Straße von Rufisque nach Kaolack.

Ein anderer anspruchsloser, trokkenresistenter Baum ist die **Akazie** *(Acacia albida)*. Zumeist alleinstehend, ist sie im Sahel und der Dornbuschsavanne eine der verbreitetsten Arten. Die *Acacia senegal*, die ebenfalls zu der artenreichen Familie der Hülsenfrüchte und Mimosenarten zählt, wurde lange Zeit als wichtiger Gummilieferant genutzt. Doch ist sie im Verhältnis zum Arbeitsaufwand nicht sehr ergiebig, weshalb man die Mitte der 80er Jahre extensive Anpflanzung im Rahmen eines Aufforstungs- und Entwicklungshilfeprojektes bald wieder aufgegeben hat.

Tamarinden sind durch ihr immergrünes fein gefiedertes Laubwerk besonders als schattenspendender Baum beliebt. Aus dem in den länglichen Schoten befindlichen säuerlichen Fruchtmus werden Saucen und Limonaden zubereitet. Tamarindenmus ist auch für seine Abführwirkung bekannt.

Ein weiterer typischer, aber nur wenig zu sehender Savannenbaum ist der **Shea-Butterbaum** *(Byteros paradoxum),* ein knorriger bis zu 15 m hoher Baum, der in den Wintermonaten cremeweiße Blütenbüschel hervorbringt. Aus den Samen des *Karité* wird ein pflanzliches Fett gewonnen, das zum Teil exportiert und im Westen zu Kosmetikartikeln verarbeitet wird.

Einer der majestätischsten Bäume Senegals ist der **Kapokbaum** *(Bombax costatum),* der auch als *Wollbaum* oder auf englisch als *Silk Cotton Tree* bekannt ist. Die in der Fruchtkapsel befindlichen baumwollartigen Samenhaare werden besonders als Füllstoff für Matratzen geschätzt. Solche Naturprodukte tauchen inzwischen vermehrt auch im Angebot heimischer Möbelgeschäfte auf. Im frankophonen Westafrika wird der Baum jedoch *Fromager* (Käsepappel) genannt, da aus dessen Holz unter anderem Käsesiebe hergestellt werden. Der mächtige, bis zu 60 m hoch wachsende Urwaldriese ist durch seine ausladenden, fast meterhohen und zaunartigen Bretterwurzeln leicht zu identifizieren. Er ist vornehmlich in der feuchteren Casamance beheimatet, besonders prachtvolle Exemplare stehen in Mlomp und Djembering.

Was wäre ein Land am Rande der Tropen ohne **Palmen?** Wild wachsend, zum Teil noch als dichte Wälder, sind sie besonders am Küstensaum zu sehen. Besonders verbreitet sind *Öl-* und *Kokospalme* sowie die fächerartige *Borassuspalme.* In der Casamance sind vielfach noch kleine *Bambuswälder* anzutreffen.

Neben diesen mehr oder weniger als Nutzpflanzen bekannten Bäumen präsentieren sich dem Pflanzenkundler zahlreiche auch aus dem mediterranen Raum vertraute **Zierpflanzen,** die im sonnigen Klima Senegals und Gambias ideale Wachstumsbedingungen vorfinden. Überall gegenwärtig sind bordeaux-rot und lila »blühende« *Bougainvilleen,* deren »Blütenblätter« eigentlich nur eingefärbte normale Blätter sind, zart duftender weißer und roter *Oleander* sowie *Hibiscussträucher* mit verschiedenfarbigen schweren Blüten. Besonders auffallend ist der im Frühjahr feuerrot blühende *Flammenbaum,* auch *Feuerakazie* genannt. Der ursprünglich aus Madagaskar stammende Baum wird bis zu 20 m hoch und wächst in der Casamance teilweise noch wild. Leuchtende *Weihnachtssterne, Trichterwinden, Liliengewächse,* mannigfaltige wilde *Orchideen* und viele andere schillernd blühenden Spezies ergänzen die überaus formen- und farbenreiche Welt der Ziergewächse.

Bedrohte Mangrovenwälder

Eine botanisch außergewöhnliche Pflanze ist die *Mangrove,* die entlang der Flußläufe der Casamance, des Gambia und Saloum sumpfartige, dichte und undurchdringliche Wälder bildet. Weiter nördlich kommt sie in Westafrika nicht mehr vor. Mangro-

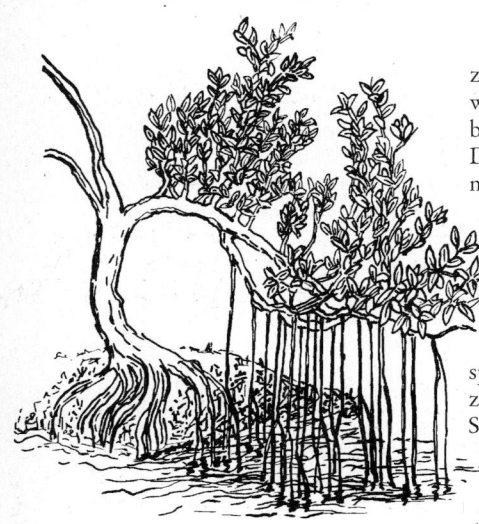

Mangroven lieben brackiges Wasser, dessen Salz sie über ihre langen »herabhängenden« Wurzeln wieder ausscheiden.

zeln mit besonderen gas-, aber nicht wasserdurchlässigen Korkporen, die bei Ebbe Luftsauerstoff aufnehmen. Die Widerstandskraft gegen das allgemein giftig wirkende Salz des Meereswassers durch osmotischen Druckausgleich und Salzausscheidung durch die Blätter« führt zur Ausbildung verschiedener Arten, die sich auf das Überleben in unterschiedlichen Zonen des Sumpfes spezialisiert haben. »Mit ihrem Wurzelgewirr halten die Mangrovengürtel Sedimente der Flüsse und des Meeres, Strandgut, Blätter und Zweige wie in einer riesigen Reuse zurück«, auf dem anwachsenden Humus kann das Land an Boden gewinnen. »Damit werden die wandernden Mangrovenwälder zu Pionieren«.

Der Sedimentboden zwischen dem Geflecht aus dünnen, verästelten Stelz- und Stützwurzeln, mit denen sich die bis zu 15 m hohen immergrünen Bäume mit den ledrigen Blättern sogar zwischen Felsritzen festhaken, befindet sich die »Kinderstube« etlicher Fische, Krebse, Krabben und Weichtiere. Gedeckter Tisch für verschiedene Arten von Reihern, Kormoranen, Stelz- und Wasservögeln. Und Grund genug, diese Wälder besonders zu schützen.

Doch sind gerade sie von der Vernichtung bedroht – durch »natürliche« Gründe wie starke Dürrezeiten, durch Fischer und Kleinbauern, denen das Gestrüpp hinderlich scheint, durch Küstenbewohner auf der Suche nach Brenn- oder Bauholz und nicht zuletzt auch durch den Tourismus, der freie und vor allem trockene

ven sind eines der wenigen Gewächse, denen Salzwasser nichts anhaben kann, da es über die Wurzeln und Blätter wieder ausgeschieden wird. Die auf Stelzen wachsenden bis zu 20 m hohen Bäume bilden Luftwurzeln und sind so in der Lage, »sich selbst zu pflanzen«. Zwischen den Wurzeln entstehen schlammige Sümpfe, die sich meerwärts immer weiter ausdehnen. Dabei hat sich der »Gezeitenwald«, der etwa 24° warmes Wasser liebt, hochspezialisiert: Dr. Arnd Wünschmann, Chefredakteur des *WWF Journals,* kann es genauer erklären: »Der Gefahr, in den sauerstoffarmen, täglich zeitweise unter Salz- oder Brackwasser stehenden Schlickböden zu ersticken, entgehen die Bäume und Sträucher der Mangroven durch zusätzliche Atemwur-

Strandabschnitte (Beispiel: Club Méditerranée) braucht.

Eigentlich unter Schutz stehende Gebiete wie das Saloum-Delta werden vernachlässigt, es fehlen die Mittel zur Kontrolle, Aufklärung und Selbsthilfe. Den Küstenbewohnern ist der kurzfristige Ertrag wichtiger, ihr Leben hängt schließlich davon ab. Daß in spätestens drei Generationen der Salzgehalt der Sumpfgebiete selbst für die Mangroven zu hoch sein wird, Kleintiere, Fische, Vögel und schließlich auch die Touristen wegbleiben werden, ist für sie heute nicht entscheidend. Für sie stellt sich vorrangig die Frage nach dem eigenen Überleben.

Fauna

In dichtbesiedelten Regionen wird der Reisende kaum mehr ein wildes Tier sichten können. Die freie Wildbahn ist auch in Senegal und Gambia äußerst knapp geworden. Überall hin breitet sich der Mensch aus: Er baut Straßen und Eisenbahnen, rodet Wälder, errichtet Staudämme, begradigt Flüsse, macht Savanne zu Kulturland. Und sicherlich für die Tierwelt am fatalsten: der Mensch jagt und rottet aus, sei es aus ökonomischer Notwendigkeit oder einfach nur aus Lust an Bereicherung, aus Leidenschaft, Geltungstrieb, Sport oder der Suche nach Abenteuer (Safari-Touristen eingeschlossen). Die einst-

mals beachtlichen Wildbestände Westafrikas sind erheblich geschrumpft, ihr Lebensraum beschränkt sich auf eini-

Ginsterkatzen (unten) und Zibetkatzen (oben) sind typische Savannenbewohner. Die Farbe ihres Fells ist ideal an Sand- und Erdtöne angepaßt.

ge wenige kleine, noch halbwegs intakte Biotope.

Vom **Großwild** ist nicht mehr viel übrig geblieben. Ganze 200 *Elefanten* soll es hauptsächlich im Niokolo Koba Nationalpark von Senegal noch geben, *Löwen* noch weniger. Etwas besser steht es um *Antilopen, Flußpferde* und kleine Säuger wie *Affen, Hyänen* und *Warzenschweine*. In Savannengebieten haben sich *Zibet-* und *Ginsterkatzen* angesiedelt. Verglichen mit Ost- und Südafrika ist die verbliebene Welt der Säugetiere äußerst bescheiden, sowohl in der Artenvielfalt als auch zahlenmäßig. Für Giraffen beispielsweise, die Anfang des Jahrhunderts noch durch die Savanne im Nordosten Senegals zogen, Mitte des Jahrhunderts bereits in ihrer Zahl dezimiert waren, ist heute kein Platz mehr; ungestörte Futter- und Wasserstellen gibt es nicht mehr.

Von den **Reptilien** werden vielfach *Krokodile* als am

aufregendsten empfunden. In verschiedenen Landesteilen hat man noch die Möglichkeit, sich davon zu überzeugen. Bekommt man die mehrere Meter langen Echsen tatsächlich zu Gesicht, mag etwas von der Spannung verloren gehen, liegen sie doch zumeist stundenlang völlig regungslos auf einer Sandbank herum. Jagen tun die Kaltblüter praktisch nur in der Trockenzeit, ihre Bewegungslosigkeit gehört dabei zu ihrer Taktik, wenn sie sich langsam an ihre zur Tränke kommenden Beute heranmachen und sie schließlich mit einem Ruck ins Wasser zerren und in großen Stücken verschlingen. Die 250 Millionen Jahre alten Urviecher mögen plump aussehen, sind aber sehr intelligente Lebewesen, um die es wirklich zu schade ist, wenn sie zu Handtaschen, Gürteln und Schuhen verarbeitet werden, um als Souvenirs ihre Käufer zu finden.

Leguane, Warane und vor allem kleinere Arten wie *Chamäleons* und *Geckos* sind verhältnismäßig reichlich vorhanden.

An den Küsten tummeln sich noch *Seeschildkröten,* durch den Busch kriechen diverse *Schlangenarten,* manche davon giftig (z.B. Vipern), andere weniger, alle jedoch recht scheu und zumeist unsichtbar.

Zu den allgegenwärtigen Tierarten gehören *Ratten,* die Ihnen auch in Städten über den Weg laufen können.

Insekten

Aus der Welt der Insekten seien insbesondere die *Termiten* erwähnt. Die teilweise mehrere Meter hohen Lehmburgen der emsigen Kleintiere sind ein allgegenwärtiger Blickfang der westafrikanischen Savanne. Für den Betrachter erscheinen die bizarren Hügel gewöhnlich unbewohnt, die Termiten leben jedoch tief im Innern des Baus. Ihr fleißiges Sozialleben ist nicht immer erwünscht, können die teilweise riesigen Kolonien doch ganze Gehöfte unterhöhlen und nicht selten das Bauholz darüber angreifen.

Nicht minder von den Dorfbewohnern gefürchtet ist die afrikanische *Wanderheuschrecke.* Sie kommt mit dem Harmattan aus dem Norden in riesigen Schwär-

Der Nilwaran besitzt eine schwarzgrünliche Grundfarbe, auf der in Reihen gelbe Flecken angeordnet sind

men an, die ganze Landstriche kahl-
fressen und so die auch ansonsten
nicht gerade rosige Ernährungs-
situation katastrophal verschlechtern.

Zwei ganz unscheinbare, aber
gleichfalls folgenschwere Wirkungen
hinterlassen die *Tse-Tse-Fliege* und die
Anopheles-Fliege. Erstere kann bei
Haustieren die Schlafkrankheit übertragen, letztere beim Menschen die
oftmals todbringende Malaria (siehe
Seite 106).

Vögel

Westafrika gilt als eines der ganz großen Vogelparadiese der Welt. Die
weitverzweigten Flußdeltas mit zahlreichen Lagunen, kleinen Bolongs
und Inselchen sowie die dichten Mangrovensümpfe bieten einer Vielzahl
von Arten ideale Nist- und Brutplätze. Wegen ihrer beträchtlichen Größe
am auffälligsten sind weiße *Pelikane*.
Ein besonders beeindruckendes Bild
ist es, wenn sie mit ihrer Flügelspann-
weite von bis zu zweieinhalb Meter in
V-Formation etwas behäbig ihr Biotop nach Beute absuchen. In dem riesigen mit einer dehnbaren Tasche ver-
sehenen Schnabelsack können locker
kiloschwere Fische verschwinden.

Nicht minder beeindruckend wirken *Kormorane*, die im Sturzflug –
vorneweg ihre an langen Hälsen hän-
genden hakenförmig gebogenen
Schnäbel – nach Beutefischen tauchen. Einen noch längeren Hals können die *rosa Flamingos* vorweisen, die
in riesigen Kolonien die brackigen
Binnengewässer bevölkern und sie

Sein Schnabel faßt mehr, als sein Bauch es kann: Pelikan im Djoud-Nationalpark

mit ihren gebogenen Schnäbeln nach Garnelen und anderen Kleintieren absuchen. Sie stecken den Schnabel dazu mit der Oberseite voran ins Wasser und lassen es einfach hindurch fließen; kleine Pflanzen und Kleinstlebewesen bleiben dann in einer Art Lamellenkamm, der sich auf der Innenseite des Schnabels befindet, und im »Haarkranz« auf der Zunge hängen.

Die Senegal-Rake besitzt einen wunderschönen Schwanz, der sich kunstvoll vom gelben Gefieder absetzt

In den Palmkronen der tropischen Galeriewälder in der Casamance nisten in großen Kolonien Tausende von *Webervögeln*. Die Männchen dieser den Finken nahestehenden Singvogelart bauen an die Zweigspitzen hängende Nester, deren Öffnung nach unten zeigt. Kleine *Paradiesvögel*, deren fragilen Schwanz- und Kopffedern namensgebend waren, bilden mit ihrem phantastischen Federkleid in oft schrillen Farben markante Tupfer im immergrünen Feuchtwald.

An den Bolongs sind *Silberreiher, Fischadler* und *Marabus* mit ihren charakteristischem rotem Kehlsack zu sehen. Last but not least nutzen viele europäische Zugvögel das warme westafrikanische Klima, um gut über den Winter zu kommen, unter anderem *Störche.*

Meeresfauna

Die Küste Senegals zählt zu den fischreichsten der Welt. Ist man nicht gerade passionierter Taucher, wird von der Meeresfauna lediglich der Fang der Fischer zu begutachten sein, die täglich Fische jeden Kalibers anlanden.

Da finden sich *Barrakudas, Zackenbarsche, Thunfisch, Schwertfisch* und eine ganze Palette von Haifischen wie *Tigerhai, Hammerhai* und *Blauhai.* Daneben gibt es *Tintenfische, Sägerochen, Speerfische, Rote Schnapper* bis hin zu weniger spektakulären Arten wie *Makrelen, Heringen* und *Bongafisch.*

Vor der Küste taucht nicht selten die Schwanzflosse eines *Delphins* auf.

An *Schalen- und Krustentieren* herrscht ebenfalls kein Mangel – Hummer, Langusten, Krabben, Muscheln und Schnecken sind fast so zahlreich wie der Sand am Meer.

Nationalparks

Die verbliebene Tierwelt sowie eine vielfältige Flora lassen sich am konzentriertesten in einem der sechs Nationalparks beobachten. Geführte Touren mit dem Jeep oder der Piroge werden vor Ort von verschiedenen Anbietern kostengünstig organisiert (siehe jeweils dort).

Niokolo Koba Nationalpark (8000 km²), gelegen im Südosten des Landes. Das mit Abstand größte senegalesische Naturschutzreservat bedeutet für einige Großwildarten eine der letzten Nischen in Westafrika. Von Tambacounda aus mit etwas

Schwierigkeiten per Buschtaxis zu erreichen; geöffnet von Dezember bis Juni (siehe Seite 285).

Djoudj Nationalpark (160 km²), gelegen an der Grenze zu Mauretanien; einer der weltweit bedeutendsten Vogelschutzparks. Von St.-Louis aus leicht zu besuchen; geöffnet von Oktober bis April (Seite 215).

Nationalpark Delta du Saloum (730 km²), westlich von Kaolack im Mündungsgebiet von Sine und Saloum. Die labyrinthartige, mangrovenbewachsene Flußlandschaft bietet zahlreichen Wasservögeln Nistgelegenheit (siehe Seite 235).

Nationalpark Basse Casamance (40 km²), im Süden des Landes an der Grenze zu Guinea mit noch urwüchsigem Feuchtwald und einigen Säugetierarten; in der Regel von Dezember bis Juni geöffnet (siehe Seite 265).

Nationalpark Langue de Barbarie (20 km²), gelegen auf einer schmalen Landzunge bei Saint-Louis mit Vögeln und Schildkröten; leicht zu erreichen, ganzjährig geöffnet (Seite 214).

Nationalpark Madeleine (4,5 km²), eine der Hauptstadt Dakar vorgelagerte kleine Inselgruppe mit zahlreichen Wasservögeln; ganzjährig geöffnet (siehe Seite 191).

Abuko Nature Reserve, der kleine Park ist Gambias Schaukasten für zum Teil bereits stark bedrohte Vogelarten, Pflanzen und Blumen. Siehe Seite 316. Interessant ist auch der kleine *Bijilo Forest Park*, Seite 319.

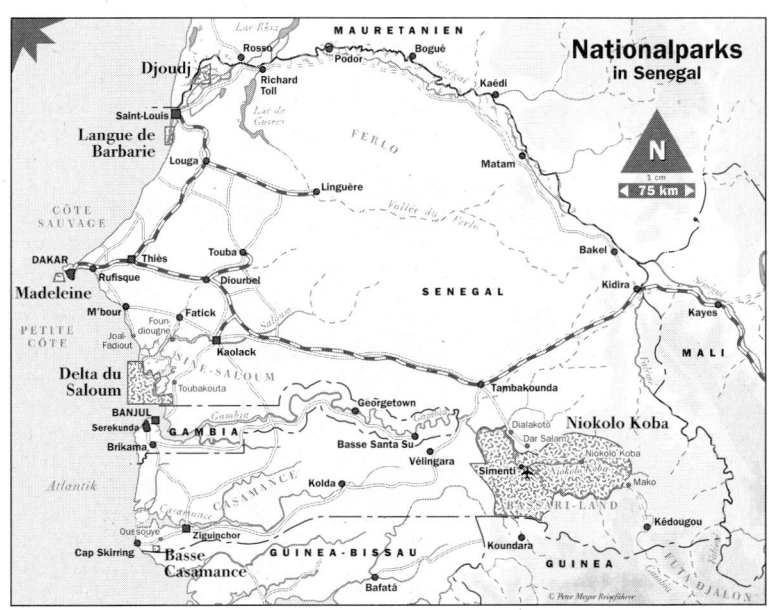

GESCHICHTE SENEGALS
UND GAMBIAS BIS 1960

Noch für den deutschen Philosophen Hegel galt Afrika südlich der bekannten arabischen Welt als ein Kontinent ohne Geschichte. Doch der ansonsten so versierte Hegel irrte. Sicherlich, im Gegensatz zu Europa verfügt Afrika – vom nordafrikanischen Kulturraum der Araber einmal abgesehen – über keine schriftliche Überlieferung. Doch dank der akribischen Arbeit von Forschung und Wissenschaft und nicht zuletzt durch die in Afrika tief verwurzelte Tradition der mündlichen Überlieferung gelang es, das »Dunkel« des sogenannten Schwarzen Erdteils zu lichten.

Vor- und Frühgeschichte

Paläontologische Forschungen weisen darauf hin, das Westafrika bereits in prähistorischer Zeit besiedelt war. Aus dem Neolithikum stammende Skelettfunde und Überreste von Werkzeugen und Waffen konnten im ganzen westafrikanischen Raum gefunden werden. Der dominierende Kulturraum zu jener Zeit lag allerdings weiter nördlich im heutigen Gebiet der Sahara, welche vor 12.000

Jahren noch überaus wasserreich und bewaldet war und vielen negriden Jäger- und Sammlerkulturen eine ausreichende Lebensgrundlage bot. Neolithische Felsmalereien aus der Zeit zwischen 6000 und 2000 v. Chr. stellen Jäger und Hirten mit Rinderherden dar. Mit dem zunehmenden Austrocknen der Sahara (seit etwa 2500 v. Chr.) wanderten die Bauern- und Hirtenstämme mehr und mehr in die südlicher gelegene Feuchtsavanne ab, nicht zuletzt auch auf Druck der von Norden hereindrängenden kriegerischen, oft hellhäutigeren Stämme der Berber, Tuareg und Mauren. Notizen des karthagischen Admirals *Hanno* zeugen von einer um 470 v. Chr. unternommenen Seereise entlang der afrikanischen Küste bis südlich der Westspitze. Wenig später berichtete der römische Geschichtsschreiber *Herodot* (circa 490 – 420 v. Chr.) nach einem Aufenthalt in Ägypten von einem laut Erzählungen von Reisenden seit Jahrhunderten gepflegten Handel zwischen Nord- und Westafrika.

Diese Rinder malten nomadische Hirten an eine Felswand in Tassili-n-Ajjer in der Zentralsahara um 5000 – 1200 v.Ch.

Im Schatten
mittelalterlicher Großreiche

Die ersten Umrisse kleinerer Herrschaftsbereiche entstanden in den ersten Jahrhunderten nach der Zeitenwende. Das beiderseits des Sénégal-Flusses gelegene Königreich *Tekrur* erlebte im 9. bis 10. Jahrhundert eine erste kulturelle Blütezeit, stand jedoch zumeist im Schatten und später sogar als tributpflichtiger Vasallenstaat unter dem Einfluß des aufstrebenden, straff organisierten benachbarten Reichs von *Gana*.

Die Zeit Ganas

Das älteste der drei großen und berühmten Kaiserreiche Westafrikas erstreckte sich in der Mitte des 9. Jahrhunderts von Senegal nach Osten bis nach Timbuktu (Mali) und umfaßte auch den südlichen Teil des heutigen Mauretanien. Die Macht Ganas gründete sich auf seinen legendären Goldreichtum und auf die Kontrolle des Transsaharaverkehrs. Auf diesen prähistorischen Handelsrouten gingen außer Gold Waren wie Elfenbein, Leder und Baumwolle nach Norden zu den arabischen Reichen, Messing, Kupfer, Seide, Pferde sowie das lebensnotwendige Salz aus den Minen von *Idjil* und *Taghaza* nordwestlich der Sahara waren die Gegenwerte.

Tunka Maghan Ciss hieß 790 n. Chr. der Herrscher über das Soninke-Volk am Schnittpunkt der Karawanenroute, mit ihm hat man das erste gesicherte Datum über Gana. In der Hauptstadt *Kumbi Saleh* residierte »der reichste König der Welt«, wie im Jahre 977 der arabische Geograph Ibn Haukal staunend notierte. Bis zur Mitte des 11. Jahrhunderts war die Macht des Reiches ungebrochen. Doch dann gelang es dem Berberstamm der *Almoraviden* in einem »Heiligen Krieg« Zug um Zug die Zentren des Ganareichs zu erobern.

Die Almoraviden waren eine von dem asketischen Islamgelehrten *Abdullah Ibn Yassin* geführte puritanische Sekte des Islam. Die mönchische Kriegerkaste sammelte ihre Kräfte am Sénégal, um dann in einem beispiellosen Siegeszug zwischen den Jahren 1050 und 1147 ihre Lehre im bereits arabisch eroberten Spanien bis zum Ebro, in Nord- und Westafrika über den Sénégal hinaus bis zum mittleren Sudan gewaltsam zu verbreiten. Unter ihrem Einfluß nahm auch das Königreich Tekrur die islamische Religion an. Es verbündete sich mit den Almoraviden und konnte sich aus dem Herrschaftsbereich von Gana lösen.

Aufstieg und Fall Malis

Dem Fall von Gana folgte der Aufstieg von *Mali*, das vom 13. bis Anfang des 15. Jahrhunderts im westafrikanischen Raum eine Vormachtstellung ausübte. Auch das kleine Tekrur geriet bald unter seinen Einfluß und wurde tributpflichtig. Seine größte Ausdehnung erreichte das Mali-Reich, das vom Mande-Stamm der Mali *(Malinke)* begründet wurde, im 14. Jahrhundert. In Ost-West-Richtung zog es sich vom Niger bis zum Atlantik, auch das heutige Gambia, die Casamance und Senegals Südosten gehörten dazu. Neben der Herrschaftszeit des sagenumwobenen und

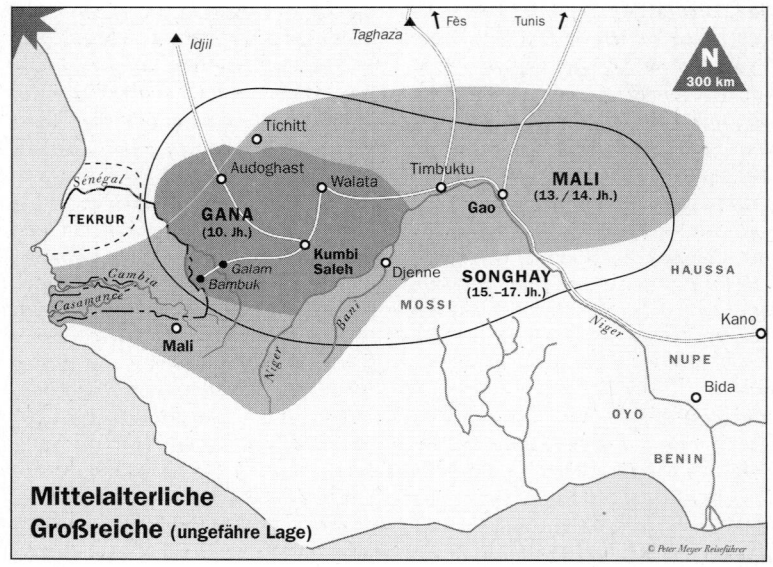

© Peter Meyer Reiseführer

noch heute vielbesungenen Königs *Sundiata* (der Löwe, 1230 – 1255) ist das Großreich Mali vor allem mit dem Namen des *Mansa* (König) *Kankan Musa* (1312 – 1337) verbunden. Unter ihm entwickelten sich Timbuktu und Djenné zu wichtigen Zentren des Handels zwischen den Sahara-Staaten und dem fernen Ägypten. Gehandelt wurde vor allem mit Salz; eine Kamelladung des in den Bergwerken Taghazas gewonnenen begehrten weißen Gewürzes war sechs bis sieben erwachsene Sklaven wert. Die beiden Städte wurden darüberhinaus durch ihre Universitäten zu intellektuellen Mittelpunkten der islamischen Welt in Westafrika. Die politischen Beziehungen reichten bis nach Ägypten, Mekka und dem Sultan von Fès im heutigen Marokko. Kankan Musa war zu seiner Zeit so berühmt, daß sein Ruf als großer Herrscher selbst bis zum französischen Hof drang, wo er auf einer Karte als »Herr der Neger von Guinea« abgebildet zu sehen ist.

Der beginnende Niedergang Malis im 15. Jahrhundert wurde mit internen Machtkämpfen zwischen den Nachkommen der Herrscher-Dynastie eingeleitet. Überfälle der Tuareg aus dem Norden, der Mossi-Könige im Südosten am Volta und der sich wieder verselbständigenden Tekrurer vom Sénégal im Westen und anderer Stämme, insbesondere der Songhay vom östlichen Niger, gaben dem größten und angesehensten mittelalterlichen afrikanischen Reich schließlich den »Todesstoß«.

Songhay, das Nachfolge-Großreich

Das dritte berühmte mittelalterliche Großreich südlich der Sahara wurde von den *Songhay,* einem ursprünglich am Niger beheimateten Volk, begründet. Unter der Herrschaft von *Sonni Ali* (1464 – 1492) eroberten die Songhay fast den gesamten Einzugsbereich des einstigen Malireiches, unter anderem die einflußreichen Städte Timbuktu und Djenné. Sein Nachfolger *Askia der Große* gliederte einen Teil von Tekrur am unteren Sénégal in sein Reich ein, wo sich zu jener Zeit kleinere Fürstentümer der Wolof ausgebreitet hatten. Gegen Ende des 16. Jahrhunderts wurde das Songhay-Reich durch marokkanische Angriffe aufgerieben.

Djolof – das Königreich der Wolof

Bis zur Mitte des 14. Jahrhunderts gab es am unteren Sénégal einige kleinere Fürstentümer, die bis dato vom Königreich Tekrur abhängig waren.

Unter *N'djadia Ndiaye* entstand das unabhängige Königreich *Djolof,* das seinen Einfluß vom Sénégal-Fluß südlich über das Cap Vert bis in die Region Sine-Saloum ausbreiten konnte. Der Gründer vereinigte in seinem Reich verschiedene Stämme zum Volk der *Wolof,* die durch eine gemeinsame Sprache verbunden waren.

Das Reich Djolof war von einer pyramidenartigen Sozialstruktur geprägt. Den überwiegenden Teil des Volkes stellten Sklaven, die von verschiedenen Berufskasten wie die der Schmiede, Tischler und *Griots* (Musiker) beherrscht wurden. Über diesen

standen die sogenannten Freien oder unabhängigen Bauern. Die Spitze der Pyramide bildete der Adel, die Priesterkaste und schließlich der König/die Königin. Eine nicht unerhebliche Machtfülle lag auf Grund des matrilinearen Verwandtschaftsprinzips bei den Fürstinnen und der Königin. Die Abstammungsordnung nach der mütterlichen Linie, nicht wie bei uns nach der väterlichen, war bei den meisten nicht-arabisch afrikanischen Völkern üblich; erst die »Herrschaft« des »Weißen Mannes« kehrte die traditionell (auch wirtschaftlich) starke Position der Frau ins Gegenteil.

Durch Machtkämpfe und Intrigen zerfiel im 16. Jahrhundert das Königreich Djolof in die kleineren Reiche *Cayor, Walo, Baol* und *Sine Saloum.* Das so geschwächte Volk geriet zunehmend unter den Einfluß moslemischer Tukulor vom Sénégal-Tal, die den Wolof gewaltsam den Glauben des Islam aufzwangen.

Die Mandingo-Dynastie im Gambia-Tal

Mit dem Machtzerfall des Mali-Reichs entstand im 16. Jahrhundert aus dem Vasallenstaat *Kabu* im Gebiet der heutigen Casamance und Guinea die mächtige Mandingo-Dynastie, die das ganze Gambia-Tal unter ihre Kontrolle brachte. Sie lehnten den Islam ab, was im 19. Jahrhundert der Grund für schlimme Religionskriege war. Von den lokalen Mandingo-Clans spielten die am Nordufer des Flusses gelegenen Ministaaten *Niumi* und *Baddiba* die bedeutendste Rolle. Insbesondere Niumi profitierte auf

Grund seiner geographischen Lage im Mündungsdelta vom Fluß- und Binnenhandel. Die meisten anderen kleinen Königreiche am Nordufer wurden den Wolofs tributpflichtig.

Die Fulbe im Sénégal-Tal

Nicht nur die Tukulor, sondern auch die nomadisierenden Hirtenstämme der Fulbe waren treibende Kräfte der Islamisierung Westafrikas. Ausgehend vom Mündungsgebiet des Sénégal, erstreckte sich ihre Einflußsphäre über den ganzen Sahel bis in das Gebiet des heutigen Nigeria und Kamerun. Immer wieder teilten sie sich in neue Sippen auf, woraus sich kleine staatenähnliche Enklaven innerhalb der westafrikanischen Großreiche entwickelten, denen die Fulbe bis zu Anfang des 19. Jahrhunderts tributpflichtig waren. Der unabhängige Aufstieg der Fulbe begann mit ihrer Bekehrung zum Islam durch maurische Moslem. Die neue Religion trug zu einem überlegenen Selbstwertgefühl, vor allem gegenüber den Bauernstämmen, die weiterhin die überlieferten Naturreligionen praktizierten, bei. Der Islam wurde für die Fulbe zu einer Art Legitimation für ihre Eroberungszüge gegen jene Bauern-Dörfer.

Im Sénégal-Tal, dem einstigen Stammland der Fulbe, bildete sich Ende des 18. Jahrhunderts mit *Futa Toro* ebenfalls eine Fulbe-Enklave, die enge Verbindungen mit den islamischen Zentren im marokkanischen Maghreb unterhielt. Im Südosten, etwa im Gebiet des heutigen Niokolo-Kobo-Nationalparks, entstand ein weiterer Fulbe-Staat, der sich nach Süden bis zum *Futa-Djalon*-Bergland in Guinea ausdehnte und diesem seinen heutigen Namen gab.

Charakteristisch für die aufstrebenden Fulbe-Herrscher war, daß sie gleichzeitig auch die religiösen Führer des Gemeinwesens waren. So nannte sich der Prediger *Osman Dan Fodio* (1754 – 1817) nicht nur »Beherrscher der Gläubigen«, sondern tat sich in der Eroberung und Unterwerfung anderer Völker besonders hervor.

Einbruch der Europäer

Bis ins 15. Jahrhundert hinein war die schwarze Bevölkerung Westafrikas unter ihresgleichen. Die ersten vereinzelten Kontakte mit europäischen Seefahrern wuchsen im Verlauf der nächsten Jahrhunderte zu einer Invasion an und brachten für den afrikanischen Kontinent zwei Katastrophen größten Ausmaßes mit sich – den Sklavenhandel und die Kolonisierung.

Die Seemacht der Portugiesen weitet sich aus

Im Auftrag *Heinrich des Seefahrers* (1393 – 1460), portugiesischer Infant, der selbst nie zur See fuhr, suchten portugiesische Seefahrer nach der »Ostpassage« nach Indien, was 1444 zur ersten europäischen Niederlassung auf westafrikanischem Boden führte, genauer gesagt in der Arguin-Bucht im Norden der mauretanischen Küste – Beginn einer wilden Jagd um Macht und Gewinn der europäischen Staaten in Übersee.

1445 landete mit dem portugiesischen Kapitän *Dinis Diaz* der vermutlich erste Europäer am Cap Vert. Die Portugiesen errichteten auf der dem heutigen Dakar vorgelagerten Insel Gorée einen ersten Handelsstützpunkt. Weitere portugiesische Niederlassungen folgten in Rufisque, Joal, Portudal sowie am Saloum und dem Casamance-Fluß.

Auch am Gambia River entstanden Handelsniederlassungen. Der im Auftrag der portugiesischen Krone stehende Venezianer *Luiz de Cadamosto* knüpfte erste Kontakte mit den Mandingo-Königen von Baddiba und Niumi, und bald segelten Händler den Gambia stromaufwärts bis an die Ostgrenze des Landes. Die Portugiesen führten im Laufe ihres gut hundertjährigen Handelsmonopols auch Nutzpflanzen wie Mais und die heute als Monokultur angebaute Erdnuß ein.

Um guten Handelskontakten nicht im Wege zu stehen, sandte man dem Mali-König Mamadu 1481 auf dessen Hilferufe gegen die Übergriffe der Songhay zum Zeichen der freundschaftlichen Gesinnung zwei portugiesische Gesandte, die gegen die Feinde freilich nichts ausrichten konnten. – Waren die Handelsgewinne bis dahin schon aufregend gewesen – auch mit westafrikanischen Sklaven, die die Portugiesen auf ihren Zuckerrohr-Plantagen auf Madeira einsetzten –, steigerten sie sich durch die Wiederentdeckung Amerikas 1492 und dem bald darauf begin-

Die bekleideten Sklavenhändler – ein Schwarzer, ein Weißer – verhandeln über zwei aneinandergefesselte Sklaven.

Marchand d'Esclaves de Gorée

nenden europäischen Sklavenhandel ins Unermeßliche.

Sklavenhandel: Menschen als Ware

Solche Gewinnchancen lockten natürlich auch die übrigen europäischen Mächte an. Insgesamt drei päpstliche Bullen sicherten den Portugiesen zunächst das Recht auf Ausbeutung der eroberten afrikanischen Länder zu. Doch nach dem allmählichen Machtzerfall der Portugiesen kamen auch Holländer und Engländer nach Gorée und zum Gambia. 1588 verloren die Portugiesen ihre Handelsrechte an England. Die Engländer fingen an, Felle, Bienenwachs und Elfenbein zu exportieren. Die Franzosen setzten sich 1659 weiter nördlich an der Sénégalmündung auf der Insel Saint-Louis fest, ebenfalls um Handel zu treiben.

Für alle europäischen Königshäuser und Kaufleute war der Menschenhandel am lukrativsten. Gambia avancierte schnell zu einem der wichtigsten Sklavenmärkte. Um den wachsenden Arbeitskräftebedarf in den verschiedenen Kolonien in der »Neuen Welt« und auf den Zuckerrohrplantagen in der Karibik zu decken, wurden im Laufe der nächsten Jahrhunderte Millionen Afrikaner verschleppt. Der ghanaische Autor Jojo Cobbinah, der sich intensiv mit dem europäischen Sklavenhandel beschäftigt, schreibt dazu: »Vorsichtig geschätzt dürften etwa zwölf Millionen Menschen ihren Bestimmungsort in Übersee erreicht haben. Aber ohne Übertreibung darf man für jeden einzelnen von ihnen fünf weitere rechnen, die entweder schon vor dem Abtransport getötet wurden oder unterwegs durch die grausame Behandlung starben.« (aus: Peter Meyer Reiseführer, »Ghana – Praktisches Reisehandbuch für die »Goldküste Westafrikas«.)

Einer Sklavin werden vor dem Abtransport die Hände gefesselt. Idealisierender französischer Stich aus dem 19. Jahrhundert

Der Gambia in englischer Hand

Am Gambia, Stützpunkt für den englischen Sklavenhandel, kam es 1651 zu einem kurzen deutschen Zwischenspiel als der deutsch-baltische *Herzog Jakob von Kurland* vom König von Niumi eine in der Flußmündung gelegene Insel kaufte, das heutige James Island, und darauf ein Fort erbaute. Die Deutschen hielten ihren kleinen Inselstützpunkt ganze zehn Jahre, bis er von den Engländern niedergebrannt wurde.

Um ihre Einflußsphäre am Fluß zu schützen, errichteten die Engländer ein neues Fort auf James Island und auf dem nahegelegenen Festland in Juffure eine Handelsstation.

Wenig später versuchten erstmals die Franzosen, am Gambia River Fuß zu fassen, indem sie 1681 in Albreda – nur einen Steinwurf vom englischen Juffure entfernt – ein Handelskontor gründeten. Sie leiteten damit eine über hundert Jahre dauernde Periode ständiger Auseinandersetzungen und Kriege um Gambia ein. Allein in den nächsten 30 Jahren wechselte Fort James fünfmal den Besitzer.

Die europäischen Entdecker

Noch bis ins 19. Jahrhundert hinein blieb das Innere Afrikas weitgehend unberührt und unerforscht. Es galt als »la terra incognita«, als geheimnisvoller Kontinent, von dem lediglich die Küstenstreifen zugänglich waren. Lange Zeit genügte dies den Europäern auch, waren doch alle Ausbeutungsobjekte bequem von der Küste aus zu holen – Sklaven wurden ihnen von ihren Verbündeten sogar bis zur »Faktorei« gebracht.

Innerafrika gab noch viele Rätsel auf. Die Zeit der Entdeckungsreisenden brach etwa 1788 an. Ärzte, Philanthropen, Missionare, Geographen, Offiziere und Abenteuernaturen rüsteten sich mit den unterschiedlichsten Motiven, um die internationale Afrikaforschung voranzutreiben. 1795 startete im Auftrag der zu diesem Zweck gegründeten *British African Association* der schottische Arzt *Mungo Park* vom Gambia River aus eine Expedition, um den Lauf des Niger zu erkunden. Über den Niger kursierten damals die wildesten Spekulationen. Man verwechselte ihn mit dem Sénégal oder dem Kongo oder

Der Entdeckungsreisende Mungo Park

hielt ihn gar für einen Nebenfluß des Nils. Auch das Geheimnis der sagenumwobenen Wüstenmetropole Timbuktu galt es zu lüften. Mungo Park erreichte nach entbehrungsreicher Reise den Niger und stellte immerhin fest, daß er nach Osten floß. Wohin, konnte Park nicht herausfinden, auch Timbuktu sah er nie. Auf einer zweiten Reise im Jahre 1805–06 kam Mungo Park auf den Stromschnellen des Niger ums Leben, als er versuchte, den Fluß bis zu seiner Mündung hinunterzufahren. Erst ein Viertel Jahrhundert später konnte der genaue

Verlauf des Stromes bis zur Mündung in die Landkarten eingetragen werden.

Von nun an ging es Schlag auf Schlag. Der französische Abenteurer *René Caillié* kam 1827 als erster Europäer lebend aus Timbuktu zurück, um berichten zu können, daß das einstige Handelszentrum seit dem Einfall der Marokkaner nur noch ein Schatten seiner selbst war. Wenig später bereiste der deutsche Afrikaforscher *Heinrich Barth* (1821 – 1865) vom libyschen Tripolis kommend, den westafrikanischen Raum und erreichte ebenfalls Timbuktu, etwa zur selben Zeit, als der schottische Pastor *David Livingstone* (1813 – 1873) die südafrikanische Kalahariwüste durchwanderte..

Invasion und Kolonisation

Die großen Forschungsreisenden ebneten praktisch den Weg für die militärische Unterwerfung und wirtschaftliche Ausbeutung des Kontinents. Afrika wurde zum Schachbrett der rivalisierenden Großmächte. Die Industrielle Revolution in Europa verlangte verstärkt nach Rohstoffen wie Palmöl, Kokosfett, Gummi und Baumwolle. Darüberhinaus suchten die aufstrebenden Industriestaaten gleichzeitig nach neuen Märkten, Eisenwaren, Glas und Produkte der aufkommenden chemischen Industrie ließen sich auch in Afrika absetzen. Das neu erwachte Interesse an Afrika beruhte somit vornehmlich auf wirtschaftlichen Gründen.

Senegambia im Machtkampf der Engländer und Franzosen

1765 gelang es den Engländern, Senegal unter ihre Kontrolle zu bringen. Zusammen mit ihren Besitztümern am Gambia gründeten sie mit *Senegambia* die erste englische Kolonie in Afrika, die sie von Saint-Louis am Sénégal aus verwalteten. Senegambia hatte nur wenige Jahre Bestand. Während die Engländer sich notgedrungen im amerikanischen Unabhängigkeitskrieg engagierten, hatten die Franzosen nur wenig Mühe, Senegal zurückzuerobern. Fort James am Gambia wurde 1779 völlig zerstört. Im Vertrag von Versailles wurde 1783 der größte Teil Senegals den Franzosen zugesprochen. Die Engländer mußten sich mit Gambia begnügen, das fortan eine englische Enklave in Französisch-Westafrika bildete. Dafür okkupierten sie die rohstoffreichen westafrikanischen Küstenländer am Golf von Guinea und in Ostafrika, während Frankreich sich anschickte, fast ganz Nord- und Westafrika unter seine Kontrolle zu bringen.

Die Entwicklung Senegals

Für die Franzosen war die Niederlassung am Sénégal das Sprungbrett für die Eroberung des westafrikanischen Hinterlandes. Aus den einstigen Handelsstationen an der Küste entstanden Kolonien, aus den Siedlungen wurden Städte. Saint-Louis an der Sénégalmündung wurde die Hauptstadt von »Französisch-Senegal«, der französische General *Faidherbe* ihr erster Gouverneur. Faidherbe unterwarf in grausamen Kämpfen die Wolof und

Die Zeichnung aus dem Jahre 1821 zeigt die Insel Saint-Louis in der Flußmündung des Sénégal, Handelsstation der Franzosen seit 1638 für Gummi, Gold, Elfenbein und Sklaven.

Mauren. Bedingt durch den günstigen Naturhafen am Cap Vert verlagerte sich das koloniale Zentrum zunehmend in das 1857 unter Faidherbe gegründete Dakar.

Die heimische Bevölkerung wurde zu Zwangsarbeit verpflichtet. Der Bau von Straßen und Eisenbahnen ermöglichte die zügige Erschließung des Landesinneren. 1885 wurde die Eisenbahnlinie von Dakar nach Saint-Louis eröffnet; 1906 die Strecke zwischen Kayes am Oberlauf des Sénégal und Bamako in Mali; 1925 gab es bereits eine durchgehende Bahnverbindung von Dakar nach Bamako.

Die wirtschaftliche Ausbeutung des Landes lief längst auf vollen Touren. Die Franzosen führten in Senegal den Anbau von Erdnüssen ein, der bald zum wichtigsten Wirtschaftszweig wurde. Senegal avancierte mehr und mehr zur französischen Musterkolonie in Afrika.

»Liberté, Egalité, Fraternité« auch für Französisch-Westafrika?

Binnen nur weniger Jahrzehnte war der ganze Kontinent unter den europäischen Mächten aufgeteilt, mit den Worten des afrikanischen Historikers Joseph Ki-Zerbo ausgedrückt: »Man nahm, weil man glaubte, daß es notwendig wäre, um frühere Eroberungen zu schützen; später nahm man, weil alles zum Greifen nah lag; noch später nahm man, um den Nachbarn zuvorzukommen; zum Schluß nahm man, um zu nehmen.« Zu Beginn des 20. Jahrhunderts herrschten die Franzosen in Westafrika über ein Gebiet von ungefähr 5 Millionen km² – das entsprach einer Fläche, die neun mal so groß war wie die des französischen »Mutterlandes«.

Das Verwaltungszentrum von *Afrique occidentale française* wurde 1907 von Saint-Louis nach Dakar verlegt, das schnell zu einem der größten

Seehäfen Westafrikas anwuchs. Die politische Ordnung der Kolonien war nach einer autoritär-hierarchischen Verwaltungsstruktur aufgebaut. Oberster Befehlsgeber war der Gouverneur. Die praktische Arbeit lag in der Hand von Bezirkskommandanten, die in einer Person so verschiedene Ämter wie Militärchef, Schulrat, Wirtschaftsmanager und Gesundheitsbevollmächtigter in sich vereinigten. Fern vom Sitz des Gouverneurs übten sie die faktische Macht in den Territorien aus, nicht selten in selbstherrlicher Manier.

Die Afrikaner wurden von den Franzosen in zwei Klassen eingeteilt. Die Bürger der vier ältesten Gemeinden Senegals (Saint-Louis, Gorée, Rufisque und Dakar) genossen ab 1916 zumindest auf dem Papier das Privileg mit den Franzosen rechtlich gleichgestellt zu sein. Aus der Mitte ihres Gemeinderats schickten sie einen Parlamentarier in die Nationalversammlung nach Paris. Die übrige Bevölkerung war aus dem politischen System praktisch ausgegrenzt und verfügte weder über das Recht zu wählen noch gewählt zu werden.

Das Bildungswesen überließ man zunächst den zahlreich im Lande arbeitenden Missionaren, die erste Missionsschulen gründeten. Kurz nach der Jahrhundertwende führten die Kolonialherren das französische Bildungssystem ein. Neben zahlreichen Dorfschulen entstand in Saint-Louis das erste Gymnasium Westafrikas, auf Gorée eine pädagogische Hochschule und in Dakar die medizinische Hochschule. Das koloniale Schulsystem verfolgte den Zweck, mittlere Führungskräfte für die Kolonialverwaltung heranzuziehen. Schulsprache war selbstverständlich französisch, und zwar ausschließlich. Die Schulbücher waren dieselben wie jene in Frankreich. So lernten die kleinen Wolof und Tukulor die Gallier als ihre Vorfahren kennen. Der Unterricht wurde nicht selten mit einer Art Zwangsarbeit verglichen. Viele Stammeshäuptlinge schickten anstelle ihrer eigenen Söhne lieber Sklaven zur Schule. An denselben Schulen wurde allerdings auch eine Schicht Intellektueller herangebildet, die ab den 40er Jahren eine führende Rolle im wachsenden afrikanischen Nationalismus und dem Streben nach Unabhängigkeit einnahmen.

Gambia als britische Kronkolonie

1816 hatten die Engländer von einem lokalen Kombo-Häuptling die Insel Banjul gekauft, auf der sie die nach dem Kolonialminister benannte Garnisonsstadt Bathurst erbauten. Als östlicher Stützpunkt errichteten sie am Oberlauf des Gambia River auf einer Insel Fort George, das heutige Georgetown. Diese beiden Stützpunkte bildeten über Jahre hinweg die Kolonie Gambia, die zumeist der Kolonialregierung in Sierra Leone unterstellt war. 1888 wurden die Handelsstützpunkte zur Kronkolonie ernannt und zusammen mit dem britischen Protektorat der britischen Krone unterstellt, was bedeutete, daß auch die Gambier britische Staatsbürger wurden bzw. unter diplomatischem Schutz Großbritanniens standen.

1889 wurde schließlich in britisch-französischen Grenzverhandlungen der heutige Grenzverlauf festgelegt. Gambia wurde von Sierra Leone losgelöst und von Bathurst aus, dem heutigen Banjul, verwaltet.

Ähnlich wie die französischen Kolonialpolitiker sprach man auch in Großbritannien von den »humanitären Aufgaben«, die man auszuüben habe, den »zivilisatorischen Errungenschaften« – von Straßen- und Eisenbahnbau bis zu Schulsystem und Verwaltungsapparat –, die man Afrika bringen müsse, der »Freiheit«, die man den Menschen geben könne. Vor lauter Arroganz übersahen sie dabei, daß gerade ihr Bemühen, die Menschen zu »erziehen«, sie zu unmündigen Bürgern zweiter Klasse degradierte. So ist Großbritanniens Versuch, die Einheimischen in die Verwaltung ihrer Kolonie einzubeziehen – was sie die indirekte Verwaltung nannten – auch eher vor wirtschaftlichen Hintergründen zu sehen, als daß man ihnen tatsächlich Autonomie zugebilligt hätte.

Der Weg in die Unabhängigkeit

Durch die beiden Weltkriege kam es in Europa zu erheblichen Machtverschiebungen. Vor allem die nach dem Zweiten Weltkrieg neu auf den Plan tretenden Großmächte USA und Sowjetunion setzten sich offen für eine antikoloniale Politik ein. Frankreich hatte bereits alle Hände voll mit Kriegen in Indochina und Algerien zu tun. Als schließlich 1956 Marokko und Tunesien unabhängig wurden, er-

scholl auch in den westafrikanischen »Territorien« der Ruf nach Selbstbestimmung immer lauter. Frankreich versuchte zunächst, die Kolonien in einer *Communauté Française* zusammenzuhalten. Danach sollten sich die Kolonien selbständig verwalten, aber faktisch nach wie vor zu Frankreich gehören. Der Plan scheiterte in erster Linie an der wachsenden Politisierung der Afrikaner, die in ganz Westafrika Formen annimmt. Auch Großbritanniens Einfluß schwindet dahin, 1957 wird die ehemals britische Kolonie »Goldküste« unter der Führung *Kwame Nkrumahs* als erstes westafrikanisches Land unabhängig, es nennt sich fortan Ghana.

Senegal wird im »Afrikanischen Jahr« 1960 unabhängig

In Frankreich studierende afrikanische Intellektuelle kamen mit den französischen Idealen »Freiheit, Gleichheit und Brüderlichkeit« in Kontakt und forderten für ihre Heimatländer verstärkt das Recht auf Selbstbestimmung. In Senegal entstanden Parteien, die erste politische Forderungen stellten. Sie verlangten die rechtliche Gleichstellung mit den Franzosen und schrieben spätestens seit dem Zweiten Weltkrieg die volle Unabhängigkeit auf ihre Fahnen. Zum prominentesten Wortführer der senegalesischen Nationalisten machte sich der an der Pariser Sorbonne ausgebildete Philosoph und Dichter *Léopold Sédar Senghor* (1906 geboren). Unter dem Begriff der *Négritude* (siehe Seite 62) formulierte Senghor zusammen mit dem karibischen Dichter *Aimé Césaire* (1913 geboren) erstmals ein neues senegalesisch-afrikanisches Selbstbewußtsein. 1958 gestand Frankreich Senegal eine lokale Selbstverwaltung zu. Mit schon fast lawinenartiger Geschwindigkeit erlangen im Jahr 1960 die meisten westafrikanischen Ländern ebenfalls die volle nationale Souveränität – auch Senegal, das sich fortan »Republik« nennt.

Das Jahr 1960 geht als das »Afrikanische Jahr« in die Geschichtsbücher ein.

18.2.1965: Unabhängigkeit auch für Gambia

Die Engländer hatten im Unterschied zu den Franzosen schon lange kein größeres wirtschaftliches Interesse mehr an Gambia, nach dem Ende des Sklavenhandels hatten sie nichts Einträgliches mehr für sich entdecken können. Für Britannien war die Kronkolonie lediglich ein Stützpunkt im von Frankreich beherrschten Westafrika, dessen strategische Bedeutung die notwendigen Subventionen immer weniger aufwog. Die Gambier ihrerseits hatten keinen nennenswerten Widerstand gegen die Kolonialmacht entwickelt. So kam es, daß am Ende der Kolonialzeit Gambias Weg in die Unabhängigkeit einen ruhigen Verlauf nahm. 1965, zwei Jahre nachdem die Engländer dem Land die innere Autonomie gegeben hatten, und genau 200 Jahre nach der Gründung Senegambias, wird Gambia in die Unabhängigkeit »entlassen«. Gambia blieb trotzdem zunächst selbständiges Mitglied des *Commonwealth* mit der englischen Königin als formellem Staatsoberhaupt. 1970 löste es sich per Volksabstimmung endgültig von England und wurde Republik.

Der Weg ins politische Chaos, der für viele andere afrikanische Länder durch revolutionäre Befreiungsbewegungen und Bürgerkriege vorgezeichnet war, blieb aus. Trotz Vielvölkergemeinschaft und wirtschaftlicher Unterentwicklung konnte sich in Gambia eine vergleichsweise ruhige sozialpolitische Atmosphäre entwickeln.

MODERNE & KULTUR

DAS MODERNE SENEGAL

*Seit 1963 ist Senegal eine Präsidialrepublik. Die Verfassung vom
gleichen Jahr erfuhr zuletzt 1991 Änderungen. Die Nationalversammlung
besteht aus 120 Mitgliedern, die alle fünf Jahre gewählt werden. Das Staatsoberhaupt wird alle sieben Jahre direkt gewählt; zur Wiederwahl
kann es heute nur mehr einmal kommen.*

Unter wechselnden Namen wird die
bereits im kolonialen Senegal gegründete von *Léopold Sédar Senghor* geführte demokratisch-sozialistische
Partei (heute *Parti Socialiste Séné-
lais,* PS) zum Forum unterschiedlicher
politischer Strömungen und zur dominierenden Kraft in der unabhängigen Republik.

Senghor wird viermal zum Präsidenten gewählt, zuletzt 1978. Ab 1966
ist seine Partei einzige Staatspartei.
Oppositionelle Schüler und Studenten brachten in Boykotts immer wieder ihre Unzufriedenheit mit Senghors afrikanischem Sozialismus zum
Ausdruck. Für sie ging die Entwicklung zu langsam voran, noch zu viele
Überbleibsel des Kolonialismus galt
es auszumerzen. Senghor reagierte
mit der zeitweisen Schließung der
Universität von Dakar, opponierende
Studentenvereinigungen wurden verboten. Mehrmals wurden politische
Auseinandersetzungen gewaltsam un-
terdrückt. Dennoch konnte sich unter
der Führung Senghors in Senegal, verglichen mit anderen afrikanischen
Ländern, ein relativ ruhiges und stabi-
les innenpolitisches und gesellschaftli-
ches Klima entwickeln.

Im Zuge einer allmählichen Libe-
ralisierung wurde 1974 als Oppositionspartei die *Parti Démocratique*

Sénégalais (PDS) zugelassen. Ende
1980 schied Senghor freiwillig aus der
Politik aus. Unter seinem Nachfolger
Abdou Diouf entwickelte sich ein
Mehrparteiensystem. Er demokrati-
sierte die eigene PS-Partei und setzte
in der Außenpolitik neue Akzente, indem er diplomatische Beziehungen zu
sozialistischen afrikanischen Staaten
aufnahm. Die Programmpunkte »Re-
formierung des Bildungssystems«
und »Kampf gegen die ausufernde
Korruption« wurden so gut wie gar
nicht erfüllt.

Die Konföderation Senegambia

Nach einem 1981 in Gambia mit Hilfe senegalesischer Truppen vereitelten
Putschversuch schlossen sich 1982 die
beiden Länder Senegal und Gambia
zur Konföderation Senegambia zusammen. Ziel sollte die politische,
wirtschaftliche und monetäre Verschmelzung beider Länder sein. Im
Lauf der 80er Jahre zeigte sich, daß
keine konstruktive Zusammenarbeit
möglich war, so daß die Konföderation im August 1989 aufgelöst wurde.
Hierbei wird nachträglich augenscheinlich, welch tiefe Gräben der
Kolonialismus in dieser Region hinterlassen hatte. Senegalesen und Gambier gehören denselben ethnischen
Gruppen an, die durch gleiche Spra-

che, Religion und Tradition miteinander verbunden sind. Durch die willkürliche Grenzziehung am grünen Tisch der Kolonisatoren bleiben sie dennoch in eine frankophone und anglophone Welt getrennt.

Spannungen und jüngste Entwicklungen

An der Wahl 1988 nahmen in Senegal sieben Parteien teil, die jedoch außer der PS und PDS alle unter 2 % blieben. Abdou Diouf wurde mit knapp 80 % der Stimmen als Präsident bestätigt. Nach Bekanntgabe des Wahlergebnisses kam es zu Unruhen, die mit der Verhaftung mehrerer Oppositionsführer beantwortet wurden.

Fast zur selben Zeit, wie die Konföderation Senegambia aufgelöst wurde, entwickelten sich zum nördlichen Nachbarn Mauretanien ernsthafte Spannungen. Ein Streit zwischen mauretanischen Viehzüchtern und senegalesischen Bauern im Grenzort Diawara um fruchtbare Weide- bzw. Ackerfläche führte zu Ausschreitungen, die sich auf mehrere Städte ausbreiteten. Es kam zu Plünderungen mauretanischer Geschäfte in Senegal und einigen Todesopfern. Zehntausende von Senegalesen und Mauretanier flohen in ihre jeweiligen Heimatländer. Im August 1989 brach Senegal die diplomatischen Beziehungen zu Mauretanien ab, nachdem der dortige Botschafter zur persona non grata erklärt worden war. Die Grenze zwischen beiden Ländern blieb einige Jahre geschlossen.

Auch am anderen Ende des Staates kracht und knistert es: die seit Jahr-

hunderten in der Casamance ansässigen Diola lehnen sich gegen Bevormundung, versteckte und offensive Unterdrückung von Seiten der senegalesischen Regierung auf. Seit Anfang der 80er Jahre, als ihre MFDC-Bewegung, *Mouvement des forces démocratiques de Casamance,* zu neuen Kräften kam, erscheinen Meldungen über gewaltsame Ausschreitungen auch hin und wieder in deutschen Zeitungen. Was die Hintergründe für die Kämpfe sind, lesen Sie bitte auf Seite 249.

1993 wurde Staatspräsident Abdou Diouf für die Amtszeit von sieben Jahren wiedergewählt. Die Sozialistische Partei Senegals (PS) verlor zwar kräftig an Stimmen, doch entfielen auf sie bei den Wahlen zur Nationalversammlung 84 Sitze, die Demokratische Partei Senegals (PDS) erhielt mit 27 Sitzen gegenüber 1988 10 Sitze mehr. Die restlichen 9 Sitze verteilen sich auf vier kleinere Oppositionsparteien, die zum ersten Mal dabei sind. Im März 1995 teilt Diouff der PDS fünf Ministerposten zu, darunter auch dem Oppositionsführer *Abdoulaye Wade.* Diouff, so sagt man, erhoffe sich, dadurch mehr Einfluß auf die islamische Intellektuellen-Schicht zu erhalten.

Wirtschaft

Senegal ist in erster Linie ein Agrarland. Erste Ansätze industrieller Entwicklung beschränken sich im wesentlichen auf die Region Cap Vert. Wie fast alle Länder der »Dritten Welt« steckt auch Senegal in enormen wirtschaftlichen Schwierigkeiten. Ge-

MODERNE & KULTUR

messen an anderen westafrikanischen Staaten gilt die wirtschaftliche Lage dennoch als relativ gut entwickelt und stabil – trotz Auslandsverschuldungen, hoher Tilgungszinsen und bürokratischem Wildwuchs. Während die ländliche Bevölkerung fast ausschließlich in der Landwirtschaft ein Auskommen findet, liegt die Arbeitslosenquote in den Ballungsgebieten bei 25 %. Nach offiziellen Untersuchungen (1991) sind in Dakar 143.000 Menschen – das sind 24,4 % der Erwerbsbevölkerung – arbeitslos. Diese Zahlen muß man allerdings relativ sehen, denn ein Großteil der arbeitenden Bevölkerung wird von der Statistik gar nicht erst erfaßt: die Frauen, die durch Kleingartenbau, Kleinhand-werk und Kleinhandel oft die ganze Familie ernähren. Diese sogenannte informelle Erwerbstätigkeit bezieht sich auch auf Dienstleistungen – von Abfallsammeln über Putzen bis zur Prostitution.

Unter der Regierung Senghor war in erster Linie der Staat die treibende Kraft der Wirtschaft – nicht selten wurde die Entwicklung dadurch gebremst. Die neue Politik unter Diouf setzt mehr auf private Initiativen. Auf Druck der Weltbank und des Internationalen Währungsfonds, die den hochverschuldeten Haushalt wieder ins Gleichgewicht bringen wollen, wird im Rahmen der sogenannten strukturellen Anpassung versucht, den aufgeblähten, mit immensen Per-

Ein Kleinhändler, der seine Ware mit dem Fahrrad über die Dörfer fährt.

sonalkosten überlasteten Staatsapparat auf ein vernünftiges Maß zu reduzieren. Auch Grundnahrungsmittel sollen nicht mehr subventioniert werden, um so dem »freien Spiel des Marktes« mehr Raum zu bieten. Direkte Preise werden nur noch für einige wichtige Produkte wie Brot, Reis, Zucker, Benzin und Strom festgesetzt. Dies führte zu Beginn der 80er Jahre zu erheblich verteuerten Lebenshaltungskosten von bis zu 17 % pro Jahr. Die Lage besserte sich jedoch ab 1986 spürbar. Gute Ernten sorgten für eine relativ gesicherte Versorgungslage. Eine Überbewertung der Währung führte dazu, daß eingeführte Produkte im Preis fielen. Auf Druck der Öffentlichkeit wurden zudem die Preise für Brot, Reis, Speiseöl und anderes drastisch gesenkt, so daß sich die Lebenshaltungskosten allgemein verringerten. Als Anfang 1994 die 13 Länder der afrikanischen Franc-Zone den Wechselkurs den Realitäten anpaßten, verkehrte sich die Situation für die Senegalesen wieder ins Gegenteil. Durch die Abwertung auf die Hälfte seines bisherigen Wertes wurde für Europäer das Reisen zwar billiger, die allgemeinen Lebenshaltungskosten jedoch verteuerten sich drastisch.

Landwirtschaft und Fischerei

Rund 78 % der Bevölkerung arbeiten in der Landwirtschaft. Wie auch in anderen Ländern der Sahelzone haben die Bauern mit großen, oft unüberwindbaren Problemen zu kämpfen. Vielfach reicht die Niederschlagsmenge nicht aus, um halbwegs rentabel zu wirtschaften. Erschwerend wird der

Sahel von wiederkehrenden Dürrezeiten heimgesucht, in denen der Regen völlig ausbleibt. Heuschreckenplagen tun ein Übriges, um den letzten Rest der Ernte zu vernichten.

In Senegal wird der größte Teil des Kulturlandes im Regenfeldbau bestellt und unterliegt von daher erheblichen Ernteschwankungen. Nur im Sénégal-Tal und den nördlichen Küstenstreifen wird Bewässerungslandwirtschaft betrieben. In überwiegend kleinbäuerlichen Betrieben werden als wichtigste Grundnahrungsmittel *Hirse* (Sorghum), *Mais, Maniok* und *Bohnen* kultiviert. Der Boden wird zumeist mit dem den Gegebenheiten angepaßten langstieligen Schuffeleisen, auf größeren Feldern auch mit Ochsen bearbeitet. Beim Brandrodungs-Hackbau übernimmt normalerweise der Mann das Roden, die Frau das Bestellen und Ernten der Felder. Da die meisten Männer jedoch auf der Suche nach besserem Verdienst in die Städte abwandern, liegt die gesamte Arbeitsbelastung auf den Schultern der Frauen.

Der Eigenbedarf an Grundnahrungsmitteln kann nur unzureichend gedeckt werden. Vor allem der von der städtischen Bevölkerung bevorzugte Reis und Weizen muß in großem Stil importiert werden.

Hauptgrund für die unzureichende landwirtschaftliche Eigenversorgung ist der exportorientierte Anbau von *Erdnüssen*. Die Portugiesen verpflanzten bereits im 16. Jahrhundert die ursprünglich in Amerika beheimatete Hülsenfrucht nach Afrika, wo sie auf den sandigen Savannenböden

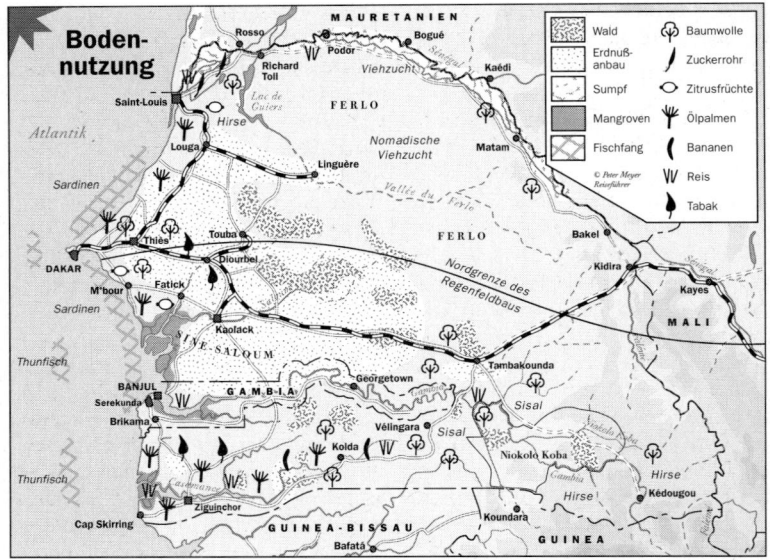

Boden-nutzung

MAURETANIEN

Rosso Bogué
Podor
Richard Toll
Viehzucht Kaédi
Saint-Louis
Lac de Guiers
FERLO
Atlantik
Hirse
Louga
Linguère Matam
Sardinen
Nomadische Viehzucht
Vallée du Ferlo
Touba
Thiès Diourbel FERLO Bakel
DAKAR
M'bour Fatick Nordgrenze des Kidira
Regenfeldbaus Kayes
Kaolack
MALI
SINE-SALOUM
Thunfisch Tambakounda
BANJUL Georgetown
Serekunda GAMBIA
Brikama Vélingara Sisal
Kolda Sisal
Thunfisch Niokolo Koba Hirse
Kédougou
Ziguinchor Hirse
Cap Skirring GUINEA-BISSAU Koundara
Bafatá GUINEA

Wald		Baumwolle
Erdnuß-anbau		Zuckerrohr
Sumpf		Zitrusfrüchte
Mangroven		Ölpalmen
Fischfang		Bananen
		Reis
		Tabak

© Peter Meyer Reiseführer

---

ideale Wachstumsbedingungen vorfand. Um den steigenden Fettbedarf zu decken, legten die Franzosen in ihren Kolonien große Plantagen an. Als kolonialer Nachlaß nimmt der Anbau von Erdnüssen in Senegal auf rund 35 % des gesamten kultivierbaren Landes den weitaus größten Raum ein. Um den Grad der Abhängigkeit von der Erdnuß zu verringern (auf Grund gesunkener Nachfrage macht der Export von Erdnüssen heute nur noch 12 % des Gesamtexports aus), wird versucht, mehr Getreide, Baumwolle und in den letzten Jahren verstärkt auch trockenresistente Kichererbsen anzubauen. Zentrum des Baumwollanbaus ist Ostsenegal. Besonders unterstützt werden Kleinbauern, die sogenannten integrierten

Anbau zusammen mit Grundnahrungsmitteln betreiben.

Frischgemüse wird vorwiegend in der Umgebung von Dakar und Thiès produziert. Zur Belieferung europäischer Märkte werden in den Wintermonaten besonders Tomaten, grüne Bohnen und Erdbeeren kultiviert. Kleinere *Obstkulturen* mit Mangos, Papayas, Bananen und anderen tropischen Früchte sind lediglich von lokaler Bedeutung.

In der Gegend von Richard Toll am Sénégal wird großflächig *Zuckerrohr* angebaut, das zu Raffinade-Zucker verarbeitet weitgehend den heimischen Bedarf abdeckt.

Viehzucht spielt lediglich eine untergeordnete Rolle und wird überwiegend von nomadisierenden Fulbe in den nördlichen Landesteilen betrieben. Rund ein Viertel des Fleischbedarfs wird aus den Nachbarländern eingeführt.

Auch die Viehbauern haben mit der Trockenheit zu kämpfen. Die voranschreitende Ausdehnung der Wüste (Desertifikation) engt ihre traditionellen Weidegebiete stark ein. Sie können der Wüste aber nicht weiter ausweichen, da sie weiter südlich an die landwirtschaftlich genutzten Gebiete der Kleinbauern stoßen. Diese können sich durch staatliche Förderung wie beispielsweise durch die Subventionierung der Bewässerungswirtschaft im Sénégal-Tal in die Nutzungsgebiete der Nomaden ausbreiten. Auf der Suche nach Weidegründen für ihr Vieh kommt es besonders an der mauretanischen Grenze oft zu Spannungen unter den Nomadenstämmen. Dies ist unter anderem eine Auswirkung der Entwicklungshilfe, da die Anlage von Tiefbrunnen nicht nur half, den Viehbestand zu vergrößern, sondern auch den Grundwasserspiegel ganzer Regionen abzusenken.

Der **Fischfang** ist für die Republik einer der wichtigsten Wirtschaftszweige. Die vor der Atlantikküste liegenden Fischgründe zählen zu den reichsten Westafrikas. In der traditionellen Fischerei mit Pirogen sind rund 100.000 Kleinfischer beschäftigt, die fast ausschließlich die lokalen Märkte versorgen. Mit ihren kleinen Booten können sie die artenreichen Fanggründe allerdings nicht erreichen. Die liegen fest in Hand organisierter Hochseefischer, die den besten Fisch direkt nach Frankreich exportieren.

Senegal gehört zu den Ländern mit dem weltweit höchsten Fischkonsum. Im Durchschnitt verzehrt jeder Senegalese im Jahr zwischen 25 und 30 kg Fisch (BRD: etwa 6 kg). Der industrielle Fischfang liegt größtenteils in den Händen von professionellen koreanischen und japanischen Flotten. Wichtigster Seefisch sind Sardinen. Für den Export von erheblicher Bedeutung sind auch Krabben, Langusten, Muscheln und Thunfisch.

Industrie

Obschon die Industrie erst im Aufbau begriffen ist, ist die Industrialisierung in Senegal weitaus fortgeschrittener als in den Nachbarländern. Der größte Teil des Industriekapitals ist in ausländischer, hauptsächlich französischer Hand. Die Fabrikanlagen konzentrieren sich in der Region Dakar und zunehmend in der Stadt Thiès.

Wichtigste Industriezweige sind die Lebensmittelindustrie (Öl, Fisch, Zucker), die chemische Industrie und die Textilverarbeitung. Die chemische Industrie umfaßt vor allem Erdölraffinerien sowie Phosphat- und Düngemittelfabriken. Im Textilgewerbe wird vornehmlich die im Land produzierte Baumwolle weiterverarbeitet.

An Bodenschätzen sind vor allem die Phosphatlager nordöstlich von Thiès zu nennen. Der Export von Phosphaten über den Hafen von Dakar gehört zu den Haupt-Devisenquellen des Landes. In Ostsenegal wurden am Falémé große Eisenerzvorkommen entdeckt, die bislang mangels fehlender Infrastruktur nicht abgebaut werden konnten. Durch die

Nutzung des Wasserkraftpotentials des Manatali-Staudamms soll die dazu notwendige Energieversorgung gesichert werden. Erdöl im Küstenschelf der Casamance konnte wegen zu hoher Erschließungskosten bislang ebenfalls nicht gefördert werden. Dagegen wird seit 1989 in Ostsenegal bei Sabodala eine Goldmine ausgebeutet, in der jährlich einige Hundert Kilo des geschätzten Edelmetalls anfallen.

Tourismus

Der afrikanische Kontinent ist mit einem Anteil von nur 2 % bislang lediglich ein Nebenschauplatz des Welttourismus. Für Senegal bedeutet der Fremdenverkehr jedoch nach der Fischerei, dem Erdnußanbau und dem Phosphatbergbau eine der wichtigsten Devisenquellen. Im Laufe der letzten 20 Jahre hat sich der Anteil des Fremdenverkehrs am Bruttoinlandsprodukt auf knapp 3 % hochgeschraubt, rund 4500 Arbeitsplätze sind direkt und 10.000 indirekt vom Tourismus abhängig. Die reizvolle Küstenlandschaft mit weiten Stränden, Nationalparks, ein relativ gut entwickeltes Hotelwesen, eine interessante Flora und Fauna sowie die günstigen Klimabedingungen ziehen insbesondere während der Wintermonate immer mehr Gäste an. 1994 besuchten 280.000 Auslandsgäste Senegal, gut die Hälfte davon kamen aus Frankreich. An zweiter bzw. dritter Stelle stehen Urlauber aus der Bundesrepublik und aus Italien.

Das Hotelgewerbe wird von mehreren internationalen Hotelketten dominiert, die größten sind Club Médi-

terranée, Méridien, Novotel und der Club Aldiana (Neckermann). Die Bettenkapazität lag zu Beginn der 90er Jahre bei etwa 12.700 mit etwas mehr als einer Million Übernachtungen pro Jahr. Außer in Dakar und am Cap Vert entstanden an der Petite Côte sowie mit dem Niokolo Koba-Nationalpark neue touristische Zentren. Vor allem der besonders reizvollen Casamance im tropischen Süden wird für die Zukunft das größte Entwicklungspotential eingeräumt, obwohl die Zahlen Anfang der 90er Jahre stagnierten und 1992 Touristen wegen Unruhen sogar evakuiert werden mußten.

Die Regierung ist bestrebt, die Auswüchse des Massentourismus zu vermeiden, und versucht, den Ferntourismus in sozial- und umweltverträgliche Bahnen zu lenken. Der bereits Mitte der 70er Jahre in der Casamance initiierte sogenannte *integrierte Tourismus* kann als erster gelungener Ansatz für eine andere Form des Reisens angesehen werden. In einfach ausgestatteten Dorfherbergen soll sowohl Individualreisenden als auch kleineren Reisegruppen die Möglichkeit geboten werden, das dörfliche Leben mit seinen Bewohnern besser kennenzulernen.

Bevölkerungsdaten

1993 lebten in Senegal knapp 8 Millionen Menschen. Seit 1970 hat sich die Bevölkerung mehr als verdoppelt. Bei einer durchschnittlichen Zuwachsrate von jährlich 3,1 % werden es im Jahre 2000 bereits an die 10 Millionen sein. Das stürmische Wachs-

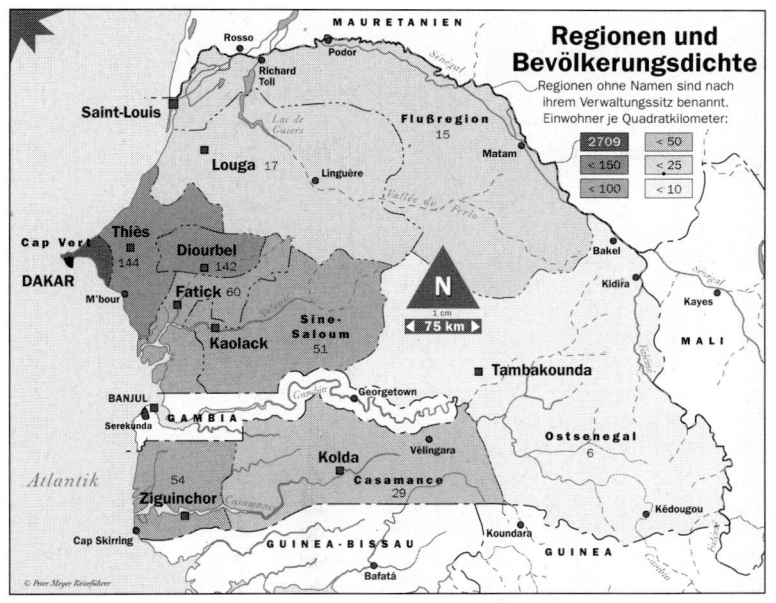

Regionen und Bevölkerungsdichte

Regionen ohne Namen sind nach ihrem Verwaltungssitz benannt.

Einwohner je Quadratkilometer:

2709	< 50
< 150	< 25
< 100	< 10

MAURETANIEN

Rosso
Podor
Richard Toll
Saint-Louis
Lac de Guiers
Flußregion 15
Matam
Louga 17
Linguère
Vallée du Ferlo
Cap Vert · Thiès
144
Diourbel 142
DAKAR
M'bour
Fatick 60
Bakel
Kidira
Kayes
Sine-Saloum 51
Kaolack
MALI
N
1 cm
◀ 75 km ▶
Tambakounda
BANJUL
Georgetown
Serekunda
GAMBIA
Ostsenegal 6
Kolda
Vélingara
Atlantik
54
Casamance 29
Ziguinchor
Kédougou
Cap Skirring
GUINEA-BISSAU
Koundara
GUINEA
Bafatá

© Peter Meyer Reiseführer

MODERNE & KULTUR

tum läßt sich vor allem an der fehlenden Familienplanung und Geburtenkontrolle festmachen. In Senegal ist das durchschnittliche Heiratsalter der Frauen extrem niedrig. Jede zweite Frau mit 17 Jahren ist bereits verheiratet. Nur wenige bleiben ledig. Die Hauptverantwortung für die Empfängnisverhütung liegt bei den Frauen, sie wird nur von einem kleinen Teil praktiziert. Die Wunschkinderzahl wird mit acht angegeben – die tatsächliche Anzahl der Kinder liegt oftmals höher. Familien mit einem Dutzend und mehr Kindern sind keine Seltenheit. Für den hohen Kinderwunsch ist auch der niedrige Status der Frau verantwortlich. Je mehr Kinder sie zur Welt bringt, desto größere soziale Anerkennung ist ihr sicher. Kinder gelten zudem als Absicherung für die Altersversorgung.

Senegal ist ein »junges« Land. Der Anteil der Kinder und Jugendlichen unter 15 Jahren machte 1991 45,5 % der Bevölkerung aus. Liegt schon die Säuglingssterblichkeit sehr hoch (jedes zwölfte Baby stirbt vor Beendigung des ersten Lebensjahres), so liegt auch die durchschnittliche Lebenserwartung der Kinder, die das erste Lebensjahr überlebt haben, nur bei 49 Jahren. Die durchschnittliche Lebenserwartung von Männern und Frauen unterscheidet sich dabei nur unwesentlich.

Bevölkerungsdichte

Gemessen an afrikanischen Verhältnissen liegt die Bevölkerungsdichte
mit 40 Einwohnern je km² (1993) auf
hohem Niveau. Die einzelnen Regionen sind unterschiedlich dicht bevölkert. Überaus dicht besiedelt sind vor
allem die küstennahen Regionen am
Atlantik. Allein am Cap Vert leben
mit drei Millionen Menschen mehr als
ein Drittel der gesamten Bevölkerung.
Die Verstädterung nimmt rasant zu.
Die Einwohnerzahl der Hauptstadt
Dakar wächst durch Zuwanderung,
Flüchtlinge und Geburten jährlich um
6 %. 40 % der Senegalesen sind heute
schon in Städten zu Hause. Am dünnsten besiedelt sind die Ferlo-Savanne
im Landesinneren und der Südosten

in der Region Tambacounda, wo nur
7 Einwohner auf einen km² kommen.

Ethnische Gruppen

Die Bevölkerung Senegals setzt sich
aus einer Vielzahl von Volksgruppen
und Stämmen zusammen, die sich
durch Sprache, Aussehen und Kultur
zum Teil wesentlich voneinander unterscheiden. Von den mehr als 20
westatlantischen Gruppen vereinigen
fünf allein 85 % der Gesamtbevölkerung auf sich.

Die *Wolof* stellen mit rund 44 %
die größte Volksgruppe in Senegal.
Als Nachfahren der schon früh islamisierten Wolof-Königreiche bewoh-
nen sie heute vorwiegend die Küstenregion zwischen Saint-Louis und dem

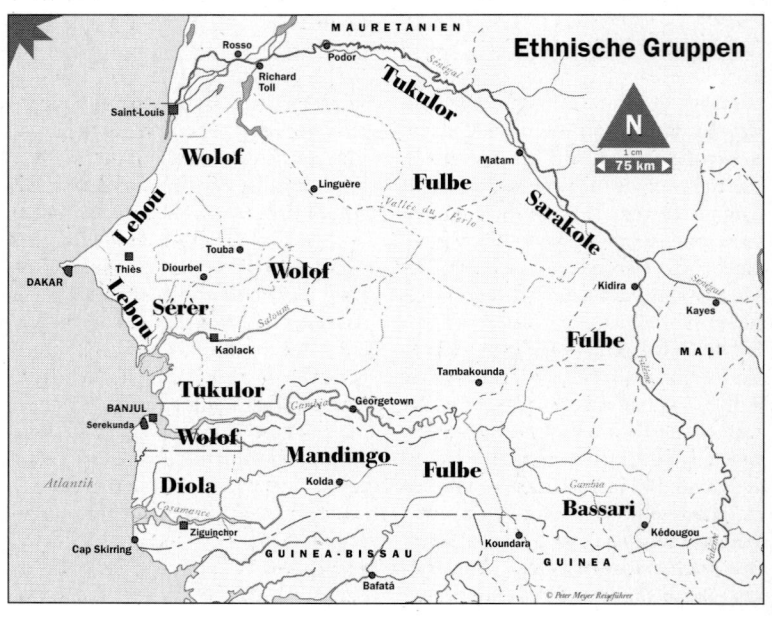

Cap Vert, breiten sich jedoch mehr und mehr über ganz Senegal aus. Die Wolof waren eines der ersten afrikanischen Völker, das mit den Europäern in Berührung kam. Sie sind überwiegend Bauern, finden sich heute jedoch in allen Schichten und nehmen oftmals hohe Stellungen in Staat und Gesellschaft ein.

Im Laufe der Geschichte fand eine kulturelle Vermischung z.B. mit Mauren aus dem Norden oder Mandingo aus dem Osten statt.

Eine mit den Wolof eng verwandte Volksgruppe ist das kleine Volk der *Lebou*, die überwiegend als Fischervolk am Cap Vert leben.

Nach den Wolof sind die *Sérèr* mit 15 % die zweitstärkste Bevölkerungsgruppe. Ihr Siedlungsraum liegt südlich von dem der Wolof an der Petite Côte und im Sine-Saloum. Neben dem Fischfang leben sie vor allem vom Erdnuß-Anbau. Viele Sérèr bekennen sich zum Christentum.

Die *Tukulor* (11 %) sind die Nachfahren des alten Tekrur-Reiches und haben sich im Lauf der Geschichte stark mit Berbern und Fulbe vermischt. Sie siedeln traditionell im Norden des Landes an den Ufern des Sénégal.

Die größtenteils an traditionelle Stammesreligionen gebundenen *Diola* (4 %) leben als Reisbauern und Fischer in der Basse Casamance im Süden des Landes. Im Unterschied zu der zumeist hierarchischen Sozialstruktur anderer westafrikanischer Völker, fühlen sich die Diola an keine übergreifenden politischen Autoritäten gebunden, was auch in ihrem Au-

tonomiestreben zum Ausdruck kommt. Durch die relativ späte Erschließung der sumpfigen Casamance durch die Europäer konnten die Diola noch viele Elemente ihrer ursprünglichen Kultur bewahren.

Die *Fulbe* (auch *Peulh* genannt) leben als nomadisierende Rinderhirten über den ganzen Sahel verstreut. Ihre Weidegebiete liegen vornehmlich in der trockenen Ferlo-Savanne im Landesinneren. Das auffallend hellhäutige, nicht-negride Volk bekennt sich zum Islam.

Die *Mandingo* (Mande) verstehen sich als Nachfahren des mittelalterlichen Mali-Reiches. Sie leben vornehmlich in den Trockensavannen im östlichen Senegal. Eng verwandt mit den Mandingo sind die *Soninke*, die vorwiegend am Oberlauf des Sénégal siedeln.

Das ethnische Spektrum wird vervollständigt durch kleine Gruppen von *Bambara*, *Bassari* sowie *Mulatten* von den Kapverdischen Inseln. Aus den südlichen Nachbarländern Guinea und Guinea-Bissau fanden in Senegal zudem mehrere hunderttausend politische Flüchtlinge eine neue Heimat, aus Mauretanien lebten nach Angaben des UNHCR 1994 außerdem 68.000 Flüchtlinge im Land.

Unter den Nichtafrikanern sind vor allem die schon gegen Ende des 19. Jahrhunderts über Marseille eingewanderten *Libanesen* und *Syrer* zu nennen. Ihre Zahl wird auf etwa 15.000 geschätzt. Sie leben überwiegend in Dakar und anderen größeren Städten des Landes und kontrollieren weite Teile des Handels. Von den Europäern stellen die *Franzosen* die größte Gruppe.

Sprache und Bildung

Amtssprache ist *Französisch,* es wird überall auf Banken, der Post, in Hotels und Reisebüros gesprochen. Bis heute ist das Französische jedoch lediglich die Sprache der gebildeten Oberschicht und wird nur von etwa 30 % der Bevölkerung beherrscht.

Die weitaus verbreitetste Umgangssprache ist *Wolof,* die von etwa der Hälfte der Senegalesen gesprochen wird. Nach der Unabhängigkeit entwickelte man ein Alphabet, das die Laute wiedergibt, und legte auch eine exakte Grammatik fest. Anfang der 70er Jahre wurde sie zur zweiten Amtssprache erhoben. Seither gewinnt die nach der größten ethnischen Gruppe Senegals benannte Sprache immer mehr an Bedeutung.

Wer ein paar Worte Wolof kann, öffnet leicht die Herzen der Senegalesen. Die Aussprache ist nicht besonders schwierig, im allgemeinen wird so betont, wie man es auch im Deutschen tut. Verben bleiben immer im Infinitiv stehen, müssen also nicht konjugiert werden. Das klingt sehr einfach, schwierig wird es mit den persönlichen Fürwörtern. Die haben

---

NDANK NDANK MOOY
JAPP GOLO CI ÑAAY.

*Langsam fängt
man den Affen im Wald.*
(senegal. Sprichwort)

---

im Wolof nämlich verschiedene Zeitformen. Außerdem gibt es sechs Gegenwartsformen!

Neben Wolof sind in Senegal noch etwa 17 weitere Sprachen verbreitet. Die wichtigsten davon sind *Sérèr, Diola, Mandingo, Fulani, Pular* und *Soninké.* Stark gefördert wird das *Arabische,* das vornehmlich in den Koranschulen unterrichtet wird.

Im Anhang findet sich eine kleine Wortliste mit den wichtigsten Floskeln und Zahlworten in Wolof, Diola und Mandingo.

Das **Schulwesen** ist ganz nach französischem Vorbild aufgebaut und umfaßt Grund-, Mittel- und Sekundarschulen. Schulsprache ist Französisch. Seit Anfang der 80er Jahre wird auch in Wolof unterrichtet. Die sechsjährige Sekundarstufe kann mit dem Abitur *(Bakkalaureat)* abgeschlossen werden, das zum Studium an der Universität berechtigt.

Dakar besitzt eine der bedeutendsten Universitäten Westafrikas mit Fakultäten für Medizin, Recht, Wirtschaftswissenschaften und anderem. Um die überlaufene Universität Dakars zu entlasten, wurde 1984 in Saint-Louis eine zweite Universität gegründet. Außerdem gibt es zehn Hochschulen, darunter eine Pädagogische Hochschule für Mädchen auf der Île de Gorée, sowie fünf Berufsschulen.

Offiziell besteht für alle Kinder zwischen sieben und zwölf Jahren Schulpflicht, doch geht nur etwa die Hälfte zur Schule. Es gibt zu wenig Schulen, die Klassen sind hoffnungslos überfüllt und wer sich nicht rechtzeitig um einen Schulplatz bemüht, bleibt einfach auf der Strecke und muß bis zum nächsten Schuljahr warten. Besonders problematisch gestaltet sich die Situation in ländlichen Regionen. Oft müssen die Kinder in aller Frühe aufstehen, um ihren viele Kilometer langen Schulweg zu Fuß zurückzulegen. Richtig strapaziös gestaltet sich erst der Nachhauseweg in der Nachmittagshitze. Noch heute sind rund 62 Prozent der Senegalesen Analphabeten.

WAX LOO XAM, DEF LOO MËN, SOO TËDD NELAW.

*Sag nur, was du weißt,
tu nur, was du kannst,
und wenn du dich hinlegst,
dann schlafe auch.*
(senegal. Sprichwort)

Besonders für Frauen ist die Ausbildungslage schwierig, für Mädchen gilt immer noch, heiraten und Kinderkriegen sei wichtiger als das Alphabet zu beherrschen. So lag 1990 die Einschulungsrate bei Jungen um 55 %, bei Mädchen nur bei 41 %, bei der Weiterbildung geht die Schere trotz steigender Gesamtzahlen weiter auseinander, nur noch ein Fünftel aller Jungen und ein Zehntel aller Mädchen besuchen mittlere oder höhere Schulen. An Universitäten sind Frauen noch deutlicher unterrepräsentiert, nur ein Fünftel aller Studierenden sind weiblichen Geschlechts. Erwachsene Frauen haben schließlich durch ihre Beschränkung auf Haus und Familie selbst in der Stadt grundsätzlich weniger Gelegenheit, noch lesen und schreiben zu lernen als erwachsene Männer.

Religion

Ebenso mannigfaltig wie die Völker Senegals sind auch die Religionen, die sie praktizieren – archaische wie fremde.

Stammesreligionen

Durch vielfältige Fremdeinflüsse der letzten Jahrhunderte konnten sich die ursprünglich in ganz Westafrika praktizierten Riten und magischen Bräuche in ihrer reinen Form nur noch in wenigen Regionen erhalten. Die oftmals mit dem Begriff animistisch umschriebene Vorstellung, daß nicht der Mensch allein, sondern alles was da kreucht und fleucht und selbst Wasser, Wolken und anderes beseelt sein können, wird heute in Senegal gerade noch von etwa 3 % der Bewohner geteilt.

Von »fortschrittlichen« Senegalesen wird der *Animismus* (lat. Seelenlehre) oftmals belächelt oder gar als überholt und rückständig erachtet. Viele Animisten bekennen sich heute aus sozialer Anpassung zu anderen Religionen, um »ihre Ruhe zu haben«. Die Riten werden nicht selten im Verborgenen weiter praktiziert.

Natur, Himmel und Erde werden entsprechend dem animistischen Glauben von einer Vielzahl von Göttern und Geistern bevölkert. Durch Riten, Opfer, Tänze und Gesänge wird versucht, diese unsichtbaren,

MODERNE & KULTUR

übernatürlichen Mächte positiv zu beeinflussen, um so Unglück und Böses abzuwenden. Relativ weit verbreitet ist der Brauch, durch das Tragen von Amuletten – sogenannte *Gris-Gris* – sich vor Erkrankungen aller Art zu schützen und vor allem bösen Zauber abzuwehren. Dazu werden kleine Lederetuis um den Hals, die Hüfte oder den Arm getragen, die mit getrockneten Vogeleiern, Tierkrallen, Knochen, Fellstückchen oder anderen als magisch angesehenen Gegenständen gefüllt sein können. Auf vielen afrikanischen Märkten kann die ganze Bandbreite dieser Ingredenzien käuflich erworben werden. Bei den Moslem hat es sich eingebürgert, auch Koranverse mit sich zu tragen.

Unter den westafrikanischen Stämmen nimmt auch der *Ahnenkult* eine besonders bedeutsame Stellung ein. Verstorbene Vorfahren können sich als Tier verkörpern und so in der Familie oder der Gemeinschaft ihrer Nachkommen weiterwirken. Die entsprechenden Tiere, beispielsweise

Krokodile oder Schlangen, werden oftmals als heilig verehrt.

In Senegal ist die animistische Religion vor allem noch bei den in der Casamance lebenden Diola und der kleinen Volksgruppe der Bassari im Südosten verbreitet. Um die Fruchtbarkeit ihrer Felder zu fördern, unterhalten die Diola *Schutzgeister*. Tier- und Reisopfer sollen fruchtbringenden Regen bewirken. Die Schutzgeister schlummern in als heilige Plätze verehrten Fetischen. Sie sind oftmals durch umzäunte Baumwurzeln oder an Knochenresten von Tieropfern zu erkennen.

Auch *Initiations- und Beschneidungsriten* sind bei den Diola noch üblich. Die jungen Männer leben dazu mehrere Wochen von der Gemeinschaft abgeschieden. In den sogenannten »Heiligen Hainen« machen sie eine Art Lehrzeit durch, in der sie in die kultischen Bräuche des Stammes eingeweiht werden. Auch Mädchen werden »beschnitten«, mehr dazu Seite 56.

Animismus ist eine diesseitsbezogene Religion, die keine Belohnung oder Bestrafung für den irdischen Lebensweg im Jenseits vorsieht. Es handelt sich um eine nationale Religion, bei der jeder Stamm seine eigenen Götter besitzt, die nur ihr Volk schützen, also von Fremden nicht angebetet werden können. Die Macht der Magie hat sich bis heute gehalten und steht nicht im Widerspruch zum Islam oder Christentum. Im Laufe der Geschichte hat sich der Islam mit dem Animismus verbunden und eine Verschmelzung der Glaubensformen hervorgebracht.

Der Islam

Die Ausbreitung des Islam hat, wie überall in Afrika, die letzten Jahrzehnte auch in Senegal enorm zugenommen. Waren es 1930 gut 50 %, so bekennen sich heute bereits mehr als 93 % der Sengalesen zum islamischen Glauben sunnitischer Ausrichtung. Nomadisierende Berberstämme aus der Sahara und Marokkaner aus Nordafrika brachten den Islam bereits im 11. Jahrhundert in das Sénégal-Tal, wo die neue Religion zunächst von den dort ansässigen Tukulor und Soninke angenommen wurde. Über Jahrhunderte hinweg blieb er auf die adligen Schichten der Königtümer und reicher Kaufleute beschränkt, während die einfachen Bauern und Hirten das ganze Mittelalter hindurch weiterhin ihren Stammesreligionen anhingen. Die auf gegenseitige Toleranz beruhende Koexistenz der Glaubensbekenntnisse wurde erst im 18. und 19. Jahrhundert gestört, als fanatische Fulbe und Tukulor im »Heiligen Krieg« fast die ganze Sahelzone gewaltsam islamisierten.

Im Unterschied zum Islam nordafrikanischer Prägung, der das gesamte öffentliche und gesellschaftliche Leben durchdringt, entwickelte sich südlich der Sahara eine etwas abgeschwächte und weniger dogmatische Form der Lehre Mohammeds. Die westafrikanischen Mohammedaner verehren zwar Allah als einzigen Gott, *la illah el allah*, es gibt keinen Gott außer Allah, lautet das Glaubensbekenntnis, und sie praktizieren die im *Koran*, der heiligen Schrift der Muslime, festgehaltenen Vorschriften, die sogenannten »Fünf Säulen des Islams«:

• das Bekenntnis, daß es keinen Gott gibt außer Gott und daß Mohammed der Gesandte Gottes ist;

• das rituelle Gebet, das fünfmal täglich zu bestimmten Zeiten verrichtet werden muß und dem stets rituelle Waschungen vorausgehen (Die Gebete werden in einem genau festgelegten Bewegungsablauf vollzogen, der die Niederbeugung vor Gott beinhaltet, bei der die Stirn den Boden berührt);

• das Almosenspenden, das eine gewisse Umverteilung des vorhandenen Reichtums an Bedürftige und Notleidende bewirken soll;

• das Fasten im Monat Ramadan (siehe auch Seite 115);

• die Pilgerreise nach Mekka, die jeder Gläubige, der körperlich und materiell dazu in der Lage ist, mindestens einmal im Leben unternehmen soll.

Jedoch wurden die überlieferten Sozialstrukturen mit den alten Sitten und Bräuchen weitgehend beibehalten. Selbst die auf dem Koran beruhende islamische Rechtsprechung, die *Schari'a*, die einigen fundamentalistisch geprägten Ländern des Nahen Ostens ausgeübt wird, kommt in Westafrika so gut wie nie zur Geltung. Es blieb selbst Raum für traditionell animistische und magische Elemente, die zum Teil mit dem neuen Glauben verbunden wurden. Neben dem *Imam,* dem Vorbeter in der Moschee, gibt es viele sogenannte *Marabouts,* die als Heiler und Magier auftreten, bei Beschneidungsriten und Heiratszeremonien mitwirken und viele der alten animistischen Riten übernommen haben. Auch vom neuerlichen Erstarken fundamentalistischer Kräfte im Nahen Osten und Nordafrika blieb der Islam westafrikanischer Prägung bislang so gut wie unberührt.

Die Muslime Senegals sind in verschiedenen religiösen Bruderschaften zusammengeschlossen, die einem geistlichen Führer, dem *Marabout*, unterstehen. Der Marabout nimmt quasi eine Vermittlerrolle zwischen dem Gläubigen und Allah ein, was der auf die Gemeinschaft und nicht auf das Individuum ausgerichteten animistischen Tradition viel eher entspricht, als der ursprüngliche Islam. Die bedeutendste Bruderschaft ist die der *Mouriden,* die in Regierung und Wirtschaft über großen Einfluß verfügt. Die religiösen Zentren der Mouriden sind die Städte Touba und M'backé westlich von Dakar.

Beschneidungsriten bei Frauen

Die Verbreitung des männlich-autoritär strukturierten Islam hat die Anwendung bestimmter Bräuche mit sich gebracht, die nicht alle explizit im Koran festgeschrieben werden. Dennoch wird die Religion als häufigstes Motiv herangezogen, wenn es darum geht, Gründe für Vielehe und Beschneidungsriten an Kindern anzugeben. Gleichwohl muß man sehen, daß auch andere Religionen – nicht immer beeinflußt durch den Islam – dem Irrtum aufsitzen, die Verstümmelung der weiblichen Sexualorgane würde Frauen »rein« und jungfräulich halten. Andere Vorstellungen gehen davon aus, der Ritus würde die Fruchtbar-

keit der Frauen erhöhen, verhindern, daß ihr männliches Merkmal (Klitoris) den Mann beim Geschlechtsakt vergifte oder die fast ganz zugenähte Vulva den Genuß des Mannes beim Geschlechtsakt fördere.

Die sogenannte Beschneidung von Mädchen ist nicht mit derjenigen von Jungen gleichzusetzen. Dieser ebenfalls nicht nur im Islam praktizierte Brauch beschränkt sich immer auf das Einritzen oder Entfernen der Vorhaut am Penis, was schmerzhaft ist, medizinisch gesehen aber wenig bis gar keinen Schaden anrichtet. Die Prozedur ist für die acht- bis zehnjährigen Jungen eingebettet in eine Zeremonie, bei der sie offiziell und feierlich in die Gesellschaft der Erwachsenen aufgenommen werden.

Die Prozedur verläuft bei Mädchen hingegen vollkommen gegensätzlich. So wie der Zweck der »Operation« die Beschneidung der Rechte der Frau insgesamt ist, so verläuft auch das Geschehen oft im Verborgenen ohne Feierlichkeiten und ohne Regel sowohl an Kleinkindern wie auch an bereits älteren Mädchen. Es gibt verschiedene Arten von »Beschneidungen«, wobei man weiß, daß in Senegal in den meisten Bevölkerungsgruppen die *Excision* vorgenommen wird, das heißt Klitoris und die inneren Schamlippen werden herausgeschnitten. In Mali und Nordost-Senegal wird darüberhinaus auch die *Infibulation* angewendet, was bedeutet, daß zusätzlich die inneren Schichten der äußeren Schamlippen entfernt werden; die Hautreste werden so zusammengenäht, daß sie nur noch eine oft stecknadelkleine Öffnung bilden, durch die geradeso Urin und Menstruationsblut abfließen können.

Man schätzt, daß in ganz Afrika die Zahl der »beschnittenen« Frauen bei etwa 94 Millionen liegt, in Senegal (und Gambia) sind vielleicht die Hälfte aller Frauen auf diese Weise verstümmelt. Der Eingriff wird meist von älteren Frauen des Dorfes oder der Großmutter des betroffenen Mädchens durchgeführt, allermeist ohne Betäubung, chirurgisches oder wenigstens antiseptisches Gerät und Zubehör. Tiefsitzender Schock, Schmerzen, langandauernde Komplikationen, Blutungen und (häufig tödliche) Infektionen sind von da an ständige Begleiter im Leben der Frauen. Geschlechtsakt und Geburten sind für die meisten quälende Erlebnisse, die nur mit Gleichmut ertragen werden können. Den Verlust eines wesentlichen Körperteils und des damit verbunden Gefühlslebens kann niemand nachempfinden.

LITERATUR-TIP:
Hanny Lightfoot-Klein, *Das grausame Ritual,* Fischer TB, Frankfurt a.M. 1992. Die Sozialpsychologin berichtet von ihren persönlichen Eindrücken zum Thema sexuelle Verstümmelung afrikanischer Frauen, die sie zu einer wissenschaftlichen Studie ausgebaut hat.

Alice Walker, *Sie hüten das Geheimnis des Glücks,* rororo, Reinbek 1995. Der Roman der Autorin des Bestsellers »Die Farbe Lila« setzt sich engagiert mit der Klitorisbeschneidung auseinander.

Polygamie

Polygamie – die Vielehe, die Männern erlaubt, mehrere Frauen zu ehelichen – könnte unter den eben geschilderten Umständen von manchen Frauen geradezu als Erleichterung empfunden werden, denn so ruhen die »ehelichen Pflichten« nicht mehr allein auf ihren Schultern. Doch von dem größten Teil der Frauen wird die vom Islam erlaubte, auf vier Frauen beschränkte Vielehe als Demütigung und Schmach verstanden – was sie objektiv ja auch ist. In Literatur und Film ist Polygamie bereits ein häufiges Thema, die Bücher von *Mariama Bâ, Myriam Warner-Vieya* und *Aminata Sow Fall* sind hierbei an erster Stelle zu nennen (siehe Seite 67ff).

In den von der (westlichen) Moderne geprägten Großstädten wird Polygamie heutzutage bereits weniger praktiziert. Zum einen sind hier die kulturfremden Einflüsse stärker wirksam und die Ausbildungs- und Verdienstchancen für Frauen größer, zum anderen verpflichtet der Islam den Mann zum Unterhalt seiner Ehefrauen, was einen gewissen Wohlstand voraussetzt, der für einen Mann allein in der Großstadt nicht so leicht zu verdienen ist wie für einen relativ vermögenden Vieh- oder Grundbesitzer auf dem Land.

Doch auch wenn uns die Frauen im islamisch geprägten Senegal oder anderen westafrikanischen Ländern als besonders selbstbewußt und stark erscheinen – was sie von ihrem Charakter her bestimmt sind –, konnten sich die selbstverständlichen Rechte der Frau noch nicht bzw. nicht wie-

MODERNE & KULTUR

der gegen religiöses und kolonialistisches Patriarchat durchsetzen.

Das Christentum

Mit den Kolonisatoren kamen gleichzeitig auch christliche Missionare nach Afrika. In Westafrika überließen die Franzosen den Missionsstationen zunächst den gesamten sozialen Bereich. Die vornehmlich katholischen Missionare übten in vielerlei Weise ihren Einfluß aus. Sie gründeten Missionsschulen, bauten Krankenhäuser, bekämpften Epidemien und opponierten gegen den Sklavenhandel. Schon 1828 wurde in Saint-Louis die erste Kathedrale geweiht. In Dakar wurde 1845 die erste katholische Kirche erbaut, bereits wenige Jahre später erhielt der erste Senegalese die Priesterweihe.

Nur wer sich mit den Missionaren gutstellte, konnte auf einen der wenigen Plätze in ihren Schulen hoffen – als »Eintrittsgeld« wurde stets die Taufe abverlangt. Der Übertritt zum Christentum geschah so für viele Afrikaner eher aus Zweckdenken als aus religiöser Überzeugung. Trotz der jahrhundertelangen Missionstätigkeit konnte das Christentum in Senegal nicht richtig Fuß fassen. Lediglich etwa 6 % der Senegalesen sind heute Christen. Ihr Anteil nimmt ständig ab. Die christliche Kirche fand sich außerstande, sich an die afrikanischen Traditionen anzupassen. Viele Afrikaner geben heute der Konkurrenz, sprich dem Islam, den eindeutigen Vorzug, nicht selten aus wirtschaftlichen Gründen. Das Christentum kann sich zudem nur schwer vom Ruf

einer kolonial übergestülpten Religion befreien. Erst in den letzten Jahrzehnten wurde versucht, afrikanische Elemente in die christliche Lehre einzubeziehen, wie beispielsweise die Tolerierung der Polygamie. Dakar ist heute Sitz eines Erzbischofs. Neben Katholiken gibt es auch eine kleine protestantische Gemeinde.

Kunst und Kultur

Die Gesellschaften Westafrikas haben eine starke eigenständige Alltagskultur entwickelt, die sich besonders in einer der Natur angepaßten dörflichen Architektur, einem reichhaltigen Kunsthandwerk und in einer alten, aber fortentwickelten Musiktradition zeigt.

Bau- und Wohnformen
Kegeldachhütten

Im ländlichen Sahel dominiert die quadratische oder zylindrische Kegeldachhütte. Sie ist bei den Tukulor, Fulbe, Soninke, Bambara und Mandingo die bevorzugte Wohnform. Neben den Hütten finden sich kleinere ebenfalls zylindrische Hirsespeicher, zumeist etwas erhöht auf Pfählen gebaut, um so die Ernte vor Schädlingen zu schützen.

Als Baumaterial für die Hütten werden luftgetrocknete Lehmziegel verwendet. Als Mörtel dient oftmals eine Mischung aus Termitenerde und Karité-Butter. Die Dächer sind traditionell mit Stroh gedeckt. In neuerer Zeit wird das Strohdach aber zunehmend durch Wellblech ersetzt, das als unverwüstlich gilt und selbst heftige tropische Regengüsse abwehren kann.

Auf Dauer ist es billiger, da Strohdächer alle paar Jahre erneuert werden müssen. Baubiologische Nachteile werden in Kauf genommen: im Sommer kann es unter einem Wellblechdach unerträglich heiß werden, in kühlen Winternächten dagegen kühlt die Hütte schneller aus.

Mehrere Hütten, zumeist von einem Zaun umgeben und um einen Innenhof gruppiert, bilden einen *Compound*, in dem die ganze Großfamilie zusammenlebt. Ein Dorf setzt sich aus mehreren Compounds zusammen.

Sippengehöfte der Diola

Zu den in Westafrika außergewöhnlichsten Bauformen gehören die Sippengehöfte der Diola in der Casamance, wenn auch bedingt durch den sozio-kulturellen Wandel nur noch wenige Beispiele erhalten geblieben sind. Am beeindruckendsten ist das im sogenannten Impluviumstil erbaute *Regenhaus*. Das aus ungebrannten Lehmziegeln gebaute große Rundhaus hat einen offenen Innenhof, in dem das vom Dach abfließende Regenwasser in einem Becken gesammelt wird. Der Atrium-Bau bietet Platz für die ganze Großfamilie, das Vieh und verfügt dazu über extra Räume für die Lagerung der Ernte. Den äußerst aufwendigen Baustil eines *Case à impluvium* konnten sich allerdings nur wohlhabende Bauernfamilien leisten. Es wird angenommen, daß über das Sammeln von Wasser hinaus der festungsähnlich ange-

Wohnkultur mit Tradition: die strohgedeckte Kegeldach-Rundhütte verspricht ein besseres Wohnklima als die modernen wellblechabgedeckten Betonbungalows.

legte Rundbau auch als Schutz vor verfeindeten Sippen diente.

Ein anderes Beispiel der Diola-Architektur sind die *Etagenhäuser*, wie sie heute noch in Mlomp und Oussouye zu sehen sind. Es handelt sich um zwei, durch eine steile Treppe miteinander verbundene Stockwerke. Zweigeschossige Häuser sind in der westafrikanischen Dorfarchitektur ansonsten völlig unüblich. Im Erdgeschoß befanden sich die Stallungen, darüber lagen die Wohnräume.

Als *Hankgehöfte* werden Wohngebäude bezeichnet, die sich ringförmig um einen zentralen, zumeist rechteckigen oder hufeisenförmigen Innenhof *(Hank)* gruppieren. Wie auch bei den Etagenhäusern können die Eingangstüren von kunstvoll verzierten Säulen eingerahmt sein. Im Hankgehöft lebten mehrere Großfamilien in getrennten Haushalten zusammen.

Obschon die Diola heute immer noch in verhältnismäßig stattlichen Häusern leben, wurden die einstigen großen Sippengehöfte mehr und mehr aufgegeben. Baumaterial ist knapp, der Bau selbst zu aufwendig. Die junge Generation zieht außerdem die kleinfamiliäre Unabhängigkeit vor; vielfach werden kleinere, mit Wellblech gedeckte Häuser gebaut.

Stadtarchitektur

Eine städtische Architektur, wie sie sich besonders in der mittelalterlichen Sudanarchitektur im benachbarten einstigen Großreich Mali (Timbuktu, Mopti, Djenné) manifestieren konnte, gibt es in Senegal nicht. Rudimente der sudanesischen Lehmarchitektur finden sich lediglich im Siedlungsgebiet der Tukulor im Sénégal-Tal (z.B. in Podor).

Die ersten Städte an Senegals Küste wurden von Franzosen gegründet. Die beeindruckendsten Zeugnisse französischer Kolonialarchitektur sind auf Gorée, in Saint-Louis und Ziguinchor zu sehen, tragen jedoch deutliche Spuren des Verfalls.

Die Architektur seit der Unabhängigkeit wird in erster Linie von funktionalen Zweckbauten geprägt. Einige wenige Glanzlichter der modernen Baukunst setzten Repräsentationsbauten wie beispielsweise die *Bibliothek der Universität* von Dakar, bei der versucht wurde, europäische Gradlinigkeit mit afrikanischer Phantasie zu verbinden. Dakar hat übrigens mit dem *Sandaga-Markt, dem Ifan-Museum* und dem *Institut Hygiene Sociale* an der Avenue Blaise Diagne auch einige bemerkenswerte Bauten neosudanesischer Lehmarchitektur aufzuweisen.

Islamische Baukunst

Nicht vergessen werden darf die islamische Baukunst. Mit der fortschreitenden Islamisierung entstanden überall im Land neue, teils überaus prächtige Moscheen. Neben der 1964 fertiggestellten, ganz im nordafrikanischen Stil gehaltenen *Großen Moschee* in Dakar gebührt der erste Rang unter den islamischen Bauten der *Mouriden-Moschee* in Touba.

Die Moschee ist laut wörtlicher Übersetzung die Ort, an dem man sich vor Gott im Gebet niederbeugt. Jede Moschee besteht aus einer abgeschlossenen Gebetshalle, die nur barfuß und nur von Männern betreten werden darf. Drinnen zeigt eine in die Wand eingelassene Gebetsnische, der *Mihrab*, die Richtung nach Mekka an. Das *Freitagsgebet* wird von dem *Minbar* aus, einer hölzernen Kanzel, vom *Imam*, dem Vorbeter, gesprochen.

Vom **Minarett,** dem auf arabisch *Manara* genannten Moscheeturm, ertönt fünfmal am Tag die Stimme des *Muezzin,* der die Gebetszeit ausruft. Größere Moscheen haben manchmal sogar zwei Minarette. Zu den unabdingbaren Elementen einer jeden Moschee gehört eine Waschgelegenheit (meist im Hof gelegen), welche die vorgeschriebenen Waschungen von Gesicht, Kopf, Händen und Füßen ermöglichen.

Kunsthandwerk

Kunst und Handwerk verbinden sich in Westafrika noch auf ganz natürliche Weise zu Kunsthandwerk. Viele Gebrauchsgegenstände und landwirtschaftliche Geräte weisen einen künstlerischen Einschlag auf. Sie sollen nicht nur nützlich, sondern auch schön mit Ornamenten und geometrischen Mustern verziert sein. Darüberhinaus ist Kunsthandwerk in Westafrika untrennbar mit Religion, Kult und Magie verbunden. So hat für den Philosophen, Dichter und ehemaligen Staatspräsidenten Senghor afrikanische Kunst stets symbolischen Charakter, die einen »tieferen Sinn der Dinge« einschließt. Bloße »Kunst um der Kunst willen« gibt es nach Senghor dortzulande nicht. Um die unsichtbaren Mächte anzurufen, werden Skulpturen, Kultobjekte und Fetische geschaffen, die je nach Region einen ganz eigenständigen Charakter tragen. In Westafrika nimmt beispielsweise die *Maske* einen besonderen Stellenwert ein. Sie wurden ursprünglich zu rituellen Tänzen ihm Ahnen- und Fruchtbarkeitskult getragen. Bei den islamisierten Völkern dagegen gibt es weder figürliche Statuen noch menschliche Abbildungen, da der Islam verbietet, irgend ein menschliches Abbild zu schaffen. Alternativ dazu wurde eine symbolische Bildersprache sowie eine reichhaltige, kalligraphische Ornamentik entwickelt.

Durch den wachsenden Fremdenverkehr ist das Kunsthandwerk, wie andernorts auch, starken Veränderungen unterworfen. Der mythologisch-religiöse Symbolgehalt der geschaffenen Gegenstände geht mehr und mehr verloren. Produziert wird für den »Markt«, der zunehmend von Vorstellungen des Käufers bestimmt wird. Der Besucher will ein Stück »traditioneller Volkskunst« erwerben, das einen Hauch von Exotik vermittelt. Es soll wertvoll sein, aber möglichst wenig kosten und gleichzeitig sich dekorativ in die heimische Wohnung einfügen. Obendrein muß das gute Stück kompakt und relativ stabil sein, so daß es sich problemlos im Flugzeug transportieren läßt (Airport-art). Kunsthandwerk wird zum Mitbringsel und ist dadurch nicht selten nach fremden Bedürfnissen ausgerichtet. Die eigenständige kulturelle und künstlerische Identität geht verloren. Folge ist zudem eine gewisse Standardisierung des Designs mit reduziertem Symbolgehalt. Die steigende Nachfrage ist vielfach nur durch Serienproduktion und zunehmenden Maschineneinsatz zu bewerkstelligen. Handwerk wird zu kleinindustrieller Massenproduktion. Originalität und Qualität bleiben auf der Strecke.

Natürlich bringt die wachsende Nachfrage nach kunsthandwerklichen Produkten auch positive Elemente mit sich. Souvenirs sorgen für wirtschaftliches Wachstum und Beschäftigung, beides ist in westafrikanischen Ländern von größter Wichtigkeit.

Literatur
Afrikanische Oralliteratur
In einer des Lesens und Schreibens unkundigen Gesellschaft ist das gesprochene oder gesungene Wort von fundamentaler Bedeutung. Die mündliche Überlieferung von Geschichten, Erzählungen, Mythen, Legenden und Liedern fußt in Afrika auf einer jahrtausendealten Tradition. Träger der mündlichen Überlieferung ist der *Griot,* der sein Wissen von Generation zu Generation weitergibt. Die Griots waren früher hochangesehene Dichter, Musiker und Geschichtenerzähler bei Hof und bei reichen Familien, außerdem fungierten sie als Berater des Herrschers. Dabei wurde ihnen viel Freiheit zugestanden, sie durften auch Kritik üben. Auch heute noch findet sich in fast jedem westafrikanischen Dorf ein Griot oder eine *Griotte.* Sie sind zwar nach wie vor Bewahrer von Geschichten, Erzähler, Sänger und Musiker zugleich, oftmals werden sie aber auch schlicht von betuchten Bürgern für die Darbietung ihres Lobliedes in der Öffentlichkeit bezahlt.

Oralliteratur ist eine Form des kreativen Ausdrucks. Sie ist unterhaltsamer Zeitvertreib und wirkt auch als Erziehungshilfe für die heranwachsende Generation, die noch nicht über viel Lebenserfahrung oder Wissen verfügt. Literatur dieser Art kennt kein Copyright. Eine einmal erfundene und erzählte Geschichte gehört fortan der ganzen Gemeinschaft. Durch die sich extrem schnell verändernde Lebensbedingungen (Radio, Verstädterung, Auflösung der Großfamilie) läuft die Oralliteratur allerdings mehr und mehr Gefahr, auszusterben. Mit dem berühmten Satz »Wo immer ein Griot stirbt, stirbt eine ganze Bibliothek«, faßt der Philosoph Amadou Hampaté Ba aus Mali die Bedeutung der Griots pregnant zusammen.

Früher wurden verstorbene Griots nicht auf dem Friedhof, sondern in hohlen Baobabs beigesetzt, die dann als »heilig« galten. Mit der schwindenden Bedeutung der Griots wird auch der Brauch der besonderen Bestattung nicht mehr gepflegt, er besteht nur noch in wenigen Gegenden fort.

Die Négritude-Bewegung
Die moderne (west-)afrikanische Literatur hat ihren Ursprung nicht in Afrika, sondern – als Begleiterscheinung der kolonialen Besatzung – in Paris. Die französische Hauptstadt wurde Anfang der 30er Jahre zum Sammelbecken afrikanischer Intellektueller, die das zweifelhafte Privileg

genossen, sich im »Mutterland« eine humanistische Bildung aneignen zu dürfen. Das literarische Schaffen ist vor allem an den Namen *Léopold Sedar Senghor* aus Senegal, *Aimé Césaire* aus Martinique und *Léon Damas* aus Guayana festzumachen. Wie alle schwarzen Intellektuellen in Paris waren sie als Folge des französischen Bildungssystems von ihren kulturellen Wurzeln weitgehend entfremdet. Mit der Übernahme der französischen Sprache übernahmen sie gleichzeitig das Denken der Franzosen und vielfach auch deren Wertvorstellungen. In diesem zwiespältigen Dilemma entdeckten Senghor, Césaire und Damas ihr gemeinsames afrikanisches Erbe und formulierten mit dem Begriff der *Négritude* erstmals die Rückbesinnung auf afrikanische Werte. Senghor definierte die neue Wortschöpfung als »die Gesamtheit der kulturellen Werte der schwarzen Welt.«

Die Négritude wurde zu einem geistigen Programm einer neoafrikanischen Kultur ausformuliert, wobei Dichtung und Literatur im Vordergrund standen. Eine der ersten Forderungen war: Zurück zu den Quellen, was heißen sollte, daß sich afrikanische Literatur vom reichen Erbe afrikanischer Erzählkunst inspirieren lassen sollte, am Stil der Griots, der alten Geschichtenerzähler. Jüngere Autoren machten es sich zu ihrer Aufgabe, die mündlich überlieferte Literatur schriftlich festzuhalten. Dies beinhaltete auch, die afrikanische Vergangenheit aufzuarbeiten. Man »besang« in Schriftform die legendären afrikanischen Heldengestalten Sundiata Keita

(»der Löwe« von Mali), Kankan Musa oder den Wolof-König N'diadia Ndiaye. Gleichzeitig wurden erste politische Forderungen laut. Der Kolonialismus wurde angeprangert, die Négritude verstand sich als Stimme des Aufbruchs zu einer neuen Freiheit, sie war geradezu – um mit Senghor zu sprechen – ein »Werkzeug der Befreiung«.

Wichtigstes Sprachrohr der Négritude war die in Paris publizierte Zeitschrift *Présence Africaine,* die bald zu einem bedeutenden Verlagshaus avancierte und zunächst Literatur aus dem frankophonen Afrika und von den Antillen, später auch aus dem anglophonen Afrika veröffentlichte. Die Bewegung wurde schließlich in Frankreich so bekannt, daß sie selbst französische Intellektuelle wie André Breton und Jean-Paul Sartre sowie Maler wie Braque und Picasso beeinflußte. Je mehr Berühmtheit die Négritude erlangte, um so unpolitischer wurde sie jedoch. Die literarische Protestbewegung mit zeitweise revolutionärem Charakter wurde bald vom westlichen Kulturbetrieb aufgesogen. Was blieb, war die Ermunterung zur Selbstfindung der Schwarzen. Sie wirkte als Auslöser, die afrikanische Kultur neu zu entdecken.

Neue senegalesische Autoren

Léopold Senghor, Négritude-Vertreter der ersten Stunde, der sich als Politiker einen Namen machte, findet bereits in seiner ersten Gedichtsammlung *Schattengesänge* (im Original Chants d'ombre, 1945) zu einer gewollten Harmonie zwischen afrikanischer Gefühlswelt und europäischer Geistesklarheit. Zuerst kritisch gegenüber den »harten Händen« der »blauäugigen Brüder«, dann euphorisch von der Schönheit seines Landes und der schwarzen Frauen schwärmend, kehrt er im letzten der 25 rhythmischen Prosastücke nach Europa zurück.

Noch mehr oder weniger stark dem Einfluß der Négritude verhaftet, machten seit der Unabhängigkeit Senegals verschiedene neue Autoren auf sich aufmerksam. Obschon senegalesische Literatur noch immer in französischer Sprache geschrieben wird, lösen sich viele Schriftsteller und Schriftstellerinnen in ihren Stilmitteln immer weiter von europäischen Vorbildern. Auch die Themen sind andere geworden. Wurden in der Négritude zu Recht der Kolonialismus angeprangert und eine einheitliche afrikanische Kulturtradition beschworen, so stehen in der Gegenwartsliteratur rein afrikanische Probleme im Vordergrund.

Einer der radikalsten Autoren, der sich mit seinen Arbeiten bewußt von der Négritude eines Senghor distanziert, dessen Gedichte allzuoft ein fernes, verklärtes Afrikabild beschwören, ist der 1923 in der Casamance geborene **Sembène Ousmane.** Inzest, Prostitution, Polygamie, Bürokratie und eine kritische Einstellung zum Islam, in dessen Name er erzogen wurde, sind die zentralen Themen von Ousmane. In *Chala*, einem seiner bekanntesten Bücher, beschreibt er die Geschichte eines neureichen Geschäftsmannes aus Dakar, der bereits

mit zwei Frauen in polygamer Ehe lebt und im Begriff steht, eine dritte, noch dazu ein blutjunges Mädchen, zu ehelichen. Ousmane schildert hautnah die grotesken Auswüchse der Polygamie im modernen Afrika. Die dritte Ehe wird für seinen Protagonisten zum persönlichen Fiasko, er wird impotent und als Ernährer von nunmehr drei Großfamilien macht er zudem wirtschaftlichen Bankrott. Alles in allem eine bittere Satire auf die deformierte Gesellschaft des heutigen Senegals.

Als überzeugter Sozialist will Ousmane mit seiner Arbeit bewußt verändern. Schon frühzeitig erkannte er, daß er mit seinen in Französisch geschriebenen Romanen nur eine verschwindend kleine Minderheit des senegalesischen Volkes erreichen konnte. In Senegal sprechen 70 % der Menschen kein Französisch, und die, die es können, nehmen sich nur wenig Zeit, zu lesen. Angesichts der enormen Analphabetenrate wandte sich Ousmane dem Film zu, ein für seine Zwecke viel geeigneteres Medium. In einem Interview antwortet Ousmane auf die Frage, ob ihm das Schreiben oder das Inszenieren mehr Befriedigung verschaffe, eindeutig mit: »Das Schreiben, weil das Schreiben in der Einsamkeit geschieht. Der Film hat noch nicht die Möglichkeiten der Literatur erreicht.«

Am Beispiel Sembène Ousmanes zeigt sich das Dilemma der jungen modernen afrikanischen Literatur. So gut wie alle Autoren sind sich darin

Lesen Sie bitte weiter auf Seite 67

Wie kaum ein zweiter Afrikaner prägte Léopold S. Senghor die moderne westafrikanische Dichtung und Kultur ebenso wie die jüngste geschichtliche Entwicklung des Staates Senegal. Am 9. Oktober 1906 in dem Dorf Joal an der Petite Côte als Sohn eines reichen Sérèr-Kaufmanns und einer Fulbe geboren, wächst Senghor im streng katholischen Milieu einer Missionsschule auf und besucht später die zu jener Zeit besten Bildungsinstitute im kolonialen Senegal. 1928 betritt er erstmals das »Mutterland«, studiert in Paris zusammen mit Georges Pompidou und besteht 1935 an der prestigereichen Sorbonne als erster Afrikaner das Staatsexamen.

In Paris kommt Senghor mit der sich formierenden Négritude-Bewegung in Kontakt, zu deren Integrationsfigur er sich aufschwingt. 1933 nimmt er die französische Staatsbürgerschaft an. Nach dem Studium unterrichtet er an verschiedenen Gymnasien mehrere Jahre Französisch, Griechisch und Latein. 1939 formuliert er seine fundamentale These, wonach »die Emotion negerhaft (sei), wie die Vernunft griechisch (sei)«. Im Zweiten Weltkrieg kämpft Senghor an der Front und gerät kurzzeitig in deutsche Kriegsgefangenschaft. Nach dem Krieg erhält er eine Professur für afrikanische Sprachen und Kulturen an der École Nationale de la France d'Outre-Mer. Gleichzeitig wird er 1945 Abgeordneter Senegals in der

Léopold Sédar Senghor
Dichter, Philosoph
und Staatsmann

französischen Nationalversammlung, der er bis 1960 angehört und sich dabei als glänzender Redner und Rhetoriker profiliert. Während dieser Zeit erscheint in Frankreich sein erster Gedichtband *Chants d'ombre* (Schattengesänge). Seine ausdrucksstarken Gedichte, voll Poesie mit betont rhythmischer Sprache und ungewohnt tropischen Bildern sowie sein Engagement gegen den Kolonialismus machen ihn zu einer der wichtigsten Stimmen des »neuen Afrika«.

Neben seinem Interesse für die moderne Literatur vertieft sich Senghor mehr und mehr in philosophische Schriften. Sein Denken orientiert sich vor allem an dem Anthropologen Teilhard de Chardin und Karl Marx. Ohne das Konzept des Klassenkampfes zu übernehmen, fasziniert ihn an Marx seine ganzheitliche Theorie und der Begriff der Entfremdung, der für ihn auch auf die Lage der Afrikaner zutrifft.

In einer eigentümlichen Vermischung der ökonomischen Theorie Marx' und der theologischen Gedanken Teilhard de Chardins fordert Senghor einen neuen Humanismus. Er glaubt, daß sich die Menschheit zu einer »universellen, planetarischen Zivilisation« entwickeln werde.

Als Politiker macht Senghor in Frankreich Karriere. Im Kabinett des Radikalsozialisten Edgar Faure wird er 1955 Staatssekretär für Wissenschaft und Forschung. Er vertritt

MODERNE & KULTUR

Frankreich im Europarat, bei der UNESCO und UNO. 1959 wird Senghor Parlamentspräsident der Föderation Mali, einem halbautonomen Staatengebilde, das die Länder Senegal, Obervolta, Dahomey und Französisch-Sudan umfaßt.

Mit der Unabhängigkeit Senegals im Jahre 1960 wird Senghor erster Staatspräsident der neuen Republik. Zwischen 1962 und 1970 ist er gleichzeitig ihr Ministerpräsident. Der Staat bekennt sich unter Senghor zur *Frankophonie*. Unter der einsetzenden Entkolonialisierung wird gleichzeitig die Verbreitung der französischen Sprache und Kultur gefördert, die noch heute insbesondere in Dakar überall präsent ist. Jetzt selbst an der Macht, offenbaren sich bei Senghor erste Widersprüche zwischen dem, was er denkt, und dem, was er tut. Sein Weg des »afrikanischen Sozialismus« hat keinen durchschlagenden Erfolg. Als Politiker verliert er zusehens seine Radikalität und zeigt eine eher konservative Grundhaltung. Aus dem einstigen Kämpfer gegen den Kolonialismus wird ein Politiker, der selbst Macht ausübt, Oppositionelle verfolgt und in »Schutzhaft« nehmen läßt – weswegen die Verleihung des Friedenspreises des Deutschen Buchhandels 1968 in Frankfurt a.M. auch von lautstarken Protesten begleitet wird. Dennoch, das heutige Senegal hat Senghor viel zu verdanken, sowohl in literarischer, kultureller als auch politischer Hinsicht.

Heute lebt Senghor mit seiner französischen Ehefrau in der Normandie.

Nacht von Sin

Frau, leg deine Balsamhände auf
  meine Stirn, deine Hände, die
  sanfter sind als Pelzwerk.
Über uns wiegen die Palmen sich,
  die kaum noch rauschen
Im hohen Nachtwind. Nicht einmal
  das Lied der Amme.
Es möge uns wiegen, das
  rhythmische Schweigen.
Lauschen wir seinem Gesang,
  lauschen wir dem Gepoch unsres
  dunklen Blutes
Lauschen wir dem dumpfpochenden
  Pulsschlag Afrikas im Nebel
  verlorener Dörfer.

Und jetzt steigt müde der Mond
  herab in sein glattes Meerbett,
Jetzt schläft auch das Gelächter ein,
  selbst die Erzähler
Wackeln mit ihren Köpfen wie auf
  dem Rücken der Mutter das Kind.
Jetzt werden die Füße der Tänzer
  schwer und schwer die Sprache der
  Wechselgesänge.

Es ist die Stunde der Sterne, die
  Stunde der Nacht, die träumt
Und auf den Wolkenhügel sich
  stützt in ihrem langen Lendentuch
  hell wie Milch.
Zärtlich leuchten die Dächer der
  Hütten. Was sagen sie so
  vertraulich den Sternen?
Drinnen erlischt der Herd in
  beißenden süßen Düften.

LÉOPOLD S. SENGHOR,
SCHATTENGESÄNGE, 1945

▶ *Fortsetzung von Seite 64*

einig, daß afrikanische Literatur künftig nur noch in afrikanischer Sprache geschrieben werden könne. Angesichts des zunehmenden Analphabetentums und der allein in Westafrika an die 600 verschiedenen Sprachen und Dialekte, von denen die weitaus meisten nicht über eine Schriftform verfügen, fragt sich eben nur, in welcher Sprache geschrieben werden soll. Bis es soweit ist, wird in Senegal und anderswo in Afrika noch viel in Französisch oder Englisch gedachte und geschriebene Literatur produziert werden, auch auf die Gefahr hin, daß damit in erster Linie westliche Leser erreicht werden. Zumal die Veröffentlichung in einer afrikanischen Sprache dem Autor weder Förderung, Ruhm noch Geld einbringen würde.

Frauen der Literatur

Unter den weiblichen senegalesischen Autoren machten vor allem Mariama Bâ und Ken Bugul von sich reden. Die 1929 als Tochter eines Politkers in Dakar geborene **Mariama Bâ,** Mutter von neun Kindern, nahm sich ebenfalls dem Thema der Polygamie an: »Du stellst dir das Problem der Polygamie einfach vor. Die aber, die damit leben, kennen die Zwänge, die Lügen, die Ungerechtigkeiten, die ihr Gewissen belasten für das kurzlebige Vergnügen einer Abwechslung.« Für ihren Roman *Ein so langer Brief* (Une si longue lettre) erhielt Bâ 1980 den Noma-Preis für afrikanische Literatur. Der *Noma Award for Publishing in Africa* war gerade vom Präsidenten

eines japanischen Verlagshauses ausgeschrieben worden und wählte das Werk von Mariama Bâ aus 120 Büchern aus, die aus siebzehn afrikanischen Ländern der internationalen Jury vorgelegt worden waren. In ihrem zweiten und letzten Roman – sie starb 1981 im Alter von nur 52 Jahren – *Der scharlachrote Gesang* (Le chant êcarlate) beschreibt Mariama Bâ das Scheitern der Mischehe zwischen dem senegalesischen Lehrer Ousman und Mireille, der Tochter eines französischen Diplomaten. Die extremen Schwierigkeiten, die sich Menschen unterschiedlicher Kulturen in einer Partnerschaft aussetzen, werden in diesem Roman besonders einfühlsam und fesselnd geschildert. Es ist nicht etwa der Rassismus, der die schwarz-weiße Beziehung zerbrechen läßt, sondern die Unvereinbarkeit der verschiedenen Kulturen.

Ein aufrüttelndes Buch ist der unter dem Pseudonym **Ken Bugul** veröffentlichte Roman *Die Nacht des Baobab* (Le baobab fou). Ken Bugul schildert darin den Werdegang einer jungen Afrikanerin, die von einem senegalesischen Dorf nach Europa geht, um zu studieren, jedoch bald in die Gefilde von Drogenkonsum und Prostitution abdriftet. Bugul beschreibt, wie sich eine schwarze Frau unter Weißen fühlt – als Konsumartikel, der gerade »in« ist. Der stark autobiographisch geprägte Roman stand Mitte der 80er Jahre an der Spitze der westafrikanischen Bestsellerlisten.

Myriam Warner-Vieya wurde 1939 auf Guadeloupe geboren, lebt aber seit über 30 Jahren in Senegal

MODERNE & KULTUR

*Unnachahmlich: der selbstbewußte Blick –
und die kunstvoll geschlungenen Tücher*

und ist Mitglied in der Vereinigung der senegalesischen Schriftsteller. Ihr zweiter Roman *Juletane* (1982 im Verlag Présence Africaine in Paris erschienen) beschäftigt sich mit den Themen Polygamie und Mischehe. Zwar haben die Protagonisten Mamadou und Juletane die gleiche Hautfarbe, doch auf Grund ihrer sozialen Herkunft völlig unterschiedliche Vorstellungen von Liebe und Eheleben. Juletane ist auf den Antillen geboren und in Paris aufgewachsen. Dort verliebt sie sich in einen senegalesischen Studenten, folgt ihm in seine Heimat und wird dort mit der knallharten Realität afrikanischen Familienlebens konfrontiert.

Aminata Sow Fall ist eine weitere senegalesische Autorin, die sich mit ihrer modernen Parabel *La grève des bàttu* einen Namen gemacht hat. »Der Streik der Bettler«, erschienen 1979 bei Les Nouvelles Editions Africaines, ist noch nicht ins Deutsche übersetzt. Als die Bettler in Dakar aus Rücksicht auf Touristen in die Außenbezirke abgedränkt werden, gerät ein ganzes System ins Wanken. Die Muslime können ihrer Pflicht, Almosen zu geben, nicht mehr nachkommen und müssen mit einem schlechten Gewissen leben. Das sozialkritische Gleichnis übt nicht nur Kritik an der aktuellen Entwicklungspolitik, sondern in einem zweiten Erzählstrang auch an der Polygamie. In der Rahmenhandlung wird das Schicksal einer Frau geschildert, die nach langen Ehejahren von ihrem Gatten mit einer Zweitfrau konfrontiert wird.

Identitätsfindung als Philosophie

Identitätsfindung, die Suche nach der eigenen afrikanischen Kultur, und das Zerrissensein zwischen alten Werten und dem Einfluß des modernen Europas sind die zentralen Themen der jungen senegalesischen Literatur. So klagt zum Beispiel Mariama Bâ: »Unsere gegenwärtige Gesellschaft ist in ihren tiefsten Grundlagen erschüttert, hin- und hergerissen zwischen der Verlockung der importierten Unsitten und dem wilden Widerstand der alten Tugenden. Der Traum von einem steilen sozialen Aufstieg verleitet die Eltern, ihren Kindern mehr Wissen als Erziehung zu vermitteln.«

Ebenso wie Ken Bugul zum Studieren nach Europa geschickt wurde, besucht auch Samba Diallo, der Held in **Cheikh Hamidou Kanes** Erzählung *Der Zwiespalt des Samba Diallo* (L'aventure ambiguë, Das ungewisse Abenteuer) die Universität in Paris. Als Kind streng nach islamischem Glauben erzogen, steht Samba zwischen zwei unvereinbaren Wertsystemen, dem westlichen Rationalismus und der islamischen Denkweise und zerbricht am Ende an dem unüberwindbaren Zwiespalt, der seine Seele zerreißt – erst im selbstgewählten Tod findet er zu einer mystischen Vereinigung mit Gott. Chaikh Hamidou Kane (geboren 1928 im Nordosten Senegals) wurde 1962 für diese stark autobiographische Erzählung mit dem *Grand Prix littéraire de l'Afrique*

Noire d'expression française ausgezeichnet.

Als einer der bedeutendsten Gelehrten Afrikas gilt **Cheikh Anta Diop** (1923 – 1986), Mitbegründer der afrikanischen Geschichtsschreibung auf der Grundlage einer panafrikanischen Idee, Kritiker der Négritude, und – wie man ihn nannte – »Antihegel«. Er suchte zu beweisen, daß nicht Griechenland die Wiege Europas sei, sondern ein schwarzafrikanisch geprägtes Ägypten. Für ihn war somit das Denken in Afrika entstanden. Seine bedeutendsten Werke sind *Nation Nègres et Culture* und *Civilisation ou Barbarie*.

Senegalesische Autoren in Übersetzung & Lese-Empfehlungen

- Sembène Ousmane: *Weiße Genesis*, Oberbaum, Berlin 1983;
  Die Postanweisung, Oberbaum, Berlin 1988;
  Chala, Peter Hammer, Wuppertal 1990;
  Sembène Ousmane und die senegalesische Erzählliteratur, edition text + kritik, München 1994.
- Mariama Bâ: *Ein so langer Brief*, Ullstein, Frankfurt/Berlin 1992
  Der scharlachrote Gesang, S. Fischer, Frankfurt a.M. 1984.
- Ken Bugul: *Die Nacht des Baobab*, Unionsverlag, Zürich 1985.
- Léopold Sédar Senghor: *Wir werden schwelgen, Freundin*, Verlag Volk und Welt, Berlin 1984;
  Bis an die Tore der Nacht, Horst Heiderhoff Verlag, Waldbrunn 1985; Gedichte, zweisprachig, deutsch-französisch.

- Cheikh Hamidou Kane: *Der Zwiespalt des Samba Diallo*, Verlag Otto Lembeck, Frankfurt a.M. 1980.
- Myriam Warner-Vieyra: *Juletane*, Ullstein, Frankfurt/Berlin 1987.
- Gabriela Mönning (Hrsg.): *Schwarzafrika der Frauen*, Frauenoffensive, München 1989.
- Holger Ehling & Koyo Konoh (Hrsg.): *Töchter Afrikas. Schwarze Frauen erzählen*. Mareno, 1994. Schöne Anthologie großer afrikanischer und afroamerikanischer Literatinnen.

Film

Das senegalesische Kino ist untrennbar mit dem Namen **Sembène Ousmane** verbunden. Ousmane ist nicht nur einer der bedeutendsten Schriftsteller, er ist zugleich einer der profiliertesten Filmemacher Westafrikas. Stark politisch engagiert, erkannte er, daß durch das weitverbreitete Analphabetentum die Masse seiner Mitmenschen nicht über Bücher, sondern durch das Medium Film erreicht werden kann. Ousmanes Filme sind in Bilder umgesetzte Worte, ein politisches Mittel, das auf Veränderung drängt. Der Absolvent der renommierten Moskauer Filmhochschule stellte 1968 mit dem Streifen *Mandabi* (Die Postanweisung) den ersten Spielfilm in der Sprache der Wolof vor. Ousmane persifliert darin gekonnt die ausufernde Bürokratie des Landes. Er zeigt die vergebliche Mühe eines Analphabeten, in den Besitz einer Geldanweisung zu gelangen, die ihm ein Verwandter aus Paris zukommen lassen wollte. Der Film wurde von der Kritik begeistert aufgenommen und

erhielt in Venedig einen Silbernen Löwen. Als zumeist erfolgreiche Verfilmungen seiner Romane folgten *Emitai* (1971), *Xala* (1974), *Ceddo* (1976) und der 1988 beim Filmfest in Venedig ebenfalls ausgezeichnete Film *Camp de Thiaroye* (Camp der Verlorenen, lief im Juni 1991 im ZDF). Camp de Thiaroye ist ein bewegender Film über die Kolonisation. Mit großer Genauigkeit zeigt Ousmane das Massaker, das 1944 von der französischen Armee an Hunderten von senegalesischen Infanteristen verübt wurde. Die Soldaten hatten für die französischen Kolonialherren gegen Deutschland gekämpft und warteten nun im Durchgangslager von Thiaroye auf ihre Entlassung. Die menschenunwürdige Behandlung im Lager führte zu einer Revolte, die von den Franzosen kurzer Hand in einem grausamen Blutbad ertränkt wurde.

Sein vorläufig letztes Werk *Guelwaar* (1992) hat den Konflikt zwischen Christentum und afrikanischer Religion zum Thema.

Die meisten Filme Ousmanes wurden in seinem Heimatland monatelang von der Zensur boykottiert, bis sie schließlich doch in die Kinos kamen. Eines der tragenden Themen ist die Gewalt des französischen Kolonialismus und gleichzeitig der Versuch, sich dagegen aufzulehnen. Obschon selbst Moslem, steht Ousmane dem Islam kritisch gegenüber. Er erzählt vom Widerstand gegen die Islamisierung (Ceddo), und daß auch der Islam in Afrika ein bloßer Eindringling war.

Durch seine Erfolge inspirierte Sembène Ousmane eine ganze neue

Generation westafrikanischer Filmemacher. Der im Westen bekannteste ist **Souleymane Cissé** aus dem benachbarten Mali, dem mit dem Streifen *Yeelen* der internationale Durchbruch gelang.

Seit 25 Jahren findet in Ouagadougou, Burkina Faso, im Zwei-Jahres-Turnus das *Fespaco* (Festival Panafricain du Cinéma) statt. Bei diesem Festival des afrikanischen Films stellte 1995 der senegalesische Regisseur **Djibril Diop Mambéty** sein neues Werk *Le Franc* vor. Ein abgebrannter Musiker in Dakar hofft nach der Abwertung des CFA, nun in der Lotterie sein Glück zu machen …

Mit dem Film *Hyènes* ist Diop Mambéty vor einigen Jahren bereits eine beeindruckende Adaption von Dürrenmatts »Besuch der alten Dame« gelungen. Den Schauplatz der tragischen Komödie hat er nach Afrika verlegt.

Dennoch ist es um die Filmszene Senegals und ganz Westafrika alles andere als rosig bestellt. Die zumeist von überaus spärlich tröpfelnden (staatlichen) Subventionen abhängigen Regisseure verfügen kaum über die nötigen Mittel. Zudem sind afrikanische Verleihfirmen vom internationalen Filmgeschäft abhängig. So

Faszination im Open-Air-Kino

kommt es, daß afrikanische Filme eher in Paris und Berlin zu sehen sind als in Dakar und Abidjan. In Senegal laufen zumeist französische und amerikanische Action-Filme sowie theatralische indische Liebesdramen, die die Massen anziehen und somit mehr Geld einspielen und obendrein im Einkauf billiger sind.

Musik

Der afrikanische Alltag wäre leer ohne Gesang und Musik. Das Leben wird hier ständig von Musik begleitet, sei es bei der Geburt, Initiation, Hochzeit oder Beerdigung. Kein Wunder, daß der Kontinent und insbesondere Westafrika eine der lebendigsten und vielfältigsten Musikkulturen entwickeln konnte. Die alte Musikerkaste der *Griots* und *Jalis,* den Sängern, Musikanten und Überlieferern von Geschichte, ist fast ganz von der Bildfläche verschwunden (siehe Literatur), und wird heute von einer modernen Generation ersetzt.

Griots der Popmusik

Was früher die Griots waren, sind im modernen Senegal die Popstars. Zwar steht die traditionelle *Koramusik* nach wie vor in hohem Ansehen; die tonangebende Richtung in den Straßen, im Radio oder aus dem Kassettenrecorder des Buschtaxis ist jedoch Afro-Pop – modernes verstärktes Gitarrenspiel kombiniert mit hämmernden Talking Drums.

Im Sog der ethnischen Musik *(World Music)* rückten in jüngster Zeit auch einige der in Senegal schon das ganze letzte Jahrzehnt gefeierten Stars ins Rampenlicht der internationalen Popmusik. Ob in Dakar, Paris oder New York – senegalesische Musik wird heute in erster Linie mit dem Namen **Youssou N'dour** in Verbindung gebracht. Die »Goldkehle aus Dakar« verkörpert wie kein anderer westafrikanischer Sänger die Stimme des urbanen Afrika. In seinem Heimatland zirkulieren Raubkassetten seiner Songs in millionenfacher Auflage. Seit der 1959 gebürtige Wolof zusammen mit dem englischen Popstar Peter Gabriel durch westliche Konzertarenen tourte, findet seine Musik weltweit immer mehr Anhänger. Seine Live-Konzerte füllen in Dakar und Gambia die größten Stadien, die Auftritte arten regelmäßig zu Volksfesten aus. Er ist nicht nur das Idol der Jugend, seine Songs werden genauso von den Marktfrauen, Kindern oder Polizisten mitgeträllert. Seine Musik basiert auf einer Synthese zwischen traditionellen Trommelrhythmen und westlicher Popmusik. Youssou N'dour begreift sich als moderner Griot, der das Leben in den westafrikanischen Städten besingt. Seine fast ausschließlich in Wolof vorgetragenen Lieder, mit arabischen oder französischen Versatzstücken, umfassen das ganze Spektrum von Mythologie und Tradition bis hin zu Fortschritt und Moderne. Er singt vom Sklavenhandel auf Gorée ebenso selbstverständlich wie von den sich auflösenden alten Familienstrukturen, von Giftmüll, Auswanderung oder dem Leben in der Medina – kurz er trifft genau den Nerv und die Themen der Zeit.

Youssou N'dour ist nur einer der Stars im Senegal. Seit Jahren ebenfalls weit über die Landesgrenzen hinaus bekannt sind das *Orchestre Baobab*, *Touré Kunda* (die »Touré-Familie«) und *Ismaël Lo*. Neuester Stern am senegalesischen Pophimmel ist **Baaba Maal**, ein begnadeter Sänger aus Podor vom Volk der Tukulor, der sich auf die alte Griot-Traditionen beruft und aktuelle Themen zu Politik und Liebe verarbeitet.

Der charismatische Entertainer siedelt seine Songs zwischen Tradition und Moderne an: »Ich möchte in der Mitte zwischen allem stehen. Zwischen der Kora und der E-Gitarre, zwischen dem, was hier in Afrika entstanden ist und den Einflüssen, die wir von außen aufnehmen«. Seine Lieder sprühen vor sozialem Engagement und klaren politischen Aussagen. Im Song *Daniibe* verkündet er mit sanft hypnotischer Stimme, »Komm mein Freund! Hilf mir im Kampf gegen die Ausbeutung des Volkes«.

Baaba Maal verbreitet seine Botschaften in den westafrikanischen Sprachen Wolof, Pular, Diola und Sérèr, gelegentlich singt er auch Französisch. Westafrikanische Roots-Musik wird ganz selbstverständlich mit Dancefloor-Beat gekreuzt, eine agile Percussionssektion produziert einen dichten, sehr gut tanzbaren Rhythmusteppich. Der Tukulor beginnt sich zunehmend aus dem Schatten des zum Weltstar aufgestiegenen Youssou N'dour zu lösen, Baaba Maal tourte bereits mehrmals durch Deutschland und war 1993 beim »Berliner Heimat-klänge-Festival«, das ganz im Zeichen der westafrikanischen Musikkultur stand, einer der Top-Acts.

Popmusik made in Senegal

• Youssou N'dour: *Immigrés,* Virgin 1988: die erste im Westen veröffentliche Platte, die sogleich den internationalen Durchbruch brachte.

The Lion, Virgin 1989: produziert von Peter Gabriel, enthält auch Songs in englischer Sprache.

Set, Virgin, 1990: sehr modern und westlich mit dazwischengestreuten melodischen Balladen, brilliant!

The Guide (wommat), Sony Music 1994: enthält den Hit »7 seconds« mit Neneh Cherry.

Gainde – Voices From The Heart of Africa, Network Label Frankfurt a.M. 1995, excluciv bei Zweitausendeins: Zusammen mit der 63jährigen großen Sängerin *Yandé Codou Sène* singt Youssou N'dour oft nur von Trommeln oder Chorgesang untermalt Lieder und Balladen, die in der polyphonen Tradition der Sérèr stehen. N'dour soll selbst dazu gesagt haben: »Ich habe das Gefühl, als wäre das meine erste wirkliche Plattenaufnahme«.

• Ismaël Lô: *Natt,* Syllart: sehr westlich orientierter Techno-Pop mit afrikanischem Einschlag.

Diawar, Stern's Music, 1989, und *Iso,* Polygram Music, 1994, sind ebenfalls erwähnenswerte Alben.

• Touré Kunda: *Live Paris – Ziguinchor,* Celluloid: hervorragende Live-Aufnahmen mit seinen besten Songs. Schön auch *Salam,* erschienen bei Worldmusic 1991.

• Baaba Maal & Mansour Seck: *Djam Leeli*, Rogue 1989. Der Sänger Maal wird begleitet von dem blinden Gitarristen Seck; akustische Gitarre, beeinflußt vom amerikanischen Country Blues, dennoch ganz afrikanisch.

Baayo, Island 1991, nicht ganz so gelungen wie Djam Leeli, stilistisch jedoch moderner und variabler.

Lam Toro, Island 1992, mit einem Song zum Gedenken an die 97 Senegalesen, die im Golfkrieg ums Leben kamen.

Firin'in Fouta, Island 1994, ist ein schönes Dance-Album, herausragend das Stück »African Woman«, eine Hymne an die Schönheit und Weisheit der afrikanischen Frau, wie sie schöner nicht sein kann. Daß das Ganze in groovende Latino-Rhythmen verpackt ist, zeigt die musikalische Experimentierfreude Maals.

• Mansour Seck: *N'der Fouta Tooro Vol. 1*, Stern's Africa; das jahrelange Bandmitglied von Baaba Maal widmete sein Album dem Fouto Toura, jener Region im nördlichen Senegal, in der Mansour Seck und Baaba Maal zu Hause sind. Afrikanische Roots-Musik vom Feinsten.

• Orchestre Baobab: *The Legendary 1982 Session*, World Circuit 1989. Klassiker und eine der ersten Gruppen, die Wolof- und Mandingo-Songs elektrisch verstärkten; relaxter Afro-Pop mit leichtem Latin-Touch.

• Africa Djembé: *Les Tambours de Gorée*, Production Sunset 1992: traditionelle afrikanische Musik.

Alle aufgeführten Titel sind außer als Platte auch als CD erhältlich. Vor Ort gibt es dazu zahllose weitere Kassetten, besonders die von Youssou N'dour werden in Dakar an allen Ecken von fliegenden Händlern angeboten.

Tanz und Trommel

»Wir sind die Menschen des Tanzes, deren Füße Kraft bekommen, wenn sie den harten Boden stampfen«, so faßt Léopold S. Senghor den Tanz poetisch in Worte. Tanz ist immer eng verbunden mit Musik, in Afrika ist es geradezu die notwendige Ergänzung zur Musik. Zusammen mit Gesang, Trommeln und anderen Instrumenten bildet er eine Einheit. Oftmals kommt als optische und magische Komponente noch die Maske hinzu. Tanz ist ein spontanes Ausdrucksmittel, das von allen Bevölkerungsschichten in Westafrika praktiziert wird. Selbst für Kinder ist er eine Selbstverständlichkeit, sie lernen tanzen und singen genauso wie sie laufen und sprechen lernen.

Tanz drückt Gefühle aus, die über den Rhythmus der Trommeln und Musik in Bewegungen des Körpers übersetzt werden. In Westafrika wird der Tanz hauptsächlich durch Gebärden der Hände und Beine bestimmt. Getanzt wird zumeist solo, doch bleibt der Tänzer oder die Tänzerin immer Teil der Gruppe. Er steht in permanentem Wechselspiel zur Trommel, das Trommelspiel fordert den Tänzer zu einer Antwort heraus. Als Höhepunkt am Schluß kommt es dabei zu ekstatischen Trance-Zuständen.

Über alle Spontanität hinweg ist Tanz gleichzeitig etwas streng Geregeltes und für bestimmte magische,

Tanz-, Trommel- und Musikreisen

Ein Trommelschüler erzählt: *Während meines ersten Übungstages mit meinem Lehrer konnte ich ihm gut folgen, bis er plötzlich eine ziemlich komplizierte Serie von Rhythmen schlug, um dann wieder zu dem Grundrhythmus zurückzukommen, den er mir gerade zeigte. Ein paar Minuten später kam der Mann, der einen Moment vorher vorbei spaziert war, zurück und gab meinem Lehrer zwei Flaschen Bier. Mit seiner Trommel hatte er sie offensichtlich bei ihm »bestellt«.*

• Tanz- und Trommelreisen nach Senegal werden beispielsweise von *Issa Camara* angeboten. Der an der renommierten Tanzschule »Mudra Afrique« in Dakar ausgebildete Senegalese unterrichtet bereits seit mehreren Jahren in Europa und in seiner Heimat afrikanischen Tanz, Modern Dance und Percussion (Djembe und Sabar). 1994 hat er in Hamburg eine Schule für afrikanische Musik und Tanz eröffnet. Die Kurse sind für Anfänger und Fortgeschrittene, die Unterrichtszeit beträgt vier bis fünf Stunden täglich. Getanzt und getrommelt wird direkt am Strand in einem einfach ausgestatteten Campement circa 30 km nördlich von Dakar. Außerdem besteht die Möglichkeit, bei einem senegalesischem Künstler töpfern zu lernen. Die Kurse finden immer über Weihnachten statt. Unterrichtssprache ist deutsch. Ein zweiwöchiger Tanzunterricht mit Unterkunft und Verpflegung (afrikanische Küche) kostet etwa 1500 DM (ohne Anreise).

Information bei: Camara-Dance, Stresemann Straße 374, D-22761 Hamburg, ✆ 040/8807272.

• Seit 1990 bietet *Aliou Dieme* afrikanischen Tanz und Trommeln in der Casamance (Cap Skiring) an. Aliou Dieme genoß ebenfalls eine Ausbildung (traditioneller Tanz, Modern Dance, Jazz, Percussion) an der »Mudra Afrique«. Er lebt seit vielen Jahren in Wien und unterrichtet europaweit. Die Kurse sind für Anfänger und Fortgeschrittene, die Unterrichtszeit beträgt je 1 ½ Stunden Tanz vormittags und abends sowie wahlweise zusätzlich Trommelunterricht mit lokalen Musikern aus der Casamance. Außerdem werden Exkursionen angeboten. Die Kosten für Unterricht und Unterkunft mit Vollpension betragen etwa 2000 DM.

Information bei: Verena Streibl, Hofmühlgasse 20/II/16, A-1060 Wien, ✆ 0222/5728712.

• Besonders reizvoll ist die Kombination eines Trommel- und Tanzworkshops mit einer Senegal-Rundreise. Für eine dreiwöchige Rundreise (Dakar, Saint-Louis, Touba, Casamance) mit Unterbringung in Campements zahlt man inklusive Flug und Kursgebühr 3500 DM (4 Wochen kosten 3900 DM). Die Tanz- und Trommel-Lehrer gehören der Künstlergruppe *Beugue Fallou* an, sie leben seit einigen Jahren in Deutschland und waren Mitglieder des senegalesischen Nationaltheaters und des nationalen Musikkonservatoriums. Die Reise wird immer in den Weihnachtsferien angeboten.

Information bei: N'diogou M'baye, Edelstraße 6, 65239 Hochheim am Main, ✆ 06146/1439.

MODERNE & KULTUR

religiöse oder soziale Anlässe reserviert.

Wie der Tanz ein Ausdrucks- und Verständigungsmittel ist, ist es in noch stärkerem Maße die Trommel. Trommeln können in Afrika sprechen und wurden früher tatsächlich zur Übermittlung von Nachrichten benutzt. In der Musik bestimmen sie den Rhythmus, sie sind quasi der Lebensnerv afrikanischer Musik. Sie finden sich in Westafrika in allen Größen und Formen. Die bei den Wolof gebräuchlichsten Trommeln sind die *Sabar* und die *Tama*. Erstere ist eine lange, leicht konkave Trommel, die mit einem Gurt um die Schulter gelegt wird. Sie wird stehend gespielt – mit der rechten Hand mit Hilfe eines Stocks, links mit den Handballen oder Fingern. Ersetzt oder ergänzt wird die Sabar durch die Tama. Dabei handelt es sich um eine kleine sanduhrförmige Trommel, die zum Spielen unter die Achselhöhle geklemmt wird. Sie wird ebenfalls mit einem kleinen Stock angeschlagen. Die Tama wird auch als *Talking Drum* bezeichnet. Sie ist es, die für den unverkennbaren Rhythmus westafrikanischer Musik verantwortlich ist.

Das Flechten komplizierter Frisuren ist eine »echt« afrikanische Angelegenheit. Die verschiedenen Muster – ob streng symmetrisch oder eher lustig gedreht – folgen natürlich den verschiedenen Moden. Manchmal sind momentan aktuelle Frisuren nach Musikstilen benannt oder stehen repräsentativ für ähnliches. Schon zum Exportschlager auf deutschen Flohmärkten sind Friseurschilder geworden, ein besonderes Genre innerhalb der Volkskunst in Afrika.

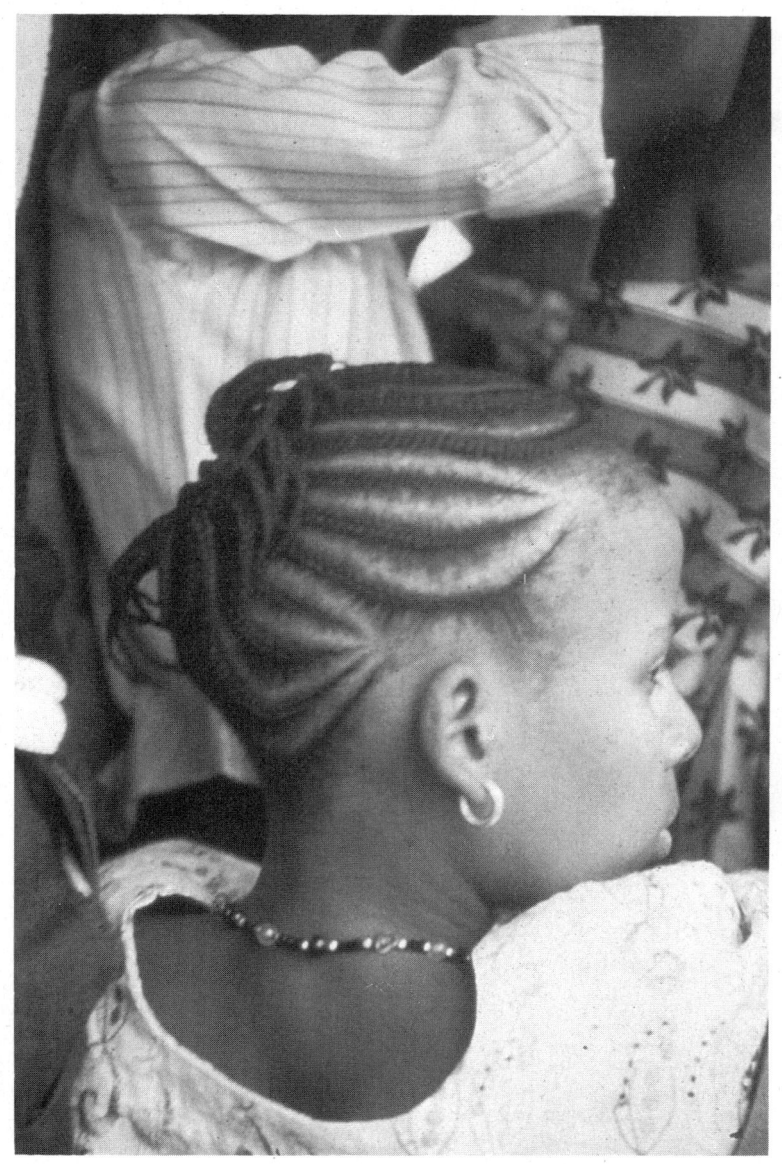

DAS MODERNE GAMBIA

Mit dem Beginn der Kolonialzeit scheiden sich die Gemeinsamkeiten Senegals und Gambias. Ohne Rücksich auf natürliche oder ethnische Zusammenhänge wurde buchstäblich mit dem Lineal parallel zum 13°30' bzw. 13°15' Breitengrad und mit jeweils sieben Meilen Abstand links und rechts von Fluß zwei Grenzlinien gezogen, zwischen denen das moderne Gambia heute gesondert zu betrachten ist. Gleichwohl bleiben viele kulturelle Eigenheiten denen Senegals ähnlich.

In der Kolonialzeit wurde die starke Ausrichtung der Landwirtschaft auf den Anbau von Erdnüssen in Monokultur-Plantagen begründet. Ebenfalls noch unter britischer Herrschaft wurde die Grundlage für ein parlamentarisches Mehr-Parteien-System gelegt.

Bei den 1960 und 1962 abgehaltenen ersten beiden allgemeinen Wahlen ging jeweils die 1959 gegründete *People's Progressive Party* (PPP) als stärkste politische Kraft hervor. Mit ihrem Motto »Die Stimme des Volkes ist die Stimme Gottes« konnte sie vor allem die ländlichen Mandingo mobilisieren. Der Führer der PPP, *Dawda Jawara*, wurde zum Präsidenten gewählt. Der zur Volksgruppe der Mandingo gehörige Jawara, der in England Tiermedizin studiert hat, wurde bis zu seinem Sturz im Sommer 1994 in sechs Wahlen, zuletzt im April 1992, in seinem Amt bestätigt.

Die Demokratie auf dem Prüfstand

Die ganzen 60er und 70er Jahre hindurch galt Gambia als eines der politisch stabilsten Länder Afrikas, ja geradezu als demokratisches Musterland. Politische Gefangene gab es keine, die Presse war frei und politische Parteien konnten sich frei entfalten, auch solche, die im linksradikalen Spektrum angesiedelt waren. Ein Militärputsch schloß sich von selbst aus, da das kleine Land sich gegen die Bildung von Streitkräften ausgesprochen hatte. Als jedoch die Aktivitäten linksradikaler Gruppierungen überhand nahmen, wurden 1980 zwei marxistisch-leninistische Parteien kurzerhand verboten. Etwa zur selben Zeit brach Gambia die diplomatischen Beziehungen zu Libyen ab, nachdem bekannt geworden war, daß Gaddafi gambische Oppositionelle unterstützt hatte.

Ende Juli 1981 – Präsident Jawara weilte gerade in London, um an der Königshochzeit teilzunehmen – kommt es zum Aufstand marxistisch orientierter Gruppen. Fünf Tage lang blieb die Regierung Jawaras außer Kraft gesetzt, es wurden Geiseln genommen, der nationale Radiosender und andere strategische Punkte der Hauptstadt Banjul besetzt. Die Putschisten erhielten von einem großen Teil der Einwohner Banjuls Unterstützung, die mit der Wirtschaftspolitik, die hohe Inflationsraten und real sinkende Löhne verursachte, nicht einverstanden waren und der Regierung darüberhinaus Korruption und *Tribalismus* (die Bevorzugung des eigenen Stammes) vorwarfen. Mangels einer eigenen Armee kehrte Jawara Anfang August mit durch einen Beistandspakt legitimierten senegalesischen Spezialeinheiten zurück; zahlreiche Tote und Verhaftungen waren die traurige Bilanz. Der Ausnahmezustand wurde erst Anfang 1985 aufgehoben.

Jüngste politische Entwicklungen

Noch unter dem Schock des Putsches schloß sich Gambia mit Senegal zur Konföderation *Senegambia* zusammen, mit dem Ziel, auf den Gebieten Verteidigung, Wirtschaft, Transport und Außenpolitik eng zu kooperieren, ohne dabei die innere Selbständigkeit aufzugeben. Der Traum vom gemeinsamen Senegambia war bereits acht Jahre später ausgeträumt, die Interessenslagen des frankophonen Senegal und des anglophonen Gambia erwiesen sich als zu unterschiedlich.

1983 wurden die neugegründete Armee Gambias feierlich eingeweiht und die ersten 49 (!) Rekruten zum Wehrdienst eingezogen. Nach der im selben Jahr beginnenden katastrophalen Dürre im Sahel konnte sich in der zweiten Hälfte der 80er Jahre die wirtschaftliche Lage wieder stabilisieren. Außenpolitisch versuchte sich Präsident Jawara zu profilieren, als er sich 1989 als Friedensvermittler in den Grenzkonflikt zwischen Senegal und Mauretanien einschaltete. 1990 beteiligte sich Gambia an einer von sechs westafrikanischen Ländern zusammengestellten Friedenstruppe, um dem vom Bürgerkrieg zerrütteten Liberia zu Hilfe zu kommen.

Unter Präsident Jawara gedieh die »Politik der offenen Hand«. Korruption war bis in die oberste Regierungsetage an der Tagesordnung. Auslandshilfen und Entwicklungsgelder verschwanden auf Schweizer Konten des Präsidenten und seines Clans. Der junge Führer der neuen Oppositionspartei AFPRC, *Yahyah Jammeh,* machte dem Unwesen ein Ende: in einem unblutig verlaufenden Militärputsch übernahm der Leutnant am 22. Juli 1994 die Staatsmacht. Führende Politiker und Anhänger Jawaras wurden festgenommen und inhaftiert oder aus dem Lande gejagt. Konten und Besitztümer der früheren Machthaber und ihrer Helfeshelfer wurden beschlagnahmt.

Wie konnte es passieren? Die einen sagen, der Putsch sei wohlvorbereitet gewesen, andere, Yahyah Jammeh sei von unzufriedenen Soldaten, die vergeblich auf ihren Sold warteten, angeheizt worden und die humorigen Jawara-Kritiker behaupten, der Putsch sei zufällig passiert, weil der Präsidentenpalast gerade leerstand, da Jawara fischen war. Der Ex-Staatschef flüchtete in der Tat von seiner Yacht aus auf ein Schiff der US-Marine und lebt nun in Senegal im Asyl. Der Putsch kam so still und überraschend, daß die meisten ausländischen Gäste erst Tage später davon erfuhren. Dem Aufruf Großbritanniens, das Land zu verlassen, folgten neben vielen verunsicherten Touristen wohl nur jene Geschäftsleute, die mit der Regierung Jawara gemeinsame Sache gemacht hatten.

Die meisten Gambier hingegen begrüßten die Regierungsübernahme und feierten Yahyah Jammeh als ihren Befreier. Zwar setzte der selbsternannte Staatschef die Verfassung außer Kraft, verbot politische Parteien, verhängte zunächst eine Ausgangssperre und leitete eine Kampagne zur »Förderung der Moral« ein, doch seitdem der Diktator am 4. Januar 1995 die Bürgermeister über seine Amtszeit abstimmen ließ, hat er an Popularität und Sympathien gewonnen. Seiner Regierung gehören sieben Offiziere und sieben Zivilisten, darunter drei Frauen, an. Bis Ende 1998 will der Präsident im Amt bleiben, um die wesentlichsten Veränderungen in Gang zu halten, dann soll demokratisch eine neue Regierung gewählt werden. Hält Jammeh seinen Kurs – Eindämmung der Korruption, Förderung von Ausbildung und Landwirtschaft, Verhinderung von Wirtschaftsflucht, Festigung der innenpolitischen Sicherheit – kann er mit einer überwältigenden Mehrheit rechnen. Und das, obwohl er sein Volk reichlich mit Kritik bedeckt, welche sich gegen Egoismus, blindes Gewinnstreben, Ignoranz und Gleichgültigkeit gegenüber dem Wohlergehen des Staates und der Allgemeinheit richtet.

Ausländische Staaten und Beobachter sehen die Entwicklungen in dem kleinen Staat nachwievor eher mit besorgten Augen, die USA, Großbritannien sowie die Europäische Union haben aus Protest gegen die Militärregierung zunächst ihre Finanzhilfe ausgesetzt. Für *amnesty international* alamierend sind die Nachrichten über verhaftete Oppositionelle, darunter der ehemalige Justizminister *Fafa Idrissa Mbai*, ein Befürworter der raschen Rückkehr zur Zivilregierung. Zu denken gibt auch die Wiedereinführung der Todesstrafe im August 1995 – ein gefährliches Instrument egal welcher Macht.

Wirtschaft

Die Wirtschaft Gambias ist für ein Entwicklungsland charakteristisch. Exportmonokultur, die Abhängigkeit von Nahrungsmittelimporten, ein hohes Außenhandelsdefizit, Unterbeschäftigung und eine gallopierende Inflation sind die wesentlichen Probleme des Landes. Eingeleitete marktwirtschaftliche Sanierungsmaßnahmen wie die Kürzung der öffentlichen Ausgaben und erhöhte Importzölle blieben bislang relativ wirkungslos. Das Land kann sich nur durch Auslandskredite und Entwicklungshilfe einigermaßen über Wasser halten. Die Freigabe des Wechselkurses Anfang 1986 (bis dato war der Dalasi an das Englische Pfund gebunden) führte zu einem rapiden Verfall der gambischen Währung. Dies und die durch den IWF bedingte Abschaffung der Subventionen von Grundnahrungsmitteln trieben die Preise für Importwaren (insbesondere Reis) in die Höhe. Die Inflationsrate schnellte zeitweise auf 120 %. Nachdem sie im Jahr 1989/90 auf 8 % gesunken war, stieg die Rate 1990 wegen schlechter Erenteergebnisse, einer Gehaltserhöhung im öffentlichen Dienst und der Einführung einer 6 %igen Umsatzsteuer wieder auf etwa 10 % an. Das heißt, die Reallöhne sinken. Wie lange dann ein durchschnittlich gut verdienender Gambier für seinen Tageslohn tatsächlich noch zwölf Hühnereier (!) bekommt, ist fraglich.

Landwirtschaft

Gambia ist ein ausgesprochenes Agrarland. Etwa drei Viertel der Bevölkerung betreibt kleinbäuerliche Landwirtschaft. Die mit Abstand wichtigste Kulturpflanze ist die *Erdnuß*, mit der jedes zweite landwirtschaftlich genutzte Feld bestellt ist. Sie bringt mit all ihren Nebenprodukten 79 % der Exporterlöse ein. Zur Erdnußernte im Herbst kommen Tausende von Saisonarbeitern aus Senegal und Guinea ins Land, was allerdings nicht darüber hinweg täuschen darf, daß in Gambia eine hohe Unterbeschäftigung herrscht. Die Konzentration auf eine Nutzpflanze macht Gambia gegenüber witterungsbedingten Ernteausfällen und Schwankungen des Weltmarktpreises äußerst anfällig. Die auf die Erdnuß ausgerichtete exportorientierte Landwirtschaft verhindert zudem, daß sich das Land mit Grundnahrungsmitteln selbst versorgen kann. Etwa 20 % des Nahrungsmittelbedarfs muß eingeführt werden.

An Grundnahrungsmitteln werden vor allem *Hirse, Reis, Mais* und *Maniok* angebaut. Insbesondere Reis, das derzeitige Grundnahrungsmittel Nummer eins, kann noch nicht ausreichend produziert werden, obschon in den letzten Jahren versucht wurde, den Anbau auszuweiten. Reis wächst vor allem im fruchtbaren Schwemmland der Flußniederungen. *Gemüse* und verschiedene *Hülsenfrüchte* werden überwiegend für den eigenen Bedarf angebaut. Durch den wachsenden Tourismus nahm in jüngster Zeit jedoch der Gemüse- und Obstanbau einen bescheidenen Aufschwung, da in den Hotelküchen neue Märkte gefunden werden konnten.

Neben Erdnüssen spielen *Baumwolle* und *Palmkernöl* als weitere Exportprodukte eine untergeordnete

MODERNE & KULTUR

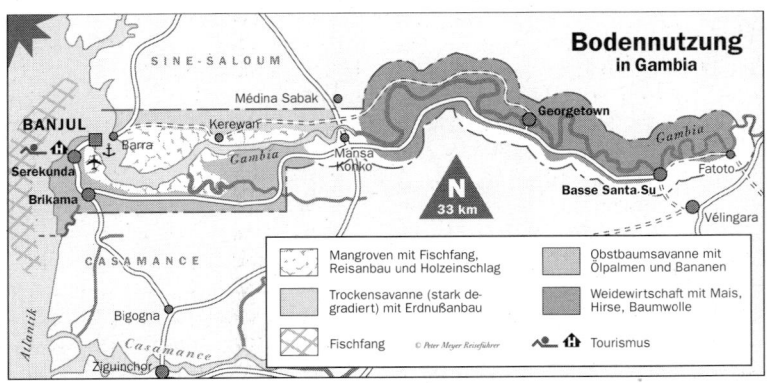

Rolle. Baumwolle wird vor allem im Osten des Landes angebaut und wegen ihrer hervorragenden Qualität geschätzt. Die Ölpalme wird in erster Linie in der Küstenregion kultiviert, wo wegen der versalzten Böden kein anderer Anbau möglich ist.

Das einstmals bewaldete Land hat durch Raubbau und Kahlschlag einen Großteil seines Waldbestandes verloren. Das Holz wurde entweder als Brennholz verfeuert oder zu Holzkohle verarbeitet. An Nutzhölzern werden in kleinem Umfang Bambus, Mahagoni und termitenfeste Rhunpalmen geschlagen, doch muß der größte Teil an Bauholz eingeführt werden. Erste kleinere Aufforstungsprogramme mit Teak- und Gmelina-Bäumen sollen die Schäden mildern. In den 8oer Jahren wurde zudem die Herstellung von Holzkohle verboten, konnte jedoch bislang nicht vollständig unterbunden werden.

Die **Viehzucht** wird nur in kleinbäuerlichem Rahmen betrieben. Es werden hauptsächlich kleinrassige Rinder gehalten, die sich gegenüber der von Tse-Tse-Fliegen übertragenen Schlafkrankheit als resistent erwiesen haben. Neben Rindern gibt es vor allem noch Schafe und Ziegen, deren Häute und Felle exportiert werden. Wie in allen islamischen Ländern spielt die Schweinehaltung eine untergeordnete Rolle.

Trotz des Fischreichtums vor der Atlantikküste ist der **Fischfang** im Unterschied zum senegalesischen Nachbarn relativ unterentwickelt. Erst in jüngster Zeit macht man Anstrengungen, die Fischerei zu fördern, um Frischfisch und Räucherwaren zu exportieren. Hochseefischerei wird nur in kleinem Umfang betrieben. Zur lokalen Versorgung trägt vor allem die traditionelle Flußfischerei bei, die vornehmlich von kleinen Booten und Einbäumen aus betrieben wird. Durch den Einfluß der Gezeiten können sogar 150 km stromaufwärts noch etliche Seefisch-Arten (Barrakudas, Meerbarsche) gefangen werden. Das ernährungsphysiologisch wertvolle Fischeiweiß trägt wesentlich zur Eiweißversorgung der Bevölkerung bei.

Industrie und Tourismus

Die **Industrie** in Gambia steckt noch in den Kinderschuhen. Die industrielle Entwicklung wird vor allem durch Kapitalmangel, fehlende Fachkräfte und die begrenzte Aufnahmefähigkeit des heimischen Marktes behindert. Die wenigen vorhandenen Betriebe beschränken sich im wesentlichen auf die lebensmittelverarbeitende Industrie. An erster Stelle zu nennen sind zwei Ölmühlen, in denen der größte Teil der Erdnußernte zu Öl, Erdnußmehl und als Tierfutter verwendbaren Erdnußkuchen verarbeitet wird. Daneben gibt es einige fischverarbeitende Betriebe sowie eine mit deutscher Beteiligung errichtete Brauerei. So gut wie alle Konsumgüter müssen importiert werden. Das Land verfügt über keine Bodenschätze oder Bergwerke.

Nach dem Erdnußhandel hat sich der **Fremdenverkehr** zum zweitwichtigsten Devisenbringer entwickelt. In der ansonsten stagnierenden bis desolaten Wirtschaft ist der Tourismus die derzeit einzige echte Wachstumsbranche und fast schon auf dem Wege, die neue »Monokultur« des Landes zu werden. Dennoch kann von Massentourismus noch keine Rede sein. Lediglich in Banjul und an der nördlichen Atlantikküste haben sich ein Dutzend große Strandhotels breitgemacht. Die Bettenkapazität belief sich 1990 auf rund 5200 und dürfte bis zur Mitte der 90er Jahre auf schätzungsweise 7000 angestiegen sein, genaue Zahlen liegen nicht vor. Das Landesinnere besitzt von einigen Buschcamps abgesehen bislang keine nennenswerte touristische Infrastruktur, Individualreisen sind jedoch möglich.

Als Touristenland wurde Gambia Mitte der 60er Jahre von den Schweden entdeckt. Die Skandinavier bauten die ersten großen Hotels und belegten diese zunächst mit vornehmlich schwedischen und dänischen Charterflugreisenden, welche die ersten Jahre die größten Kontingente an Auslandsgästen stellten. Seit der Saison 1973/74, als gerademal 24.000 Gäste Gambia besuchten, ist die Besucherzahl kontinuierlich angestiegen, sie lag jüngst bei rund 60.000. Der größte Teil der Besucher kommt mittlerweile aus England und Nordirland. Durch die verstärkte Ausweitung des Charterflugverkehrs aus der Bundesrepublik nimmt die Zahl der deutschen Gäste ständig zu.

Die Einnahmen aus dem Reiseverkehr kommen nur zum Teil dem Land zugute. Von den Deviseneinnahmen geht ein großer Teil wieder für den Import von Nahrungsmitteln und Konsumgütern verloren, die extra für die Gäste herangeschafft werden müs-

sen. Da viele touristische Einrichtungen größtenteils von ausländischen Geldgebern finanziert sind, fließt ein nicht unbeträchtlicher Teil der Gewinne ins Ausland ab. Zwar fanden in der Touristikindustrie etwa 6000 Menschen einen Arbeitsplatz. Viele davon sind jedoch nur saisonal beschäftigt, da sich der Reiseverkehr bislang überwiegend auf das Winterhalbjahr beschränkt. Ein anderes Problem ergibt sich aus dem Umstand, daß die Hotels zu den größten Strom- und Süßwasserverbrauchern des Landes wurden – beides sind in Gambia äußerst knappe Resourcen. Positiv zu vermerken ist, daß durch den zunehmenden Tourismus das lokale Kunsthandwerk an Bedeutung gewinnt. Hervorzuheben sind besonders die Holzschnitzerei, Töpferei, Leder-, Gold- und Silberverarbeitung, das Schneiderhandwerk, die Weberei und die Batikherstellung.

Die Menschen und ihre Kultur

Im Jahr der letzten offiziellen Volkszählung 1993 ermittelte man über eine Million Einwohner und eine Bevölkerungsdichte von etwa 100 Einwohnern pro km^2, was in Bezug auf die vormalige Volkszählung von 1983 ein durchschnittliches jährliches Bevölkerungswachstum von 4,1 % bedeutet. Gambia gehört damit zu den am dichtesten besiedelten Ländern Afrikas. Bleibt es bei dieser Wachstumsgeschwindigkeit, wird sich die Bevölkerung nach Schätzungen der Vereinten Nationen bis zum Jahr 2000 verdoppelt haben.

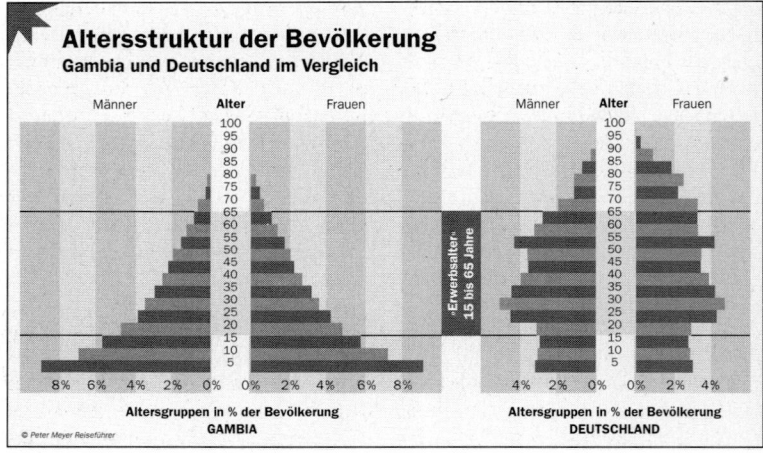

Altersstruktur der Bevölkerung
Gambia und Deutschland im Vergleich

GAMBIA

Männer — Alter — Frauen

Altersgruppen in % der Bevölkerung

»Erwerbsalter« 15 bis 65 Jahre

DEUTSCHLAND

Männer — Alter — Frauen

Altersgruppen in % der Bevölkerung

© Peter Meyer Reiseführer

Diese für ein so kleines Land sehr hohen Zahlen kommen einerseits durch eine hohe Geburtenrate sowie bessere medizinische Versorgung zustande, als auch andererseits durch eine starke Zuwanderung von Senegalesen (zu einem großen Teil aus der Casamance) wie auch aus Guinea und anderen westafrikanischen Ländern.

Durch die starke Zu- und Abwanderung in die Städte während der letzten Jahrzehnte (besonders betroffen davon ist das Gebiet um Banjul), leben noch rund 50 % (statt wie früher 77 %) der Menschen in ländlichen Gemeinden, gleichwohl man davon ausgeht, daß rund 75 % der Bevölkerung im erwerbsfähigen Alter in der Landwirtschaft tätig sind. Wie in fast allen afrikanischen Ländern ist der Anteil der Kinder und Jugendlichen unter 15 Jahren sehr hoch und macht mehr als 44 % der Bevölkerung aus – trotz der hohen Säuglingssterblichkeit

von 13 %. Die durchschnittliche Lebenserwartung liegt bei 45 Jahren.

Ethnische Gruppen

Die »buntgemischte« Bevölkerung ist das Ergebnis zum Teil weit in die Vergangenheit zurückreichender, zahlreicher Wanderbewegungen der westafrikanischen Völker. In Gambia haben sich die verschiedenen Ethnien zum Teil seit Generationen vermischt, so daß weder Abstammung, äußeres Aussehen noch der religiöse Glaube für die exakte Zuordnung zu einer bestimmten Volksgruppe tauglich ist. Bester Maßstab zur Unterscheidung ist für Ethnologen stets die Sprache.

Die größte Volksgruppe Gambias stellen mit einem Anteil von mehr als 44 % die *Mandingo*. Die Nachfahren des mittelalterlichen Mali-Reiches leben vorwiegend als Bauern und Fischer in den ländlichen Regionen. Sie verfügen über großen politischen Einfluß, bilden das Rückgrat der Regierungspartei, auch Ex-Präsident Jawara entstammte diesem Volk.

Die *Fulbe* sind heute über den ganzen westafrikanischen Raum verteilt und machen in Gambia etwa 17,5 % der Bevölkerung aus. Als Hirten und Viehzüchter leben sie vorwiegend am mittleren und oberen Flußlauf, hauptsächlich in der Region Georgetown.

Die aus Senegal stammenden *Wolof* drangen seit den letzten Jahrhundert immer weiter südwärts vor und konzentrieren sich in Gambia vor allem im Mündungsgebiet des Flusses. In der Hauptstadt Banjul ist fast jeder Zweite ein Wolof, obschon sie insgesamt nur 13 % der Bevölkerung stellen. Als wohlhabende Händler und Kaufleute verfügen sie über großen Einfluß.

Die *Diola*, deren Stammesgebiet sich über die senegalesische Casamance bis nach Guinea-Bissau erstreckt, ließen sich schon vor Jahrhunderten auch am Gambia River nieder. Zahlenmäßig machen sie lediglich 7 % der gambischen Bevölkerung aus und leben relativ abgeschlossen als Reis- und Erdnußbauern südlich des Fusses.

Die fünfte nennenswert größere Volksgruppe bilden die *Serahuli*, die Nachfahren der einstigen Königreiche Gana und Songhai. Sie siedeln vorwiegend am Oberlauf des Flusses um Basse Santa Su, wo sie Hirse, Erdnüsse und Baumwolle anbauen.

Unter den zahlenmäßig kleineren Gruppen der *Sérèr, Tukulor, Bainunka* und *Bambara* und abgesehen von den 22.000 in Gambia lebenden Senegalesen seien vor allem die *Aku* erwähnt. Es handelt sich dabei um die Nachfahren aus Amerika befreiter Sklaven, *Liberated Africans,* die zunächst in Sierra Leone angesiedelt wurden. Als es dort in »Freetown« zu eng wurde, kam ein Teil von ihnen in das neu errichtete und damals nur spärlich besiedelte Bathurst am Gambia. Die Aku paßten sich schnell der neuen Umgebung an. Wer nicht sowieso schon christianisiert war, nahm den christlichen Glauben an. Sie kooperierten weitgehend mit den Engländern und gelangten durch ihre guten Englischkenntnisse schnell zu höheren Positionen in Staat und Verwaltung.

Von den nicht-negriden Völkern finden sich in Gambia kleine Gruppen der Mauren und der in ganz Westafrika verbreiteten Libanesen, die als geschäftstüchtige Kaufleute weite Teile des Handels kontrollieren. Die europäische Gemeinde besteht überwiegend aus Engländern.

Religion

Wie auch in Senegal bekennen sich rund 90 % der Gambier zum Islam sunnitischer Prägung (siehe Seite 55): Der Rest verteilt sich auf das Christentum und den immer mehr an Boden verlierenden animistischen Glauben. Die Islamisierung geht im wesentlichen auf den »Heiligen Krieg« strenggläubiger Fulbe zurück, die in der Mitte des 19. Jahrhunderts in der ganzen Sahelzone, den als rückständig erachteten Animisten den islamischen Glauben aufzwangen. Der religiöse Fanatismus führte auch in Gambia zu bürgerkriegsähnlichen Zuständen, in deren Folge viele Mandingo genötigt wurden, den islamischen Glauben anzunehmen.

Durch die weitgehende Integration stammesreligiöser Riten und Vorstellungen gelang es dem Islam, die Reste der animistischen Tradition zu assimilieren. In gewissem Umfang ist der Animismus lediglich noch bei den Diola verbreitet.

Wie auch in Senegal blieb der Islam in Gambia bislang von fundamentalistischen Strömungen unberührt. Er zeigt weder fremdenfeindliche noch antiwestliche Züge und ist auch für moderne Ideen und technischen Fortschritt offen.

Obschon die ersten christlichen Missionare bereits 1816 mit der Gründung der Stadt Bathurst an den Gambia River kamen, blieb ihr Einfluß relativ gering. Während in Senegal – bedingt durch katholische Missionare aus Frankreich – überwiegend Katholiken zu finden sind, gibt es in Gambia entsprechend dem englischen Einfluß *Protestanten,* vornehmlich *Anglikaner* und *Methodisten.* Zu dem christlichen Glauben bekennen sich hauptsächlich in Banjul lebende Aku und Wolof. Protestantische und katholische Kirchen gibt es auch in Serekunda, Bakau, Lamin und Basse Santa Su.

Sprache und Bildung

Amtssprache in Gambia ist *Englisch,* doch nur praktisch jeder Zweite beherrscht es einigermaßen. Durch die engen Kontakte zum benachbarten französischsprechenden Senegal ist als Handelssprache vereinzelt Französisch verbreitet. Der Einfluß der westlichen Sprachen beschränkt sich im wesentlichen auf die Bereiche öffentlicher Dienst, Verkehr und Handel sowie die Kontakte mit Ausländern.

Die dominierenden einheimischen Alltagssprachen sind *Manding* (40 %), *Wolof* und *Ful* (je 15 %), sie werden ebenfalls als offizielle Sprachen akzeptiert. Für Manding und Wolof wurde versucht, eine Schriftform auszuarbeiten, für beide gibt es mittlerweile auch englische Wörterbücher. Daneben werden von den ethnischen Minderheiten noch ein gutes Dutzend weitere afrikanische Sprachen gesprochen. Als Folge der Islamisierung gewinnt das Arabische als Bildungs- und Handelssprache an Bedeutung. Durch das fast schon babylonische Sprachengewirr – es sind noch rund 20 andere Sprachen in Gebrauch – wachsen heute viele Kinder mehrsprachig auf.

Das **Schulsystem** ist nach englischem Muster aufgebaut und besteht aus einer sechsjährigen Grundschule, der *Primary School,* und der daran anschließenden *Secondary High School.* Schulsprache ist Englisch. Viele Kinder gehen nicht zur Schule. Die Analphabetenrate bei den über 15jährigen liegt selbst in Banjul und der Kombo-Area, wo sich die meisten Schulen des Landes befinden, bei 40 %. Im ländlichen Raum muß man von 80 % Lese- und Schreibunkundigen ausgehen. Die Kinder werden erst im Alter von acht Jahren eingeschult und absolvieren oft nur die Grundschulzeit. Neben den staatlichen

Schulen gibt es noch einige Missions-
und einflußreiche Koranschulen, an
denen in arabischer Sprache unterrichtet wird.

Die *Gambia High School* bereitet
auf das Universitätsstudium vor. Da
das Land bislang jedoch über keine
Universität verfügt, sind gambische
Studenten gezwungen, im Ausland zu
studieren. Die meisten gehen in die
USA und nach England. Aufgrund
der für ihre Qualifikation fehlenden
Arbeitsplätze kehren viele von ihnen
nicht mehr in ihre Heimat zurück.

Musik

Gambia ist ein kleines Land mit einer
musikalisch großen Stimme. Musik in
Gambia wird durch kulturelle, religiöse und soziale Komponenten bestimmt. Dabei kann weniger von einer speziell gambischen Musik gesprochen werden, setzt sich doch das
winzige Land aus vielen verschiedenen Volksgruppen zusammen, die alle
neben einer eigenen Sprache auch eigenständige Unterhaltungsformen
herausgebildet haben.

Die Musikerkaste der Jali

Die vorherrschende Strömung traditioneller Musik in Gambia ist die der
Mandingo, denn ihr Ursprung reicht
bis auf das historica Mali-Kö-
nigreich im 12. Jahrhundert zurück, als
unter dem legendären Herrscher Sundiata eine Musikerkaste – die *Jalis* –
entstehen konnte. Sie genossen zu jener Zeit das alleinige Privileg, Musik
zu machen. Der Beruf wurde innerhalb der Familie vererbt, so daß die
professionellen Musiker von heute

nur wenigen alteingesessenen Famili-
en entstammen, was auch an den immer wiederkehrenden Namen wie *Jobarteh, Konte* oder *Kuyate* erkennbar
ist.

Das Arbeitsfeld eines Jali ging weit
über das bloße Musizieren hinaus. Er
war gleichzeitig Träger der mündlichen Überlieferung und hatte die
Aufgabe, die Geschichte des Königs-
hauses am Hofe und Neuigkeiten im
ganzen Land zu erzählen. Im ländlichen Westafrika war er das Gedächt-
nis eines Dorfes, sozusagen seine Zei-
tung und sein Archiv.

Jalis sind mit einem oder mehreren
gutsituierten Gönnern dauerhaft verbunden, die für ihren Lebensunterhalt
aufkommen. Sie spielen für den Mäzen an religiösen Feiertagen, bei
Hochzeiten, Namensgebungszeremo-
nien, Beschneidungsriten und Begräb-
nissen, also überall, wo sich ein feierli-
cher Anlaß bietet. Jeder Anlaß wird
musikalisch interpretiert. Es werden
Begrüßungslieder für die Anwesen-
den gesungen und Preislieder für den
Mäzen vorgetragen. Neben der traditionellen Bindung zum Mäzen kamen
durch öffentliche Konzerte neue Ver-
dienstquellen hinzu.

Vielfach werden Jalis heute auch
von Politikern engagiert, um deren
Popularität zu vergrößern. Einer der
bekanntesten Jalis in Gambia, *Mali-
mini Jobarteh,* fungierte beispielsweise als Sprecher des Ex-Präsidenten
Dawda Jawara. Jalis sind also eine Mischung aus Musiker, Geschichtenerzähler, Historiker, Nachrichtenüber-
mittler, Festredner und Wahlkampf-
promoter.

Instrumente

Das musikalische Repertoire der Jalis reicht bis zur Zeit des Mandingo-Herrscher Sundiata zurück. Die Musik basiert im wesentlichen auf zwei Instrumenten – dem *Balaphon* und der *Kora*. Das Balaphon gilt als das älteste Musikinstrument der Mandingo. Es ähnelt dem hierzulande bekannten Xylophon. Die 18 bis 22 Klangstäbe sind allerdings durch darunter montierte, ausgehöhlte kleine Kalebassen erweitert, die als Resonanzkörper dienen.

Das bekannteste Instrument der Jali ist die Kora, eine 21-saitige Harfenlaute. Ihr Klangkörper besteht aus einer halbierten, mit Rinderhaut überspannten Kalebasse, durch die ein Holzstock gesteckt wird, der oben als Hals dient und an dem unten die Saiten fixiert werden. Die Saiten werden über einen Steg zum Hals geführt und mit Lederringen befestigt. Durch ein kleines kreisrundes Loch in der Kalebasse können die Zuhörer Geldscheine zustecken. Mit dem Daumen werden die ersten vier linken, oben liegenden Baßsaiten angeschlagen. Die restlichen Saiten werden mit dem Zeigefinger gezupft. Sie sind ähnlich unserer Dur-Tonart gestimmt, woraus sich ein für europäische Hör-

gewohnheiten einigermaßen vertrauter Hörgenuß ergibt, was sicherlich mit ein Grund für die wachsende Popularität der Kora-Musik im Westen sein mag. Ein versierter Kora-Spieler kann neben der Melodie und deren Interpretation gleichermaßen den Baß dazu anschlagen. Durch rhythmisches Fingerklopfen gegen das Instrument ist es dem Musiker zudem möglich, sich selbst perkussiv zu begleiten. Das instrumentale Spiel des Kora-Virtuosen wird durch den Gesang vorwiegend weiblicher Jali komplettiert. Zumeist handelt es sich um die Frau des Spielers.

In Westafrika gibt es vier verschiedene Kora-Schulen. Sie unterscheiden sich vor allem durch die Art und Weise, das Instrument zu stimmen. In Gambia sind alle vier Schulen vertreten. Zumeist werden historisch überlieferte Stücke gespielt. Lediglich das Repertoire der *Yenyengo*-Schule besteht aus zeitgenössischen Stücken. Die Yenyengo-Spieler benutzen zudem eine 22saitige Kora, die manchmal elektrisch verstärkt wird und sich rhythmisch an der afrikanischen Popmusik orientiert.

Musik im Wandel

In der modernen gambischen Gesellschaft hat der Jali viel von seiner einstigen Bedeutung eingebüßt und muß sich heute oftmals mit der

Das Balaphon wird mit Holzstäben (oft mit einem aufgesetzten Gummipfropfen am einen Ende) zum Klingen gebracht

Rolle eines bezahlten Musikers begnügen. Zudem hat sich die Einstellung der Gambier zur traditionellen Musik seit dem Siegeszug von Transistorradio und Kassettenrecorder stark gewandelt. Bei vielen Familienfeiern ersetzt heute die Kassette den Jali. Die wirtschaftlichen Gegebenheiten erlauben es oft nicht mehr, den Jali zu bezahlen. Seine Lieder und Geschichten gelten manchmal auch als altmodisch. In den Marktstraßen von Banjul und Serekunda beherrscht afrikanische Popmusik vom Stile eines Youssou N'dour, Reggae-Rhythmen oder amerikanischer Disco-Sound die Szene.

Koramusik aus Gambia: Empfehlungen zum Reinhören

● The Jali Roll Orchestra, *Jali Roll*, Rogue, 1990: Koramusik mit *Dembo Konté* aus Gambia und *Kausa Kouyateh* aus der Casamance; eine gelungene Mixtur traditioneller westafrikanischer Stilelemente und moderner Popmusik. Die Parts für Schlagzeug, E-Gitarre und Akkordeon werden von den »3 Mustapha 3« gespielt; zu hören ist unter anderem ein tolles Preislied auf den gambischen Ex-Präsidenten Dawda Jawara.

● Foday Musa Suso, *The Dreamtime*, World Circuit, 1990: Helles und modernes Koraspiel, sehr melodisch und träumerisch, gespielt von einem Mandingo-Griot aus Brikama, produziert in New York. Der Musiker arbeitete unter anderem mit Herbie Hancock zusammen.

● *Ancient Heart, Mandinka and Fulani-Music of the Gambia*, Island, 1990: Vereint zwei völlig unterschiedliche Musikstile miteinander – die korabetonte Volksmusik der Mandingo und die von schrägen Geigen, Flöte und rasselnden Kalebassen dominierte Musik der Fulbe. Aufgenommen im Compound von Jali Foday Musa Suso in Brikama.

● Dembo Konté & Malamini Jobarteh, *Baototo*, WW Communications, 1987: Traditionelle Koramusik, von schönem balladenhaften Gesang begleitet.

● Lamine Konté, *La Kora du Sénégal*, Arion, 1987: Der aus der Casamance stammende Sänger und Koraspieler besingt den grünen Naturgarten seiner Heimat, Beschneidungsriten, Szenen aus dem Alltag. Einige Songs sind in kreolisch mit unverkennbar portugiesischem Einschlag.

● Kemang Kanouté, *Farafina*, Koch International, 1990: In M'bour als Sproß einer Griot-Familie aufgewachsen und zeitweiliges Mitglied des senegalesischen Nationalorchesters, ist Kanouté in erster Linie Balaphonspieler, beherrscht daneben auch meisterhaft die Kora. Begleitet wird er von dezent akustischen Gitarrenklängen des Malinesen Lansana Diabeté.

● Abdel Kabirr & the Soto Koto Band: *Gumbay Dance*, Higher Octave Music 1991; reggaeorientierte Popmusik mit neu interpretierten Mandingo-Liedern.

● *Messe et chants au Monastere de Keur Moussa*, Arion, 1989: Gelungene Synthese traditioneller afrikanischer

Trommeln, Balaphone und die zum Teil kunstvoll verzierte Kora sind die traditionellen Instrumente der Tanzmusik Gambias.

Koramusik, Tam Tam, Balaphon und gregorianischer Gesänge. Gesungen wird in Französisch und den Sprachen der Sérèr und Wolof.

Alle genannten Titel sind als Platte und als CD erhältlich.

Literatur

In einem geographisch so begrenzten kleinen Land wie Gambia mit einem so hohen Anteil an lese- und schreibunkundigen Menschen konnte sich bislang verständlicherweise nur schwerlich eine eigenständige Literaturszene herausbilden. Gambias literarisches Schaffen liegt ganz im Schatten anderer anglophoner afrikanischer Länder, allen voran Nigeria mit seinem Literatur-Nobelpreisträger *Wole Soyinka*.

Als namhafter Autor aus Gambia konnte sich genaugenommen bislang nur der Aku *Lenrie Peters* durchsetzen. Der 1932 in Banjul geborene, in Sierra Leone und Cambridge ausgebildete Arzt und Schriftsteller machte neben einigen Gedichtbänden vor allem durch seinen Roman »The Second Round« von sich reden. Im Mittelpunkt der stark autobiographisch geprägten Story steht die Einsamkeit des in Europa ausgebildeten und nach Afrika zurückkehrenden Individuums. Peters schildert den Alltag in den durch westliche Einflüsse verfremdeten afrikanischen Städten, der zunehmend vom Verlust traditioneller Werte begleitet wird.

Ein amüsantes kleines Erzählbändchen ist das von *Florence Mahoney* verfaßte »Stories of the Senegambia«. Die kurzen Erzählungen geben vielfältige Einblicke in das Leben und Denken der Menschen am Gambia River.

Roots – »Wurzeln«

Wenn auch nicht von einem Afrikaner geschrieben, so ist für den literarisch interessierten Gambia-Reisenden der Roman »Roots« von *Alex Haley* (Fischer TB, Ffm 1990) doch ein absolutes Muß. In dem durch eine Fernsehverfilmung weltweit bekannten Roman verfolgte der schwarze Amerikaner Haley in penibler Kleinarbeit seine eigene 200 Jahre zurückreichende Familienchronik und entdeckte dabei seine »Wurzeln« in dem kleinen gambischen Dorf Juffure. Haley machte aus dem Stoff eine voluminöse, sich über mehrere Generationen hinziehende Familiensaga. Im Mittelpunkt des ersten Teils steht das Heranwachsen des jungen Kunta Kinte vom Stamm der Mandingo am Gambia River mit eingehender Schilderung des traditionellen Stammeslebens, Beschneidungsriten und anderem. Die Idylle im Busch wird schließlich von brutal hereinbrechenden weißen Sklavenjägern zerstört; Kunta Kinte wird über Gorée nach Amerika verschleppt. Der Rest der Saga offenbart in schonungsloser Offenheit die Auswüchse der amerikanischen Sklavenhaltergesellschaft. In etwas rührigem Stil geschrieben, hat »Roots« alles, was ein Bestseller braucht: aufrüttelnd, informativ und spannend zugleich und durch den persönlichen Bezug des Autors bis zu einem gewissen Grad authentisch.

VORBEREITUNG & ANREISE

REISEVORBEREITUNG

In diesem Kapitel sind all jene Informationen zusammengefaßt, die Sie vor einer Reise nach Senegal oder Gambia brauchen. Sie sollen Ihnen helfen, Stolpersteine von vornherein zu umgehen.

Reisedauer

Die relativ kurze Flugzeit von weniger als 6 Stunden sowie teilweise günstige Charterangebote machen bereits eine zweiwöchige Reise lohnend.

Senegal: Viel mehr als ein paar erholsame Strandtage an der Petite Côte und ein oder zwei kleinere »Landausflüge« in die nähere Umgebung sind bei nur zwei Wochen allerdings nicht »drin«.

Für eine Reise in die Casamance, verbunden mit dem Besuch einiger Dorf-Campements sollten mindestens drei Wochen eingeplant werden. Will man außerdem einen Abstecher in den Norden (Saint-Louis, Djoudj-Nationalpark) oder in den Südosten machen (Niokolo Koba Nationalpark), so bucht man besser gleich für vier Wochen.

Gambia: Eine zweiwöchige Reise wird sich meist auf die Strände der Kombo-St. Mary Area und kurze Ausflüge beschränken, beispielsweise nach Juffure oder ins Abuko Naturschutzreservat. Für eine Fahrt stromaufwärts oder einen Abstecher in die Casamance sollte eine weitere Woche eingeplant werden.

Reisezeit

Die Reisezeit richtet sich ganz nach dem Klima, das bestimmt wird vom Wechsel zweier Jahreszeiten – der Trockenzeit im Winter und der sommerlichen Regenzeit. Die *Regenzeit* erstreckt sich über die Monate Juni bis September, im niederschlagsreicheren Süden bis in den Oktober hinein. Während dieser Zeit ist es feucht und heiß zugleich. Heftige Regengüsse wechseln mit Sommertagen ab. In den Monaten Juli und August muß zudem mit erhöhter Stechmückenplage gerechnet werden. Für den deutlich niederschlagsärmeren Norden Senegals und die Petite Côte können die Sommermonate dennoch eine erträgliche Reisezeit sein. Fürs Auge präsentiert sich die Vegetation zu dieser Zeit besonders grün.

Senegals beste Reisezeit sind die Monate November bis Mai. Sie bieten dem Europäer das günstigste Klima. Am angenehmsten sind Januar und Februar. Die Durchschnittstemperaturen an der Küste liegen während dieser Zeit bei etwa 22°C, die Tageshöchstwerte überschreiten selten 28°C. Überraschend kühl kann es in Dakar und Saint-Louis sein, insbesondere nachts. Im Landesinnern und der Casamance dagegen kann die Quecksilbersäule auch im Winter bis fast 40°C steigen.

Der Reisebetrieb hat sich ganz auf die trockene Jahreszeit eingestellt. Mehr als drei Viertel der Gäste kommen in den Wintermonaten, manche Hotels haben sogar nur in den Wintermonaten geöffnet. Auch die Nationalparks stehen den Besuchern lediglich von Dezember bis April offen, da die Pisten während der Regenzeit unpassierbar sind.

Hochsaison sind die Weihnachts- und Osterferien. In Dakar ist außerdem der Januar Hochsaison: Durch die alljährlich stattfindende kritikwürdige Rallye Paris/Granada – Dakar (Ankunft in Dakar etwa Mitte Januar) können die Hotelzimmer der Hauptstadt knapp werden.

Gambias beste Reisezeit sind ebenfalls die trockenen Wintermonate. Die kühlste und angenehmste Zeit ist von Ende November bis Mitte Februar mit Temperaturen an der Küste zwischen 15 und 32 Grad. Auch für eine Reise stromaufwärts eignet sich diese Zeit am besten. Die Trockenzeit setzt sich von März bis in den Mai hinein fort, wobei dann aber besonders im Landesinnern mit heißem Klima zu rechnen ist. Mehr als drei Viertel der Gäste – insbesondere Engländer und Skandinavier – besuchen Gambia im Winterhalbjahr, das damit gleichzeitig Hochsaison ist, mit Spitzenbelegungen in den Weihnachts- und Osterferien.

Von deutschen Feriengästen wird Gambia zunehmend auch in den *Sommermonaten* besucht. Die Regenzeit beginnt Ende Mai/Anfang Juni und kann bis in den November dauern. Die niederschlagsreichsten Monate sind August und September, wo auch mit besonders hoher Luftfeuchtigkeit zu rechnen ist. Regenzeit in Gambia heißt jedoch nicht, daß es ununterbrochen schüttet. Es vergeht kaum ein Tag, wo die Sonne nicht zumindest für ein paar Stunden durchkommt, auch einige Tage ohne Niederschläge sind möglich. Was den Sommerurlaub reizvoll macht, ist die besonders grüne und sich reichhaltig präsentierende Vegetation. Trotz steigender Besucherzahlen ist der Sommer Nebensaison. Einige der großen Strandhotels haben geschlossen. Ausflüge ins Landesinnere scheitern oftmals an unpassierbaren Pisten.

Strandurlaub ist ganzjährig möglich. Die durchschnittlichen Wassertemperaturen betragen von Dezember bis Mai etwa 22 bis 24°C. Von Juni bis November ist das Wasser mit 25 bis 30°C fast schon zu warm, um noch erfrischend zu sein.

Reisekosten

Will man nicht auf gewohnte Annehmlichkeiten verzichten, so sind Senegal und Gambia keine ausgesprochenen Billigreiseländer. Besonders Hotelkosten können die Reisekasse übermäßig strapazieren.

Senegal: Um einigermaßen komfortabel zu wohnen, sind in Dakar pro Nacht und Doppelzimmer schnell 70 bis 100 DM ausgegeben, außerhalb der Hauptstadt nicht viel weniger. Selbst ein mehr als bescheidenes Doppelzimmer ohne viel Extras ist kaum unter 40 DM zu haben. Für Alleinreisende kommt hinzu, daß ein Einzelzimmer nur unwesentlich billiger ist als ein Doppelzimmer. In vielen Hotels stehen außerdem keine Einzelzimmer zur Verfügung.

In den meisten Hotelküchen und Restaurants wird mühsam versucht, die französische Küche nachzuahmen.

Die Preise leider auch. Für ein durchschnittliches Menü sind 10 bis 20 DM anzusetzen. In Supermärkten erhältliche, per Luftfracht aus dem Westen importierte Nahrungsmittel sind selbstverständlich erheblich teurer als zu Hause. In Plastik abgefülltes Mineralwasser aus Frankreich kostet beispielsweise etwa 2 DM pro Flasche.

Bei gehobenen Ansprüchen ist ein Tagesbugdet von 100 bis 120 DM pro Person zu veranschlagen. Leistet man sich zudem den Luxus eines Mietwagens, so verschieben sich die Kosten explosionsartig nach oben. Senegals Preisniveau für Mietwagen liegt weltweit gesehen mit an der Spitze.

Ausgesprochen günstig sind dagegen die Preise für öffentliche Verkehrsmittel. Für 100 gefahrene Kilometer sind etwa 4 DM zu berechnen.

In Großstädten wie Dakar und Saint-Louis ist die Versuchung, Geld auszugeben, ungleich höher als in ländlich abgeschiedenen Gegenden. Komfortable Hotels, elegante Restaurants, glitzernde Souvenirs und direkte Telephonverbindungen nach Europa können tiefe Löcher in die Tasche reißen. Ganz anders dagegen verhält es sich auf dem Land, wo man bereits Schwierigkeiten hat, Geld für eine Ansichtskarte oder ein kühles Bier auszugeben.

Eine sehr gute Möglichkeit, preiswert zu reisen, bieten die staatlichen und privaten *Dorf-Campements* in der Casamance. In den äußerst einfach ausgestatteten Herbergen kosten Unterbringung und Halbpension 18 DM pro Person. Für anspruchslose Gäste bieten die Campements genau das richtige Maß an Ausstattung, so daß sich ein weitergehender Survival-Urlaub im Busch erübrigt. Hält man sich darüberhinaus mehr an die afrikanische Küche, halten sich auch die Kosten für das Essen in einem angemessenen Rahmen.

Mit geringen Ansprüchen läßt sich in der Casamance bereits für 40 DM pro Tag ganz gut leben. In anderen Landesteilen sollte man etwas mehr – 50 bis 70 DM – einkalkulieren.

Gambia: Verglichen mit dem großen Nachbarn Senegal liegen die Reisekosten zum Teil erheblich niedriger. Das fängt schon in der Hauptstadt an, wo ein einigermaßen akzeptables Doppelzimmer bereits für 30 bis 40 DM zu haben ist. Die Pauschalhotels in der Kombo-St. Mary Area verfügen über internationalen Standard, die Preise sind entsprechend. Für den Individualreisenden bieten sich dennoch einige einfache bis komfortable Unterkunftsmöglichkeiten mit 20 bis 60 DM für das DZ.

Auch die Buschcamps stromaufwärts sind mit 15 bis 25 DM pro Person und Nacht relativ preisgünstig.

Die in den Ferienresorts weitgehend dem europäischen Geschmack nachempfundene Küche liegt preislich etwas niedriger als zu Hause. Öffentliche Verkehrsmittel sind äußerst billig, ausgenommen die Tourist Taxis. Ein Mietwagen dagegen ist mit rund 50 DM pro Tag zuzüglich Kilometerpauschale relativ teuer, jedoch ebenfalls günstiger als in Senegal. Alles in allem entspricht ein Tagesbudget mit um die 100 DM bereits gehobenen Ansprüchen, ein Mietwagen ist dabei allerdings nicht eingerechnet. Versucht man einigermaßen preisbewußt, sprich einfach zu leben, so kommt man auch bereits mit 40 bis 50 DM pro Tag über die Runden.

Währung

Alle Informationen zum Geldwechsel unterwegs (wie zum Beispiel die Banken und Öffnungszeiten) stehen im Kapitel »Reisepraxis« auf Seite 116.

Senegal: Zusammen mit zwölf anderen westafrikanischen Ländern ist Senegal in der Westafrikanischen Währungsunion, *Communauté Financière Africaine*, zusammengeschlossen. Gemeinsame Währungseinheit ist der *CFA-Franc*. Er ist fest an den französischen Franc gebunden (1 FF = 100 CFA). Anfang 1994 wurde der CFA gegenüber dem französischen Franc auf 50 Prozent abgewertet. Die Preissteigerungen, die daraufhin natürlich folgten, betreffen hauptsächlich die Einheimischen. Für Touristen gestaltet sich eine Reise nach Senegal nun günstiger als vor der Abwertung. Die Inflation liegt derzeit bei geringfügigen 0,5 %.

Es gibt Noten zu 500, 1000, 2500, 5000 und 10.000 CFA sowie Münzen zu 5, 10, 25, 50 und 100 CFA.

Gambia: Die ersten Jahre nach der Unabhängigkeit wurde in Gambia noch ganz den britischen Gepflogenheiten entsprechend mit Penny und Shilling gerechnet. 1971 schließlich löste die Dezimalwährung das englische System ab – der *Dalasi* (D) wurde eingeführt. Doch auch die Jahre danach blieb der Dalasi fest an das englische Pfund gebunden. Seit 1986

> **Wechselkurs Senegal:**
> Im Februar 1995 erhielt man für
>
> | | |
> |---|---|
> | 1 FF | 100 CFA |
> | 1 DM | 325 CFA |
> | 1 SFr | 386 CFA |
> | 1 ÖS | 45,50 CFA |
>
> In Deutschland erhielt man im November 1995 für 1 DM 250 CFA
>
> **Wechselkurs Gambia:**
> 1995 erhielt man in Gambia für
>
> | | |
> |---|---|
> | 1 DM | 5,80 D |
> | 1 SFr | 6,85 D |
> | 1 ÖS | 0,81 D |
>
> Dalasi werden von deutschen Banken nicht gehandelt.

»floatet« der Kurs frei ohne die Anbindung an eine Fremdwährung.

Der Dalasi ist in 100 *Bututs* eingeteilt. Es gibt Noten zu 5, 10, 25 und 50 Dalasi. Münzen gibt es zu 1, 5, 10, 25 und 50 Bututs sowie zu einem Dalasi (siebeneckig, schön für Sammler). Die Münzen unter 25 Bututs sind kaum noch im Umlauf.

Zahlungsmittel

Geld in Form von *Reiseschecks* ist am empfehlenswertesten und vermindert die Sicherheitsproblematik erheblich. Bei Verlust erhält man innerhalb weniger Tage Ersatz. Euroschecks mit Eurokarte werden in Westafrika kaum akzeptiert.

Neben Reiseschecks empfiehlt es sich, für Notfälle etwas *Bargeld* in Form von DM, Französischen Francs oder US-Dollars zur Hand zu haben, am besten in kleinen Noten. Französsische Francs werden in Senegal faktisch als Zweitwährung akzeptiert, zumindest von allen großen Hotels, Restaurants, Autovermietungen, Reisebüros, Souvenirshops und selbst den meisten Taxifahrern.

Senegal: *Reiseschecks* von American Express, Thomas Cook und andere werden von den Banken in den großen Städten problemlos gewechselt – vorausgesetzt, sie sind in Französischen Francs ausgestellt. Beim Tausch wird eine Kommission von 2 Prozent auf den Gesamtbetrag fällig. DM-, SFr- und US-Dollar-Schecks werden außerhalb Dakars nicht überall eingelöst.

Kreditkarten: Werden, wenn auch noch zögernd, immer mehr akzeptiert und können vor allem in Hotels und bei Autoverleihfirmen nützlich sein. Die in Senegal führenden Plastikkarten sind Visa und American Express.

Rücktausch: Von Senegal nach Gambia eingeführte CFA-Scheine werden problemlos in Dalasi umgewechselt (Gambia gehört nicht zur CFA-Zone). Auch Rücktausch in Deutschland ist möglich, die Kursverluste belaufen sich dabei allerdings auf etwa 50 %.

Tip: Bei Rücktausch in Frankreich ist der Verlust in Europa am geringsten und reduziert sich auf die üblichen Bankspesen.

Gambia: *Traveller-Schecks* von American Express oder anderen Großbanken werden überall problemlos angenommen. Empfehlenswert ist die Mitnahme von in DM ausgestellten Schecks, an fremder Währung sind Pfund Sterling, Dollars und Französische Francs (FF) am verbreitetsten.

Kreditkarten werden bisher lediglich von einigen der großen Strandhotels akzeptiert. Außerhalb dieser Hotels ist Plastikgeld bis auf wenige Ausnahmen (Avis, vereinzelt auch Supermärkte) als Zahlungsmittel unbekannt.

Rücktausch: Wechseln Sie nur soviel Dalasi ein, wie Sie voraussichtlich benötigen. Außerhalb Gambias ist der Dalasi so gut wie wertlos.

Sicherheit

Geld und Papiere sind möglichst am Körper zu tragen. Die gängigste, aber schon allzu bekannte Art ist der Brustbeutel. Besonders in Dakar ist größte Vorsicht angezeigt. Geld sollte niemals lose in der Hosen- oder Gesäßtasche aufbewahrt werden. Einer der sichersten Orte ist ein Geldgürtel, der verdeckt unterm Hosenbund getragen werden kann. In Ausrüstershops gibt es Geldgürtel, die groß genug sind, um auch den Reisepaß darin unterzubringen. Dokumente und Geld sollten allerdings zusätzlich durch einen kleinen Plastikbeutel vor Schweiß geschützt sein. Die Seriennummern der Reiseschecks sind immer getrennt von den Schecks aufzubewahren. Größere Bargeldbeträge können gegen Quittung im Hotel-Safe deponiert werden.

Getrennt aufbewahrte Fotokopien der wichtigsten Papiere erleichtern die Wiederbeschaffung der Originale.

Ein- und Ausreise: Formalitäten und Bestimmungen

Sowohl für Senegal als auch Gambia ist eine *Gelbfieber-Impfbescheinigung* für all jene erforderlich, die aus Endemiegebieten einreisen. Zu den Endemiegebieten (Regionen, in denen wegen einer bestimmten Stechmückenart und virusübertragender Tierarten ein Infektionsrisiko besteht) gehören praktisch alle südlich der Sahel-Zone liegenden Länder, einschließlich Senegal und Gambia.

Malariaprophylaxe wird ebenfalls für beide Länder für das ganze Jahr empfohlen.

Zu Impfungen und Gesundheitsvorsorge siehe nachfolgende Seiten.

Senegal: Deutsche Bundesbürger benötigen zur Einreise lediglich einen noch mindestens drei Monate gültigen Reisepaß. Ein Visum ist bis zu einem Aufenthalt von 3 Monaten nicht erforderlich. Schweizer und Österreicher benötigen ein Visum.

Devisen- und *Zollvorschriften* werden ausgesprochen leicht gehandhabt. Die Landeswährung darf unbeschränkt eingeführt und bis 10.000 CFA wieder ausgeführt werden. In der Regel wird bei der Ausreise nicht kontrolliert. Devisen brauchen nicht deklariert zu werden. Persönliche Gegenstände (Fotoapparat, Walkman, Fahrrad etc.) unterliegen nicht den Zollbestimmungen und können frei ein- und ausgeführt werden.

Gambia: Deutsche Staatsangehörige benötigen bei einem Aufenthalt bis zu drei Monaten lediglich einen nach der Ausreise noch mindestens drei Monate gültigen Reisepaß und ein Rückflugticket (wird praktisch nicht kontrolliert). Kinder müssen im Reisepaß der Eltern eingetragen sein oder einen Kinderausweis mit Lichtbild vorweisen. Für Aufenthalte von mehr als drei Monaten ist ein Visum erforderlich, ausgestellt von den Konsulaten in der BRD oder vor Ort vom *Ministry of Interior*, Department Immigration, Banjul.

Schweizer und Österreicher benötigen bereits zur Einreise ein Visum.

Devisen und die *Landeswährung* können in unbeschränkter Höhe eingeführt werden; ausgeführt werden dürfen nur bis zu 75 D.

Beim Rückflug wird eine *Flughafensteuer* von 320 D bzw. 30 DM erhoben.

Zollbestimmungen: Entsprechend dem Internationalen Genfer Zollabkommen dürfen zum persönlichen Gebrauch bestimmte Gegenstände zollfrei eingeführt werden (Filmkamera, Fotoapparat, Filme, Fernglas etc.). An Genußmitteln ist die Einfuhr von 200 Zigaretten oder 250 g Tabak, 1 Liter Spirituosen und 1 Liter Bier oder Wein gestattet.

Tiere benötigen vor Reiseantritt eine vom *Principal Veterinary Officer* in Banjul ausgestellte Einfuhrerlaubnis, die frühzeitig eingeholt werden muß. Bei der Einreise wird zudem ein Gesundheitspaß, bei Hunden ein Tollwutimpfzeugnis verlangt.

Infos für Behinderte

Zur Reisevorbereitung habe ich einige Adressen zusammengestellt, bei denen Sie sich informieren können. Über weiterreichende Leser-Erfah-

rungen, insbesondere aus und über Senegal und Gambia freue ich mich.

Mobility International Schweiz (MIS), Riesbachstraße 58, CH-8034 Zürich, ☏ (0041)01/3830497. Gibt eine 120seitige Broschüre »Unbehinderte Ferien für Behinderte« heraus.

Bundesarbeitsgemeinschaft der Clubs Behinderter und ihrer Freunde e.V., Eupener Straße 5, 55131 Mainz, ☏ 06131/225514. Ansprechpartner für geeignete Begleitpersonen, praktische Hilfsmittel, rollstuhlgerechte Unterkünfte, etc.

Bundesverband Selbsthilfe Körperbehinderter e.V. (BKS), Friedrichsdorfer Straße 255, 53175 Bonn, ☏ 0228/317840. Gibt die kostenlose Broschüre »Reise ABC – Selbstbestimmtes Reisen für körperbehinderte Menschen« heraus, die viele Tips (weltweit) enthält. Der BKS unterhält auch einen Reisedienst und vermittelt Reisehelfer.

Lufthansa-Broschüre *Reisetips für behinderte Fluggäste* gibt es kostenlos in allen in- und ausländischen Stadtbüros der LH.

Was mitnehmen?

Entscheidend für die richtige Zusammenstellung des Reisegepäcks ist immer die Frage, wie gereist wird. Für Pauschalreisende mit festgebuchtem Hotel und organisierten Ausflügen empfiehlt sich die Mitnahme eines Koffers oder einer Reisetasche, dazu ein kleiner Tagesrucksack.

Leichte Kleidung können Sie vor Ort in unbegrenzten Mengen erstehen (hier: Souvenirverkauf in der Kombo St.-Mary Area).

Für individuelles Reisen mit öffentlichen Verkehrsmitteln und Besuchen in den Dorf-Campements bzw. Busch-Camps ist ein kompakter und robuster Rucksack vorzuziehen, da des öfteren längere Wegstrecken zu Fuß einkalkuliert werden müssen. Ein Schlafsack ist jedoch nicht erforderlich. Wollen Sie gerne in Ihrem eigenen Bettzeug nächtigen, so reichen zwei zusammengenähte Laken bzw. ein Jugendherbergsschlafsack aus. Grundsätzlich gilt: so wenig wie möglich mitnehmen. Jedes zusätzliche Kilo belastet, insbesondere bei tropischen Temperaturen. Lieber einmal Wäsche waschen, als zuviel tragen.

Kleidung

- ein paar feste Schuhe
- Baumwollsocken
- Sandalen, eventuell Badeschuhe
- 2 helle lange Hosen bzw. lange Röcke
- T-Shirts, leichte, helle langärmelige Baumwollhemden, Blusen
- Baumwoll-Unterwäsche
- leichter Pulli oder Sweatshirt
- Badeanzug bzw. Badehose
- Hals- oder Kopftuch
- Sonnenhut, Sonnenbrille, Sonnencreme mit hohem Schutzfaktor, für den Anfang mindestens 20

Toilettenartikel

- Handtücher
- Kulturbeutel mit Seife, Shampoo, Zahnpasta und Zahnbürste, Rasierzeug oder Tampons, Marken-Kondome, Nagelschere, Pinzette
- Toilettenpapier
- Flüssigwaschmittel

Papiere und Geld

- Geldgürtel und Geldbeutel
- Reiseschecks, Bargeld, Ticket
- Reisepaß und Impfausweis
- Nationaler und internationaler Führerschein

Sonstiges

- Reiseapotheke (siehe Seite 107)
- Pfefferminztee in Beuteln und Zwieback
- Moskitonetz
- Ersatzbrille, Ersatzsonnenbrille
- Fotoausrüstung mit Ersatzbatterien und Filmen
- Reiseführer und Karte, Reiselektüre, Französisch-Wörterbuch
- Kugelschreiber, Notizblock, Kalender, Adreßbuch
- Taschenlampe mit Ersatzbatterien und -birnchen
- Taschenmesser mit Flaschenöffner
- Wasserflasche (evtl. Wasserfilter bzw. Micropurtabletten)
- Nähzeug, Sicherheitsnadeln
- Geschenke wie Fotos der eigenen Familie und Postkarten von zu Hause
- Fernglas (für Vogel- und Tierfans unentbehrlich)
- Radwanderer und Wanderer lesen bitte auch die Tips auf Seite 139.

Literatur und Karten

Wer sich gründlich auf sein Reiseland vorbereiten möchte, dem seien als Ergänzung zu diesem praktischen Reiseführer folgende Bücher empfohlen:

Thomas Krings: Sahel. DuMont-Kultur-Reiseführer, Köln, 5. Auflage 1990. Gute Einführung in die Geschichte, Geographie und Bevölkerung Westafrikas, aber schwache Ortsbeschreibungen mit nur wenig brauchbaren Tips.

Lötschert & Beese: Pflanzen der Tropen. BLV-Verlag, München, 4. Auflage 1992. Für botanisch Interessierte ein Bestimmungsbuch tropischer Zier- und Nutzpflanzen mit schönen Farbfotos.

Serle, Morel, Hartwig: A Field Guide to the Birds of West Africa. Collins Ltd., London 1977. Vogelbestimmungsbuch mit mehr als 500 Arten, für Ornithologen.

Sauers Naturführer, Afrikanische Vögel. Fauna-Verlag, Karlsfeld 1985. Bestimmungsbuch mit guten Farbfotos.

Länderbericht Senegal bzw. *Gambia*, herausgegeben vom Statistischen Bundesamt, erschienen im Verlag Metzler-Poeschel, Stuttgart, 1993 bzw. '92. Daten zu Bevölkerung, Bildungs- und Gesundheitswesen und Wirtschaft; ausgesprochen nüchtern, aber informativ.

Historisches bietet der Reisebericht *Reise ins Innere Afrikas* 1795 – 1806 des schottischen Afrikaforschers Mungo Park (herausgegeben von Heinrich Pleticha, Weitbrecht-Verlag, 1995). Sollten die teils akribischen Schilderungen sich als zu trocken erweisen, ist das Ganze auch in lockerer Romanform zu haben: Dem amerikanischen Autor T. Coraghessan Boyle gelang mit *Wassermusik* ein geradezu barocker Kultroman. In spritziger, teils vulgärer Sprache und phantasievollem Erzählstil versucht Boyle nachzuempfinden, wie es hätte sein können, damals, als Mungo Park vom

Gambia River aufbrach, um den Lauf des Niger zu erkunden. *Wassermusik* (roreo, Reinbek 1990) ist eine überaus erfrischende Reiselektüre.

Von der Thematik ernster, aber ebenfalls packend geschrieben, ist der Roman *Roots* von Alex Haley, dessen tragische Sklavensaga am Gambia seinen Anfang nahm (siehe Seite 314).

Eine gelungene Einführung in die westafrikanische Musikszene findet sich in *Weltbeat* von Jean Trouillet und Werner Pieper, erschienen in W. Pieper's Medienexperimente, Löhrbach 1989.

Wer sich auf eine Fahrradreise und die Durchführung von Radtouren – auch unter extremen Bedingungen außerhalb Europas – vorbereiten will, besorge sich das bewährte Buch *Fahrrad-Reisen – Das unentbehrliche Handbuch für jede Radtour* von Martin Karsten, Frank Micus und Johannes Remmel, Peter Meyer Reiseführer, für 34,80 DM im Buchhandel. Dieses Buch informiert fundiert über Ausrüstung, radlerspezifische Ernährung und Gesundheitsprobleme, verrät, wie der Drahtesel tourentauglich getrimmt und bepackt wird, gibt Pannenhilfe und Transporttips in Bahn und Flugzeug.

Karten

Die drei folgenden Karten sind in europäischen Landkartenhandlungen und Reisebuchläden zu haben:

Michelin-Karte 953, Nord- und Westafrika 1:4.000.000. Große Übersichtskarte, Senegal und Gambia kommen darin zwar nur sehr klein vor, die Karte ist jedoch verläßlich.

IGN Sénégal 1:1 Mio. Gute Senegal-Karte mit Detail-Karten zu Dakar, Saint-Louis und dem Cap Vert (1993).

IGN Sénégal 1:500.000. Vier Blätter im Set. Sehr umfassende und genaue Darstellung, zusammen circa 100 DM. Gut für Radfahrer und Wanderer.

Senegal-Karte, 1:912.000. Nur in den Buchgeschäften Dakars erhältlich (die mit den grün-gelb-roten Landesfarben auf dem Deckblatt); detailliert und verläßlich, kombiniert mit einem Stadtplan von Dakar.

The Gambia Tourist Information & Guide Map 1:350.000, 2. Auflage 1993. Die beste Straßenkarte zu Gambia wurde 1987 von einem deutschen Kartographen für das gambische Ministerium für Tourismus angefertigt. Sie ist über den Buchhandel zu beziehen (16,80 DM) und mit etwas Glück auch im Methodist Book Shop in Banjul zu finden. Ansonsten werden aber auch die Karten in diesem Buch ausreichen.

Gesundheitsvorsorge

Für eine Reise in die Tropen sollte man sich fit und gesund fühlen. Ein bereits geschwächter Körper reagiert um so anfälliger auf neue Erkrankungen. Vor der Reise empfiehlt sich auch ein routinemäßiger Besuch beim Zahnarzt, es sei denn, es besteht bei eventuell auftretenden Beschwerden unterwegs keine Hemmschwelle, sich einem ortsansässigen Zahnarzt anzuvertrauen. Reisende mit Grunderkrankungen sollten vor der Reise mit ihrem Arzt darüber reden und für die

Reise dessen Telefonnummer notieren.

Schwangere sollten wegen der in beiden Ländern ganzjährig notwendigen Malaria-Prophylaxe von einer Urlaubsreise dorthin Abstand nehmen.

Wovor sich schützen?

Bei Reisen in die Tropen steht die Frage nach dem richtigen Impfschutz immer an vorderster Stelle. Für Senegal und Gambia sind gegenwärtig keine Impfungen vorgeschrieben, solange man nicht aus einem Gelbfieber-Endemiegebiet einreist (Stand: 6/1995). Doch die Situation kann sich schnell ändern. Informieren Sie sich rechtzeitig (4 bis 6 Wochen vor Reiseantritt) bei einem tropenmedizinischen Institut über neue Entwicklungen und empfehlenswerte Schutzimpfungen. Die Mitnahme eines gültigen Impfpasses ist immer ratsam.

Gelbfieber: Wer aus Europa anreist, benötigt keinen Gelbfieber-Impfnachweis. Dennoch wird von den tropenmedizinischen Instituten eine vorbeugende Impfung dringend angeraten, da die von einer Stechmücke übertragenen Viren in vielen Teilen der afrikanischen Tropen anzutreffen sind, praktisch überall südlich der Sahel-Zone. Wer von Senegal aus einen Abstecher nach Gambia machen will (oder umgekehrt), benötigt an der jeweiligen Landesgrenze in jedem Fall einen Impfnachweis. Die Gelbfieberimpfung ist 10 Jahre gültig. Sie wird erst 10 Tage nach Erstimpfung anerkannt, bei einer Wiederimpfung innerhalb von 10 Jahren mit

BOROOM LAMMIÑ DU REER.

Wer eine Zunge hat, verirrt sich nicht.

(senegal. Sprichwort)

dem Tag der Impfung. Die WHO empfiehlt auch Städtereisenden in gefährdeten Ländern eine Impfung.

Tetanus (Wundstarrkrampf): Die Tetanusimpfung gehört weltweit zu den Standardimpfungen, die auch unabhängig von einer beabsichtigten Reise durchgeführt werden sollte, um sich bei Unfällen oder anderweitigen Verletzungen (zum Beispiel Tierbisse) vor Wundstarrkrampf zu schützen. In Westafrika zählt Wundstarrkrampf mangels ungenügender Impfkampagnen zu den häufigsten Todesursachen. Die Impfung besteht aus drei Injektionen. Die ersten beiden erfolgen im Abstand von vier Wochen, die dritte nach einem Jahr als Auffrischung. Weitere Impfungen sollten alle 10 Jahre vorgenommen werden.

Hepatitis (Gelbsucht): Hepatitis A, deren Erreger durch verunreinigtes Wasser und Nahrung aufgenommen werden, gehört zu den verbreitetsten Tropenkrankheiten. Charakteristische Symptome sind auffallende Müdigkeit, Übelkeit, Appetitlosigkeit, eine dunkle Farbe des Urins, heller bis weißer Stuhl sowie die charakteristischen gelbgefärbten Augen. Seit Ende 1992 steht mit Havrix ein risikoarmer Impfstoff zur Verfügung, der nach einer Dreifach-Impfung einen zuverlässigen Schutz bis zu zehn Jahren gewährleistet. Pro Impfung werden circa 70 DM fällig. Hat man bereits einmal eine infektiöse Gelbsucht gehabt, so haben sich im Blut aller Wahrscheinlichkeit nach Antikörper gebildet, die eine Wiedererkrankung verhindern. Ob sich Antikörper im Blut befinden, kann durch eine Blutuntersuchung (Hepatitis A-Serologie) festgestellt werden.

Hepatitis B wird durch Blut- (auch unsaubere Spritzen, Blut-Transfusionen) oder Geschlechtsverkehr übertragen. Impfung ist Risikopersonen angeraten.

Kinderlähmung: Polio befällt nicht nur Kinder und tritt in Westafrika häufig auf. Eine Wiederimpfung sollte alle 10 Jahre vorgenommen werden. Zu beachten sind dabei Impfabstände zu Gelbfieber (2 Wochen) und Typhus (3 Tage).

Cholera ist weltweit wieder auf dem Vormarsch. In Afrika betroffen sind derzeit Somalia, Tansania und Ruanda. Die Erreger werden durch fäkalienverseuchtes Trinkwasser, mit solchem Wasser gegossenen Salat oder mit Cholerabakterien infizierte Fische und Schalentiere übertragen. Die Bakterien nisten sich im Dünndarm ein, setzen Giftstoffe frei, die durch permanentes Erbrechen und Durchfall dem Körper enorme Flüssigkeitsmengen abverlangen und ihn regelrecht austrocknen. Eine zuverlässige Schutzimpfung steht bislang nicht zur Verfügung. Der vorhandene Impfstoff wirkt nur 3 bis 6 Monate und das auch nur bei jedem zweiten Impfling. Hier gilt vor allem, vor Ort Vorsicht walten lassen.

Typhus: Anzuraten ist die Schluckimpfung mit Typhoral, die dreimal im Abstand von zwei Tagen eingenommen wird. Sie soll zwei Jahre schützen, bietet aber keinen hundertprozentigen Schutz. Während der Impfzeit dürfen keine Anti-Malariatabletten oder Antibiotika eingenommen werden.

AIDS: In Senegal und Gambia besteht gegenüber Europa kein erhöhtes Risiko, mit AIDS (französisch: SIDA) infiziert zu werden.

Impf-Empfehlungen

Für und Wider, Sinn und Unsinn bestimmter Impfungen sind ein vieldiskutiertes Thema. So manche Mediziner, insbesondere naturheilkundliche Ärzte, sprechen sich vehement gegen das verbreitete Impf(un)wesen aus, da damit unter Umständen mehr Schaden als Nutzen angerichtet werden könne. Für die Einreise aus Europa nach Senegal und Gambia sind derzeit keine Pflichtimpfungen vorgeschrieben. Der Sonderfall Gelbfieber wurde bereits erwähnt.

Als Minimalprogramm gelten die Impfungen gegen *Gelbfieber* und *Tetanus. Malaria-Prophylaxe* ist während der Regenzeit und für den Aufenthalt in Gambia und der Casamance ein absolutes Muß. Ergänzend empfiehlt sich ein Schutz gegen Hepatitis und eine eventuelle Wiederauffrischung der Polio-, Typhus- und Diphtherie-Impfung. Impfpläne stellen die tropenmedizinischen Institute zusammen.

Ergänzend zur »Gesundheitsvorsorge« siehe auch die Tips ab Seite 103.

Impfung für Tiere

Für mitgebrachte Tiere (z.B. Hunde) wird ein Tollwutimpfzeugnis und ein Gesundheitspaß benötigt. Ob sich ein aus Europa mitgebrachtes Haustier allerdings mit den Klima- und Umweltbedingungen in den Tropen anfreunden kann, sei dahingestellt.

Malaria-Prophylaxe

Malaria (französisch: *Le paludisme)* ist in den Tropen die mit Abstand häufigste Infektionskrankheit. In Senegal und Gambia steht sie an erster Stelle der Todesursachen. Hier ist überwiegend die gefährliche Form (Malaria tropica, P. falciparum) verbreitet. Die Erreger werden durch Stiche der Anophelesmücke übertragen. Es kommt zu hohem Fieber, das von Schweißausbrüchen, Schüttelfrost und Gliederschmerzen begleitet wird. Die Symptome treten in regelmäßigen Schüben auf (Wechselfieber). Das Anfangsstadium ähnelt einer harmlosen Grippe und wird besonders von mit Tropenkrankheiten unerfahrenen europäischen Ärzten falsch diagnostiziert.

Um sich vor dem Erreger zu schützen, ist eine medikamentöse Behandlung mit Malaria-Tabletten unerläßlich. Die früher wirksame alleinige Vorbeugung mit Chloroquin-Präparaten wie Resochin wird als nicht mehr ausreichend erachtet, da die Erreger dagegen (Plasmodium falciparum) bereits resistent sind. Für Westafrika empfiehlt sich die *Kombination von Resochin und Paludrine.* Den wirksamsten Schutz bietet der Wirkstoff Mefloquin (z.B. Lariam).

Dessen Einnahme ist jedoch wegen unangenehmer Nebenwirkungen und der Gefahr, daß die Anopheles auch dagegen resistent werden könnte, nicht anzuraten.

Die Malaria-Tabletten werden je nach Präparat täglich oder wöchentlich während der Mahlzeit eingenommen. Wichtig ist vor allem die regelmäßige Einnahme (immer zur selben Tageszeit bzw. am selben Wochentag). Die Prophylaxe muß eine Woche vor Reiseantritt beginnen und darf erst vier Wochen nach der Rückkehr abgesetzt werden. Erkundigen Sie sich beim nächsten Hygiene- bzw. Tropeninstitut über den neuesten Stand.

Neben der medikamentösen Vorbeugung sollte man darauf bedacht sein, es gar nicht erst zu Mückenstichen kommen zu lassen. Die Malaria-Mücke ist vor allem bei Einbruch der Dämmerung und nachts aktiv. Bei abendlichen Spaziergängen oder einem Diner auf der Hotelterrasse gilt es, den Körper so weit wie möglich durch langärmlige, möglichst helle Hemden und lange, helle Hose zu schützen. Bewährt haben sich auch Insektenabwehrmittel wie Zedan oder in der Apotheke erhältliches Nelkenöl. Die Mitnahme eines Moskitonetzes ist sinnvoll, das allseits um die Matratze geschlungen wird. Auch Ventilator und Klimaanlage schaffen Abhilfe. Erhöhte Vorsicht ist in der Regenzeit angeraten.

Krankenversicherung

Sämtliche anfallende Kosten für ärztliche Hilfe, Medikamente und Krankenhausaufenthalt müssen in Senegal

Festlich gekleidet wird mit Musik und Tanz ein Jubiläum gefeiert. Das Balaphon hat sich der Musiker praktischerweise umgehängt (Gambia).

und Gambia aus der eigenen Tasche bezahlt werden, da kein Sozialversicherungsabkommen mit Deutschland besteht. Wer nur bei einer öffentlichen Kasse versichert ist, geht also leer aus.

Versicherte mit einer zusätzlichen Auslandskrankenversicherung bekommen gegen Vorlage der Rechnungen die ausgelegten Summen erstattet. Arztrechnungen müssen den Namen des Arztes und des Patienten, das Datum und den Betrag in Landeswährung enthalten und möglichst detailliert den Krankheitsbefund und den Umfang der geleisteten Hilfe wiedergeben.

Privatversicherte sind bei einer Reisedauer von bis zu einem Monat versichert, sollten sich dennoch vor einer längeren Reise mit ihrer Krankenkasse in Verbindung setzen.

ENA

Die Kommunikation mit Ärzten erleichtert der in den EU-Sprachen abgefaßte *Europäische Notfallausweis,* in den schwere Operationen, chronische Erkrankungen, Überempfindlichkeiten gegen Medikamente, Impfungen gegen Wundstarrkrampf, lebensnotwendige Medikamente und die Blutgruppe eingetragen werden. Der ENA kann gegen 2 DM bezogen werden beim *Deutschen Gemeindeverlag,* Postfach 400263, 50832 Köln, ✆ 02234/106-0.

Reiseapotheke

Ihre Reiseapotheke sollte ganz nach Ihren speziellen Bedürfnissen zusammengestellt sein. Für den Notfall sollte jedoch folgende Ausstattung zur Hand sein:

- Verbandsmaterial, bestehend aus Mullbinden, Mullkompressen, elastischer Binde, Pflaster und Schere.
- Fieberthermometer und Pinzette
- Desinfektionsmittel und Wundsalbe zur Wundbehandlung
- Imodium gegen Durchfall
- Elektrolytlösung, um den Mineralstoffverlust bei Durchfall wieder auszugleichen.
- ein leichtes Schmerzmittel wie zum Beispiel Aspirin
- Mückenschutzmittel (Zedan oder einfach Nelkenöl)

- zur Wasserdesinfektion Micropur-Tabletten oder Katadyn-Filter
- eventuell ein vom Arzt verschriebenes Breitband-Antibiotikum gegen Infektionen (nur für den Notfall)
- Last not least: Vergessen Sie die Malaria-Tabletten nicht.

Medikamente müssen möglichst kühl und vor Kindern sicher aufbewahrt werden. Wenn Sie viel schwitzen und trinken, muß bei einigen Medikamenten die Dosis erhöht werden.

Die Wirkung von Anti-Baby-Pillen oder anderen ständig eingenommenen Arzneien kann durch Durchfall verloren gehen.

Nehmen Sie nicht zuviel Medikamente mit. Die Apotheken in Dakar und anderen größeren Städten sind gut mit Medikamenten bestückt. Schweizer und bundesdeutsche Pharmakonzerne haben den afrikanischen Markt voll im Griff. Zumeist sind die Medikamente vor Ort wesentlich billiger als zu Hause.

Reisen mit Kindern

Nichts ist unmöglich. Gerade auch Kinder können an Afrika Gefallen finden. Entscheidend ist das Alter und die jeweilige Konstitution des Kindes. Dabei gilt es zu bedenken, ob ein Kind tatsächlich schon etwas von der Reise hat, ob man ihm Malaria-Prophylaxe, Impfungen und die mitunter doch etwas größeren Anstrengungen zumuten kann. Kinder reagieren viel empfindlicher auf Klimawechsel und ungewohnte Umgebung. Auch beim Essen und Trinken bedarf es einer gewissen Disziplin und Einsicht, daß

manches besser zu meiden ist. Babies und Kleinkinder, die wahllos alles Mögliche und Unmögliche in den Mund stopfen, sind in den Tropen fehl am Platze, es sei denn, man wählt eines der großen Club-Resorts, die in punkto Hygiene und Sauberkeit in nichts dem gewohnten europäischen Standard nachstehen. Aber dazu brauchen Sie nicht unbedingt nach Senegal oder Gambia kommen – Club-Hotels sind nicht das eigentliche Afrika.

Eine Reise nach Afrika ist eine gute Gelegenheit, Kindern zu vermitteln, daß es auch Menschen gibt, die ganz anders leben, denken, essen, sich kleiden und aussehen, kurz ganz andere Normen und Werte haben. Für so manchen Erwachsenen ist Afrika bereits viel zu weit von der eigenen Kultur entfernt, um das notwendige Verständnis und Einfühlungsvermögen für die Fremde aufzubringen. Kinder dagegen sind noch weniger kompliziert, für sie ist es einfacher, andere Werte zu akzeptieren und zu tolerieren.

Was das Reisen mit Kindern in Senegal und Gambia so interessant macht, ist die Leichtigkeit, mit der über das Kind Kontakte geknüpft werden können. In einer extrem kinderfreundlichen Kultur wie der westafrikanischen, wo eine große Kinderschar und vielköpfige Familie den ganzen Reichtum des Lebens ausmachen, würden Sie nur auf pures Unverständnis und Mitleid stoßen, wenn Sie erzählen, Sie hätten Ihre Kinder zu Hause gelassen.

ANREISE

*Die Anreise per Flugzeug ist nicht nur der direkte und schnellste,
sondern auch der billigste Weg nach Westafrika. Die Anreise über Land
braucht viel Zeit, gute Ausrüstung und einige Fahrpraxis.*

Mit dem Flugzeug

Es gibt immer die Möglichkeit, zwischen Linien- und Charterflügen mit Pauschalarrangement zu wählen. Individualreisende müssen den *Rückflug* etwa zwei Tage vor dem gebuchten Termin bestätigen lassen. Statt der direkten Anreise nach Gambia ist der Flug nach Dakar möglich, was jedoch meistens ein wenig teurer ist.

Senegal: **Linienflüge** nach Dakar werden von verschiedenen europäischen Fluglinien angeboten. Preisvergleiche lohnen, für ein Ticket ist je nach Gesellschaft und Jahreszeit zwischen 1250 bis 1770 DM anzulegen.

Alitalia fliegt montags und donnerstags von allen Deutschen Flughäfen via Rom für etwa 1260 DM.

Condor fliegt donnerstags ab Frankfurt a.M. für 1248 bis 1598 DM nach Dakar, montags nach Banjul.

Mit *Aeroflot* (1450 DM) ist man ziemlich lange unterwegs, da man sich eine Nacht auf dem Moskauer Flughafen um die Ohren schlagen muß. Aeroflot bietet jedoch ein Jahresticket an – für Langzeitreisende ein großes Plus.

Auch bei der portugiesischen *TAP* gibt es Jahrestickets. Sie fliegt sonntags ab Frankfurt a.M. für rund 1470 DM, ist aber etwas umständlich, da zweimal (in Lissabon und in Bissau) zwischengelandet wird.

Die belgische *Sabena* fliegt über Brüssel und ist mit 1615 DM etwas teurer. Noch teurere Flüge haben *Swiss Air* (1770 DM), *Air France* (1790 DM) und *Air Afrique* (nur ab Paris) im Programm.

Charterflüge sind meist billiger, je nach Reiseveranstalter und Reisezeit kann man bereits ab 1600 DM eine Woche Senegal inklusive Übernachtung buchen. Viele Arrangements benutzen dabei den oben erwähnten Condor-Flug.

Gambia: Der kleine Flughafen *Yundum* bei Banjul wird nur von wenigen Fluggesellschaften mit **Linienflügen** bedient. *Sabena* fliegt von Frankfurt a.M. via Brüssel, das Ticket kostet zwischen 1615 und 1835 DM.

Swiss Air ist mit Preisen zwischen 1790 und 1930 DM etwas teurer, Flug über Zürich.

Der Tourismusverkehr wird fast ausschließlich im **Charter** abgewickelt:

Condor fliegt montags ab Frankfurt a.M. nonstop nach Banjul. Hin- und Rückflug kosten je nach Saison zwischen 1250 und 1600 DM. Die Flugzeit beträgt etwa 6 Stunden.

Über die Kanaren

Von den Kanarischen Inseln aus läßt sich bequem ein Abstecher auf den großen Kontinent machen. Die der afrikanischen Westküste vorgelagerte Inselgruppe ist nur zwei Flugstunden von Senegals Hauptstadt entfernt. Die spanische Fluggesellschaft *Iberia* bedient die Linie Las Palmas – Dakar montags, mittwochs und freitags abends. Der Linienflug kostet zwischen 750 und 811 DM (hin und zurück).

Reiseveranstalter

Folgende Tour Operators hatten 1995 Senegal und Gambia im Programm:

Club Méditerranée, Königsallee 98a, 40215 Düsseldorf, ℡ 0211/38050, Fax 383483. Der französische Club Med unterhält die Feriendörfer Les Almadies (ganzjährig geöffnet) und Cap Skirring im Süden der Casamance (von Anfang Mai bis Anfang November geschlossen). Eine Woche inklusive Flug und VP kostet je nach Reisezeit zwischen 2130 DM und 2540 DM. Zusätzlich kann eine 4tägige Rundreise durch die Casamance gebucht werden.

Jet Reisen GmbH, Am Holzweg 26, 65830 Kriftel, ℡ 06192/9733-01, Fax 9733-10. Arrangements in Gambia mit einer möglichen 9tägigen Rundreise durch beide Länder.

Karawane Studienreisen, Schorndorfer Straße 149, 71638 Ludwigsburg, ℡ 07141/28480, Fax 284825. Organisiert eine 18tägige Senegal-Gambia-Rundeise für 10 bis maximal 16 Personen; Flug ab Stuttgart, Wien und Zürich, inklusive VP 5890 DM.

Kreutzer Touristik GmbH, Herzog-Heinrich-Straße 10, 80336 München, ℡ 089/54494-222, Fax 5438511. Pauschalarrangements in diversen Strandhotels von Gambia. Eine Woche Aufenthalt inklusive Flug und Übernachtung kostet je nach Komfort und Reisezeit zwischen 1200 und 2600 DM. Zusätzlich gebucht werden kann eine 8tägige Senegal-Gambia-Rundreise (Casamance, Buschcamps am Gambia River). 14 Tage Übernachtung mit Frühstück im Novotel Kombo Beach inklusive Flug ab 1755 DM.

DNV-Touristik GmbH, Max-Planck-Straße 10, 70806 Kornwestheim, ℡ 07154/131830. Der auf naturkundliche Reisen spezialisierte Veranstalter bietet gelegentlich Rundreisen durch Gambia und die Casamance an.

Nouvelles Frontières, Augustenstraße 54, 80333 München, ℡ 089/5234056, Fax 524914. Diverse Pauschalarrangements ab Brüssel, Düsseldorf und Frankfurt a.M. nach Senegal und Gambia, eine Woche HP inklusive Flug etwa 1800 DM.

NUR Touristic GmbH, Zimmersmühlenweg 55, 61440 Oberursel, ℡ 06171/6500, Fax 652137. Der zu Neckermann gehörende Club Aldiana unterhält ein Feriendorf in Nianing an der Petite Côte. Eine Woche Aufenthalt inklusive Flug und VP kostet je nach gewünschtem Komfort und Reisezeit zwischen 2230 DM und 4550 DM. Zusätzlich kann eine 7tägige Bus-Rundreise durch Gambia und die Casamance gebucht werden.

TUI GmbH & Co. KG, 30620 Hannover, ℡ 0511/5670. Pauschalarrangements in verschiedenen Strandhotels in der Kombo-St. Mary Area/Gambia. Eine Woche Aufenthalt inklusive Flug, Übernachtung und

Frühstück kostet je nach gewünschtem Komfort und Reisezeit zwischen 1336 und 1855 DM. Zusätzlich gebucht werden können verschiedene Ausflüge, zum Beispiel der »Roots«-Ausflug (85 DM), eine Zwei-Tages-Reise nach Georgetown (200 DM) oder eine Vier-Tages-Tour mit Schiffsfahrt ins Kemoto Camp (490 DM); siehe auch ab Seite 327.

Cool Runnig Tours GmbH, Eisenacher Straße 71, 10823 Berlin, ✆ 030/7812048, Fax 7812047, hat diverse Angebote im Programm, sie werden auf Seite 310 vorgestellt.

Trekking Tours Hoffmann, Wolferskamp 27, 22559 Hamburg, ✆ 040/811863, Fax 812470. Der Hamburger Veranstalter hat eine Wandersafari durch Gambia und Senegal neu im Programm: 5980 DM alles inklusive. 22 Tage unter fachkundiger deutscher Reiseleitung in kleinen Gruppen.

Wichtiger Hinweis: Reisen in die Casamance könnten wegen der dortigen unsicheren Lage kurzfristig aus dem Programm genommen werden. Den Beteuerungen der Pressestellen der Tourveranstalter und Clubs ist im Zweifelsfall nicht blind zu glauben; ein Anruf beim Auswärtigen Amt in Bonn verschafft Klarheit über die aktuelle Lage: ✆ 0228/173662-170. Siehe auch Seite 248.

Über Land

Über Land mit dem eigenen Fahrzeug nach Afrika zu reisen, ist ein Trip für sich und zählt zu den letzten großen Abenteuern. Nicht nur das Mittelmeer, auch die Sahara will über- bzw. durchquert werden. Ersteres ist mit diversen Fährverbindungen problemlos zu bewerkstelligen. Die große Sandwüste dagegen stellt ganz andere Anforderungen an Mensch und Material, obschon die Durchquerung der Sahara heute zu einem beliebten Sport avanciert ist und bereits mit einem wüstentauglich ausgerüsteten PKW machbar ist. Die Tour erfordert jedoch Zeit, Geld und Nerven und auch ausreichende Kenntnisse, wie man ein liegengebliebenes Fahrzeug wieder flott bekommt.

Die direkte Route von Marokko entlang der nordwestafrikanischen Atlantikküste war wegen des schwelenden Westsahara-Konflikts und den Grenzzwistigkeiten zwischen Mauretanien und Senegal jahrelang nicht möglich, soll aber zur Zeit relativ problemlos passierbar sein.

Von der Anreise über Marseille und Algier ist wegen der unsicheren Lage in den nördlichen Städten Algeriens unbedingt abzuraten.

Die beiden derzeit befahrbaren Algerien-Routen haben Tunis zum Ausgangspunkt: Die Westroute auf der *Tanezrouft-Piste* führt über Ghardaia, Adrar und Reggane (bis hier Asphalt) nach Gao in Mali. Sie ist derzeit wegen des Tuareg-Aufstandes gefährlich, zeitweise auch gesperrt.

Die stärker frequentierte *Hoggarroute* verläuft von Tunesien ins algerische El Oued und über In Salah und Tamanrasset (bis da Teerstraße) nach Agadez in Niger. Auf der gut 3200 km langen Strecke durchfährt man die phantastische Dünenlandschaft des Großen Erg, passiert malerische Oasen und kommt durch die bizarre Bergwelt des fast 3000 m hohen Hoggar-Gebirges.

Mit der etwa einwöchigen Wüstendurchquerung (ohne Besichtigungen) allein ist es noch nicht getan. Von Niger bzw. Mali sind es bis nach Senegal nochmals mehrere tausend km – zumeist auf ziemlich rauhen Straßenverhältnissen. Zwischen Bamako in Mali und Dakar ist aber auch die Verladung des Fahrzeugs auf die Eisenbahn möglich.

Wirklich zu empfehlen ist die Mammuttour nur routinierten Afrikafahrern.

LITERATUR-HINWEIS
Für Ausrüstungstips und Routenbeschreibungen sei auf die spezielle »Wüstenliteratur« verwiesen. Empfehlenswert sind:

Ursula und Wolfgang Eckert: *Algerische Sahara*, erschienen bei DuMont, Köln 1991;

Klaus Därr: *Transsahara*, Därr Reisebuchverlag, Hohenthann 8. Auflage 1992.

Reiseführer, Landkarten, Geländewagen und Expeditionsbedarf finden Sie bei dem Globetrotter-Ausrüster *Sahara Spezial,* Bahnhofstraße 65, 35390 Gießen, ✆ 0641/74774.

Mit dem Schiff

Schiffsreisen sind für viele »out of date«, da sie zeitlich mit dem Flugzeug nicht konkurrieren können. Dennoch gibt es Möglichkeiten, mit dem Schiff nach Westafrika zu kommen. Es handelt sich dabei um Frachtschiffe, die quasi als Zubrot einige Passagierkabinen verfügbar haben. Die Anreise mit dem Schiff kann zwei Vorteile haben: man hat zumeist eine großzügige Freigepäckregelung und kann bei Bedarf den eigenen PKW mitnehmen.

Ab Hamburg legt etwa einmal im Monat ein Frachtschiff nach **Banjul** ab. Das Schiff verfügt über Einzel- und Doppelkabinen mit Dusche/WC; Schiffsgröße: 5500 dtw.

Auskünfte und Buchungen: *Hamburg Süd Frachtschiff-Reisen-Zentrum,* Ost-West-Straße 59 – 61, 20457 Hamburg, ✆ 040/3705155, Fax 040/37052420.

Schiffsreisen und PKW-Verschiffung ab Hamburg nach **Dakar** werden angeboten von:

Woick-Travel-Center, Plieniger Straße 21, 70794 Bernhausen, ✆ 0711/709671. Die Hinreise dauert acht Tage, die Rückreise muß ab Lagos gebucht werden und dauert 12 Tage. Die Verschiffung eines PKWs im 20'-Container kostet etwa 3700 DM.

REISEPRAXIS

REISEALLTAG
LEICHT(ER) GEMACHT

In diesem Abschnitt finden Sie die allgemeinen praktischen Informationen im Überblick, der Ihnen das Reisen in Ihrem Gastland erleichtern und Ihnen helfen soll, Ihren Urlaub preiswerter und schöner zu gestalten.

Feiertage und Feste

Wöchentlicher Ruhetag ist der Sonntag, strenggläubige Moslems halten ihre Geschäfte auch ab dem Mittagsgebet am Freitag geschlossen.

An gesetzlichen und religiösen Feiertagen haben alle Behörden, Banken und die Post sowie die meisten Geschäfte geschlossen.

Neben weltlichen und religiösen Feiertagen gibt es noch unzählige *regional begrenzte Feste*, die zumeist mit folkloristischen Darbietungen verbunden sind. Viele dieser Feste stehen noch ganz im Zeichen animistischer Tradition. Für genaue Termine erkundige man sich am besten vor Ort.

Senegal: *Gesetzliche Feiertage* sind: 4. April (Nationalfeiertag), 1. Mai (Tag der Arbeit), 20. Juni (Tag der Unabhängigkeit) und 1. Januar (Neujahrstag). Außerdem werden alle *islamischen Feiertage* eingehalten.

Regional gefeierte Initiations- und Beschneidungszeremonien, Fruchtbarkeitsriten, Regen- und Maskentänze finden insbesondere in der Casamance und im Bassariland statt.

Nationalsport ist *Luttes Sénégalaises.* Sehenswerter als der eigentliche, von viel theatralischem Gehabe begleitete Ringkampf ist oftmals die folkloristische Kulisse der Zuschauer.

In Saint-Louis werden manchmal *Pirogenrennen* ausgetragen.

Ein großes Ereignis ist die jährlich in den ersten beiden Januarwochen stattfindende *Rallye Paris/Granada-Dakar.* An dem rund 9000 km langen Motorspektakel sind jedes Jahr an die 500 Autos am Start. Fast jedesmal wird das ökologisch zweifelhafte Ereignis von tragischen Unglücksfällen mit tödlichem Ausgang überschattet – betroffen sind zumeist Zuschauer.

Gambia: Die Feiertage richten sich nach dem islamischen und gregorianischen Kalender. An *islamischen Festen* werden gefeiert das Ende des Fastenmonats Ramadan, das Tabski-Fest, der islamische Neujahrstag sowie der Geburtstag des Propheten Mohammed.

An *christlichen Festen* werden Ostern, Christi Himmelfahrt und Weihnachten (25.12.) gefeiert.

Weitere *offizielle Feiertage* sind der 1. Januar (Neujahr), der 18. Februar (Tag der Unabhängigkeit), der 1. Mai (Tag der Arbeit) und der 15. August (Mariä Himmelfahrt).

Nationalsport ist *Ringen,* eine Kampftradition, die in Westafrika bereits im Mali-Reich des 13. Jahrhunderts gepflegt wurde. Gekämpft wird ohne komplizierte Regeln, außer Boxen ist fast alles erlaubt. Verloren hat, wer zuerst im Sand der Arena liegt. Die bekannteste Ringerhochburg Gambias ist Serekunda, die Kämpfe finden zumeist an Samstag- und Sonntagnachmittagen statt.

Islamische Feiertage

Die islamischen Feiertage richten sich nach der islamischen Zeitrechnung und finden jedes Jahr an einem anderen Tag statt. Dabei können die Terminangaben stark variieren, je nachdem, welche der mächtigen und sich befehdenen Bruderschaften die Mondphasen interpretierte. Insider erkennen nahende Festtagstermine daran, daß die Aggressivität der Taschendiebe steigt: spätestens zwei Tage vorm Fest muß Geld für die Feierlichkeiten beschafft werden. Eines der wichtigsten islamischen Feste in Senegal ist der *Magal,* die jährliche stattfindende Pilgerfahrt nach Touba. Andere hohe islamische Feiertage sind der islamische Neujahrstag, *Ashoura,* Mohammeds Geburtstag, *Maouloud,* der Gedenktag an das Opfer Abrahams, *Tabaski,* und der *Ramadan.*

	1996	**1997**
Beginn Ramadan:	22. Jan.	10. Jan.
Ende Ramadan:	21. Feb.	9. Feb.
Tabaski	29. April	18. April
Ashoura:	19. Mai	9. Mai
Magal:	12. Juli	25. Juni
Maouloud:	28. Juli	18. Juli

Ramadan

Ramadan, der neunte Monat des islamischen Kalenders, gilt als heiliger Monat. Vier Wochen lang müssen

Die Ringkämpfer werden von Trommeln und Pfeifen angefeuert

gläubige Muslime dem Fastengebot des Koran nachkommen und von Morgengrauen bis Sonnenuntergang – »wenn man einen hellen Faden von einem dunklen nicht mehr unterscheiden kann« – auf Essen, Trinken, körperliche Liebe und Rauchen verzichten (Kinder, Schwangere, Reisende und Menschen, deren gesundheitliches Befinden die starken Entbehrungen nicht zuläßt, sind von den Pflichten ausgenommen).

Kaum ist die Sonne untergegangen, darf endlich die erste Mahlzeit des Tages eingenommen und all die während des Tages entbehrten Zigaretten nachgeholt werden. Seien Sie nicht verwundert, wenn zum Beispiel ein Busfahrer urplötzlich auf halben Wege auf die Bremse tritt und für ein halbes Stündchen verschwindet, um sich zu stärken.

Nach dem Abendessen statten sich Freunde und Verwandte gegenseitig Besuche ab und verbringen den Abend gemeinsam. Der entbehrungsreiche Monat ist nicht nur eine Zeit der Disziplin, sondern auch der Geselligkeit und der Zusammengehörigkeit. Diese gipfelt in dem nach 30 Tagen zum Ende des Ramadan gefeierten Fest des Fastenbrechens Id al-Fitr.

Wenn auch das kulturelle Leben während des Ramadan eingeschränkt ist und die Stimmung tagsüber – ob des Hungers und Durstes – manchmal etwas gereizt sein kann, können Sie Ihre Reise ohne Probleme auch während des heiligen Monats antreten. Es findet sich immer ein geöffnetes Restaurant und niemand erwartet von Ihnen, daß auch Sie fasten. Erwartet wird lediglich, daß Sie die Enthaltsamkeit der Gläubigen respektieren. Achten Sie darauf, niemanden in Versuchung zu führen, indem Sie unüberlegt Getränke oder Essen anbieten oder vor Fastenden genüßlich rauchen. Mit der Frage »vous jeûnez?« (Fasten Sie?) verschafft man sich leicht Klarheit.

Banken haben während des Ramadan verkürzte Öffnungzeiten, in der Regel sind sie nur von 7.45 bis 11.45 und von 13.30 bis 14.45 Uhr geöffnet.

Zeitdifferenz

Senegal und Gambia liegen in der Zeitzone der *Universal Time Coordinated* (GMT, westeuropäische Zeit). Die Uhren müssen bei der Anreise aus Mitteleuropa also eine Stunde zurückgestellt werden, während der Mitteleuropäischen Sommerzeit zwei Stunden. Beim Grenzwechsel zwischen Senegal und Gambia müssen Sie die Uhr nicht umstellen.

Geld wechseln

Senegal: *Banken* haben montags bis donnerstags in der Regel von etwa 8 bis 11 Uhr und 14.30 bis 16.30 Uhr geöffnet. Freitags in der Regel von 8 bis 11 und von 15.15 bis etwa 17 Uhr. In Dakar kann darüberhinaus samstagsvormittags (BIAO-Bank an der Place de l'Indépendance) und am Flughafen Yof (täglich bis in die Nachtstunden hinein) gewechselt werden. Bargeld bekommt man außerdem in allen großen Hotels umgetauscht, allerdings zu einem ungünstigeren Kurs als auf der Bank (ausgenommen für FF).

Plant man eine mehrtägige Reise durch eine ländliche Gegend, so ist immer *ausreichend Bargeld* mitzunehmen. Außerhalb der großen Städte gibt es so gut wie keine Möglichkeit, Reiseschecks zu wechseln. Selbst in Cap Skirring, einem der größten Touristenzentren des Landes, gibt es keine Bank. Decken Sie sich auch mit genügend Noten (500er und 1000er CFA-Scheine) und Münzen (100 CFA) ein, da ansonsten bei kleinen Einkäufen auf dem Markt kein Wechselgeld herausgegeben werden kann.

Gambia: Die *Banken in Banjul* haben geöffnet von Mo bis Do von 8 bis 13 und Fr von 8 bis 11 Uhr. Außerhalb Banjuls gibt es Banken lediglich in Serekunda, Bakau und Kololi (am Senegambia Beach Club) sowie stromaufwärts in Farafenni und Basse Santa Su. In *Bakau* sind die Öffnungszeiten der drei Filialen mehr dem Lebensrhythmus der Touristen angepaßt. Sie haben alle auch nachmittags von 16 bis 18 Uhr, teilweise auch samstags geöffnet.

Bei den *lizensierten Geldwechslern* kann man auch außerhalb der Banköffnungszeiten Geldtauschen (wechseln Sie es aber nur bei diesen!); sie sind in Banjul an der Ecke Russell Street/Mac Carthy Square und in Barra am Fährterminal zu finden. Sie bieten einen leicht höheren Kurs als auf der Bank. Geld wechseln kann man auch in den *Hotels*, aber zu einem ungünstigeren Kurs.

Seien Sie nicht überrascht, für Reiseschecks im Wert von 300 oder 400 DM ein ganzes Bündel Dalasi-Scheine in Empfang zu nehmen. Wollen Sie nicht ausschließlich »große« 25 D-Noten sondern auch ein paar kleinere 10er und 5er Noten, so kommt schnell ein zehn Zentimeter dickes Bündel zusammen und sprengt jeden Geldgürtel oder Brustbeutel.

Post und Telephon

Es gibt durchaus postalische Unterschiede zwischen den beiden sonst so ähnlichen Ländern: Telefonieren ist in Gambia einfacher und erheblich billiger. Auch die Portogebühren liegen dort weitaus niedriger, der Postweg nach Europa ist zudem schneller.

Senegal: Postämter sind in der Regel von 8 bis 16 Uhr geöffnet.

Die *Portogebühren* für einen Brief nach Europa betragen 290 CFA, für eine Postkarte 260 CFA. Briefmarken gibt es außer bei der Post in den großen Hotels. Die Postlaufzeiten von und nach Europa betragen etwa 8 Tage. Ein Brief von Deutschland nach Senegal kostet 3 DM.

Postlagernde Sendungen: Poste restante-Schalter gibt es in Dakar, Saint-Louis und Ziguinchor. Am sichersten und schnellsten ist die Hauptpost in Dakar. Sendungen müssen mit dem Vermerk *Poste restante* gekennzeichnet sein. Zur Abholung muß man den Reisepaß vorlegen. Die Briefe sind alphabetisch sortiert. Ist unter dem Anfangsbuchstaben des Nachnamens nichts zu finden, sollten Sie auch unter Ihrem Vornamen nachschauen lassen. Die Briefe werden nur etwa einen Monat aufbewahrt. Alternativ zur Post kann man sich Briefe auch zur diplomatischen Vertretung schicken lassen.

Wichtige Adressen

Fremdenverkehrsamt

BNTS, 22 rue Hamelin, 75016
Paris, ✆ 0033/1/ 44053848,
Fax 47076467. Broschüren
und touristische Informationen
sind auch in deutscher Sprache erhältlich.

Diplomatische Vertretungen

In der Bundesrepublik:
*Botschaft der Republik
Senegal*, Argelandstraße 3,
53115 Bonn, ✆ 0228/2180-
08 & 09, Fax 217815.
Generalkonsulat in Stuttgart.
In der Österreich:
*Konsulat der Republik
Senegal*, Postgasse 16,
A-1010 Wien, ✆ 0222/
633488 & 658421.
In der Schweiz:
*Konsulat der Republik Sene-
gal*, Monbijoustrasse 10,
CH-3011 Bern, ✆ 031/2612-
02 & 03.

Vertretungen in Senegal

In Dakar gibt es außer den
Botschaften Österreichs, der
BRD und der Schweiz diplomatische Vertretungen vieler afrikanischer Länder. Siehe unter
Dakar, Seite 178.
*The Gambia High
Commission*, rue de Thiong/
rue Wagana Diouf, Dakar, BP
3248, ✆ 214476. Hier gibt es
das für Schweizer und Österreicher vorgeschriebene gambische Visum innerhalb von
24 Stunden.

Telephongespräche nach Mitteleuropa kosten tagsüber 1100
CFA die Minute. Als Minimum werden 3 Minuten berechnet. Von 22 bis
7 Uhr (Sa ab 13 Uhr) gibt es einen um
20 % reduzierten Nachttarif. In Dakar kann man in den mit Zählern ausgestatteten Kabinen der Büros von
Sonatel selbst wählen. Ein Ortsge-
spräch kostet 100 CFA. Die Auskunft
ist unter der Nummer 12 zu erreichen.

Die *Vorwahl* nach Deutschland ist
0049, nach Österreich 0043 und in die
Schweiz 0041. In den Postämtern außerhalb der Hauptstadt wird noch
von Hand vermittelt. Dort ist mit einer etwa halbstündigen Wartezeit zu
rechnen.

Von Deutschland, Österreich und
der Schweiz aus ist Dakar unter der
Vorwahl 00221 zu erreichen. Eine Minute kostet 3,22 DM.

G ambia: Die Hauptpost in Banjul
hat Montag bis Freitag von 8.30
bis 12, 14 bis 16 Uhr und Samstag von
8.30 bis 13 Uhr geöffnet. Die Postämter landeinwärts haben ähnliche Öffnungszeiten.

Die *Portogebühren* für Brief und
Karte nach Europa sind gleich und

betragen jeweils 2 D. Briefmarken gibt es außer auf der Post in den großen Hotels. Ein Brief nach Europa benötigt lediglich 4 Tage.

Postlagernde Sendungen: Ein Poste Restante-Schalter gibt es auf der Hauptpost in Banjul. Für aufbewahrte Briefe wird eine kleine Gebühr erhoben.

(*) *Telephonieren* ist einfach und relativ billig. In Banjul, Barra, der Kombo-St. Mary Area (Bakau, Kololi, Serekunda, Yundum Airport) und auch in den größeren Orten stromaufwärts (Brikama, Soma, Georgetown, Basse Santa Su, Fatoto, Kerewan) gibt es *Gamtel*-Büros, von wo aus direkt nach Europa durchgewählt werden kann. Das Gamtel-Büro in Banjuls Russel Street hat Tag und Nacht durchgehend geöffnet, die meisten anderen Büros bis 22 Uhr.

Die *Vorwahl* für Deutschland ist 0049, für die Schweiz 0041 und für Österreich 0043. Von der Ortswahl ist die erste Null wegzulassen. Die internationalen Tarife sind in drei Bereiche eingeteilt: 7 – 18 Uhr kostet eine Minute 24 D; 19 – 22 Uhr 18 D; am billigsten telephoniert man nachts zwischen 23 und 6 Uhr für ganze 15 D die Minute. Die Verbindungen sind gut, es sei denn, es ist gerade Regenzeit.

Umgekehrt kann man sich ebenso problemlos von der Heimat aus anrufen lassen, entweder im Hotel oder im Gamtel-Büro (jeder Apparat hat eine Telefonnummer). Die Vorwahl für Gambia ist 00220, von der Bundesrepublik aus kostet eine Minute 3,22 DM.

Medien

Das Radio ist wie in vielen anderen afrikanischen Ländern das wichtigste Medium, das in ständiger Benutzung ist. Oft als einziges modernes Kommunikationsmittel sind die kleinen Transistorgeräte bis in die entlegensten Dörfer verbreitet, vielfach stolz als Statussymbol gehandelt.

Nachrichten der *Deutschen Welle* können Sie mit einem kleinen Weltempfänger auf folgenden Frequenzen empfangen: 6075 kHz im 49 m-Band, 7175 und 7185 kHz im 41 m-Band; 9545 und 9700 kHz im 31 m-Band; 11795 kHz im 25 m-Band; 13610 und 13780 kHz im 22 m-Band; 15135 und 15275 kHz im 19 m-Band; 17560 und 17860 kHz im 16 m-Band und 21560 kHz im 13 m-Band.

Senegals wichtigstes Medium ist der staatliche **Rundfunk** ORTS. Er unterhält zwei Sendenetze und strahlt Programme in Französisch, Arabisch, Englisch sowie in sechs verschiedenen Umgangssprachen aus. Die Programme können von einem großen Teil der Bevölkerung empfangen werden.

Ein staatliches **Fernseh**programm gibt es seit 1973. Aufgrund der bislang geringen Zahl an Fernsehgeräten wird es bislang nur von wenigen »Privilegierten« empfangen, vor allem im Großraum Dakar und Thiès. Weltnachrichten in französischer Sprache werden jeden Abend gegen 20 Uhr ausgestrahlt.

Bedingt durch die hohe Analphabetenrate spielen **Printmedien** eine bislang äußerst bescheidene Rolle. Einzige Tageszeitung des Landes ist die regierungseigene *Le Soleil* mit einer Auflage von 45.000 Exemplaren. Sie ist gleichzeitig Sprachrohr der Sozialistischen Partei. Neben dem nicht besonders informativen redaktionellen Teil mag für den Reisenden vornehmlich die Wettervorhersage von Interesse sein. In den unabhängigen Tageszeitungen *Sud Quotidien* und *Wal Fayry* erscheinen einmal wöchentlich auch zwei Seiten in Wolof, Diola und Polar.

Wichtige Adressen

Informationen

Gambia unterhält lediglich ein einziges **Fremdenverkehrsamt**, und zwar im »Mutterland« England, woher derzeit die meisten Touristen stammen.
The Gambia National Tourist Office, 57 Kensington Court, London W 8 5 DG, ✆ 01/71/3760093.
Marketingvertretung für die Hotels Senegambia Beach Club und Kairaba Hotel: *Travel Marketing Partners*, Postfach 2030, D-61440 Oberursel/Ts., ✆ 06171/54016, Fax 54149.

Diplomatische Vertretungen

Die zuständige Botschaft für alle drei deutschsprachigen Länder ist in Brüssel:
The Gambia Embassy, 126 av. R. Franklin Roosevelt, B-1050 Brüssel, ✆ 00322/6401049.

In der Bundesrepublik:
Honorarkonsulat der Republik Gambia, Kurfürstendamm 103, 10711 Berlin, ✆ 030/8923121;
Honorarkonsulat der Republik Gambia, Königsstraße 9, 40212 Düsseldorf, ✆ 0211/326537;

Honorargeneralkonsulat der Republik Gambia, Mergenthaler Allee 1 – 3, 65760 Eschborn, ✆ 06196-45045;
Honorarkonsulat der Republik Gambia, Widenmayerstraße 18, 80538 München, ✆ 089/ 2283327.
In Österreich:
Generalkonsulat der Republik Gambia, Larochegasse 30, A-1130 Wien, ✆ 0222/826245.
In der Schweiz:
Konsulat der Republik Gambia, Via Mulini, CH-6934 Bioggio/Lugano, ✆ 091/591778.

Vertretungen in Gambia

Die Bundesrepublik Deutschland, Österreich und die Schweiz unterhalten in Gambia keine diplomatischen Vertretungen. Zuständig für Gambia sind die jeweiligen Botschaften in Senegal. Von der Bundesrepublik Deutschland gibt es in Gambia lediglich ein Büro:
Büro der Bundesrepublik Deutschland, Independence Drive 1, Banjul, ✆ 227783.

Visumsverlängerung

Ministry of Interior, Immigration Department, Banjul, 71 Dobson Street/Anglesea Street, ✆ 228611: Ausstellung von Visa für Aufenthalte von über 90 Tagen.

GAMBIA

Ein breites Angebot französischer Tageszeitungen und Zeitschriften ist problemlos zu haben. Deutsche Zeitschriften (Spiegel, Stern) finden sich nur vereinzelt.

Gambia verfügt über zwei **Rundfunk**stationen. Das staatliche *Radio Gambia* (648 m MW) sendet täglich 15 Stunden Nachrichten und Wunschkonzerte in Englisch und den wichtigsten Umgangssprachen wie Mandingo, Wolof und Fulbe. *Radio Syd* (329 m MW) ist ein von einer Schwedin gegründeter kommerzieller Sender mit täglich 20stündigem Musikprogramm, unterbrochen von Nachrichten in einem guten halben Dutzend Sprachen.

Ein eigenes **Fernseh**programm gibt es in Gambia bislang nicht, wohl aber eine bescheidene Zahl von Empfangsgeräten mit denen das senegalesische Programm empfangen werden kann.

Das **Pressewesen** bewegt sich auf Grund der hohen Analphabetenrate auf äußerst bescheidenem Niveau. Gambia verfügt bislang über keine Tageszeitung. Die regierungseigene *The Gambia Weekly* erscheint einmal wöchentlich. Daneben gibt es noch eine Handvoll weiterer, unregelmäßig erscheinender und für den ausländischen Gast genauso uninformativer Blätter.

Ausländische Presseerzeugnisse gibt es kaum zu kaufen. *Time, Newsweek* sowie englische Tageszeitungen finden sich vereinzelt in Supermärkten und Hotels. Im CFAO-Supermarkt in Bakau läßt sich mit etwas Glück eine 8 bis 10 Tage alte Ausgabe des »Spiegel« ergattern.

Umweltschutz und Verhalten im Gastland

Im heutigen Jet-Set-Zeitalter sind wir es gewohnt, von oben herab mit schockierendem Tempo in ein Land hineinzufallen. So manches Fernreiseziel in Südostasien, der Südsee aber auch in ostafrikanischen Ländern wie Kenya ist durch den heuschreckenähnlichen Einfall von Fremden in arge Bedrängnis geraten. Das was die Grundlage des Tourismus ausmacht, nämlich die Suche nach einer unverbrauchten und intakten Natur sowie eine eigenständige Kultur und Lebensweise, ist oftmals nicht mehr gegeben.

Senegal und Gambia sind touristische Schwellenländer. Die Auswirkungen des Reiseverkehrs halten sich bislang in vertretbarem Rahmen. Damit es so bleibt, kann jeder Reisende seinen persönlichen kleinen Beitrag leisten, in dem er sich dem gastgebenden Land und dem anderen Lebensrhythmus anpaßt und die Gepflogenheiten des Landes respektiert und achtet. Um nicht wie der Elefant im Porzellanladen aufzutreten, sollte man sich bereits zu Hause mit den Sitten und Gebräuchen des Reiselandes vertraut machen. Dazu gehört beispielsweise die Sprache. In Senegal sind zumindest einfache Französisch-Kenntnisse von großem Vorteil, in Gambia hilft nahezu überall das Englische weiter. Wenn Sie sich darüberhinaus noch ein paar Brocken Wolof oder Diola aneignen, haben Sie bereits ein großes Plus auf Ihrer Seite – ob dabei gleich die richtige Aussprache getroffen wird, ist zweitrangig. Nehmen Sie sich zu allem viel Zeit, schließlich sind Sie im Urlaub. Gönnen Sie sich Muße für Gespräche, Kontakte und Beobachtungen, und verfallen Sie nicht in den Streß, alle vermeintlichen Sehenswürdigkeiten abhaken zu müssen.

Umweltverträgliches Reisen

Benutzen Sie, wo es geht, *öffentliche Verkehrsmittel*, gehen Sie viel zu Fuß und greifen Sie nur selten auf einen Mietwagen zurück. Kaufen Sie anstelle aus Europa importierter Konsum- und Lebensmittel möglichst heimische Produkte. Beim Kauf von Mitbringseln muß es sich nicht unbedingt um Antiquitäten handeln, schon gar nicht um aus Tropenholz, Elfenbein, Korallen und Krokoleder hergestellte Souvenirs. Das *örtliche Kunsthandwerk* bietet meist genügend Auswahl von sinnvollen Gegenständen. Auch wenn anfangs vielleicht etwas ungewohnt, probieren Sie die landestypische *afrikanische Küche*. Wiener Schnitzel und Holzfäller-Steaks können Sie auch zu Hause essen.

Verspüren Sie Lust nach sportlicher Betätigung, wählen Sie *umweltfreundliche Sportarten* wie Wandern, Schwimmen oder Radfahren. Leider haben Reiseveranstalter bereits auch natur- und umweltfeindliche Programme wie Sportfischen, Jagd (bis hin zu Großwildsafaris), Wasserski und Golf, für dessen Grün viel Trinkwasser unwiederbringlich verloren geht, im Programm.

In puncto *Müll* sind wir auf Mülltrennung und Müllvermeidung gedrillte Luxuseuropäer immer wieder von der unbekümmerten Entsorgungsmentalität der Einheimischen überrascht. Straßenschmutz und wilde Müllkippen sind überall anzutreffen. Der überhastete Einstieg ins Konsum- und Verpackungszeitalter ließ bislang nur wenig an ökologischem Bewußtsein aufkommen. Das mangelhafte Umweltbewußtsein der jeweiligen »Mutterländer« ist einem Umdenken nicht besonders förderlich. Im Gegenteil, etliche einheimische Initiativen kämpfen gegen Müllhalden für importierten Sondermüll.

Hier können Sie solidarisch sein und beispielhaft vorangehen sowie versuchen, schwer abbaubaren Müll gar nicht anfallen zu lassen, oder zumindest keine sichtbaren Spuren zu hinterlassen.

Bevorzugen Sie *Unterkünfte*, die sich harmonisch in die Umgebung einfügen, sich bemühen, Müll zu vermeiden, Energie und Wasser zu sparen und die Natur schonend zu behandeln.

Begrüßung und Gastfreundschaft

Am Anfang eines jeden Gespräches steht grundsätzlich die Begrüßung, die zumeist nicht auf eine bloße kurze Floskel beschränkt ist, sondern Minuten in Anspruch nehmen kann. Immer wieder aufs neue faszinierend zu beobachten, ist das Zusammentreffen zweier Männer, die eine eingeübte Art Frage- und Antwortspiel herunterspulen, welches über das eigene Befinden hinaus auch das der ganzen Familie beinhaltet. Direkter Blickkontakt wird während der Unterhaltung zumeist gemieden.

Das Wichtigste ist wohl, seinen Mitmenschen respektvoll zu begegnen. Dazu gehört unbedingt das Grüßen. Ein *Salam malekoum* beim Besteigen eines Buschtaxis versteht sich von selbst. Vor allem dem Alter will gebührend Respekt gezollt werden. Als ich einmal, völlig erschöpft und froh endlich im Schatten zu sitzen, an einer Bushaltestelle neben einem alten Mann grußlos Platz nahm, echauffierte sich dieser gewaltig: »Wie, Sie setzen sich hier einfach hin und halten es nicht für nötig, guten Tag zu sagen?!« Nachdem ich mich sofort entschuldigt und sämtliche, mir bekannten Begrüßungsflosken abgespult hatte, erntete ich ein breites Grinsen und die Welt war wieder in Ordnung. Überhaupt, wer ein paar Worte Wolof parat hat, hat sofort einen Stein im Brett.

Gastfreundschaft steht in Westafrika in hohem Ansehen. Doch Haus und Hof sollten nur nach Aufforderung betreten werden. Nicht selten kommt es vor, daß man zu einem Besuch nach Hause eingeladen wird und mit Tee und Essen bewirtet wird. Angebotenes Essen abzulehnen, gilt als unhöflich. Beim Abschied wird als symbolische Geste meist ein kleines Gastgeschenk erwartet, nichts Großes, vielleicht etwas Tee oder Zucker, ein Foto von sich oder ein kleines Mitbringsel aus der Heimat.

Der Gast muß nicht immer der König sein. Geben Sie sich mit dem zufrieden, was vorhanden ist, und verlangen Sie nicht ständig nach mehr Komfort. Es gibt in Afrika Hotels, in denen alles für die Urlauber impor-

JANG NA NUYU.
Grüße erst, bevor Du etwas anderes sagst.
(senegal. Sprichwort)

tiert wird, von Handtuch und Gästeseife bis hin zur Frühstücksbutter. Wertvolle Deviseneinnahmen gehen so wieder verloren.

Der Kleider-Knigge

Die Floskel »Kleider machen Leute« hat auch in Afrika ihre Gültigkeit. Kleidung dient bei Fremden oftmals als Maßstab einer ersten Einschätzung. Hier gilt es, sich besonders den heimischen Gepflogenheiten anzupassen, was nicht unbedingt heißen soll, die europäische Kleidung sofort mit dem *Boubou*, dem westafrikanischen Nationalgewand, zu vertauschen. Besonders in Städten und stark islamischen Gegenden gilt es vielmehr, den Körper möglichst bedeckt zu halten, was angesichts der Hitze zunächst uneinsichtig sein mag, aber sich auch als vorteilhaft erweisen kann, da damit Sonnenbrand und Mückenstiche abgewehrt werden. Die zugeknöpfte Kleiderordnung ist jedoch in erster Linie dazu gedacht, Aufsehen und Ärger zu vermeiden. Hier sollte man die europäischen Maßstäbe gänzlich vergessen. Reisende, die im Strandlook durch Supermärkte marschieren, sollten kein Vorbild sein. Besonders Frauen sei empfohlen, auf tief ausgeschnittene

Blusen, enge Shorts und Miniröcke zu verzichten. Knie und Oberschenkel der Frau zählen in Westafrika zu erotischen Punkten. Lange Röcke oder weite Hosen machen sich in Afrika besser. Auch eine weite Bluse oder ein weites T-Shirt tragen dazu bei, um die afrikanische Männerwelt nicht auf falsche Gedanken zu bringen. Männer in kurzen Hosen wirken in den Augen der Afrikaner lächerlich. In Ämtern, Büros und Banken wird man Sie nur dann ernst nehmen, wenn Sie »ordentlich« gekleidet sind.

Nicht ganz so eng ist die Kleiderordnung im dörflichen Milieu, im Buschcamp oder am Swimmingpool eines Hotels. Gambia scheint diesbezüglich offener zu sein als Senegal.

Sollte es Ihnen als Nicht-Moslem gestattet sein, eine Moschee zu betreten, wird erwartet, daß Sie die Schuhe ausziehen. Überhaupt sollte man in Moscheen und bei religiösen Festen ein möglichst unauffälliges Verhalten und Zurückhaltung an den Tag legen, dies gilt insbesondere im Fastenmonat Ramadan. Auch der öffentliche Austausch von Zärtlichkeiten gilt bei Moslem als anstößig und unpassend.

Die Toubabs und die Bettelkinder

Scharenweise bettelnde Kinder, die jeden Weißen lauthals schreiend umlagern, sind in Senegal und teilweise auch in Gambia zu einer leider schon weitverbreiteten Unsitte geworden. Gebettelt wird weniger aus Notwendigkeit, sonder weil sich die Gelegenheit dazu bietet. Als aus weiter Ferne angereister *toubab* wird man automatisch als überaus reich und vermögend eingestuft. Wie sonst hätte man sich schließlich den weiten Weg leisten können. Offen zur Schau getragene teure Kameras, Camcorders, Walkmen und anderes verstärken diesen Eindruck noch. Gemessen an einem senegalesischen Dorfbewohner, der sein ganzes Leben nicht über einen Aktionsradius von mehr als 50 km rund um seinen Compound hinauskommt, trifft der schon sprichwörtliche Reichtum des Europäers in gewisser Weise natürlich zu. Doch ist dies noch lange kein Grund, wie der reiche Onkel aus Übersee durch den afrikanischen Busch zu spazieren und bergeweise Kleingeld, Kugelschreiber oder Bonbons zu verteilen. An von Touristen besonders frequentierten Plätzen können bettelnde Kinder mehr verdienen als ihre Eltern, die für ihr Auskommen den ganzen Tag arbeiten müssen. Die daraus erwachsenen Folgen sind weitreichend. Wer möchte da noch die Schulbank drücken oder einen Beruf erlernen, wenn durch den täglichen Bettelgang die notwendigsten Grundbedürfnisse abgedeckt werden können? Als Geldgeber können Sie zwar Ihr Gewissen beruhigen, aber wirklich helfen tun Sie damit nicht. Es darf auch nicht mit der Almosenpflicht der Muslime verwechselt werden, die sich auf die Bedürftigen, Kranken und Schwachen bezieht – nicht auf Kinder. Geben Sie Kindern kein Geld. Sie brauchen sich nicht den Vorwurf zu machen, kleinlich zu sein. Eine großzügige Spende für eine Schule, ein karitatives Hilfswerk oder eine Missionsstation ist da weitaus besser angelegt.

Fotografieren

Fotografieren kann eine Brücke zwischen den Kulturen sein, vorausgesetzt der Fotograf rennt nicht mit gezückter Kamera bis auf wenige Zentimeter auf sein »Opfer« zu, sondern bittet sein »Motiv« vorher um Erlaubnis. Ein Gespräch ist schnell angeknüpft. In touristischen Hochburgen hat es sich vielfach eingebürgert, für ein Foto Geld zu verlangen. Auch diese Art von Gelderwerb ist nicht unterstützenswert. Besser ist es zu versprechen, einen Abzug zu schikken, was dann selbstverständlich auch eingehalten werden sollte. Sollten Sie sich dennoch Ihrer »Fotografennatur« nicht widersetzen können, bieten Sie nie mehr als 100 CFA oder 2 Dalasi an. Ferner sollte man ein intuitives Gefühl dafür entwickeln, welche Situation ein Foto zuläßt. Eine diskrete

Fische, ein Hauptnahrungsmittel in Senegal, werden direkt am Strand zum Trocknen ausgelegt. Was für uns ein idyllisches Motiv ist, ist für die Einheimischen meist harter Alltag.

Aufnahme aus respektabler Entfernung tut es vielleicht auch.

Versuchen Sie auch mal, ein paar fotofreie Tage einzulegen, indem Sie die Kamera im Hotelzimmer lassen. Zwar sind Urlaubsfotos eine schöne Erinnerung, doch wenn der Blick durch den Sucher den Blick auf die Wirklichkeit verstellt und man das Leben mit seinen Gerüchen und Facetten nicht mehr wahrnimmt, gleicht das Fotografieren eher einem pharaonischen Fluch. Erstaunlich, an welche Begebenheiten mit Fotoapparat und an welche ohne »Touristenlogo« man sich später erinnert.

Sicherheit

In Senegal und Gambia kann man sich relativ problemlos bewegen, ohne unablässig mit der Beobachtung seiner Wertsachen beschäftigt zu sein. Unrühmliche Ausnahme ist Dakar, wo zahlreiche Trick- und Taschendiebe Tag und Nacht unterwegs sind. Nach Anbruch der Dunkelheit sollte man sich auch in den kaum beleuchteten Straßen Banjuls und Serekundas vorsehen. Besonders die Gauner in Dakar arbeiten mit allen erdenklichen Tricks und raffinierten Ablenkungsmanövern, um an Geld und Fotoausrüstung heranzukommen.

Der nach wie vor sicherste Platz für Bargeld ist ein Geldgürtel, der unter der Kleidung getragen wird. In der Öffentlichkeit nie zeigen, wo die größeren Geldmengen versteckt sind; deshalb den Tagesbedarf getrennt und leichter zugänglich aufbewahren. Die Kamera sollte nicht um den Hals hängen, sondern besser in einer unauffälligen Tasche oder einem schlichten Beutel verpackt sein. Im engen Gewühle auf belebten Einkaufsstraßen und Märkten empfiehlt es sich, den Tagesrucksack möglichst vorne zu tragen und gut festzuhalten. Körperliche Angriffe sind nicht zu befürchten, man möchte nur an die Wertsachen.

Zu einem besonderen Problem in Dakar und auch Ziguinchor können *gamins* werden, halbwüchsige Straßenjungs, die sich beim Stadtbummel wie Kletten an Fremde hängen, und permanent irgendwelche Deals an einen herantragen. Bei hartnäckigen Fällen hilft nur, sich nach einem Polizisten umzusehen.

In Dakar kursiert ein besonderer Trick, Toubabs das Geld aus der Tasche zu ziehen: Gearbeitet wird immer zu zweit, einer verwickelt Touristen in ein nettes Plaudergespräch, nach einer Weile gesellt sich wie zufällig sein Komplize dazu und »schenkt« dem Fremden – angeblich anläßlich der Geburt eines Sohnes – ein billiges Amulett. Nimmt man es nicht an, wird man darauf hingewiesen, daß es hierzulande unmöglich sei, ein Geschenk abzulehnen. Nimmt man den kitschigen Anhänger, erfolgt prompt die Aufforderung, einige CFA-Scheine für die heute – am siebten Tag nach der Geburt – anstehenden Tauffeierlichkeiten locker zu machen. Mit der Erklärung, dieses dubiose »Tauschgeschäft« sei in Senegal ein alter Brauch, dem sich niemand entziehen könne, wird der unkundige Tourist in die Enge getrieben. Schließlich hat man sich ja vorgenommen, die Sitten des Gastlandes zu respektieren … Wer jetzt bereit ist, 1000 CFA zu spendieren, dem wird mit einem empörten Lächeln begegnet. Natürlich ist allein das »goldene« Amulett weitaus mehr wert, außerdem liegt die Summe blamabel unter der landesüblichen Spende für solch wichtige Anlässe wie eine Kindstaufe. Wer einen höheren Betrag gibt, dem wird versprochen, daß das Kind auf seinen Namen getauft oder ein Hammel zu Ehren des edlen Spenders geschlachtet würde. Manchmal erfolgt sogar eine Einladung zur Taufe, die natürlich nie stattfindet. – Mit dem Wissen, daß dieser »Brauch« schlichtweg nicht existiert, hat man eigentlich schon gewonnen. Kommen Unsicherheiten erst gar nicht auf, so kann man sich leicht aus der Affäre ziehen und die unliebsamen Gesprächsparter einfach abschütteln. Die »Täufer« treiben besonders in der Nähe des Embarcadère ihr Unwesen. Am Landungsplatz selbst besteht keine Gefahr, die Sicherheitskräfte verwehren den Gaunern den Zutritt.

Was tun bei Diebstahl?

Wenn Sie Ihre Kreditkarte oder Reiseschecks vermissen, benachrichtigen Sie sofort Ihre Bank oder Kreditkarteninstitut.

Jeden Diebstahl sollten Sie der örtlichen Polizei anzeigen. Dort müssen Sie allerdings mit einer längeren Prozedur rechnen. Auf jeden Fall brauchen Sie für versicherungsrechtliche Ansprüche eine bestätigte Kopie des Protokolls, ebenso für die Beschaffung eines Paßersatzes.

Sollten Sie plötzlich ohne alles dastehen, versuchen Sie zunächst, ein R-Gespräch mit Verwandten oder Freunden zu Hause zu führen, und veranlassen Sie eine telegrafische Post- oder Bankanweisung.

Ist Ihr Rückflugticket weg, setzen Sie sich sofort mit der Fluggesellschaft in Verbindung. Dort besteht in aller Regel die Möglichkeit der »Rufbuchung«: die Vertretung in Europa setzt sich dazu mit Ihren Freunden oder Verwandten in Verbindung, die den Rückflugpreis vorstrecken müssen. Das neue Ticket wird dann im Gastland ausgestellt.

Ersatzpapiere besorgen Sie sich über das Konsulat Ihres Heimatlandes. Sie brauchen die Papiere zum Abholen einer Geldanweisung und für die Rückreise.

Das Konsulat hilft auch dann weiter, wenn Sie absolut nicht wissen, wie Sie aus eigener Kraft aus der Patsche finden sollen. Adressen siehe Seite 118 (Senegal) und 120 (Gambia).

Frauen allein unterwegs

Im Gegensatz zu nordafrikanischen Ländern, gestaltet sich das Reisen in Westafrika auch für Frauen, die allein unterwegs sind, recht einfach. Eigenschaften wie Selbständigkeit, ein hohes Maß an Anpassungsfähigkeit, Geduld und Ausdauer sollte jeder Afrika-Reisende – ob Frau oder Mann, ob allein oder zu zweit unterwegs – mitbringen. Wer sich Mühe gibt, die Landessitten zu respektieren, wird mit Sicherheit freundlich aufgenommen. In Senegal ist es zwar üblich, sich in einer Tour mit Handschlag zu begrüßen, doch sollten sich Frauen dabei gegenüber Männern passiv verhalten und nicht jedem, etwa um besonders höflich zu sein, die Hand hinstrecken.

Für alleinreisende Frauen ist es besonders wichtig, »anständig« gekleidet zu sein. Tabuzone sind die Beine, also knöchellange Kleider und Röcke oder weite lange Hosen tragen. An nackten Armen und Schultern wird niemand Anstoß nehmen, und auch ein BH ist nicht unbedingt von Nöten. »Oben ohne« ist in Westafrika viel selbstverständlicher als bei uns. Sich am Strand des Oberteils zu entledigen oder gar nackt zu baden, ist jedoch absolut tabu!

Nun zum leidigen Thema »Anmache«: senegalesische Männer sind oft nicht nur hübsch und charmant, sondern gegenüber weißen Frauen auch sehr direkt. Eine Affäre mit einer weißen Frau ist Prestigsache, hebt das Ansehen bei den Freunden, kann finanzielle Vorteile bringen (und sei es nur eine Einladung zum Essen) und last but not least eventuell die Türen nach Europa öffnen. Eindeutige Angebote kann frau leicht mit ein bißchen Humor abwehren: »Vielleicht ein andermal, heute ist es zu heiß«. Manchmal hilft auch die Masche der treuen Ehefrau und verantwortungsbewußten Mutter, wobei das Argument: »Ja, aber dein Mann ist doch gar nicht da«, nahe liegt. All die Europäerinnen und Amerikanerinnen, die nicht zuletzt wegen eines »exotischen« Abenteuers nach Afrika reisen, haben dafür gesorgt, daß weißen Frauen mit entsprechenden Vorstellungen begegnet wird. Doch sind die meisten Senegalesen und Gambier, trotz aller sexuellen Aufgeschlossenheit gegenüber Toubab-Frauen, sehr stolz und verstehen ein Nein auch als Nein.

Wer eine intensivere Beziehung mit einem Afrikaner eingeht, muß wissen, daß es verpönt ist, auf der Straße oder im Café die gegenseitige Zuneigung – Hand-in-Hand-gehen eingeschlossen – öffentlich zur Schau zu stellen. Außerdem sollten Sie sich die oben genannten eventuellen Beweggründe von afrikanischer Seite aus kritisch durch den Kopf gehen lassen und auf eine Menge schmerzhafter Mißverständnisse, die im Aufeinanderprallen zweier grundauf verschiedenen Kulturen begründet sind, gefaßt sein.

Gesundheitstips

An sich gibt es keinen Grund anzunehmen, in Westafrika krank zu werden, es sei denn, einige prophylaktische Maßnahmen werden sträflich vernachlässigt. Oberstes Gebot: Verlassen Sie sich nicht ausschließlich auf die zu Hause gemachten Impfungen und die mitgeführte Reiseapotheke. Durch bestimmte Verhaltensregeln läßt sich das Risiko einer möglichen Erkrankung weiter reduzieren bzw. ganz vermeiden. Trotz aller Vorsicht sollten Sie sich von der übertriebenen Furcht freimachen, daß bei jedem Restaurantbesuch und jedem Spaziergang durch den Busch lebensbedrohende Gefahren auf Sie lauern – schließlich wollen Sie Urlaub machen.

Wasser: Verunreinigtes Trinkwasser ist in den Tropen eines der größten Probleme und kann die Ursache für ganz unterschiedliche Erkrankungen sein. Relativ unproblematisch ist das Leitungswasser in den großen Städten. Es ist so stark gechlort, daß man es schmecken kann. Äußerste Vorsicht ist auf dem Lande geboten und überall da, wo man nicht genau weiß, woher das Wasser kommt. Dazu gehört auch der Verzicht auf mit Eiswürfeln gekühlte Getränke. In Flaschen abgefülltes Mineralwasser (aus Frankreich) ist in allen Landesteilen erhältlich. Die einfachste Möglichkeit, Wasser keimfrei zu machen, ist mindestens zehnminütiges Abkochen. Bewährt haben sich auch kleine handliche Wasserfilter (Katadyn), die selbst

Erreger von Typhus, Cholera und anderes herausfiltern sollen. Als praktische Möglichkeit besonders bei langen Bus- oder Bahnfahrten bieten sich Desinfektionstabletten an (Micropur). Sie machen das Wasser innerhalb einer Stunde keimfrei, sind absolut geschmacksneutral und gelten als völlig unschädlich, für einen normalen Urlaubsaufenthalt die bequemste Art.

Ernährung: Die Umstellung auf ungewohnte Kost kann manchmal zu leichten Unpäßlichkeiten führen. Damit es nur dabei bleibt, sollten Sie möglichst ungekochte Nahrung meiden, also rohe Salate oder Obst, das nicht geschält werden kann.

Selbst in Lokalen mit »europäischem Standard« ist Vorsicht geboten. Achten Sie darauf, daß die angebotenen Speisen gut durchgekocht sind, dies gilt auch für Fleisch (zum Beispiel Rumpsteak). Muscheln und Austern sind gefürchtete Überträger von Hepatitis und Cholera und deshalb zu meiden. In Speiseeis verstecken sich häufig Salmonellen. Die Kost sollte generell etwas kalorien- und fettärmer sein als zu Hause.

Durchfall: Meistens handelt es sich bei Durchfall um eine harmlose Angelegenheit, ausgelöst durch die ungewohnte Kost, zu kalte Getränke oder einfach Aufregung (Reisefieber). Er läßt sich am besten mit leichter Schonkost (zum Beispiel gekochtem Reis, Bananenbrei, Zwieback, Salzgebäck zum Ausgleich des Salzverlustes), reichlichem Trinken (Schwarzer Tee oder Pfefferminztee) und eventuell mit Imodium kurieren. Zeigt sich jedoch Blut im Stuhl und weiten sich die Beschwerden zu einer Art Grippe mit Fieber aus, kann es sich um die ernster zu nehmende Amöbenruhr handeln. Ruhr ist in Senegal und Gambia eine der häufigsten Krankheiten. Sofern die Ruhr jedoch frühzeitig und richtig diagnostiziert wird, läßt sie sich problemlos ärztlich behandeln und ausheilen. Beste Vorbeugung: kein unsauberes Wasser trinken und nichts Ungekochtes essen.

Sonnenschutz: Die Kraft der tropischen Sonne wird vielfach unterschätzt. Insbesondere bei der winterblassen Haut des Mitteleuropäers kann sich schnell ein Sonnenbrand entwickeln, selbst bei bedecktem Himmel. Leichte Kopfbedeckung, Sonnenbrille und ausreichend Sonnenschutzmittel (ab Faktor 20 aufwärts) schaffen Abhilfe. Nutzen Sie nicht gerade die Mittagshitze für ein Sonnenbad am Strand.

Schwitzen: Die tropische Hitze kann den Organismus auch anderweitig belasten. Ganz offensichtlich ist die vermehrte Schweißabsonderung und damit verbunden auch ein größerer Salzverlust. Salz ist für das reibungslose Funktionieren des Körpers lebensnotwendig. Erste Anzeichen von Salzmangel sind Erschöpfungszustände, die bereits wenige Tage nach der Ankunft auftreten können. Um den Salzhaushalt wieder ins Gleichgewicht zu bringen, muß man nicht gleich zu Salztabletten greifen. Es genügt bereits, die Speisen mit einer extra Prise Salz nachzuwürzen. Denken Sie vor allem daran, dem Körper ausreichend Flüssigkeit zu geben (am besten Tee, Mineralwasser).

Erkältungen: In der Sahelzone kann es zwischen Tag und Nacht zu beträchtlichen Klimaschwankungen kommen. Ein leichter Pulli sollte immer griffbereit sein. Starke Zugluft in öffentlichen Verkehrsmitteln mag zwar für den Moment erfrischend sein, kann jedoch schnell zu einer Erkältung führen. Sofern Sie sich den Luxus eines klimatisierten Zimmers leisten, sollten Sie sich nach dem Duschen gut abtrocknen und gleich wieder anziehen. Besondere Erkältungsgefahr droht während des Rückflugs im klimatisierten Flieger.

Kleine Verletzungen: Hautabschürfungen, Kratzer, Schnitte und Stiche sollten besonderer Aufmerksamkeit sicher sein, da sie leicht zu einer eiternden Entzündung ausarten können. Am besten ist es, die betroffenen Stellen sofort mit einer antiseptischen Lösung oder Salbe zu behandeln.

Bilharziose wird durch winzigkleine Fadenwürmer hervorgerufen. Diese finden sich in vielen afrikanischen Seen und langsam fließenden Gewässern und werden über die Füße oder Haut aufgenommen. Beste Vorbeugung: nicht in Seen und stehenden Gewässern baden. Meerwasser und das noch weit flußaufwärts salzhaltige Wasser der Ströme Sénégal, Casamance, Saloum und Gambia sind dagegen parasitenfrei. Andere Wurmarten können gemieden werden, in dem auf Barfußgehen verzichtet wird.

Schlangen und Skorpione: In Senegal, insbesondere im tropischen Süden, und in Gambia gibt es verschiedene Giftschlangen. Die Gefahr, von einer Schlange gebissen zu werden, ist jedoch äußerst gering. Schlangen sind sehr scheue Tiere, sie beißen nur, um sich zu verteidigen. Hinzu kommt, daß sie eher nachtaktiv sind. Bei Spaziergängen durch den Busch ist festes Schuhwerk wichtig. Festes Auftreten schlägt Schlangen oftmals in die Flucht, da sie bereits die leichteste Bodenerschütterung wahrnehmen.

Genauso selten wird man auf Skorpione stoßen. Bei Übernachtungen in Busch-Camps empfiehlt es sich dennoch, Schuhe und Kleidung vor dem Anziehen, das Bett vor dem Hineinschlüpfen sorgfältig zu inspizieren. Auch im Fall Skorpione gilt: niemals barfußgehen. Ein Stich ist sehr schmerzhaft, aber im allgemeinen nicht lebensbedrohend.

Geschlechtskrankheiten & AIDS: Üble »Beschneidungsriten« an Frauen, Polygamie, lockere Moralvorstellungen, Prostitution und mangelhafte medizinische Hilfe machen in Afrika Geschlechtskrankheiten zu einem weitverbreiteten Problem. Bei Intimkontakten mit unbekannten Partnern ist immer Vorsicht geboten, weil außer Syphillis und Tripper auch andere Erkrankungen wie Hepatitis B und AIDS (franz. *SIDA*) übertragen werden können. Der Erreger wird in Afrika hauptsächlich durch heterosexuelle Intimkontakte übertragen. Die Epidemie in Afrika hat sich vor allem in ost- und zentralafrikanischen Ländern dramatisch ausgebreitet. In manchen dieser Länder ist AIDS bereits zur Haupttodesursache avanciert. Die westafrikanischen Länder blieben mit Ausnahme Côte d'Ivoires in größerem Maße bislang verschont. Doch auch in Senegal und Gambia gibt es AIDS. Im März 1992 waren in Senegal 648 AIDS-Fälle bekannt (84 je 1 Million Einwohner), im bevölkerungsmäßig viel kleineren Gambia 198 Fälle je 1 Million Einwohner. Nach nationalen Angaben liegt der Anteil der HIV-Infizierten unter 1 % der Gesamtbevölkerung. Ob die offiziell gemeldeten Zahlen dem tatsächlichen Ausmaß der Infizierung entsprechen, ist fraglich. Beste Vorbeugung: Kondome oder Enthaltsamkeit.

Medizinische Hilfe

Das Gesundheitswesen Senegals und Gambias konzentriert sich vor allem auf den Großraum Dakar bzw. die Kombo-St. Mary Area. In Senegal praktizieren mehr als zwei Drittel aller Ärzte in der Hauptstadt. Auf dem Land ist die Versorgung noch unzureichend. Zwar gibt es in jeder größeren Provinzstadt ein Gesundheitszentrum, gemessen an europäischen Standards läßt die fachliche Betreuung und Ausstattung allerdings oftmals zu wünschen übrig. Bei einer ernsthaften Erkrankung empfiehlt es sich, sofort nach Dakar bzw. Banjul zurückzukehren. Adressen von guten Ärzten sind über die diplomatischen Vertretungen erhältlich.

Gambia: Größtes staatliches Krankenhaus mit zumeist hoffnungslos überfüllten Stationen ist das *Royal Victoria Hospital* in Banjul. Besser aufgehoben ist man zweifelsohne in der privaten *Westfield Clinic* in Kanifing bei Serekunda. Einige der großen Strandhotels verfügen über Erste-Hilfe-Stationen mit ausgebildetem Personal.

Die wenigen Gesundheitszentren stromaufwärts sind alles andere als auf dem neusten Stand. Einzige Ausnahme ist das große *Hospital in Bansang*, wenige km östlich von Georgetown.

Nach der Reise

Gesund und erholt zurück in der Heimat, empfiehlt sich eine tropenmedizinische Nachuntersuchung. Das Check-up sollte etwa sechs Wochen nach der Reise erfolgen, da bestimmte Erreger erst nach dieser Zeit nachgewiesen werden können. So erkranken beispielsweise in Deutschland jährlich 1000 Rückkehrer aus Endemiegebieten an Malaria, 1 % überleben die Krankheit nicht, weil sie nicht rechtzeitig behandelt wird. Es ist daher auch unbedingt notwendig, daß die Malaria-Prophylaxe noch vier Wochen lang weitergeführt wird. Gleichzeitig sollte bis zu drei Monate lang eine Schwangerschaft verhütet werden.

Und vergessen Sie im aufkommenden Arbeitsstreß nicht, die neugeknüpften westafrikanischen Freundschaftsbande mit einer bunten Postkarte oder ein paar Zeilen aus dem fernen Europa zu verwöhnen und eventuell versprochene Fotoabzüge zuzusenden.

Sollten Sie während Ihrer Reise irgendeinen »Geheimtip« entdeckt haben, behalten Sie ihn für sich. Ansonsten kann es passieren, daß er bei Ihrem nächsten Besuch in Senegambia bereits keiner mehr ist.

Von Ort zu Ort reisen

Das Straßennetz Senegals ist gemessen an westafrikanischen Verhältnissen relativ gut ausgebaut. Das Land durchziehen kreuz und quer etwa 14.000 Straßenkilometer, davon sind allerdings nur knapp ein Drittel asphaltiert. Der Verkehr konzentriert sich vor allem um das Cap Vert und Thiès. Die dünnbesiedelten Landstriche im Norden und Osten dagegen sind durch Straßen kaum erschlossen. Zudem gibt es Flug- und Eisenbahnverbindungen sowie eine Fährverbindung in die Casamance.

Gambia besitzt weder eine Eisenbahnlinie noch nationale Flugverbindungen – was an Verkehrswegen bleibt, sind Straße und Fluß. Von dem etwas über 3000 km langen Straßennetz ist nur ein geringer Teil asphaltiert, um es genau zu sagen, die Hauptstraßen in der Kombo-St. Mary Area, die Süduferroute bis Basse Santa Su, das kurze Stück auf dem Transgambia Highway sowie die Straße von Barra Richtung Dakar. Der Rest sind Lateritstraßen oder einfach Pisten, die nur während der Trockenzeit befahrbar sind.

Mit dem Flugzeug

Senegal ist im Binnenflugverkehr recht gut erschlossen. Außer dem internationalen Flughafen *Yof* bei Dakar verfügen noch Saint-Louis, Ziguinchor und Tambacounda über größere (nationale) Flugplätze. Daneben werden von der *Sonatra – Air Sénégal* noch acht weitere Ziele regelmäßig angeflogen, die über Pisten für kleinere Maschinen verfügen. Informationen zu den Flugverbindungen finden Sie in den jeweiligen Ortsbeschreibungen.

Mit der Eisenbahn

Senegal: Das von den Franzosen übernommene Eisenbahnnetz umfaßt über 1000 Streckenkilometer. Die beiden Hauptverbindungen führen von Dakar über Thiès nach Saint-Louis im Norden sowie von Dakar über Thiès, Tambacounda und Kidira nach Bamako, der Hauptstadt von Mali (Dakar – Bamako 20.000 CFA/2. Klasse). Auf der Nordstrecke führt eine Verzweigung in Louga nach Linguère ins Landesinnere, zwei andere Zweiglinien führen ab Diourbel nach Touba bzw. ins Sine-Saloum-Gebiet nach Kaolack. Die Gleise und Züge, hauptsächlich von der Erdnußwirtschaft genutzt, galten lange als hoffnungslos überaltert, bis das Netz schließlich in den 80er Jahren überholt wurde. Seither wird die Bahn wieder stärker genutzt. Dennoch sind die meisten Strecken nur Reisenden mit viel Zeit zu empfehlen, da die Bummelzüge unverhältnismäßig lange unterwegs sind und man mit großzügigen Verspätungen rechnen muß. Eine Ausnahme bildet lediglich die Linie Dakar – Saint-Louis (2250 CFA für die 2. Klasse, 3250 CFA 1. Klasse), auf der täglich ein Zug verkehrt, der die Strecke in 3½ Stunden schafft. Peugeots 504 sind schneller.

Info '97: Bahnlinie Dakar–St. Louis ist nur zur Zeit eingestellt!

Von Dakar geht ein Bummelzug über Thiès (2 Std. 20 Min.), Dioubel (5 Std.) nach Touba (6 Std.).

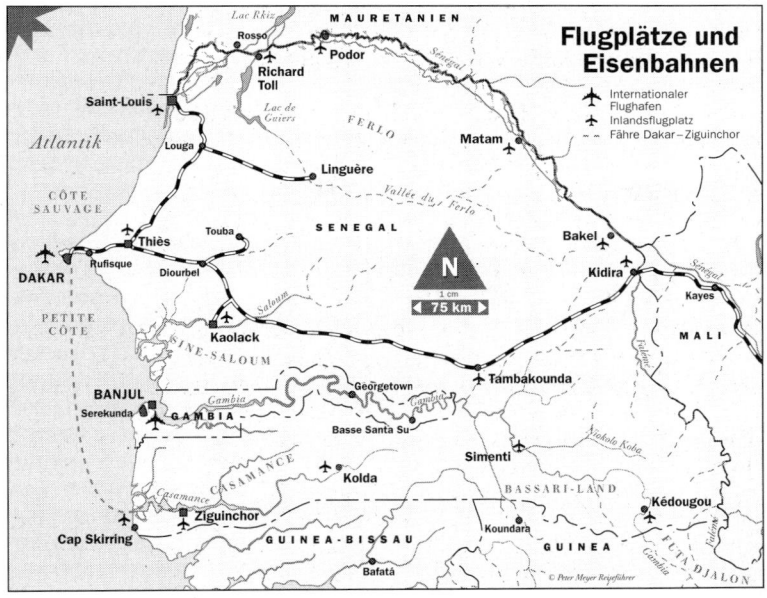

Flugplätze und Eisenbahnen

✈ Internationaler Flughafen
✈ Inlandsflugplatz
- - Fähre Dakar–Ziguinchor

Mit dem Bus

Gambia hat ein relativ gut ausgebautes öffentliches Busnetz. Die wichtigste Buslinie verkehrt auf der Süduferstraße nach Basse Santa Su und verbindet Banjul mit dem Osten des Landes. Die Straße kreuzt bei Soma den Transgambia Highway. Staatliche GPTC-Busse fahren außerdem nach Serekunda, Bakau, Brikama, in den Südosten nach Gunjur und Kartong sowie auf der North Bank (siehe Banjul, Seite 298). Für genaue Abfahrtszeiten erkundige man sich am GPTC-Bus Depot in Banjul. Gedruckte Fahrpläne gibt es keine. Die Fahrpreise sind ausgesprochen niedrig, für 30 bis 60 D kann entlang des Flusses das ganze Land durchquert werden.

Mit dem Buschtaxi

Der private Autoverkehr spielt in Senegal und mehr noch in Gambia eine bislang untergeordnete Rolle. Von 1000 Einwohnern steuern derzeit nur zwölf bzw. sieben ein eigenes Fahrzeug. Das mit Abstand wichtigste öffentliche Verkehrsmittel ist das Buschtaxi. Es handelt sich um eine Art Sammeltaxi, das ohne Fahrplan festgelegte Strecken bedient. Los geht es, wenn der Wagen voll ist, was bei weniger frequentierten Zielen oftmals Stunden dauern kann.

Während der Reise wird man bestens mit allem Lebensnotwendigen versorgt. Sobald das Fahrzeug nicht mehr rollt, drängen sich Fliegende Händler zu allen Ritzen des Fahrzeugs hinein, um Papayas, Peanuts, Biskuits oder in Plastikbeutel abgefülltes Wasser anzubieten. Nicht das Ziel allein, im Buschtaxi wird bereits die Fahrt selbst zum Erlebnis.

Senegal: In jeder größeren Stadt gibt es eine *Gare routière* – den Busbahnhof, von dem die Sammeltaxis abfahren. Auf den ersten Blick geht es dort überaus hektisch und chaotisch zu. Der Platz ist überfüllt mit Reisenden, Fliegenden Händlern, abgerissenen Bettlern und Schleppern, die versuchen, den Neuankömmling in ein Fahrzeug zu lotsen. Dabei ist es zunächst nicht ganz einfach, den Überblick zu bewahren. Nach ersten Anlaufschwierigkeiten entpuppt sich der Taxiplatz jedoch als gut durchorganisiert. Auf den Gare routières der großen Städte sind die Zielorte zumeist auf kleinen Tafeln ausgeschildert. Auf den Hauptrouten kann der Fahrgast oft zwischen drei Fahrzeugtypen und Kategorien auswählen, die sich hinsichtlich Größe, Komfort, Preis und Schnelligkeit unterscheiden: *Peugeot 504* für 8 Personen, *Minibus* für 14 Personen sowie *Cars* für etwa 25 Personen.

Am schnellsten, aber auch am teuersten sind die zumeist beigefarbenen Peugeots 504, nur unwesentlich langsamer sind die Minibusse. Cars sind ausgesprochen langsam, haben jedoch den Vorteil, daß sie ganz entlegene Orte anfahren. Die Peugeots 504 sind zudem am bequemsten, hat man doch zumeist einen einigermaßen geräumigen Sitzplatz, da selten mehr als 8 oder 9 Plätze verkauft werden. Die Cars dagegen können brechend voll sein. Unfreiwillige Hautkontakte mit den anderen Fahrgästen sind unvermeidbar und gelten als normal.

Die Fahrpreise sind staatlich festgelegt und hängen zumeist im Wagen aus. Die Tarife wurden im Januar 1994 erhöht und werden sich in absehbarer Zeit nicht ändern. Die offizielle Tarifliste dient als guter Richtwert. 100 km kosten etwa 1000 CFA. Verhandlungssache ist das Gepäck – ein bißchen Spielraum und Gelegenheit zum Handeln muß schließlich sein. Für eine Reisetasche oder den Rucksack sollte je nach Streckenlänge nicht mehr als 100 bis 200 CFA bezahlt werden. Der Fahrpreis wird während der Fahrt eingesammelt.

Bei Langstrecken wie Dakar – Ziguinchor sollte man sich möglichst früh morgens an der Gare routière einfinden. Am besten erkundigt man sich bereits am Vortag über Abfahrtsstandplatz und die ungefähre Abfahrtszeit. Kürzere und häufig befahrene Strecken (zum Beispiel Dakar – Saint-Louis oder Dakar – M'bour) werden auch noch am späten Nachmittag bedient. Um schnell wegzukommen, empfiehlt es sich, das bereits vollste Fahrzeug auszusuchen.

Die Schlepper sind in ihrem Element, wenn es darum geht, einen Wagen voll zu bekommen: Wohin auch immer – ob in die Provinzmetropole Tambacounda oder ins kleine Joal – »der Wagen fährt gleich los«, versichern sie, auch wenn das Gepäckfach gähnend leer und weit und breit kein Mitreisender auszumachen ist. Ist es dann nach ein, zwei Stunden tatsächlich so weit, geht es dafür um so schneller, als ob man die Wartezeit wieder gut machen möchte.

Im Peugeot 504 wird normalerweise »voll durchgebrettert«. Pausen beschränken sich auf absolut notwendige Stops wie Tanken, Reifenwechsel, Viehauftrieb oder Warten auf die Fähre. Für reichlich Zugluft während der Fahrt ist immer gesorgt. Ein besonderes Privileg des Fahrers ist es, das Wagenfenster sperrangelweit offen zu haben – auch wenn draußen gerade ein Sandsturm tobt. Einfache Abhilfe kann ein Hals- oder Kopftuch schaffen.

Gambias Taxiverkehr läßt sich in drei Kategorien einteilen: *Busch-*, *Local* und *Tourist Taxi*. Über Land verkehren die *Cars* genannten Buschtaxis, sie füllen quasi die Lücken, die das staatliche Bussystem übrig läßt. Es handelt sich vornehmlich um japanische Minibusse mit etwa 15 Plätzen; im Landesinnern verkehren zumeist klapprige Peugeot-405-Pickups mit einfachen Holzbänken. Größere Buschtaxi-Bahnhöfe finden sich außerhalb von Banjul in Serekunda, Bakau und Brikama sowie auf der North Bank in Barra. Die Fahrpreise liegen geringfügig über dem Niveau der GPTC-Busse.

Für Kurzstrecken stehen den Einheimischen sogenannte *Local Taxis* zur Verfügung. Sie sind lediglich am gelben Nummernschild erkennbar, meist handelt es sich dabei um schon ziemlich abgewrackte Fahrzeuge.

Weitaus besser in Schuß und vornehmlich für ausländische Besucher gedacht sind die *Tourist Taxis*. Auch sie haben gelbe Nummernschilder und sind darüberhinaus noch durch den Schriftzug »Tourist Taxi« auszumachen. Tourist Taxis warten zumeist vor den großen Hotels auf Fahrgäste. Sie haben keine Taxameter. Die Tarife sind staatlich festgelegt und sind auf Anzeigetafeln vor den großen Hotels angeschlagen. Die Fahrpreise sind verhältnismäßig hoch, bereits für kurze Strecken von 1 bis 2 km ist mit etwa 25 D zu rechnen. Tourist Taxis können auch für länger gemietet werden, beispielsweise für Restaurant-Besuche oder Ausflüge in das Abuko Reservat, den Holzschnitzermarkt in Brikama etc. Im Fahrpreis inbegriffen ist dann eine Wartezeit von 2 bis 3 Stunden.

Mit dem Mietwagen

Zweifelsohne ist die Reise im Mietwagen bequem, schnell und erspart so manche Strapazen mit dem öffentlichen Transportsystem. Man verpaßt damit jedoch auch ein Stück hautnahes Afrika. Vorteilhaft wiederum ist, daß im Mietwagen so mancher abgelegene Ort erst erreichbar wird (zum Beispiel der Nationalpark Niokolo Koba). Besonders in Senegal ist es ein teurer Spaß, ein Auto zu mieten, und wird erst einigermaßen erschwinglich, wenn die Kosten durch drei oder vier Personen geteilt werden können.

In Westafrika ist es durchaus üblich, einen Fahrer mitzumieten. Dies hat den Vorteil, eine mit den örtlichen Gepflogenheiten vertraute Person dabei zu haben. Fährt man selbst, gilt es sich auf den relativ »freien« Fahrstil der Einheimischen einzustellen.

Nachtfahrten sollten grundsätzlich vermieden werden, da gelegentlich unbeleuchtete Fahrzeuge unterwegs sind. Die Straßen bzw. Fahrspuren sind oftmals etwas enger als gewohnt. Bei entgegenkommenden größeren Fahrzeugen bleibt einem oft nur übrig, auf den meist unbefestigten Seitenstreifen auszuweichen. Besondere Aufmerksamkeit gebührt auch den zum Teil unberechenbaren Radfahrern und Fußgängern. Hier hilft oftmals nur, sich der lokalen Praxis anzupassen und lautstark von der Hupe Gebrauch zu machen. Völlig aus dem Rahmen fällt die Begegnung mit Tieren, wobei das Verhalten von Hunden und Katzen noch am ehesten kalkulierbar ist. Beim Anblick von Kühen, Eseln und Ziegen sollte das Tempo abrupt gedrosselt werden.

Senegal: Die beiden großen Anbieter hier sind *Avis* und *Hertz.* Sie garantieren mit ihrem Namen für bekannten Service und korrekte Abwicklung, sind dafür allerdings erheblich teurer als lokale Anbieter. Hertz bietet beispielsweise einen kleinen Peugeot 205 für 13.000 CFA plus 130 CFA pro gefahrenem Kilometer an. Oftmals wird eine äußerst hohe Kaution von bis zu 300.000 CFA verlangt und vom Mieter ein Mindestalter von 24 Jahren gefordert. Der Führerschein muß zudem bereits zwei Jahre alt sein. Neben dem nationalen Führerschein wird auch der internationale Führerschein verlangt. Bei Hertz gibt es eine Klausel, das der Wagen nicht auf unbefestigten Pisten gefahren werden darf, ausgenommen davon sind Fahrzeuge mit 4WD. Ein Allrad-

betriebenes Fahrzeug kann man sich auch gleich mit Chauffeur für 21.000 CFA pro Tag plus 210 CFA pro gefahrenen Kilometer mieten.

Lokale Anbieter sind etwas billiger, der Wagen sollte jedoch vorher einer eingehenden technischen Prüfung unterzogen werden. Überzeugen Sie sich, ob ein halbwegs akzeptabler Ersatzreifen samt Wagenheber vorhanden ist. Relativ günstig können Wochenendtarife sein.

Eine einstmals bestehende ausgesprochene Kuriosität auf dem *Trans-gambia-Highway* ist seit dem 1965 in Gambia eingeführten Rechtsverkehr nur noch Geschichte. Bis dato mußten aus Senegal kommende Autofahrer bei der Einreise nach Gambia jedesmal auf die linke Spur wechseln und bei der Ausreise nach 15 km sich wieder auf Rechtsverkehr einstellen. Das heutige Fahrverhalten richtet sich vielfach nach dem jeweiligen Straßenzustand – ist die rechte Spur die bessere, so darf mit entgegenkommenden »Geisterfahrern« gerechnet werden.

Benzinpreise: Super-Benzin kostet 455 CFA, Diesel 300 CFA pro Liter.

Gambia: Das Mietwagengeschäft ist in Gambia noch sehr unterentwickelt. Selbst die großen internationalen Agenturen konnten oder wollten bislang noch nicht richtig Fuß fassen. Die Probleme liegen auf der Hand: Pauschaltouristen unternehmen Ausflüge zumeist als organisierte Rundreise. In der Kombo-St. Mary Area stehen mit Bussen und Taxis zudem anderweitig gute Transportmittel zur Verfügung. Außerhalb des Touristenstreifens mangelt es an ausgebauten Verkehrswegen, Tankstellen und Werkstätten. Und so mancher Autoverleiher wurde durch den vorschnellen Verschleiß seines Fahrzeugparks auf den schlaglochübersäten Pisten in den Ruin getrieben.

Die Nachfrage wird bislang von einer Handvoll Anbietern gedeckt. Obschon das Preisniveau niedriger liegt als im Nachbarland, ist – mit europäischen Verhältnissen verglichen – ein Mietwagen immer noch teuer. Für einen französischen oder japanischen Kleinwagen sind pro Tag zwischen 50 und 80 DM anzulegen, je nach dem ob mit oder ohne Kilometerbegrenzung.

Bei privat vermittelten Fahrzeugen sollte vorher genauestens die Versicherungspolice studiert werden. Oftmals enthält die Versicherung eine Klausel, daß bei Vermietung des Fahrzeugs für eventuelle Schadensansprüche keine Haftung übernommen wird.

Routinemäßige Straßenkontrollen durch die Polizei sind in Gambia an der Tagesordnung. Die Wagenpapiere sind ständig griffbereit zu halten. Geprüft wird, ob der Wagen versichert ist. Immer ist der Führerschein vorzuzeigen, mal genügt der nationale, mal der internationale, nicht selten werden beide verlangt.

Wichtig: Im Mietwagen die Grenze nach Senegal zu überqueren, ist nicht möglich.

Benzinpreise: Super-Benzin kostet circa 7 bis 8 D, Diesel etwa 4,50 D.

Fährverbindungen

Senegal: Zwischen Dakar und Ziguinchor gibt es eine regelmäßige Schiffsverbindung: ab Dakar jeden Dienstag- und Freitagabend; ab Ziguinchor Donnerstag- und Sonntagmittag. Die Fahrzeit der Autofähre beträgt ungefähr 18 Stunden. Auf der Insel Karabane kann zu- und ausgestiegen werden.

Gambia: Der Gambia River ist die Lebensader des Landes und war früher gleichzeitig auch der Hauptverkehrsweg. Für den Straßenverkehr ist der Fluß heute jedoch mehr unbequemes Hindernis als Transportweg. Um den mehrere hundert Meter breiten Strom zu überbrücken, fehlt es wie überall in Afrika an Geld. Obschon diverse Brückenpläne immer wieder im Gespräch sind, gibt es bislang kein einziges in Angriff genommenes Projekt.

Bis auf weiteres bleiben nur mehr oder weniger lange Wartezeiten auf teilweise antik anmutende Fährschiffe. Entlang der Ufer des 400 km durch Gambia fließenden Stromes gibt es für PKWs lediglich sechs mögliche Überfahrten. Alle Fähren verkehren täglich bis Sonnenuntergang.

Banjul – Barra: Die Fähre ist Bindeglied der wichtigen Straßenverbindung zwischen den beiden Hauptstädten Banjul und Dakar. Die noch bis Ende der 70er Jahre hin- und herpendelnden Holzfähren wurden mittlerweile durch moderne große Fährschiffe ersetzt. Sie bieten Platz für mehrere hundert Passagiere, außer PKWs können auch sehr große LKWs übergesetzt werden.

Transgambia-Highway: Auf der wichtigsten Nord-Süd-Verbindung zwischen dem Norden Senegals und der Casamance sind seit 1988 zwei neue japanische Fährschiffe in Betrieb. Sie bieten Platz für jeweils etwa 100 Passagiere und gut zwei Dutzend Fahrzeuge. Die alten ausgedienten Schiffwracks liegen noch sichtbar, nur halbversunken in den Mangrovensümpfen. Vor den Fähren muß mit zum Teil erheblichen Wartezeiten gerechnet werden. Reist man ohne PKW, besteht die Möglichkeit, in kleinen Motorpirogen schnell überzusetzen und mit bereitstehenden Buschtaxis die Reise fortzusetzen. Die Fähre gilt als strategischer Punkt – mit dem Fotographieren sollte man sich zurückhalten.

Georgetown-Fähren: Das auf der Flußinsel Mac Carthy Island gelegen Georgetown ist durch zwei Fähren erreichbar. Vom Südufer verkehrt eine altertümliche Holzfähre mit Handseilzug, die Platz für 2 bis 3 Autos bietet. Nicht viel größer ist die vom Nordufer verkehrende mit Diesel betriebene Motorfähre.

Kerewan: Eine kleine Fähre führt über den Jowara Bolong, einen Nebenfluß des Gambia, und stellt die Straßenverbindung entlang des Nordufers zwischen Barra und Farafenni her. Die Fähre ist ab und an außer Betrieb.

Bansang und *Basse Santa Su*: Kleinere Autofähren verkehren auch bei Bansang und Basse. Eine Fähre für Fußgänger, Vieh und Fahrrad gibt es in *Fatoto*.

Typische Flußfähre am Gambia River

Bootsausflüge

Senegal: Gelegenheit zu Bootsausflügen gibt es im Sine-Saloum-Gebiet und in der Casamance reichlich. Im Sine-Saloum-Delta bieten alle großen Hotels Ausflüge mit Pirogen an, in der Casamance sind Touren von Ziguinchor nach Affiniam oder von Elinkine zur Insel Karabane lohnend.

Gambia: Einige Pirogen und Fährschiffe verkehren zwar über den Gambia River, darüberhinaus wird die Wasserstraße heute jedoch kaum als Verkehrsweg genutzt. Seit dem Untergang des letzten öffentlichen Linienschiffes Mitte der 80er Jahre gibt es lediglich einige wenige Frachtschiffe und privat gecharterte Yachten, obschon der Strom bis Kuntaur (circa 240 km landeinwärts) für Seeschiffe bis zu 5 m Tiefgang ganzjährig schiffbar ist. Kleinere Schiffe können selbst bis zur Ostgrenze nach Fatoto vordringen. Reisenden bleiben außer teuren Chartertrips (Info im *Atlantic Hotel,* © 228601, oder *Gamtours,* © 392359) nur kleinere von Buschcamps organisierte Bootsausflüge.

Radwandern & Wandern

Sowohl in Senegal wie auch in Gambia können vor Ort Fahrräder gemietet werden, die für kleine Ausflüge in die Umgebung durchaus taugen. Für eine längere Tour bringt man am besten jedoch seinen eigenen Drahtesel mit. Ein mitgebrachtes Reiserad (kein Mountainbike) sollte eine Gangschaltung mit kleinen Übersetzungen haben und breit bereift sein. Ersatzteile, besonders Reserveschläuche und -mäntel, Gangschaltungsteile, Brems-

züge und -klötzchen, Ersatzspeichen, von zu Hause mitbringen. Auch wer vorhat, sich unterwegs ein Rad zu leihen, sollte Flickzeug dabeihaben. Spezial-Reiseveranstalter, Literatur- und Kartentips siehe unter »Reisevorbereitung«.

Der Fahrradtransport vor Ort mit dem Buschtaxi ist meistens möglich, zieht jedoch garantiert hartes Feilschen um den Transportpreis für das »Sperrgut« nach sich. Man kann sich auch nicht darauf verlassen, von dem nächstbesten mitgenommen zu werden.

Senegal ist ein ausgesprochen flaches Land ohne nennenswerte Steigungen. Der Autoverkehr hält sich zudem in Grenzen. Beides sind ideale Voraussetzungen für das Reisen per Rad. Radtouren bieten sich vor allem für eine Rundreise durch die Casamance an. Einziges Handicap: die Temperaturen sind manchmal zu heiß, um den Tag auf dem Sattel zu verbringen. Der frühe Morgen ist die beste Radelzeit.

Einigermaßen verkehrstüchtige Räder können in Ziguinchor, Oussouye und Cap Skirring gemietet werden, pro Tag für circa 2000 bis 3500 CFA. Solche Räder haben keine Gangschaltung und oft keinen funktionstüchtigen Gepäckträger.

Gambia: Flaches Terrain, überwiegend geteerte Straßen und diverse Verleih»firmen« vor den großen Hotels machen es leicht, sich in der Kombo-St. Mary Area mit dem Fahrrad fortzubewegen. Nicht zuletzt lassen sich dadurch auch die relativ hohen Tarife der Tourist Taxis sparen.

Stromaufwärts sind dagegen bislang kaum Radfahrer auszumachen. Eine mehrtägige Radtour ins Landesinnere erfordert zwar etwas Unternehmungsgeist, ist aber durchaus machbar.

Um die schlechte Straße zwischen Banjul und Soma zu überbrücken, empfiehlt es sich, mit dem Buschtaxi samt Rad bis Soma zu fahren. Von dort läßt es sich bequem auf der guten und wenig befahrenen Süduferstraße nach Georgetown und weiter bis Basse Santa Su radeln, auf Lateritpiste bei Bedarf bis zur östlichen Landesgrenze nach Fatoto. Stromaufwärts ist allerdings weitgehende Selbstversorgung angesagt (Zelt, Proviant, genügend Wasser, unbedingt Entkeimungstabletten), da passable Übernachtungsmöglichkeiten teilweise 100 km auseinanderliegen. Und 100 km per Rad können bei tropischen Temperaturen ziemlich strapaziös werden. Es empfiehlt sich, nur die frühen Morgenstunden und den späten Nachmittag auf der Straße zuzubringen und dazwischen an einem schattigen Plätzchen eine ausgedehnte Siesta zu halten.

Wandern

Auf Schusters Rappen durch den Busch zu tigern, ist sowohl in Senegal wie auch in Gambia problemlos, aber unüblich. Am geeignetsten erscheint noch die Casamance. Ernstzunehmendes Hindernis ist wiederum die Hitze. Deponieren Sie Ihr Hauptgepäck im Hotel oder Campement und wandern Sie nur mit leichtem Gepäck. Nehmen Sie dafür reichlich Wasser mit. Als Weißer mit einem Rucksack über die Landstraße zu pilgern, wird von den Einheimischen jedoch mit sichtlichem Erstaunen registriert.

Unterkunft

Das Hotelwesen in Senegal ist relativ gut entwickelt. Zwischen den teuren Komforthotels und den billigen Absteigen klafft allerdings oft eine Lücke – annehmbare Mittelklassehotels sind selten zu finden.

Nach Gambia kommt die überwiegende Mehrzahl der Gäste mit einem Pauschalarrangement, braucht sich also um die Unterkunft keine Gedanken zu machen. Außer für Pauschalreisende stehen alle Ferienresorts selbstverständlich auch Individualreisenden offen, immer vorausgesetzt, sie sind nicht ausgebucht.

Hotels

Senegal: Viele der großen Hotels der oberen Preisklasse werden von internationalen Hotelgruppen geführt, zumeist handelt es sich dabei um französische Ketten wie *Club Méditerranée*, *Méridien* und *Novotel*. Hotels mit internationalem Standard sind in Senegal nicht billiger als anderswo. Auch für einfachere Unterkünfte muß teilweise ein stolzer Preis gezahlt werden, für das Gebotene sind sie zumeist überteuert. Oftmals handelt es sich dabei um Stundenhotels, was nicht automatisch heißen muß, daß sie von vornherein als mögliche Unterkunft ausscheiden. Sie sind größtenteils korrekt, selbst für alleinreisende Frauen. Auf Einzelreisende sind die meisten Hotels nicht einge- stellt. Wenn überhaupt Einzelzimmer (EZ) angeboten werden, sind diese nur unwesentlich billiger als ein Doppelzimmer (DZ).

Kategorien

Die Hotels werden je nach Ausstattung in fünf Kategorien eingeteilt. Je höher die Kategorie, desto höher in der Regel der Preis. Trotzdem kann unter Umständen ein Drei-Sterne-Hotel teurer als ein Vier-Sterne-Hotel sein, da der Preis auch ganz erheblich von der Lage beeinflußt wird. Direkt am Strand gelegene Hotels sind in der Regel teurer als Stadthotels.

★★★★L Hotels der Luxusklasse mit allem denkbaren Komfort. Alle Zimmer sind klimatisiert und mit TV, Video, Telephon ausgestattet. In Senegal gibt es eine ganze Reihe Luxushotels, zum Beispiel *Teranga* und *Novotel* in Dakar, *Mame Coumba* in Saint-Louis, *Kabrousse Mossor* in Cap Skirring sowie die beiden Feriendörfer des *Club Méditerranée.* Die Preise für ein DZ bewegen sich ab 35.000 CFA aufwärts.

★★★★ Hotels mit großem Komfort; klimatisierte Zimmer; zumeist in zentraler oder schöner Lage; DZ zwischen 20.000 und 30.000 CFA.

★★★ Hotels der gehobenen Mittelklasse; klimatisierte Zimmer; DZ zwischen 16.000 und 19.000 CFA.

★★ Hotels mit einfachem Komfort, Zimmer in der Regel mit WC und Dusche, zum Teil mit Klimaanlage; DZ zwischen 11.000 und 15.000 CFA.

★ Hotels mit einfachster Ausstattung; teilweise mit Gemeinschaftsdu- sche und WC, zumeist ohne Klimaanlage; DZ etwa 10.000 CFA.

☆ Hotels, die sich nicht in eine Kategorie einordnen lassen, zumeist einfachste Unterkünfte ohne Stern von 5000 bis 7000 CFA für das DZ.

Pro Person und Nacht werden zuzüglich zum Hotelpreis 400 CFA Touristensteuer erhoben. Sofern nicht anders angegeben, sind die Zimmerpreise ohne Frühstück.

Gambia besitzt hauptsächlich *Ferienresorts* – eine Kombination aus Hotel und Bungalowanlage –, die relativ dicht gedrängt an der Atlantikküste zwischen Cape Point im Norden und Kololi Point im Südosten liegen. Daneben gibt es noch zwei Resorts außerhalb Banjuls am Mündungsarm des Gambia River. Die meisten Anlagen verfügen über Swimmingpools und bieten diverse Sport- und Freizeitmöglichkeiten an. Jene Hotels, die am Strand liegen, verfügen meist über einen direkten Zugang zum Strand. Die Bungalows oder höchstens zweistöckigen, oft wellblechgedeckten Gebäude sind in eine blühende Parklandschaft eingebettet.

Eine Klassifizierung in Sterne gibt es bislang nicht. Die komfortabel bis luxuriös ausgestatteten Strandhotels entsprechen weitgehend internationalem Standard. Die Zimmer sind größtenteils mit Klimaanlage ausgestattet, Strom wird unabhängig vom staatlichen Netz durch eigene Generatoren erzeugt. Für das DZ sind zwischen 200 und 1000 D zu zahlen. Die Stadthotels in Banjul sind etwas günstiger. Einige der großen Hotels haben nur in den Wintermonaten geöffnet.

Neben den großen Pauschalhotels gibt es in der Kombo-St. Mary Area noch eine bescheidene Zahl von kleineren und einfacheren Unterkünften, das DZ ist bereits für 150 D zu haben.

Noch günstiger im Preis, aber weniger romantisch gelegen und in der Zimmerkapazität äußerst begrenzt, sind die **Government Rest Houses,** Gästehäuser der Regierung, in *Mansa Kongo, Georgetown* und *Basse Santa Su.*

Campements & Buschcamps

Campements und Buschcamps sind im Text mit einem 🕯 gekennzeichnet.

Senegal: Eine Besonderheit in Senegal sind die etwa fünfzehn staatlichen Campements, wie sie sich vornehmlich in der Casamance finden. Es handelt sich dabei um einfachst ausgestattete Herbergen, meist im traditionellen Baustil gehalten, aus Lehmziegeln gemauert und mit strohgedeckten Dächern versehen. Die Zimmer sind bis auf Moskitonetze und Matratzen ohne jeglichen Komfort. Als Lichtquelle dienen oftmals Petroleumlampen, die sanitären Anlagen werden gemeinschaftlich genutzt. Die Campements liegen zumeist abgelegen in teilweise schwer zugänglichen Gegenden inmitten unberührter Natur am Rande eines Dorfes. Sie werden von der Dorfgemeinschaft in Eigenregie verwaltet und sollen den Reisenden die Möglichkeit bieten, das dörfliche Leben kennenzulernen. Die staatlich festgelegten Preise für Unterkunft und Verpflegung sind ausgesprochen günstig. Vom Gast wird erwartet, daß er mindestens eine Hauptmahlzeit im Campement einnimmt. (HP kostet 5400 CFA).

Außer den staatlichen sind in den letzten Jahren auch privat geführte Campements entstanden, oft in landschaftlich besonders reizvollen Gegenden oder am Rande eines Nationalparks. Vom Konzept her entsprechen sie weitgehend den staatlichen Campements. Bis auf wenige komfortabel ausgestattete Privat-Campements liegen die Preise nur geringfügig über denen der staatlichen Herbergen.

Gambias Landesinnere ist touristisch kaum erschlossen. Stromaufwärts stehen dem Reisenden dennoch einige halbwegs annehmbare Unterkunftsmöglichkeiten zur Verfügung. Sicherlich am naturverbundensten und auch relativ preiswert (rund 80 – 140 D pro Person) wohnt es sich in Buschcamps wie *Tendaba, Baobolong* und *Janjang-Bureh.* Die Camps sind einfach ausgestattet, alles Lebensnotwendige ist jedoch vorhanden. Ein weiteres Buschcamp, *Sofanyama Camp,* liegt bei Pakaliba, 50 km östlich von Soma. Da die Buschcamps meist von Ausländern gemangt werden, hat das gebotene Essen einen stärker europäischen Einschlag als die Verpflegung in den Campements.

Die Verpflegung in den Campements

Die Küche in den staatlichen Herbergen ist ausgesprochen einfach und läßt manchmal an Abwechslung zu wünschen übrig. Die Vorspeise in Form von gemischtem Salat oder warmem Kartoffelsalat ist durchaus

Buschcamp am Gambia River: ansprechend einfach und im Schatten der Urwaldriesen wunderbar erholsam. Auch die Campements sind mittlerweile mit allem ausgestattet, was moderne Menschen meinen zu brauchen.

lecker. Als Hauptgericht dominiert jedoch – ganz den senegalesischen Eßgewohnheiten entsprechend – Reis und Fisch, manchmal mehrere Tage hintereinander weg. Variabel ist lediglich die Sauce. Andere Alternativen sind Rindfleisch mit Reis oder Cous Cous. Als Dessert wird Obst oder eine kleine Süßspeise gereicht. Vom europäischen Frühstück mit Baguettes, Butter und Marmelade einmal abgesehen, entspricht die Campement-Küche ganz der traditionellen Ernährungsweise der westafrikanischen Landbevölkerung. Kulinarische Genüsse können und dürfen hier allein deswegen nicht erwartet werden.

Camping & Freies Zelten

In Senegal und Gambia gibt es keine offiziellen Campingplätze. Generell ist es – mit Zelt, Moskitonetz, Wasser und Proviant ausgestattet – jedoch möglich, mitten im Busch zu campieren. Ist man nicht fernab jeder Siedlung, sollte man sich zunächst immer dem Alkalo vorstellen – vielleicht vermittelt er ja auch eine Schlafstatt in einem Privathaus. Wer sein Zelt aufbaut, wird sicher bald von einer Schar neugieriger Kinder in Beschlag genommen werden. Sobald man einmal »entdeckt« ist, kommt man nicht mehr zur Ruhe. Gemieden werden sollten aus Sicherheitsgründen Strände und der Einzugsbereich von Städten.

Essen und Trinken

Eine speziell gambische Küche ist kaum zu finden. Für ein so kleines Land wie Gambia ist es allerdings auch relativ schwierig, eine eigenständige nationale Küche hervorzubringen. Vielfach entsprechen die heimischen Eßgewohnheiten denen des großen Nachbarn. Und was ißt man in Senegal? Nun, die senegalesische Küche läßt sich etwas verkürzt mit »riz au poisson« – Reis mit Fisch – umschreiben.

Reis ist für die verstädterten Wolof, Mandingo und Diola in der Casamance das Grundnahrungsmittel Nummer eins. Die früher geschätzte Hirse verliert mehr und mehr an Bedeutung und wird heute vornehmlich noch in ländlichen Gegenden gegessen, wo das Stampfen des Getreides zu den typischen Frauenarbeiten gehört. Ernährungstechnische Aufklärungs- und Entwicklungsprogramme bemühen sich, das Ansehen traditioneller Getreidesorten wieder aufzurichten, da der Anbau von Reis nicht nur sehr bodenintensiv, sondern der in der Regel polierte Reis selbst vor allem wenig nährstoffreich ist.

Fisch ist dagegen ein traditionelles und eines der wichtigsten Grundnahrungsmittel. Die überaus fischreiche Atlantikküste sowie Flüsse wie der Gambia River versorgen die Menschen mit einem überaus vielfältigen Angebot. In Senegal schätzt man vor allem Seezunge, Barben und Bongafisch, daneben Meeresfrüchte wie

Ein Fest für alle Sinne: Bohnen, Nüsse, Gewürze etc. werden »lose« gehandelt.

Langusten und Muscheln. Eine gambische Spezialität ist der weißfleischige *Ladyfish,* daneben werden Flußbarsche, *Tilapia,* Barrakudas, Catfish und natürlich ebenfalls Langusten, Garnelen und andere Krusten- und Schalentiere verarbeitet. Mangels anderweitiger Konservierungsmethoden wurde Fisch bis vor wenigen Jahren vorwiegend getrocknet und geräuchert verzehrt. Erst in den Hotelküchen mit entsprechenden Kühlmöglichkeiten begann man, zumindest für die ausländischen Gäste, Fisch frisch zuzubereiten, in erster Linie gekocht und gegrillt.

An **Fleisch** spielt in der islamischen Gesellschaft Hammel-, Lamm- und Rindfleisch sowie Geflügel eine Rolle. Schweinefleisch wird nur in von Christen und Animisten bewohnten Gegenden geschätzt. *Brochettes* sind in ganz Nord- und Westafrika bekannte gegrillte Fleischspieße, die fast überall an Straßenständen angeboten werden. In Senegals Restaurants werden sie vielfach ganz nach französischer Art mit Pommes Frites serviert.

Als besonderer Pfiff werden zu den verschiedenen Fisch- und Fleischgerichten leckere, teilweise recht scharfe **Saucen** aus Palm- oder Erdnußöl, Erdnüssen, Tomaten und Zwiebeln gereicht. In billigen Restaurants wird der Geschmack allerdings oft durch Brühwürfel (Maggi) verstärkt. Zu jedem Essen im Restaurant wird üblicherweise *Baguette* gereicht, das darüberhinaus überall erhältlich ist.

Neben auch in Europa heimischem **Gemüse** wie Zwiebeln, Auberginen, Möhren, Kohl und Kürbis werden in der westafrikanischen Küche zusätzlich eine ganze Reihe tropischer Sorten verwendet. Weit verbreitet sind Süßkartoffeln, Okraschoten sowie Maniok und Baobabblätter. Gemüse wird hier selten als Beilage serviert, sondern zumeist zu Saucen verkocht.

Frisches **Obst** ist das ganze Jahr über erhältlich. An heimischen Früchten sind vor allem Bananen, Papayas, Mangos und Apfelsinen zu haben. Die etwas faserigen Orangen werden oftmals geschält angeboten und nicht gegessen, sondern lediglich ausgelutscht. Saftigere Orangen und Mandarinen werden aus Marokko eingeführt, Ananas aus Côte d'Ivoire und Äpfel aus Frankreich. Die königlichen Mangofrüchte werden in einem Dutzend verschiedener Sorten angeboten, Hauptsaison ist März bis Juni. Mit etwas Glück sind auch Guaven erhältlich, kleine gelb-rosa Früchte, die am besten schmecken, wenn sie bereits stark aromatisch duften. Besonders lecker sind frisch aufgeschlagene junge Kokosnüsse, deren etwas milchiger Saft getrunken wird. Senegal und Gambia sind typische Erdnußländer. *Peanuts* kommen roh oder geröstet, als Öl, Püree oder Erdnußbutter auf den Tisch.

Naturkost

Erwarten Sie an dieser Stelle keine Adressenliste mit Bioläden. Es gibt sie nicht. Für überzeugte Vollwertköstler ist Selbstversorgung angezeigt. Sollte im Reisegepäck noch etwas Platz sein, packen Sie eine Tüte Ihres Lieblingsmüslis ein, dazu eine extra Ration Nüsse und Rosinen. Komplettieren Sie das Ganze vor Ort mit Bananen, Papayas und dem Saft einer frisch ausgepreßten Orange, so ist zumindest eine vollwertige Mahlzeit am Tag gesichert. In Dakars Supermärkten gibt es außerdem leckere französische Joghurts und eine bescheidene Auswahl an importiertem Käse.

Eine aus ethischen, religiösen oder gesundheitlichen Gründen praktizierte vegetarische Lebensweise stößt in Westafrika auf völliges Unverständnis. An die speziellen Bedürfnisse des Vegetariers werden von daher keine besonderen Konzessionen gemacht. Jedes im Restaurant servierte Gericht ist praktisch auf Fisch und Fleisch aufgebaut. Auch wenn nicht unbedingt augenscheinlich, wird die Saucengrundlage immer mit Fleischbrühe oder tierischem Fett zubereitet.

Kolanüsse

Kolanüsse sind in ganz Westafrika als anregendes Genußmittel verbreitet. Praktisch an jeder Straßenecke werden sie von Fliegenden Händlern angeboten. Die Nuß ähnelt einer Kastanie und wächst auf bis zu 20 m hohen Bäumen in den Randzonen der Tropen. Der fleischige Keimling kann von gelbbrauner bis kräftig rötlicher Farbe sein. Er enthält alkaloide Wirkstoffe, die Hunger, Durst und Müdigkeit vertreiben können. Das durch Gerbstoffe bitter schmeckende Fruchtfleisch wird gekaut und danach ausgespuckt. Es enthält bis zu 3 % Koffein und 0,1 % Theobromin. Die leicht stimulierende Droge ist für Muslime nicht selten Ersatz für Alkohol. Die Nuß wird auch in Amerika und Europa zur Herstellung von Erfrischungsgetränken und Aufputschpillen verwendet.

Senegals Tanganas

Tanganas sind nicht leicht zu finden, da sie – zumindest für Fremde – nicht immer von außen zu erkennen sind. Es handelt sich um eine Art Café-Shop, die sich vornehmlich an Taxibahnhöfen und Marktplätzen niedergelassen haben. Der Eingang verbirgt sich immer hinter einem schmuddeligen Vorhang, durch den man in einen winzigen, mit Holztisch und -bänken sowie Gaskocher ausgestatteten Raum gelangt. Hier wird non stop Omlett mit Zwiebeln gebacken, Baguette mit Butter bestrichen und gesüßte Dosenmilch unter rhythmischen Bewegungen in Gläser mit Nescafé oder Kinkeliba-Tee gerührt. Die hier für 150 CFA erhältlichen heißen Getränke erklären den Name der unkonventionellen »Gaststätte«: »heiß« bedeutet auf Wolof »tang«. Tanganas sind in aller Frühe ab 6 Uhr geöffnet. Von 13 bis 18 Uhr ist Mittagspause, dann herrscht wieder reger Betrieb bis 2 Uhr morgens. Allein der besonderen Atmosphäre wegen lohnt sich ein Besuch. Die hygienischen Verhältnisse haben jedoch nichts mit europäischen Vorstellungen gemein.

Restaurantkultur in Gambia

Die Kombo-St. Mary Area ist gut mit Restaurants versorgt. Die in erster Linie auf die Wünsche und Bedürfnisse der Feriengäste abgestimmte Küche entspricht im wesentlichen europäischen Vorstellungen. Einige Restaurants unter deutscher Leitung *(Weinstube, Ambassador, Flamingo)* servieren ganz dem heimischen Geschmack entsprechend. Für Freunde der asiatischen Küche konnten sich darüberhinaus auch ein paar chinesische Restaurants etablieren.

Flußaufwärts östlich von Brikama ist es jedoch aus mit westlich oder asiatisch orientierter Restaurant-Kultur. Außer in den Buschcamps *Tendaba, Janjang-Bureh, Sofanyama* und *Baobolong* und vielleicht noch in *Eddie's Hotel* in Farafenni ist einigermaßen akzeptables Essen kaum erhältlich. Hat man Hemmschwellen, sich der einheimischen Kost anzupassen, so bleibt eigentlich nur, verstärkt auf Früchte, Peanuts und frische Baguettes auszuweichen, welche landesweit zu haben sind. Früchte werden in größerer Auswahl nur auf den städtischen Märkten angeboten, vor allem Bananen, Orangen, Papayas, Wassermelonen und Kokosnüsse, während der Saison auch Mangos.

Landestypische Gerichte

Senegal: *Tiebou Dienne* ist das Nationalgericht der Senegalesen. Es bedeutet in der Wolofsprache soviel wie Reis mit Fisch. Ein einheitliches Rezept gibt es dafür nicht, so daß das Gericht ganz verschieden ausfallen kann. Zumeist wird der kleingeschnittene Fisch mit Zwiebeln und etwas Gemüse (Möhren oder Auberginen) in Erdnußöl gedünstet, mit Wasser und Tomatenmark abgelöscht und als dicke Sauce über Reis serviert.

Yassa au poulet ist eine Spezialität der Diola in der Casamance, darüber-

hinaus aber auch in anderen Landesteilen verbreitet. Es handelt sich dabei
um ein in Zitronensaft mariniertes
Hühnchen, das zusammen mit Reis
gereicht wird.

Maffé ist zu Goulasch geschnitte-
nes Rindfleisch, das mit einer scharfen
Sauce aus Erdnüssen gegessen wird.

Poisson farci á la saint-louisiane
(gefüllter Fisch): Diese Spezialität
vom Sénégal-Fluß wird vornehmlich
mit Seebarbe zubereitet. Das Fleisch
des Fisches wird dazu aus der Haut
herausgelöst, kleingehackt und mit
feinen Kräutern gewürzt, das Ganze
dann in die äußere Hülle des Fisches
gestopft und im Ofen gegart. Sollten
Sie kein ausgesprochener Fischliebha-
ber sein, poisson farci ist einen Versuch wert – natürlich nicht irgendwo,
sondern am besten in Saint-Louis.

Cous Cous, an sich ein typisch
nordafrikanisches Gericht, ist auch in
Senegal sehr beliebt. Es besteht aus
gedämpfter Hirse mit einer Sauce aus
verschiedenen Gemüsen und etwas
Hammelfleisch.

Méchoui, ebenfalls eine mehr arabische Spezialität, ist gegrilltes Lamm,

*Die Betreiberinnen der Garküchen
sind Meisterinnen der Improvisation.*

das vornehmlich am islamischen Tabaski-Fest gegessen wird. Es wird vor allem in libanesischen Restaurants angeboten.

Chawarma, eine libanesische Fastfood-Spezialität, besteht aus einem Baguette, belegt mit etwas Hammelfleisch, Tomaten und Zwiebeln, und ist scharf gewürzt. Es wird in den großen Städten in Snackbars für 650 CFA angeboten.

Fondé wird traditionell als Frühstück gegessen. Es handelt sich um süßen Hirsebrei, der mit Zitronensaft und Sauermilch abgeschmeckt ist.

Wem das alles zu exotisch ist, der kann problemlos auf Altbekanntes zurückgreifen. In den Hotelküchen und Restaurants dominiert internationale, sprich französische Küche. Das fängt bereits beim Frühstück an, mit knusprig gebackenen Baguettes oder frischen Croissants mit Butter. An international-französischer Küche gibt es nichts, was außergewöhnlich wäre

– Steaks, Schnitzel, Lammkoteletts, Boillabaisse, gegrillter Fisch, Langusten etc. bis hin zum Bananensplit und Mousse au chocolat.

Restaurants mit vietnamesischer, chinesischer, arabischer und italienischer Küche sind im wesentlichen auf Dakar begrenzt.

Gambia: *Benachin* (auch als *Wolof-* oder *Jollof Rice* bekannt) ist eine Art Eintopfgericht, bestehend aus Reis, Fleischstückchen und verschiedenem Gemüse wie Tomaten, Auberginen etc. Geschmeidig gemacht wird das Ganze durch reichlich Palmöl, das dem Gericht seine charakteristisch rötliche Farbe gibt.

Sissay yassa entspricht im wesentlichen dem senegalesischen Yassa au poulet; ein in Zitronensaft und Knoblauch mariniertes Hühnchen, das mit Reis serviert wird. Varianten sind *Sissay nyebe* (Huhn mit Bohnen oder Erbsen) und *Sissay base* (Huhn mit Hirse).

Beef curry

2 Stunden Vorbereitungs- und Kochzeit
für 4 Personen

1 kg Rinderfleisch
1 große Zwiebel
1 – 2 El Curry
3 Möhren
4 Kartoffeln
4 Okras
3 Kakifeigen
Palmöl

Das Fleisch würfeln, die Zwiebel in große Stücke schneiden.
Das Öl erhitzen und die Zwiebeln darin glasig anbraten. Herausnehmen und zur Seite stellen. In demselben Öl das Fleisch anbraten, die Zwiebelstücke wieder beifügen. Curry in etwas Wasser auflösen und zum Fleisch geben. Salzen, pfeffern, zudecken

und bei mittlerer Hitze anderthalb Stunden köcheln lassen. Gelegentlich umrühren und, wenn nötig, Wasser zugießen.
Möhren, Kartoffeln, Okras und Kakifeigen würfeln. Nach 30 Minuten Kochzeit zum Fleisch geben und bis zum Ende mitgaren.

Beilage: Reis

Mit freundlicher Genehmigung aus: Jojo Cobbinah, Holger Ehling: ›Westafrikanisch kochen‹, Edition diá, Berlin 1995

Base Nyebe ist ein Gericht aus Fleisch mit Bohnen und Hirsebällchen.

Domodah ist ein landesweit verbreitetes Gericht aus zumeist geschmortem Rindfleisch mit einer dicken Sauce aus pürierten Erdnüssen, das zusammen mit Reis gereicht wird.

Tio gio, eine aus Erdnüssen zubereitete Suppe, die als *Groundnut Soup* auch auf den Speisekarten einiger großer Hotels zu finden ist.

Getränke

In Restaurants, Hotels, Supermärkten und selbst im kleinsten Krämerladen, überall erhältlich ist aus Frankreich importiertes Wasser – sogar in Gambia. Will man weder auf Leitungs- noch auf Brunnenwasser zurückgreifen, sind *Celia, Evian, Volvic* & Co. die Alternative, um ohne größere Darmprobleme über die Runden zu kommen. Auf die Dauer ist es recht teuer – die Anderthalb-Liter-Flasche kostet um die 500 CFA. Die allseits bekannten gezuckerten amerikanischen *Softdrinks* sind bereits für 150 bis 300 CFA die Flasche (0,3 l) zu haben und längst bis ins letzte afrikanische Dorf vorgedrungen.

Sehr beliebt ist ist der rote *Bissap-Saft*. Er wird aus getrockneten Hibiskus-Blüten und Zuckerwasser bereitet und ist industriell hergestellt ebenso zu haben wie hausgemacht. Jede Mischung schmeckt ein bißchen anders, manchmal wird der Bissap-Trunk mit beigefügten Pfefferminzblättern oder etwas geriebener Vanille verfeinert.

Den heimischen Gepflogenheiten angepaßt, empfiehlt sich auch *Tee*. Zum Tee eingeladen zu werden, ist immer ein Zeichen der Gastfreundschaft. Der Teezeremonie in Japan vergleichbar, wird auch im ganzen arabisch-islamischen Raum aus dem Teegenuß ein Ritual gemacht. Grüner chinesischer Tee wird mit Wasser in einem kleinen Emaillekännchen auf einem Holzkohlestövchen aufgekocht. Als Clou werden frische Minzeblätter zugegeben und das Ganze reichlich mit Zucker gesüßt. Der Tee wird sodann aus der weit hochgehaltenen Kanne in einem halben Meter langen Strahl mit nahezu akrobatischem Geschick in kleine Gläschen gegossen. Getrunken werden immer drei Gläser.

In ganz Westafrika zudem verbreitet ist der *Kinkeliba-Tee*, ein aus den aromatischen Blättern eines Strauches hergestellter Aufguß. Er ist zumeist in Tanganas zu haben. In den Tanganas wird auch Nescafé ausgeschenkt, der manchmal mit Kinkeliba gemischt wird. Einen guten *Bohnenkaffee* wird man dagegen vergeblich suchen.

Alkoholisches

Trotz des islamischen Alkoholverbots wird in fast allen Hotels und Restaurants Bier ausgeschenkt. In Senegal werden zwei vor Ort gebraute **Biere** – *Flag* und *Gazelle* – angeboten. Das etwas teurere Flag entspricht am ehesten dem gewohnten deutschen Biergeschmack. Das deutlich dünnere Gazelle enthält nur wenig Alkohol und bietet sich als guter Durstlöscher an. In Gambia ist vor allem das von einem deutschen Industriellen gebraute heimische *Jul Brew* beliebt; die gleiche Firma vermarktet auch diverse Softdrinks. An englischen Bieren ist das unter Lizenz abgefüllte *Guinness* zu haben.

Wein ist für Westafrika kein typisches Getränk. In Hotels, Restaurants, Bars und Supermärkten werden vornehmlich französische, deutsche und teils portugiesische (Rot-)Weine angeboten. Eine Ausnahme bildet frischgezapfter *Palmwein,* der von den Einheimischen wie überall in den Tropen auch in Senegal und Gambia sehr geschätzt wird, in erster Linie jedoch eine Spezialität der Casamance ist. Kurz vor der Fruchtbildung werden die Spitzen der Blütenstände verschiedener Palmenarten abgeschnitten. Der herausfließende Saft wird in darunter befestigten Flaschen aufgefangen und beginnt bei den tropischen Temperaturen, sofort zu gären. Der milchige, etwas säuerliche Wein schmeckt am besten, wenn er nicht älter als 24 Stunden ist. Das Anzapfen der Blüten verhindert allerdings die spätere Fruchtbildung und schmälert dadurch die Erträge an Palmöl bzw. Kokosnüssen. In den letzten Jahren wurde verstärkt versucht, das Palmweinzapfen einzuschränken, bislang jedoch nur mit bescheidenem Erfolg.

Einkaufen & Souvenirs

Das kunsthandwerkliche Angebot Senegals und Gambias ähnelt sich. Allgegenwärtig sind **Holzschnitzereien.** Eines der Zentren der Schnitzkunst ist Brikama, wo sich eine Art Holzschnitzerkaste herausgebildet hat.

Teilweise alteingesessene Familienbetriebe versorgen das ganze Land mit Masken, säugenden Rehen, Elefanten und teilweise auch Kriegern und pfeifenrauchenden Jägern, obschon dem islamischen Glauben entsprechend kein menschliches Abbild geschaffen werden sollte. Geschnitzt wird zumeist aus dem Tropenholz *Mahagoni.* Mit mehrmals aufgetragener brauner Schuhcreme wird ein schöner Glanzeffekt erzielt. Schwarze Creme dient oftmals zur Nachahmung von Ebenholz. Echte *Ebenholzarbeiten* sind hart (eventuell Kratzprobe machen), schwer und teuer. Sie werden zumeist aus Nachbarländern wie Mali eingeführt.

Bei **Textilien** ist das *Gambia-Shirt* am verbreitetsten. Das T-förmig geschnittene Hemd ist oft gold- oder silberbestickt und zumeist in grellbunten Farben und afrikanischen Mustern gebatikt. Die dazu verwendeten Baumwollstoffe werden aus asiatischen Ländern importiert. Bekannt sind auch gebatikte *Wickelröcke* (franz. *pagne*). Ein ausgesprochen exotisches Mitbringsel ist der in Senegal weitverbreitete *Boubou,* ein weitgeschnittenes, faltenreiches und bodenlanges Obergewand aus Baumwolle, das teilweise mit schönen Stickmustern geschmückt ist. Das Schneiderhandwerk ist vielfach Männerarbeit. Mancherorts kann man auch Männer am Trittwebstuhl sitzen sehen (zum Beispiel in Matam). Stoffe und Textilien sind in Gambia ausgesprochen preiswert.

Schmuck aus Silber und Gold findet sich vornehmlich in Senegal

(Soumbédioune, Cour des Maures), obschon durch den Abzug der mauretanischen Silberschmiede ein qualitatives Vakuum entstanden ist. Das eine oder andere fein gearbeitete *Filigranstück* wird sich dennoch finden lassen. Daneben werden auch Kleinode aus Horn und Stein (Malachit) angeboten.

Landestypische, aber etwas sperrige Mitbringsel können westafrikanische **Musikinstrumente** sein, beispielsweise die harfenähnliche *Kora*, das *Balaphon* oder eine *Trommel*. Klein und kompakt sind die Talking Drums. Für den musikalisch weniger ambitionierten Besucher werden bereits auch handliche Miniatur-Koras bereitgehalten.

Einer der bekanntesten **Töpfermärkte** Senegambias befindet sich stromaufwärts des Gambia River in Basse Santa Su. Die bis zu einem Meter Durchmesser großen *Wasserkrüge* mit einem Fassungsvermögen von bis zu 60 Liter werden ohne Töpferscheibe und Brennofen hergestellt. Als Form wird eine Schüssel verwendet, gebrannt wird in einer mit Brennholz bedeckten Grube. Neben den riesengroßen Amphoren gibt es natürlich auch handlichere Gefäße und Schalen. Doch Töpferware hat für Reisende leider einen großen Nachteil – Sie wissen schon welchen.

Ein anderes schönes Andenken sind die weniger bruchgefährdeten **Kalebassen.** Sie werden aus einer Kürbisart hergestellt und finden im Haushalt als *Eß-* und *Trinkgeschirr* und *Vorratsbehälter* Verwendung. Die teils riesigen Kürbisse werden halbiert, das Fruchtfleisch durch mehr-

maliges Wässern vergoren und herausgekratzt. Die Kalebassen werden schließlich an der Sonne getrocknet bis sie so hart und fest wie Holz geworden sind. Sie können mit eingekerbten geometrischen Ornamenten verziert sein.

Souvenirmärkte

Senegals kunsthandwerkliche Produkte finden sich in Dakar vornehmlich auf den Märkten *Kermel, Sandaga* und im Kunsthandwerkszentrum *Soumbédioune;* in Ziguinchor im *Centre Artisanal,* in Saint-Louis in den Straßen um das Hôtel de la Poste. Das mannigfaltige Angebot reicht von Holzschnitzereien, feinziseliertem Silberschmuck bis hin zu Gebrauchsgegenständen wie Korb- und Töpferware, Lederartikeln, Kalebassen, emailliertem Teegeschirr und anderem.

Gambias Souvenirmärkte beschränken sich auf Banjul und die Kombo-St. Mary Area. Weiter stromaufwärts wird es bereits schwierig, eine Ansichtskarte zu finden. Die beiden größten Märkte sind das *Handicraft Centre* in Banjul und der landesweit bekannte *Holzschnitzermarkt* in Brikama. Daneben gibt es noch mehrere sogenannte *Bengdula* (mandingo für »Treffpunkt«), das sind kleinere Märkte, die sich im Dunstkreis der großen Strandhotels angesiedelt haben (Wadner Beach, Sunwing, Fajara, Koto Beach). Ein vielbesuchter Markt ist auch der *Batikmarkt* in Bakau. Souvenirs werden zudem in fast jedem Hotel und auch manchen Restaurants angeboten.

Handeln

Kunsthandwerkliche Souvenirs zeichnen sich nicht nur durch teilweise außerordentliches künstlerisches Geschick, schöne Formen und Muster aus – sie sind gleichzeitig im Preis enorm flexibel. Beim Kauf wird Handeln erwartet, es ist sozusagen der normale Weg, ein Geschäft abzuschließen. Festpreise gibt es lediglich in Supermärkten. Handeln ist immer eine ernsthafte Angelegenheit und sollte nie aus Neugierde oder bloßem Zeitvertreib und ohne Kaufabsicht angefangen werden. Dennoch wird der Handel mit viel Spaß betrieben. Alle möglichen Finessen und Bluffs von beiden Seiten gehören dazu.

Eine Grundregel ist es, den Moment für das erste eigene Preisangebot möglichst hinauszuzögern. Nicht selten hält man Ihnen eine geschnitzte Antilope mit dem Satz entgegen: »Nur 5000 CFA! Wieviel geben Sie mir?« Dabei gilt es zunächst, die Offerte ohne großen Kommentar entgegenzunehmen. Nach einer Weile unterliegt das Stück von selbst einem rapiden Preisverfall, ohne daß Sie etwas dazu beigetragen hätten. Die Preise können auf diese Weise sogar weit unter Ihr Gebot fallen. Mit der anderorts gängigen Formel, ein Drittel des geforderten Preises anzubieten, um sich dann auf die Hälfte zu einigen, ziehen Sie in Westafrika immer den Kürzeren. Grundsätzlich sollte man sich beim Einkaufen Zeit lassen, eventuell sogar am nächsten Tag mit einem neuen Angebot vorbeikommen. Wird dem Gegenüber deutlich, daß Sie nicht viel Zeit haben, etwa weil Ihre Reisegruppe wartet, wird man Ihnen preislich zunächst wenig entgegenkommen. Ein Bluff Ihrerseits kann es sein, von einem sich betont desinteressiert gebenden Reisepartner am Ärmel gezupft und zum Weitergehen gedrängt zu werden.

Bei allem Spaß am Handeln sollten Sie keinesfalls bis zur Schmerzgrenze gehen. Wenn einer Geld nötig braucht, dann Afrika. Ist man umgekehrt zu nachgiebig, steigen die Preise inflationär. Mit ein bißchen Fingerspitzengefühl gilt es, den goldenen Mittelweg herauszufinden. Ideal ist immer ein für beide Teile befriedigender Handelsabschluß. Obschon man selbst das Gefühl hat, sich mit einem akzeptablen Preis aus der Affäre gezogen zu haben, kann es dennoch durchaus sein, mehrere hundert Prozent über dem Marktwert gezahlt zu haben.

Artenschutz

Leider immer noch auf den Souvenirmärkten präsent sind verschiedene, aus tierischem Material hergestellte Gegenstände, die gegen das Artenschutzgesetz verstoßen; sie dürfen nicht nach Europa eingeführt werden. Dazu zählen insbesondere Elfenbeinschmuck sowie Taschen aus Krokoleder und Schlangenhaut. Jedem ökologisch bewußten Besucher empfiehlt es sich, die Apelle des World Wildlife Fund (WWF) zu beherzigen und auch auf Schildpatt, Felle von Wildkatzen, lebende oder ausgestopfte Vögel, Korallen, auf Tropenhölzer, Pflanzen und Orchideen zu verzichten. Denn nur, wo ein Markt für diese Produkte existiert, ist es interessant, die entsprechenden Tiere zu erlegen bzw. Pflanzen zu sammeln.

DAKAR

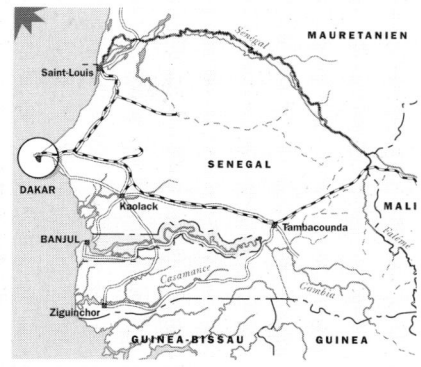

DIE METROPOLE DAKAR – MOLOCH UND MAGNET

*Die Hauptstadt Senegals liegt auf der südlichen
Hälfte des Cap Vert, einer vulkanischen Halbinsel, die geographisch
den westlichsten Punkt Afrikas markiert. Mit heute mehr als anderthalb
Millionen Einwohnern ist Dakar das unbestrittene politische, ökonomische und
kulturelle Zentrum des Landes und zählt neben Lagos und Abidjan zu den
wichtigsten Metropolen Westafrikas.*

Jeder fünfte Senegalese lebt bereits in der Hauptstadt. Trotz sich abzeichnender Überbevölkerung übt die Stadt auf die jungen Menschen aus Sahel und Savanne eine ungebrochene Anziehungskraft aus. Sie möchten alle lieber heute als morgen ihre Bündel packen, auch wenn nur eine kleine Chance besteht, in den endlos ausufernden Vorstädten einigermaßen Fuß fassen zu können.

Als ein Schmelztiegel, entstanden aus Elementen afrikanischer, islamischer und französischer Kultur, besitzt die Stadt ein gewisses internationales Flair. Entscheidend geprägt durch den französischen Kolonialismus, präsentiert sich Dakar als eine der am stärksten von westlichen Einflüssen durchsetzten Städte Afrikas. Die gläsernen Hochhauskomplexe, großen Plätze und breiten Boulevards erinnern zunächst eher an eine moderne europäische Großstadt.

Doch Dakar ist zugleich eine Stadt gewaltiger Kontraste. Auf der einen Seite dominiert französische Lebensart mit Pariser Chic, Eleganz, glitzernden Boutiquen und klimatisierten Brasserien. Die andere Seite wird beherrscht von tiefer Armut, Elend, Schmutz, Krankheit und Existenzkampf. Vor Bahnhöfen, statusträchtigen Vorzeigebauten und protzigen Bankpalästen begegnet man dem bedürftigen Heer der Bettler, Siechen und Blinden. Von Lepra gezeichnet zeigen sie fordernd ihre verstümmelten Gliedmaßen, das einzige Kapital, das sie haben. Polio-Opfer gehen gestützt auf Knüppeln, Beinamputierte hocken auf Brettchen mit Rädern und stoßen sich mit den Händen von der Straße ab.

Zwischen den beiden Extremen arm und reich entfaltet sich die ganze Exotik afrikanischer Kultur mit farbigen Marktstraßen, belebten Basaren, Moscheen und Medina. Der Muezzin ruft per Tonband zum Gebet, *Allahu Akbar* – Gott ist groß – der vibrierende Ruf des Islam wird von scheppernden Lautsprechern in alle Himmelsrichtungen verteilt. Mitten im Verkehrsgewühl finden Gläubige Zeit und Ruhe zum rituellen Gebet, das fünfmal täglich verrichtet werden soll. Die Straßen sind vollgestopft von Vehikeln aller Art. Neben neuesten japanischen Modellen von Toyota und Mitsubishi kämpfen sich abgewrackte Schrottkisten, klapprige Buschtaxis, knatternde Mopeds und altersschwache Eselskarren durch die Rush-hour.

Dröhnende Preßlufthämmer konkurrieren mit dem rhythmischen Stampfen der Hirsestößel aus den Hinterhöfen. Ältere Männer in leuchtenden bodenlangen Boubous und Frauen in ihren traditionellen, farbenfrohen Gewändern vermischen sich mit modisch gekleideten Teenagern in Jeans und T-Shirts.

Fortschritt und Tradition prallen mit aller Härte aufeinander. Das ist vielleicht einer der größten Anziehungspunkte dieser Metropole. Die Stadt bietet die Gelegenheit, einzutauchen in eine kulturelle Vermischung ohnegleichen. In Dakar bündelt sich die ganze Lebensart des Landes zu einem knallbunten Abenteuer der Sinne.

Stadtgeschichte

Dakar ist eine ausgesprochen junge Stadt. Der Ort wird erstmals von dem französischen Naturforscher *Michel Adanson* erwähnt, der etwa um 1750 Senegal bereiste. Damals war Dakar noch ein winziges Fischerdorf, gelegen etwa an der Stelle, wo die heutige rue Vincens am Hafen mündet. Über die Bedeutung des Ortsnamens gibt es verschiedene Erklärungsversuche, die lediglich eines gemeinsam haben, nämlich, daß sie alle nicht hundertprozentig belegt werden können. Die beiden gängigsten Interpretationen leiten sich von den Wolof-Wörtern *daxar* und *dekraw* ab – ersteres steht für Tamarindenbaum, letzteres für Zuflucht, was eine Anspielung auf die geschützte Hafenanlage sein könnte.

Die eigentliche Stadtentwicklung begann etwa 1845, als französische Missionare in der Nähe des Hafens eine Missionsstation errichteten. Ein Fort wurde angelegt, der Hafen ausgebaut und 1864 der Leuchtturm auf den Mamellen in Betrieb genommen. Für die Franzosen wurde der neue Stützpunkt auf dem Festland ein wichtiger Ausgangspunkt für die Landverbindung nach Norden ins Hinterland. Bis zur Jahrhundertwende entwickelte sich die Stadt zu einem geschäftigen Handelszentrum. Ein neuer Wachstumsschub setzte 1898 ein, als die Franzosen damit begannen, Dakar zu einem Flottenstützpunkt auszubauen, was eine Verdoppelung der Hafenanlagen notwendig machte. Um 1900 zählte die Stadt 15.000 Einwohner. Durch den Hafenausbau und die 1885 fertiggestellte Eisenbahnverbindung mit dem Norden verlor die alte Hauptstadt Saint-Louis an Bedeutung, was schließlich dazu führte, daß die Franzosen 1902 Dakar zum Verwaltungszentrum von Französisch-Westafrika machten.

Seither erlebte Dakar einen stürmischen Aufschwung und wuchs hinter Abidjan zum zweitgrößten Seehafen Westafrikas an. Die Landzunge des Cap Vert bildet eine natürlich geschützte Bucht, die mit ihrem tiefen Wasser auch große Schiffe aufzunehmen vermag. Die heutige Kailänge umfaßt über zehn Kilometer mit modernen Container-Terminals und Trockendock.

Die Bahnverbindung nach Mali und der einsetzende Trans-Atlantik-Flugverkehr machten Dakar zu einem internationalen Verkehrsknotenpunkt ersten Ranges. Der Flughafen Yof war lange Zeit ein wichtiger Zwischenlandeplatz für Flüge von Europa nach Südamerika, ist doch die Luftlinie zwischen dem Cap Vert und Brasilien die kürzeste Distanz zum amerikanischen Kontinent. Mit der Entwicklung weitreichender Düsen-Jets hat Dakar zwar viel von seiner einstigen Rolle als internationale Drehscheibe des Luftverkehrs eingebüßt, sein Flughafen ist jedoch innerhalb Westafrikas nach wie vor einer der frequentiertesten.

Stadtrundgang
Die Place de l'Indépendance

Die große, rechteckig angelegte Place de l'Indépendance bildet den Mittelpunkt der östlichen City. Wegen der zahlreichen dort angesiedelten Büros, Banken und Geschäfte ist es ein Ort, mit dem man ganz automatisch in Berührung kommt, sei es auch nur, um etwas Geld zu wechseln oder sich den Flug rückbestätigen zu lassen. Es ist ein Platz, der absolut nichts mit den Klischees vom traditionellen afrikanischen Leben zu tun hat, sondern vielmehr das neue, moderne und von Big Business bestimmte Afrika präsentiert. Hier finden sich die Paläste der tonangebenden Banken, die Büros multinationaler Konzerne und großer Fluggesellschaften sowie ultramodern gestylte Luxushotels. Dazwischen stehen einige an die Kolonialzeit erinnernde Repräsentationsbauten. Besonders augenfällig ist die durch mächtige Säulen gegliederte Nordfront der in den dreißiger Jahren errichteten **Chambre de Commerce**, der *Handelskammer*, und gegenüber

der um die Jahrhundertwende entstandene einstige Gerichtshof, der heute das **Außenministerium** beherbergt. Etwas verloren inmitten des Platzes von Grünanlagen umgeben und vom geschäftigen Trubel völlig unbeachtet, steht ein **Kriegsdenkmal**, welches an die senegalesischen Opfer der beiden Weltkriege erinnert. Will man die Gegend um den Unabhängigkeitsplatz etwas näher erkunden, so hat man sich für eine der zwölf davon abgehenden Straßen zu entscheiden. Als Entscheidungshilfe dazu *drei Vorschläge*:

Verlassen Sie den Platz in südlicher Richtung durch die **Avenue Roume** mit ihren modernen Verwaltungsbauten, so passieren Sie links den monumentalen alten **Gouverneurspalast**, von dem aus die Franzosen einst fast ganz Westafrika beherrschten. Der schmuck herausgeputzte Bau ist auch nach der Unabhängigkeit Zentrum der Macht geblieben – es ist heute Sitz des Staatspräsidenten. Vom markanten, grünglasierten Ziegeldach weht die grün-gelb-rot-gestreifte senegalesische Nationalflagge.

Eine zweite Möglichkeit ist, vom Platz die **Avenue George Pompidou** zu wählen, die heute eine der beliebtesten und belebtesten Flanierstraßen Dakars ist. Doch Vorsicht, die Avenue ist das bevorzugte Revier von jugendlichen Straßenbanden und Taschendieben, die sich ihre Opfer vornehmlich unter Touristen aussuchen. Ganz von der französischen Lebensart geprägt, finden sich in dieser Straße exklusive Brasserien, verführerische Pâtisserien und Crêperien sowie

Der Blick auf die Place de l'Indépendance zeigt das moderne, europäisch geprägte Dakar.

mondäne Boutiquen, die den »Dernier cri« der Pariser Mode offerieren. Libanesische Chawarma-Shops, Fast-Food-Outlets und Kinos reihen sich bis zum **Marché Sandaga** aneinander, einem der zentralen Märkte Dakars. Der Sandaga-Markt markiert gleichzeitig den Wendepunkt zwischen Europa und Afrika – hier verlassen Sie den französischen »Sektor«.

Auf der östlichen Seite des Unabhängigkeitsplatzes, quasi als Verlängerung der av. George Pompidou, geht die **Avenue Albert Sarraut** ab, eine ebenfalls moderne Geschäftsstraße, auf der es jedoch merklich ruhiger zugeht. Linkerhand findet sich das *La Croix du Sud* mit einer der besten französischen Küchen der Stadt. Ein paar Schritte weiter das weniger exklusive, aber ruhige *Restaurant Le Sarraut* mit einer einladenden Terrasse. Schräg gegenüber im Score-Bau gibt es einen gutsortierten Supermarkt. Fast am Ende der Avenue befindet sich das **Goethe-Institut**. Nehmen Sie danach die nächste Straße links, so kommen sie direkt auf den **Marché Kermel**.

Vom Plateau-Viertel zur Medina

Das Plateau bezeichnet den erhöhten flachen südöstlichen Teil der Halbinsel, auf dem die ältesten und großzügig geplanten Stadtteile Dakars angesiedelt sind. Dessen Zentrum bildet die **Place Soweto**, um die herum sich das Parlamentsgebäude und das *IFAN-Museum* sowie zahlreiche diplomatische Vertretungen gruppieren. Das ganze Viertel wirkt sehr gepflegt, eingezäunt und entsprechend steril.

DAKAR

Den nördlichen Abschluß des Plateaus bildet der **Boulevard de la République**, eine breite Prachtstraße, die sich von der westlich gelegenen Madeleines-Bucht quer über die Halbinsel erstreckt und im Osten am *Präsidentenpalast* endet. Gesäumt von modernen Bauten, Ministerien und weiteren Botschaften, besitzt die Straße einen unverkennbar europäischen Einfluß. Beherrscht wird der Boulevard jedoch von der in den zwanziger Jahren erbauten, klotzigen katholischen **Cathédrale du Souvenir africain**, die architektonisch bunt gemischt aus Sudanstil und einer wuchtigen byzantinischen Kuppel besteht, die an die Hagia Sophia in Istanbul erinnert. Von innen wirkt das Gotteshaus genauso wenig einladend wie von außen.

Von der Kathedrale nur einen Steinwurf entfernt liegt die **Place de Washington D.C.** (in manchen Stadtplänen auch als Place de la République eingezeichnet). Der Platz soll als Startpunkt für einen Spaziergang ins andere, sprich afrikanische Dakar dienen. Vom Rund des Platzes geht in nordwestlicher Richtung die **Avenue Jean Jaurès** ab. Man passiert zunächst linkerhand die *Clinique Hubert*. Von einem Häuserblock zum anderen wechselt sodann das Viertel plötzlich sein Gesicht. Die Avenue wird zu einer belebten, hektischen Marktstraße, in der man vor lauter Menschen und Ständen auf den Bürgersteigen kaum noch Platz zum Gehen hat. Die breiten Trottoirs werden von Friseuren dominiert, die unter offenem Himmel ihr Tagwerk verrichten. Schuhputzer

schauen nach Kundschaft aus, Schuhmacher flicken schon völlig durchlöchertes Schuhwerk. Auf dem Boden werden Second-hand-Bücher, Klamotten und Drogerieartikel angeboten, dazwischen finden sich kleine Schneiderwerkstätten mit ratternden Nähmaschinen.

Die av. Jean Jaurès verläuft vom Plateau leicht abwärts und mündet in die nicht weniger betriebsame **Avenue Blaise Diagne**, die mit ihren mit Stoffen, Koffern, Taschen und Autozubehör gefüllten Geschäften fast einer orientalischen Basarstraße gleicht. Hier finden sich auch winzige Garküchen, wo auf Holzkohlefeuer Brochettes gegrillt werden oder fettiges Hammelfleich vor sich hin brutzelt – nicht gerade appetitlich fürs Auge, aber aromatisch duftend.

Neben dem Haus Nummer 69 taucht linkerhand ein kleiner Durchgang auf, der zu dem bis vor kurzem von Touristen stark frequentierten **Cour des Maures** führt, wo einstmals zahlreiche maurische Silberschmiede ihre kleinen Schmuckgeschäfte hatten. Seit dem Grenzkonflikt mit Mauretanien, in dessen Folge alle Mauretanier Senegal verlassen mußten, macht der Cour du Maures einen verwaisten Eindruck, und Dakar ist um eine Touristenattraktion ärmer geworden. Dennoch oder vielleicht gerade deswegen lohnt sich ein Blick auf das Angebot der übriggebliebenen Silberschmiede. Man hat sogar Muße, sich in aller Ruhe umzusehen, ohne gleich von allzu aufdringlichem Geschäftsgebaren vereinnahmt zu werden.

Zurück auf der av. Blaise Diagne wird rechterhand das wuchtige Minarett der **Grande Mosquée** sichtbar, ein untrügerisches Zeichen, daß die Medina nicht mehr allzu weit entfernt sein kann. Nimmt man rechts von der av. Blaise Diagne die rue Marsat, geht man geradewegs auf die *Große Moschee* zu, die etwas verloren inmitten einer sandigen Gegend steht.

Die Moschee kann täglich besichtigt werden, ausgenommen am Freitag, dem großen Gebetstag der Muslime. Doch gerade der Freitag ist interessant, wenn man auch nur aus diskreter Entfernung von der Umzäunung aus die Gebetszeremonie von tausenden Gläubigen beobachten kann. Mit dem Fotographieren sollte man sich an diesem Tag allerdings zurückhalten.

Die 1964 fertiggestellte Moschee ist architektonisch ganz an den maurischen Stil der Großen Moscheen in Casablanca und Marrakesh angelehnt, sicherlich nicht zuletzt der großzügigen finanziellen und materiellen Hilfe des marokkanischen Königs wegen, der auch zur Einweihung kam. Das Monumentale des viereckigen, 80 Meter hohen Minaretts wird durch grünglasierte Ziegelarbeiten und kunstvoll gearbeitete, verspielte Ornamentik gemildert. Die Spitze bilden drei vergoldete Kuppeln. Die weitläufigen Gebetshallen sind ebenfalls mit smaragdgrünen Ziegeln gedeckt. Lassen Sie das ausgesprochen ästhetische Kunstwerk etwas auf sich einwirken. Mit etwas Glück finden Sie auch den richtigen Menschen, der den Schlüssel zum Fahrstuhl in der Tasche hat – das

Minarett kann täglich außer freitags »befahren« werden.

Um noch weiter in die Medina einzudringen, gehen Sie zurück zur av. Blaise Diagne, passieren linkerhand den *Fernmeldeturm* und folgen der Straße weiter in nördlicher Richtung. Entlang der uringetränkten Mauer des Fußballstadions gilt es eine kleine »Durststrecke« zu überwinden, doch bald wird man von der typisch afrikanischen Atmosphäre der **Médina** eingefangen, die ganz im Kontrast zu den europäisch geprägten und dagegen steril wirkenden Stadtvierteln im Süden der Halbinsel steht. Es ist ein offenes Viertel, in dem sich das Leben nicht hinter schmiedeeisernen Gittern und Betonmauern, sondern auf der Straße abspielt.

Herzstück der Medina ist der ausgesprochen afrikanische **Marché de Tilène** auf der rechten Seite der av. Blaise Diagne. In der Medina lebt ein Großteil der Dakarer Bevölkerung. Es ist das Viertel der einfachen Leute, die als Fliegende Händler oder mit ihren winzigen Geschäften größtenteils im sogenannten informellen Sektor beschäftigt sind, was heißt, sie sind nirgends registriert und zahlen keine Steuern. Im Unterschied zu anderen afrikanischen Altstädten, in denen die Medina oftmals ein scheinbar unentrinnbares Gassenlabyrinth darstellt, aus dem man nur mit einem Kompaß in der Hand wieder herauszufinden ist, ist die Medina Dakars völlig überschaubar. Das Viertel wurde 1914 nach einer sehr schlimmen Pestepedemie planmäßig aufgebaut. Hinter dem Marché Tilène breiten sich schach-

brettartig angelegte, größtenteils lediglich numerierte Straßen aus, die dem Stadtteil einen bescheidenen, unspektakulären äußeren Rahmen geben. Hier ist nichts von der kosmopolitisch geprägten Atmosphäre des modernen Dakar zu verspüren. Mit zumeist kleinen, einstöckigen Häusern, aber großen Innenhöfen gewinnt das Ganze einen dörflichen Charakter. Verstärkt wird dieser Eindruck durch frei herumlaufende Ziegen, Schafe und faul in der Sonne dösende Hunde. Etwas abseits vom Markt bröckelt das geschäftige Treiben ab, kommt aber nie vollkommen zum Erliegen – in der Medina »läuft« immer irgendwas, es gibt immer etwas zu sehen und zu beobachten. Bei Dunkelheit sollte man sein Schicksal jedoch nicht herausfordern.

Dakar von oben

Städte faszinieren manchmal aus der Vogelperspektive gesehen mehr als vom Boden aus. Zwar hat Dakar nicht ganz die Skyline von Manhattan zu bieten, doch auf Grund der geographisch auffälligen Halbinsellage lohnt ein Blick von oben allemal. Eine einfache Möglichkeit dazu bietet die Dachterrasse im 17. Stockwerk des *Hôtel Indépendance* hoch über dem Unabhängigkeitsplatz. Zugang zur Dachterrasse erhalten Sie, indem Sie sich einen noch einigermaßen erschwinglichen Softdrink genehmigen oder das Eintrittsgeld für den Swim-

In reicher orientalischer Ornamentik präsentiert sich das Eingangsportal der Großen Moschee.

mingpool entrichten. Der Rundblick ist überwältigend.

Eine andere Gelegenheit bietet sich von dem 80 Meter hohen *Minarett* der Grande Mosquée, vorausgesetzt Sie finden den Fahrstuhlwärter.

Außerhalb Dakars bieten sich die *Mamelles* an, die mit fast 100 Meter Höhe die größte Erhebung der Halbinsel sind (siehe Seite 169).

Museum afrikanischer Kunst

Das **Musée d'Art Africain de Dakar,** oder auch *IFAN-Museum* genannt, liegt an der Place Soweto, direkt neben dem hypermodernen Parlamentsgebäude, etwas versteckt in einer palmenbestandenen Gartenanlage. Die Kunstschätze des ethnologischen Museums afrikanischer Kunst – *Institut Fondamental d'Afrique Noire,* IFAN – sind in einem beeindruckenden Beispiel neosudanesischer Architektur untergebracht. Für den kulturgeschichtlich Interessierten ist der Besuch des Museums ein absolutes Muß. Es ist nicht nur das kulturelle Aushängeschild Dakars, sondern zählt zu den bedeutendsten Museen Westafrikas und gibt dem Betrachter Einblicke in die Vielfalt und Kunstfertigkeit westafrikanischer Kulturen. Die aus dem ganzen frankophonen Afrika zusammengetragene Sammlung umfaßt mehrere tausend Stück. Im Erdgeschoß finden sich erlesene Beispiele afrikanischer Holzschnitzkunst. Besonders beeindruckend sind die Masken der Senufo und Baule aus Côte d'Ivoire und Burkina Faso. Im Obergeschoß sind vor allem der Kopfschmuck der Dogon aus Mali sowie die von den Fulbe während der Beschneidungszeremonie der Jungen getragenen Trachten sehenswert. Daneben finden sich schöne alte Möbel, Waffen und kunstvoll gearbeiteter Nomadenschmuck.

Ein weiteres Gebäude bietet Raum für wechselnde Ausstellungen zeitgenösischer Kunst.

Nach ausführlichen Renovierungsarbeiten hält das Museum für afrikanische Kunst seine Türen seit April 1995 wieder für Besucher offen: Di – So 9 – 12.30 und 14 – 18.30 Uhr; Eintritt 200 CFA.

Märkte: Spiegel des Lebens

Afrikanische Märkte, Basare und Souks sind nicht nur ökonomische Lebensnotwendigkeit, sie sind zugleich auch Treffpunkt, Nachrichtenbörse und immer Mittelpunkt und Ausdruck des gesellschaftlichen Lebens. Dakar als Zentrum des Landes bietet davon mehr als genug. Die quirlige Lebendigkeit, bunte Farbenpracht, aufregende Gerüche und faszinierende Exotik sollte man sich keinesfalls entgehen lassen.

Marché Kermel

Fünf Minuten östlich von der Place de l'Indépendance gelegen, ist der Kermel-Markt bequem zu Fuß zu erreichen. Von dem spektakulärsten Bauwerk der Stadt, das maurische Architektur mit französischer Belle Epoque kombinierte, ist heute nichts mehr zu sehen. Die pyramidenförmige Markthalle mit ihren schön geschwungenen Rundbögen über den vier schmiedeeisernen Eingangstoren wurde im Herbst 1993 durch ein Feuer vollständig zerstört. Es heißt, ein Blitz sei in eine ungeschützte elektrische Anlage eingeschlagen. Über hundert Händler verloren ihre Verkaufsbestände.

Der Kermel-Markt wird zur Zeit im alten Stil wieder aufgebaut, denn der traditionsreiche Markt – einstmals als Vogel- und Blumenmarkt bekannt – hatte sich zu einem anziehungsstarken Touristenmarkt mit einem breiten Angebot an Korbwaren, Holzschnitzereien, buntbedruckten Baumwolltextilien, Schmuck und anderen Souvenirs entwickelt. All das wird nach wie vor an gleicher Stelle feilgeboten – zur Zeit unter freiem Himmel. Für die Bewohner des Viertels und viele der in Dakar lebenden Europäer ist der Markt noch immer ein wichtiger Platz, um Gemüse und Fisch einzukaufen. Es gibt eine verlockende Fülle an tropischen Früchten, aber auch Melonen und fast das ganze Jahr über frische Erdbeeren.

Marché Sandaga

Der Sandaga-Markt ist einer der zentralen und für die Einheimischen wichtigsten Märkte der Stadt. Ungleich größer als der Kermel-Markt, besitzt er noch mehr afrikanisches Flair. Die Markthalle ist von der Place de l'Indépendance über die av. George Pompidou zu erreichen. Sie ist in einer den typisch mittelalterlichen Sudanstil nachahmenden Architektur gehalten, die Dächer sind von Zinnen und kleinen Türmchen umsäumt. Vom oberen Rand der ausgebleichten ockergelben Fassade prangt der rote Halbmond. Die Markthalle dient überwiegend als Lebensmittelmarkt, den man bevorzugt vormittags besuchen sollte, wenn die Verkaufsstände überquellend mit frischen Gemüse und Fisch beladen sind. Das Gemüseangebot ist ausgesprochen vielfältig. Man sieht auch Sorten, die man ansonsten nur selten in der Stadt findet (z:B. Okraschoten). Besonders schön anzuschauen sind auch die Stände, an denen Reis, Cous Cous, Hirse und Bohnen angeboten werden, alles lose in Holzfächern präsentiert oder einfach in randvoll gefüllten Säcken belassen. Selbst Nudeln werden lose gehandelt. Dazwischen finden sich tausenderlei Küchengewürze, Konserven und eine große Fleischabteilung mit Hammel, Lamm und gerupftem Geflügel. In den schmalen Durchgängen herrscht immer großes Gedränge. Es empfiehlt sich, keine Wertsachen mit hineinzunehmen, obschon der Markt weitaus weniger als Touristenfalle bekannt ist als der Kermel-Markt.

In dem die Markthalle umschließenden Viertel kann man fast alles Erdenkliche kaufen, angefangen vom kostbar gebundenen Koran bis hin zu Plastikware aus Hongkong.

Marché de Tilène

Der in der Medina direkt an der av. Blaise Diagne ansässige Markt kann wohl als der ursprünglichste und afrikanischste unter den Märkten Dakars angesehen werden. All jene, denen der Sandaga-Markt noch nicht exotisch genug war, sind hier am richtigen Platz. Der Tilène-Markt ist auf einem überdachten, etwa fußballgroßen Feld untergebracht. Sofort wird man von den verschiedensten tropischen Düften und Gerüchen eingehüllt. Gewürznelken, verbrannte Erdnüsse, Kokosmilch und geräucherter Fisch

Ob der Kermel-Markt bald wieder sein altes Gesicht bekommt?

DAKAR

vereinigen sich zu einem einzigartigen »Bouquet«, nicht unbedingt immer wohlriechend. Der Blick schweift über zunächst undefinierbare Lebensmittel, die aber offensichtlich alle eßbar sind. Da gibt es blaßlilafarbene Kolanüsse, getrocknete Baobabfrüchte, Bisapblüten, Ingwer, Trockenfisch, ungeschälte Hirse, Maniokwurzeln, Chilis, Süßkartoffeln, dazwischen in Schubkarren angebotene Trinkkokosnüsse – Exotik so weit das Auge reicht. Tilène ist auch der richtige Ort, um diverse magische und kultische Zaubermittel in Augenschein zu nehmen. Zu kaufen gibt es Tierkrallen, Hörner, Pülverchen und andere als Gris-Gris verwendete Gegenstände. Sie werden als Amulett getragen, um damit Krankheiten und böse Geister abzuwehren. Unweit des Marktes sitzen mit allerlei Krallen und Tierpfoten behangene Wahrsagerinnen, die Orakel aus Kaurimuscheln lesen.

Auf der rechten Außenseite des Marktes reihen sich wie Perlen an einer Kette Tuchgeschäfte aneinander, die schöne gemusterte Baumwollstoffe anbieten. Nur wenige Fremde verirren sich zum Tilène-Markt. Man wird weitgehend in Ruhe gelassen und kann so Ruhe finden, um das bunte Treiben in sich aufzunehmen.

Village Artisanal Soumbédioune

Ein völlig anders strukturierter Markt ist der Kunsthandwerkermarkt in Soumbédioune, der am besten mit dem Taxi oder Bus Nr. 10 vom bd. de la République aus zu erreichen ist. Es handelt sich um einen bereits 1961 eingerichteten Souvenirmarkt. Man

machte sich die Mühe, ein komplettes afrikanisches Rundhüttendorf aufzubauen, um dem fremden Gast die Mitbringsel in möglichst angemessenem Ambiente zu offerieren. Die Hüttendächer sind – ganz zeitgemäß – mit Wellblech gedeckt. Auf dem Markt stellen knapp 500 Handwerker auf etwa 70 Ständen ihre Erzeugnisse aus. Fast alles, was das Land an Souvenirs zu bieten hat, ist hier zu begutachten. Besonders zahlreich sind *Bijouteries,* Schmuckgeschäfte, in denen zwischen ziselierten Silberarbeiten, goldenen Ringen und Kettchen noch allzuviel Elfenbeinschmuck liegt. Und es sieht nicht so aus, als ob es sich dabei um Ladenhüter handelte, anscheinend sind die Nachschubwege noch »gesichert«. Der nächste Verstoß gegen das *Artenschutzgesetz* wird an den Lederwarenständen sichtbar – die Gürtel und Brieftaschen aus tatsächlich echtem Krokoleder sollte man tunlichst unbeachtet lassen! Das Angebot wird vervollständigt durch buntbedruckte Baumwolltextilien, Holzschnitzereien, Korbwaren, Batiken mit afrikanischen Dorfmotiven, aus Stein und Metall geformte weibliche Skulpturen mit ausladend großen Brüsten – bis hin zu aus grünem Malachit geschnittenen Miniatur-Pyramiden, die den Eindruck erwecken, man sei in Ägypten. Neben viel Kitsch und Ramsch kann man mit etwas Glück das eine oder andere schöne Stück erstehen. Doch auch hier gilt es, zu feilschen, da es sich auch bei ausgepreister Ware keineswegs um Festpreise handelt. Lohnenswert ist es, den Handwerkern bei der Arbeit zuzusehen, wie beispielsweise aus einem rohen Holzstumpf sich allmählich eine Maske oder das Antlitz einer Antilope herausschält.

Der Fischmarkt der Lebou

Wenn einem der ganze Rummel zuviel wird, geht man einfach aus dem »Village« hinaus zu der nur wenige Schritte entfernt gelegenen kleinen Bucht, in der direkt am Strand von den *Lebou* ein lebhafter Fischmarkt abgehalten wird. Umsäumt von bunt bemalten Pirogen, herrscht hier besonders ab 18 Uhr großes Gedränge. Mit dem Fotografieren sollten Sie sich zurückhalten. Die Frauen, die den frischen Fang mit großen Messern bearbeiten und verkaufsfertig machen, schätzen es ganz und gar nicht, als beliebtes Motiv von Toubabs abgelichtet zu werden.

Dem Fischmarkt schließt sich an der weiter nach Norden verlaufenden Küstenstraße eine kleine, wohlgepflegte und ruhige **Parkanlage** an, von der aus man einen tollen Panoramablick auf die der Bucht vorgelagerten Madeleine-Inseln und hinunter auf die Skyline Dakars genießen kann.

Botanisch-zoologischer Garten Hann

Parc de Hann liegt am nördlichen Stadtrand Dakars. Man erreicht es mit dem Taxi über die Autobahn oder mit dem Bus Nr. 6 via Bel-Air. Der schon 1903 angelegte *Parc Forestièr* umfaßt eine Fläche von etwa 53 Hektar. Hier können während eines ruhigen Spaziergangs zahlreiche in Westafrika heimische Baum- und Pflanzenarten

begutachtet werden. Auch Vogelfreunde kommen hier auf ihre Kosten. Dem Park wurde die letzten Jahre der *Jardin Zoologique* angegliedert. Zu sehen sind die wichtigsten Tiere der afrikanischen Savanne, angefangen von Wüstenfuchs, Gazellen, Antilopen und Affen bis zu den in Senegal schon fast ausgestorbenen Löwen und Leoparden. Als einzig frei umherfliegende Vögel sind die auf Bäumen herumlungernden mächtigen Geier zu sehen. Wie auch andernorts zu beobachten, bieten Zoos immer nur einen schalen Abklatsch zur in der freien Wildbahn lebenden Tierwelt. Vielleicht sollten Sie anstelle des Zoos lieber den Djoudj- oder Niokolo Koba-Nationalpark besuchen. Der kleine Tierpark ist Di – So 10 – 12 und 15 – 18.30 Uhr geöffnet. Eintritt: 300 CFA, Jugendliche 200 CFA und Kinder bis 7 Jahre 75 CFA.

Entlang der Küstenstraßen

Der südliche Teil der Halbinsel wird zu beiden Seiten von malerischen Küstenstraßen eingerahmt. Die **Route de Corniche Est** beginnt am *Cap Manuel*, der südlichsten Landspitze, von der aus man eine herrliche Sicht auf Gorée und die Madeleine-Inseln, aber auch zurück auf die Skyline Dakars hat. Teils aus dem Fels gesprengt, windet sich die Corniche Est über mehr als 4 km in der steil abfallenden Ostseite des Plateau-Viertels entlang, um schließlich ganz unspektakulär am Hafen auszulaufen. Mit den üppig bewachsenen Abhängen und kleinen Badebuchten wird sie nicht zu Unrecht als eine der malerischsten Pan-

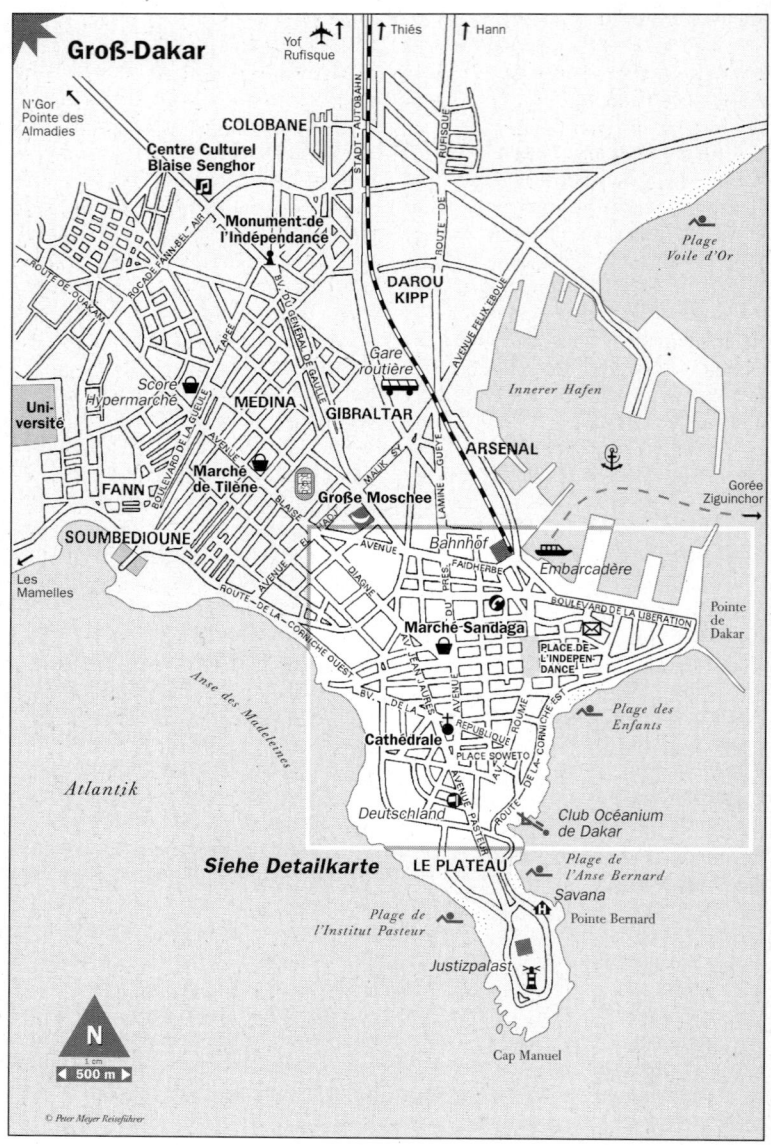

Groß-Dakar

Yof
Rufisque

↑ Thiés   ↑ Hann

N'Gor
Pointe des
Almadies

COLOBANE

Centre Culturel
Blaise Senghor

Monument de
l'Indépendance

DAROU
KIPP

Plage
Voile d'Or

Gare
routière

Innerer Hafen

Score
Hypermarché

Uni-
versité

MEDINA

GIBRALTAR

ARSENAL

Gorée
Ziguinchor

FANN

Marché
de Tilène

Grosse Moschee

Bahnhof

Embarcadère

Pointe
de Dakar

SOUMBEDIOUNE

Les
Mamelles

Marché Sandaga

BOULEVARD DE LA LIBÉRATION

PLACE DE
L'INDEPEN-
DANCE

Anse des Madeleines

Plage des
Enfants

Atlantik

Cathédrale

PLACE SOWETO

Deutschland

Club Océanium
de Dakar

Siehe Detailkarte

LE PLATEAU

Plage de
l'Anse Bernard

Savana

Pointe Bernard

Plage de
l'Institut Pasteur

Justizpalast

N
1 cm
◀ 500 m ▶

Cap Manuel

© Peter Meyer Reiseführer

oramastraßen des Cap Vert bezeichnet. Es überrascht von daher nicht, daß sich an deren Peripherie zahlreiche private Clubs und große Luxushotels wie das *Lagon II* und das *Hôtel Savanna* samt einem Schwimmbecken mit olympischen Maßen breitgemacht haben.

An der Westküste verläuft die **Corniche Ouest** vom Rond point Madeleine circa 8 km nordwestlich bis fast hinauf zur *Pointe des Almadies,* dem vorgeschobenen Westzipfel Afrikas. Zu Fuß sicherlich etwas anstrengend, man kann aber vom bd. de la République aus mit dem Bus Nr. 10 die ganze Küstenstraße abfahren und je nach Gefallen aus- und wieder zusteigen.

Vorbei am *Village Artisanal Soumbédioune* (siehe »Märkte«) führt die Corniche Ouest entlang der teils zerklüfteten Steilküste durch den exklusiven Vorort *Fann.* Ein lohnender Abstecher führt zu der 1957 gegründeten **Universität**, deren Institute in einem weitläufigen, etwa 75 Hektar großen Park verteilt sind. Als ein herausragendes Beispiel gelungener moderner Architektur ist besonders das Bibliotheksgebäude zu bewundern, das von einer Allee mit Kokospalmen und Affenbrotbäumen umsäumt ist.

Das studentische Milieu wirkt sich bis auf die Corniche aus. Wenn die Tageshitze sich allmählich verliert, verwandelt sich die Küstenstraße zu einem wahren Fitneß-Center. Die studentische Elite aus dem Universitätsviertel, ausgerüstet mit kompletter Joggingmontur, nutzt die Straße bis hinunter nach Soumbédioune als Terrain für diesen unter tropischer Sonne besonders schweißtreibenden Sport.

Von Fann bereits weithin sichtbar sind die weiter nördlich gelegenen Zwillingshügel der **Mamelles**, zwei etwa 100 Meter hohe abgeflachte Vulkanschlote, die ihren Namen auf Grund ihrer weiblichen Formen erhielten. Nur spärlich bewachsen fallen die beiden »Brüste« steil zur Küste ab. Wahllos herumliegende, wie Kugeln geformte Gesteinsbrocken zeugen von der schon Jahrmillionen zurückliegenden aktiven Phase der Vulkane. Der nördlich gelegene Schlot beherbergt einen *Leuchtturm.*

Weitere 3 km nördlich endet die Uferstraße schließlich an der **Pointe des Almadies**, einer einstmals sicherlich idyllisch felsigen Landzunge, die heute größtenteils von der 300 Betten großen Luxusanlage des *Club Med* vereinnahmt ist.

Strände

Obschon das gemäßigte Klima Dakars selten solche Schweißausbrüche hervorruft, wie dies weiter im Innern des Landes – etwa in Kaolack oder Ziguinchor – der Fall ist, reichen die Temperaturen allemal aus, um den Wunsch nach einer erfrischenden Abkühlung aufkommen zu lassen. Besonders die Mittagsstunden sind für Sightseeing oder Stadtbummel oftmals entschieden zu heiß. Traumstrände wird man in der Millionenstadt zwar vergeblich suchen, doch einige passable Stellen erfüllen durchaus ihren Zweck. Dakars beste Strände sind **Monaco Plage** und **Plage Voile d'Or**. Beide liegen an der geschützten

Pointe de Bel-Air an der Ostseite der City. Zu erreichen sind sie mit dem Taxi oder dem Bus Nr. 6. Zwar geben die nahegelegenen Industrieansiedlungen und der französische Militärstützpunkt vielleicht nicht das beste Ambiente ab – die Strände selbst sind jedoch recht ansprechend, lediglich die Wasserqualität läßt mitunter zu wünschen übrig. Ein paar Palmen und Sonnenschirme spenden den notwendigen Schatten. Die Strandbäder sind bewacht und kosten 500 CFA Eintritt. An den Wochenenden, wenn die Hauptstädter mit Kind und Kegel Entspannung suchen, kann es ziemlich voll werden. An der Plage Voile d'Or werden *Tretboote* für 1500 CFA (plus 1000 CFA Kaution) pro halbe Stunde vermietet. Für 10.000 CFA (inklusive Frühstück) kann man sich in eine der *Strandhütten* einmieten und in angenehmer Atmosphäre im dazugehörigen *Restaurant* speisen.

Weitere akzeptable Strände liegen an den südlichen Flanken der Halbinsel. Auf der Ostseite, etwa in Höhe des Palais de Justice, liegt an der Corniche Est die **Plage de l'Anse Bernhard** und auf der etwas stürmischeren, dem offenen Meer zugewandten Seite der Halbinsel, etwa auf gleicher Höhe, die **Plage de l'Institut Pasteur.**

Verbindungen

Die Ankunft in einem ausufernden Moloch wie Dakar braucht nicht unbedingt gleich ein Gefühl der Hilflosigkeit und Verlorenheit aufkommen zu lassen. Ganz wichtig für einen guten Einstieg ist zielgerichtetes Handeln, das heißt, nach einem ersten kurzen Blick der Orientierung, sich ohne große Umschweife auf Weitertransport und Unterkunft zu konzentrieren. Ein Hotelzimmer hat man idealerweise schon im Voraus gebucht oder zumindest schon eine Adresse parat, so daß man nicht erst lange zu beraten oder im Reiseführer zu blättern braucht.

Ankunft per Flugzeug

Direkt aus Europa kommend, ist der *Aéroport de Dakar-Yof,* 12 km nördlich der City, die erste Anlaufstelle. Die Zollformalitäten werden in der Regel schnell und reibungslos abgewickelt. Behalten Sie Ihr Gepäck im Auge, und lassen Sie es sich nicht gleich vom nächstbesten Gepäckträger aus den Händen zerren. In der Empfangshalle gibt es eine *Post*, ein *Sonatel*-Büro zum Telephonieren und eine *Wechselstube*, die nach der Theorie 24 Stunden lang geöffnet hat, faktisch aber nach Ankunft des letzten Fluges schließt.

Bus in die City: Sollten Sie tagsüber ankommen, so stehen rechts vom Ausgang des Flughafengebäudes Stadtbusse der Nr. 7 und Nr. 8 bereit, mit denen Sie direkt zum *Palais de Justice* fahren können. Bus Nr. 7 hält an der *Place de l'Indépendance.* Fahrzeit je nach Verkehrslage ungefähr 60 Minuten; Fahrpreis 160 CFA.

Taxi: Natürlich können Sie auch ein Taxi nehmen. Da die meisten Flüge aus Europa nachts, oftmals nach Mitternacht in Yof ankommen, bleibt in der Regel gar nichts anderes übrig. Die Preise sind festgelegt und bereits auf dem Bildschirm über dem Gepäckförderband ersichtlich: zwischen 6 und 24 Uhr 3000 CFA, von Mitternacht bis 6 Uhr 3960 CFA.

Inlandsflüge: *Air Sénégal* unterhält Verbindungen in einige größere Städte wie Cap Skirring, Ziguinchor, Tambacounda.

Ausreise per Flugzeug

Dakar-Yof ist einer der größten Flughäfen Westafrikas mit regelmäßigen Linienverbindungen nach Gambia und anderen Nachbarländern. Direkte Verbindungen bestehen auch in die nordafrikanischen Metropolen Casablanca, Tunis und Algier. Den Rückflug sollte man zwei Tage vorher rückbestätigen lassen.

Fluggesellschaften: *Aeroflot*, ℂ 224815, 3 bd. de la République
Air Afrique, ℂ 394200, Place de l'Indépendance
Air Bissau, ℂ 234970, 45 av. A. Sarraut
Air France, ℂ 232941, 47 av. A. Sarraut
Air Guinée, ℂ 214442, 71 av. Peytavin
Air Mauritanie, ℂ 228188, 2 Place de l'Indépendance
Air Sénégal, ℂ 234970, 45 A. Sarraut
Alitalia, ℂ 233874 und 233129, 5 av. George Pompidou
Gambia Airways, ℂ 221947, 2 Place de l'Indépendance
Ghana Airways, ℂ 222820, rue Ramez Bourgi
Iberia, ℂ 233477, 2 Place de l'Indépendance
Lufthansa, ℂ 210010 und 200475, Boîte Postale 8102, Flughafen Yof
Royal Air Maroc, ℂ 223267, 1 Place de l'Indépendance
Sabena, ℂ 234971, 2 Place de l'Indépendance

Flugpreise ab Dakar

einfacher Flug

nach	Circa-Angaben ohne Steuer
Bamako/Mali	260 DM
Banjul/Gambia	106 DM
Bissau/Guinea-Bissau	199 DM
Cap Skirring, Casamance	110 DM
Conakry/Guinea	180 DM
Kédougou	116 DM
Kolda	82 DM
Praia, Kap Verde	298 DM
Tambacounda	96 DM
Ziguinchor	88 DM

Swissair, ℂ 234848, rue Parchappe (Immeuble Fayçal)
TACV (Kapverden), ℂ 213968, 105 rue Moussé Diop

Weiterreise nach Gambia

Wer nach Gambia weiter möchte, nimmt von der Gare routière zunächst ein Buschtaxi bis zum Grenzort *Karang* (3500 CFA) südlich von Toubacouta. Nach dem Grenzposten geht es mit einem gambischen Fahrzeug nach *Barra* weiter (Bus 3 D, Taxi circa 50 D), von dort setzt im Stundentakt eine Fähre (3 D) nach Banjul über. Für die ganze Reise muß ein Tag eingeplant werden. Die schnellere, aber viel teurere Alternative ist das Flugzeug (circa 100 DM, Dakar – Banjul täglich mindestens einmal).

Zugverbindungen

Mit der Bahn ankommend, finden Sie sich in dem architektonisch wundervollen Art-Deco-Bahnhof wieder. Er befindet sich am Hafen, nur wenige Minuten von den nächsten City-Hotels entfernt.

DAKAR

Bahnpreise ab Dakar (einfache Fahrt in CFA)		
nach	**1. Kl.**	**2. Kl.**
Tambacounda	12.285	9575
Kidira	16.175	12.425
Kayes (Mali)	16.110	11.815
Bamako (Mali)	26.910	19.735
Thiès		6160
Diourbel		6160
Louga	2350	1550
Kaolack	2350	1550
St.-Louis	3250	2250

Schlafwagenplätze sind nur für Reisende der 1. Klasse erhältlich, Zuschlag nach Tambacounda und Kidira 12.255 CFA, nach Kayes 14.375 CFA und nach Bamako 18.930 CFA.

Nach *Bamako* (Mali) über *Tambacounda* Mi und Sa um 10 Uhr. Ankunft in Bamako Do/So 15.22 Uhr.

Der Zug der Linie Dakar–*Saint-Louis* fährt täglich um 15 Uhr ab und kommt in Saint-Louis um 20 Uhr an.

Nach *Kaolack* täglich ab Dakar 16.55, an in Kaolack um 21.35 Uhr.

Mit zum Teil erheblichen Verzögerungen muß gerechnet werden. **Reservierungen** über *Direction commerciale,* © 233140, 11 rue Parchappe, und direkt am Bahnhof.

Buschtaxi

Die *Gare routière* der Buschtaxis befindet sich an der Peripherie der Innenstadt am Ende der großen Einfallstraße. Der Taxibahnhof liegt in der Nähe der Feuerwehr und wird daher oftmals »pompiers« genannt. Die Gare routière von Dakar hat riesige Ausmaße und kann äußerst hektisch sein. Ein Platz, den man schnellstens

hinter sich bringen sollte, indem man ein schwarz-oranges Stadttaxi zu den Hotels in der 1 bis 2 km entfernten City nimmt. (circa 500 CFA).

Per Buschtaxi sind von Dakar alle größeren Orte des Landes erreichbar.

Fährverbindung

Seit Ende 1990 gibt es zwischen Dakar und Ziguinchor/Casamance wieder eine regelmäßige Schiffsverbindung. Das neue in Deutschland gebaute Schiff *Joola* geht ab Dakar jeden Di und Fr um 20 Uhr; ab Ziguinchor jeden Do und So um 13 Uhr. Die Fahrzeit beträgt ungefähr 18 Stunden.

Offizielle Buschtaxi-Tarife ab Dakar (in CFA)			
	Peugeot	**Minibus**	**Car**
nach	*8 Pl.*	*14 Pl.*	*25 Pl.*
Bakel	10031	8550	7120
Dagana	4820	3705	3400
Diourbel	1605	1230	1050
Fatick	1605	1230	1050
Kaolack	2060	1545	1250
Kayar	685	570	495
Kedougou	10130	8210	7120
Kolda	6080	4730	4035
Linguère	3675	2875	2485
Louga	2175	1650	1495
Matam	8570	6570	5785
M'bour	925	765	650
M'backé	2125	1585	1280
Podor	5730	4725	4185
Richard Toll	4590	3595	3190
Rosso	4585	3595	3190
Rufisque	200	170	160
Saint-Louis	2875	2270	1995
Tambacounda	6330	5120	4390
Thiès	865	680	600
Tivavouane	1130	895	780
Touba	2170	1615	1370
Ziguinchor	5390	4320	3795

Anlegestelle für das Linienschiff ist der *Embarcadère de Gorée* nahe dem Bahnhof. Auf der Insel Karabane kann zu- und ausgestiegen werden.

Tarife einfach

- *Classe économique* (mit Holzbänken) 4000 CFA
- *Classe confort* mit »Pullman«-Polster-Sesseln 7500 CFA
- *Einzelkabine* 22.000 CFA pro Bett
- *Doppelkabine* 18.000 CFA pro Bett
- *4-Bett-Kabine* 15.000 CFA pro Bett
- *PKW* 18.000 CFA

Weitere **Auskünfte** am Embarcadère de Gorée, rechts am kleinen Büro der *Sentram*. **Tickets** gibt es im Sentram-Büro, 1 rue Malenfant, an der Ecke zur rue Galandou Diouf, ✆ 215766 (gegenüber Hôtel de Ville).

Stadtverkehr

Bus: Dakar verfügt mit den Bussen der SOTRAC, *Societé des Transports en Commune du Cap Vert,* über ein gut ausgebautes Nahverkehrsnetz. Einziges Problem: die Busse sind meist hoffnungslos überfüllt. Mit einem Sitzplatz ist selten zu rechnen. In der Mittagshitze zusammen mit 100 Leuten auf engster Tuchfühlung zu stehen, womöglich noch im Stau, verlangt eine gewisse Standfestigkeit. Für 140 CFA kommt man dafür billig durch das ganze Stadtgebiet, für 170 CFA in die Außenbezirke oder zum Beispiel nach N'gor. Einige Linien:

- zur *Gare routière* Bus Nr. 5 ab Sandaga oder Nr. 15 ab Place de l'Indépendance
- nach *N'gor* Bus Nr. 7 ab av. Lamin Gueye
- nach *Yof* Bus Nr. 7 und 8 ab av. Lamin Gueye
- nach *Rufisque* Bus Nr. 15
- an die Strände bei *Bel Air* Bus 6

Ein Streckenplan ist vom Büro der SOTRAC, *Direction Commerciale,* Route de Ouakam (Bus 7), erhältlich. Bushaltestellen sind an den Schildern »Arret Sotrac« erkennbar, unter denen in der Regel eine wartende Menschentraube steht.

Car: Neben den SOTRAC-Bussen gibt es die privaten *Car rapides*, große orange- und blaufarbene französische Kastenbusse (zum Beispiel Touba und diverse Cheikhs). Die Zielorte werden während des Fahrens permanent von dem auf dem hinteren Trittbrett stehenden »Schaffner« – sie werden *apprenti*, also »Lehrling« genannt – lautstark ausgerufen. Unerheblich teurer und nicht unbedingt schneller, aber man bekommt dafür immer einen Sitzplatz.

Taxi: Dakar wimmelt von schwarz-orange-gestreiften Taxis, die oftmals durch Hupen darauf aufmerksam machen, daß sie frei sind. In Dakar Taxi zu fahren, ist völlig streßfrei, da beinahe jeder Wagen mit einem Taxameter ausgerüstet ist und damit langwierige Preisverhandlungen entfallen.

Der *Grundtarif* beträgt 100 CFA. Achten Sie darauf, daß der Taxameter richtig eingestellt ist: Tagsüber gilt Tarif »A« oder »1« und nachts (24 bis 5 Uhr) der doppelt teure Tarif »B« beziehungsweise »2«. Wer Dakar per Taxi erkunden möchte, kann sich für 18.000 – 20.000 CFA einen Tag lang kreuz und quer durch die Stadt fahren lassen.

DAKAR

Unterkunft

Dakar verfügt über eine stattliche Anzahl guter bis sehr guter Hotels, für die allerdings auch entsprechend tief in die Tasche gegriffen werden muß. Woran es der Hauptstadt mangelt, sind einfache und halbwegs preisgünstige Unterkünfte, ohne gleich in einem Stundenhotel nächtigen zu müssen. Viele der Hotels sind in der Hauptsaison ausgebucht. An Ostern, Weihnachten und während der Rallye Paris/Granada – Dakar im Januar empfiehlt es sich unbedingt zu reservieren. Nichts ist schlimmer, als um Mitternacht in Dakar ein Hotelzimmer zu suchen.

Luxus-Hotels

★★★★ *Teranga Sofitel,* ✆ 231044, Fax 217001, Place de l'Indépendance. 264 klimatisierte Zimmer mit TV, Video, Telephon; Pool, Restaurants, Discothek, Massagesalon, Sauna, Tennis. Top Hotel in Top-Lage mit Top-Preisen.

★★★★ *Novotel,* ✆ 238929, Fax 231090, rue Fadiga. DZ 39.500 CFA; 286 klimatisierte Zimmer; Restaurant, Swimmingpool, Tennis. Französisches Spitzenhotel mit überwiegend französischen Gästen und einem schönen Ausblick auf Gorée.

★★★★ *Indépendance,* ✆ 231019, Pl. de l'Indépendance. DZ 38.800 CFA; 127 klimatisierte Zimmer; Panorama-Restaurant in der 16. Etage, Swimmingpool in der 17. Etage; Discothek.

★★★★ *Al Afifa,* ✆ 238737, Fax 238839, 46 rue Jules Ferry. EZ 27.000 CFA, DZ 30.000 CFA; 55 klimatisierte Zimmer; Restaurant, Discothek, Bar; moderner gepflegter Neubau mit Swimmingpool.

★★★★ *La Croix du Sud,* ✆ 232947, Fax 232655, 20 av. Albert Sarraut; 61 komfortable Zimmer; gutes Restaurant; DZ 29.000 CFA.

Mittelklasse-Hotels

★★★★ *Nina,* ✆ 212230, 43 rue du Docteur Théze. EZ 16.000 CFA, DZ 20.600 CFA, 40 klimatisierte Zimmer. Funktionaler Neubau in belebter Seitenstraße zur Place de l'Indépendance.

★★★★ *Le Pacha,* ✆ 231018, 40 av. Lamine Gueye; DZ 16.300; 35 klimatisierte Zimmer; zur Straßenseite entschieden zu laut.

★★★ *Le Miramar,* ✆ 235598, 25 – 27 rue Félix Faure; EZ 17.000 CFA, DZ 20.500 CFA, Triple 28.000 CFA (Preise inklusive Frühstück); 53 klimatisierte Zimmer mit TV und Video; futuristisch gewürfelte Bar, Frühstücksterrasse im Innenhof; für den Preis absolut korrekt.

★★★ *Farid,* ✆ 216127, 51 rue Vincens. EZ 15.900 CFA, DZ 18.800; 17 klimatisierte Zimmer; gutes libanesisches Restaurant.

★★★ *Le Plateau,* ✆ 231526, 62 rue Jules Ferry, direkt an Bd. de la République; DZ etwa 18.000 CFA; 45 klimatisierte Zimmer; funktionaler Zweckbau aus den 60er Jahren.

★★★ *Le Ganalé,* ✆ 215570, Fax 223430, rue Amadou Assane Ndoye; 44 klimatisierte Zimmer mit Dusche; DZ 17.500 CFA.

★★★ *Saint-Louis Sun,* ✆ 222570, 68 rue Félix Faure; 10 klimatisierte Zimmer mit Dusche in familiärer Atmosphäre; Restaurant; schöner Innenhof; DZ 14.000, EZ 11.500.

Einfache Hotels

★★ *Océanic,* 9 rue de Thann, ℭ 222044, Fax 215228; DZ 14.900 CFA, EZ 11.500 CFA.

★★ *Continental,* ℭ 220371, 10 rue Galandou Diouf/du Docteur Théze; DZ mit Ventilator 11.000 CFA. Dreigeschossiger Kolonialbau nähe Bahnhof und Hafen.

★ *Hôtel du Marché,* ℭ 215771, 3 rue Parent, nahe Kermelmarkt; DZ ab 7300 CFA; 19 Zimmer, diejenigen zur Straße sind zu laut; Stundenhotel, doch halbwegs sauber und korrekt.

★ *Provençal,* ℭ 221069, 17 rue Malenfant, B.P. 1375, an der Place de l'Indépendance; DZ 10.000 CFA, für 1 Person 8000 CFA; 18 Zimmer mit und ohne Klimaanlage; Stundenhotel.

☆ *Auberge Rouge,* 116 rue Moussé Diop/Jules Ferry, 9 Zimmer mit Dusche; beliebtes Hotel der unteren Preisklasse, Reservierung empfohlen.

Außerhalb von Dakar

Wem es in der Stadt zu laut oder zu teuer ist, dem bieten sich außerhalb diverse Übernachtungsmöglichkeiten an; siehe unter Gorée und N'gor.

◈ *Campement de Malika,* am Meer, etwa 26 km von Dakar. Mit Bus Nr. 21 Richtung Keur Massar ab Haltestelle rue Lamine Gueye. Fahrtdauer eine Stunde, vom Busstop nochmals fast eine halbe Stunde zu Fuß. Ähnlich den Campements in der Casamance, besitzt jedoch nicht die Atmosphäre wie dort. Einfachst ausgestattete Strandhütten für 3750 CFA.

Restaurants & Ausgehen

Neben den großen Hotels, die in ihren Restaurants gute internationale Küche zu gehobenen Preisen offerieren, bietet Dakar eine Fülle von einfachen bis exklusiven Restaurants. Ob afrikanisch, arabisch, französisch oder chinesisch – für jeden Geschmack ist mit Sicherheit etwas dabei. Daneben gibt es in den Marktstraßen zahlreiche Fast-Food-Outlets wie beispielsweise libanesische Chawarma-Shops, außerdem kleine Garküchen und Tanganas. Entscheidet man sich für das äußerst preiswerte Essen von der Straße, so gilt es oft, eine hygienische Hemmschwelle zu überwinden, sprich, es ist nicht immer sauber und nur bedingt empfehlenswert. Meiden sollte man die klimatisierten und überteuerten Brasserien in der av. George Pompidou. Die meisten Lokale öffnen erst gegen 18 Uhr.

Senegalesische Küche

Chez Loutcha, ℭ 210302, 99 rue Moussé Diop. Preiswerte europäisch-afrikanische Küche mit freundlichem Management. Spezialität sind riesige Fischgerichte und Palmwein (1400 – 2000 CFA). Das Lokal wird auch von Einheimischen viel besucht.

La Rizière, rue Félix Faure, gegenüber dem Hôtel Miramar, gute senegalesische und französische Küche; täglich geöffnet.

Keur Ndeye, ℭ 214973, 19 rue Sandiniéri/Vincens. Senegalesische Küche um 3000 CFA.

Le Cauri, ℭ 225559, 51 rue A.K. Bourgi; ausgezeichnete senegalesisch-afrikanische Küche.

DAKAR

Restaurant ? (Restaurant l'Intéro-gatif), rue A.A. Ndoye/Joseph Gomin; äußerst billige und für den Preis ansprechende senegalesische Küche, 400 – 1500 CFA.

Libanesische Küche

Farid, ✆ 216127, 51 rue Vincens, im gleichnamigen 3-Sterne-Hotel; leckeres Cous Cous marocain (eine Portion reicht satt für zwei).

Le Capitol Sarl »Cave du Roy«, ✆ 223176, 50 av. George Pompidou; gepflegte libanesische Küche zu gehobenen Preisen.

Alibaba, ✆ 225297, 23 av. George Pompidou; einfacher Chawarma-Laden, hier trifft sich, wer nach Mitternacht noch Hunger hat, geöffnet 7 – 2 Uhr morgens!

Französische Küche

La Croix du Sud, ✆ 231273, 20 av. Albert Sarraut, im gleichnamigen 4-Sterne-Hotel; exzellente französische Küche zu gehobenen Preisen. Sonntags geschlossen.

L'Oasis, 8 rue des Essarts, nähe Kermelmarkt; annehmbare Preise; schöner Innenhof.

Restaurant Le Sarraut, ✆ 225523, 8 av. Albert Sarraut; erholsames Terrassen-Lokal nach einem Rundgang über den Place de l'Indépendance; eher für einen kalten Drink gut, aber auch wechselndes Tagesgericht für 3500 CFA; auch tagsüber geöffnet.

Le Rond-Point, ✆ 221029, Place de l'Indépendance/av. Albert Sarraut; auch zum Frühstücken, aber hoffnungslos überteuert.

Le Café de Paris, ✆ 215620, 28 av. George Pompidou; teure Snacks.

Le Ponty, direkt gegenüber; Snacks und Tagesmenü.

Le Lagon II, ✆ 236253, route de la Petite Corniche; exzellentes Fischlokal mit gehobenen Preisen und schönem Blick auf die Insel Gorée.

Asiatische Küche

Le Hanoi, ✆ 213269, 108 rue Joseph Gomis; vietnamesisch; Preise um 3000 CFA.

Le Dragon d'Or, ✆ 211159, 35 rue Jules Ferry; vietnamesische Küche.

Le Viet Nam, ✆ 215865, 9 rue Dagorne, nähe Kermelmarkt; nicht ausgesprochen vietnamesisch, auch Grillspezialitäten; zwischen 2000 und 3000 CFA.

Angkor, 12 rue Dagorne, gegenüber Le Viet Nam; ✆ 221260. Chinesische Küche in gepflegtem Ambiente.

Italienische Küche

Pizzeria Trastevere, ✆ 214920, 26 rue Mohammed V/Félix Faure; Pizza, Pasta, Fleisch- und Fischgerichte; nicht ganz billig, 3000 – 5000 CFA.

La Pizzalina, ✆ 229838, 54 rue A. K. Bourgi.

Theater

Dakars erste Adresse für Kultur ist das *Théâtre Daniel Sorano*, ✆ 214327, 45 – 47 bd. de la République. 1965 vom damaligen Präsidenten L.S. Senghor eingeweiht, ist es in den letzten Jahrzehnten zu einem der wichtigsten westafrikanischen Kulturforen avanciert. Der moderne Saal mit 1000 Plätzen ist Podium für das Senegalesische

Nationalballett, Theateraufführungen, Folkloregruppen, Jazzkonzerte und Gigs von Popstars wie Youssou N'dour und Baaba Maal.

Tip: Das aktuelle Monatsprogramm hängt an der Kasse im Foyer, links vom Eingang. Wenn Sie über Dakar einfliegen, sollte einer der ersten Wege zur Programmübersicht sein, um eventuell in Frage kommende Vorstellungen in die Reise einzubauen bzw. sich gleich die Karten zu reservieren.

Kinos

Nennenswerte Kinos sind *Le Paris* an der place de l'Indépendance (nahe Hotel Teranga) und *Le Plaza* in der av. George Pompidou. Gezeigt werden meist amerikanische Action-Filme, entweder in Originalversion mit französischen Untertiteln oder in französischer Synchronisation. Kleinere Vorstadtkinos zeigen zumeist Kung-Fu-Filme und indische Liebesdramen. Das *British-Senegalese Institute* zeigt gelegentlich Filme in englischer Sprache.

Dakar Nightlife

Was eine richtige, kosmopolitische Metropole sein will, hat auch ihre Theater, Clubs und Musikpaläste. Dakar mangelt es daran nicht. Das Publikum setzt sich vornehmlich aus der am westlichen Lifestyle orientierten, jungen wohlhabenden Elite zusammen, durchsetzt mit einigen in Dakar lebenden Europäern. Wer sonst könnte die teils horrenden Eintrittsgelder bezahlen? Musikläden laufen erst so richtig gegen Mitternacht an. Wenn Sie sich eine Nacht um die Ohren schlagen wollen, nehmen Sie Ihren Personalausweis und an die 10.000 – 15.000 CFA mit, alles andere lassen Sie am besten im Hotelsafe und fahren mit dem Taxi.

Discotheken

Métropolis, © 210472, bd. de la République; Discomusik für jüngeres Publikum.

Ngalam, av. de l'Est/Point E, © 230227; Eintritt Mo – Do 3500 CFA, am Wochenende 4500 CFA, dazu teure Drinks. Das Publikum ist stark europäisch orientiert.

Musikläden mit Life-Gigs

Le Sahel, © 212118, in der Medina, bd. de la Gueule Tapée, neben dem Hypersahm-Supermarkt, Eintritt 4000 CFA; die Disco wird auch für Modeshows genutzt. Der Dienstagabend steht immer unter dem Motto »Soirée sénégalaise«, die Gäste tragen traditionelle Kleidung und bewegen sich zu afrikanischer Musik. Eine der quirligsten Discos der Stadt.

Kilimandjaro, © 216255, Corniche Ouest, nahe Village Artisanal, Soumbédioune; einer der besten Clubs Dakars mit gelegentlichen Auftritten senegalesischer Popstars wie Youssou N'dour und Ismael Lô. Eintritt Sa und So 3000 CFA, Drinks ebensoviel.

L.T. Horoscope, av. Bourguiba; multifunktionaler Laden, in dem jede Nacht die starke Hausband spielt, ab Mitternacht bis in den Morgen hinein.

Thiossane, © 243510, rue E.H.D. Coulibaly, nahe Große Moschee; Eintritt 3500 CFA; Gigs namhafter

Bands, das Programm ist außen ange-schlagen. Der Laden gehört Youssou N'dour, folglich ist er hier – wenn nicht gerade Ramadan ist – öfters mal live zu sehen und hören.

Relais, av. Cheikh Anta Diop, nahe Universität; Open-air-Disco mit ge-legntlichen Live-Acts; Eintritt 1500 CFA.

Aldo Club, im Hôtel Indépendance an der place de l'Indépendance; gut und von vor allem jungen Leuten und Europäern besuchter Laden, Eintritt 2000 CFA.

Nützliche Adressen

Information: Das monatlich erschei-nende, kostenlose Infoheft *Le Daka-rois* nennt nützliche Adressen, kultu-relle Veranstaltungshinweise, Flugplä-ne etc. und liegt in Reisebüros und manchen großen Hotels aus.

Geldwechsel: *American Express* Ver-tretung, Sénégal Tours, ℡ 214040, 5 Place de l'Indépendance; jedoch kein Wechsel von Reiseschecks.

Banken: BICIS, CBAO, Citibank, sind alle an der Place de l'Indépen-dance. Geöffnet Mo – Fr 8 oder 8.30 – 11 und 14.30 – 16 oder 16.30 Uhr.

Die *Wechselstube* der CBAO hat auch Sa 9.30 – 11.15 Uhr geöffnet, wechselt jedoch keine Reiseschecks.

Post & Telephon: *Hauptpost* im bd. el Haji Djily Mbaye. Geöffnet Mo – Fr 8 – 16 Uhr, über Mittag geschlos-sen. ℡ 214524.

Öffentliche Telefone gibt es außer-dem in folgenden Einrichtungen: *So-natel*, 6 rue Wagane Diouf; 7 – 24 Uhr: klimatisierte Kabinen, zum Selbstwählen mit Zähler;

Sonatel, bd. de la République, ge-genüber der Kathedrale;

Sonatel Médina, av. Malick Sy/av. Blaise Diagne.

An den genannten Stellen können Sie auch Faxe abschicken. Eine DIN A4 Seite nach Deutschland kostet 3500 CFA.

Polizei: *Commissariat Central*, ℡ 222333, rue du Docteur Théze an der Ecke zur rue Sandiniéri

Botschaft: *Bundesrepublik Deutsch-land*, ℡ 232519, av. Pasteur/Mermoz.

Côte d'Ivoire, ℡ 213473, 2 av. Al-bert Sarraut, 4. Stock; Visum inner-halb von 48 Stunden.

Frankreich, ℡ 239181, 1 rue El Hadj A. Ndoye; Visum-Vertretung für Burkina Faso.

Gambia, ℡ 214476, 11 rue de Thiong; Visum für Schweizer und Österreicher innerhalb 24 Stunden.

Guinea, ℡ 248606, rue 7/B et D – Point E.

Guinea-Bissau, ℡ 245922, rue 6/ Point E; Visum innerhalb 48 Std.

Kapverdische Inseln, ℡ 213936, 3 av. El H. Djily Mbaye.

Mali, ℡ 220473, 46 Bd. de la Répu-blique; Visum innerhalb 24 Std.

Marokko, ℡ 246927, av. Cheikh Anta Diop.

Niger, ℡ 240089, av. Cheikh Anta Diop.

Nigeria, ℡ 246922, rue 1/F Point E.

Österreich, ℡ 223886, bd. Djily Mbaye.

Schweiz, ℡ 235848, rue Alpha Hahcamiyou/rue René Ndiayé.

Apotheken: franz. *pharmacie*, gibt es reichlich, diejenige mit 24-Stunden-Service ist in der Tageszeitung *Le So-*

leil ausgedruckt. Adressen von Ärzten vermittelt die Deutsche Botschaft.

Kliniken: *Clinique Pasteur,* ✆ 212548, 50 rue Carnot; täglich 10 – 13 und 16 – 22 Uhr
  Clinique Hubert, ✆ 216848, 26 av. Jean Jaures; Mo – Sa 11 – 13 und 16 – 21.30 Uhr, So 10 – 22 Uhr

Straßennamen: Folgende Straßennamen und Plätze wurden geändert (frühere Namen in Klammer):
rue Joseph Gomin (rue Bayeux)
rue Moussé Diop (rue Blanchot)
av. Cheik Anta Diop (route de Oakam)
place Soweto (place Ch. Tascher)
place de Washington D.C. (place de la République)
bd. el Haji Djily Mbaye (bd. Pinet Laprade)
rue Alpha Hahcamiyou (rue E.H. Segdou Nourou Tall)

Reisebüros: *SOCOPAO Voyages,* 51 rue Albert Sarraut, ✆ 222416.
  Nouvelles Frontières, av. Pompidou, ✆ 233434.
  Sénégal Tours, 5 place de l'Indépendance, ✆ 234040.
  Loisirs – Voyage – Sénégal, 7 rue de Thiong (1. Stock links), ✆ 235969.
  Sénégambie Voyages, 42 rue Victor Hugo, ✆ 216831.

Autovermietung: *Avis,* ✆ 233300, 71 rue Moussé Diop;
  Avistours, ✆ 229328, 115 av. Blaise Diagne;
  Hertz, ✆ 215623 und 222016, 64 rue Félix Faure;
  Dakar Auto, ✆ 215548, 7 rue Masclary, nähe Place de l'Indépendance;
  Sénégal Auto, ✆ 224279, 19 rue Moussé Diop.

Autowerkstatt: *Garage Atlantic,* ✆ 241468, km 5 – av. Cheikh Anta Diop; hier wird auch Deutsch gesprochen.

Supermärkte

An sich nicht aufregend, können sie nach einer von jeglichem Luxus abstinenten Woche im Busch oder der Wüste einen ganz anderen Stellenwert einnehmen und als phantastische Einkaufsparadiese erscheinen. Als eine der wenigen Städte Senegambias bietet Dakar den gewohnten europäischen Standard. Die Preise sind entsprechend oder liegen zum Teil sogar deutlich darüber.

Au Rance Filfili, Boulevard de la République/rue Moussé Diop; geöffnet Mo – Sa 8.45 – 12.30 und 16 – 19.15 Uhr, So geschlossen. Riesiger Supermarkt mit Brot, Wurst, Käse, Butter, Joghurt, Gemüse, frisch gekeimten Sojasprossen und anderem.

Allee Robert Delmas, nähe place de l'Indépendance, gegenüber Hôtel de Ville; geöffnet 8.30 – 12.30 und 15.30 – 19.45, So 8.30 – 12.30 Uhr

Av. Albert Sarraut, Supermarché im Score-Bau

Hypersahm, an der Ausfallstraße nach Oukam, bd. de la Gueule Tapée/Blaise Diagne. Dakars größter Supermarkt; Mo geschlossen.

Basarstraßen und Boutiquen

»Märkte« siehe Stadtrundgang. Rund um den Sandaga-Markt finden sich belebte Straßen, insbesondere *Tuchgeschäfte* mit Baumwollstoffen.
  In der rue M.M. Diagne in der Medina gibt es auf dem Mittelstreifen einen riesigen *Kleidermarkt.*

DAKAR

Entlang des Hafens, auf dem bd. de la Libération, zieht sich ein urwüchsiger *Straßenmarkt* hin, auf dem aller möglicher Kram angeboten wird.

In der rue Mohammed V nahe der av. George Pompidou gibt es zahlreiche Läden mit handgewebten *Teppichen, Wandbehängen* und *Souvenirs.*

Belebte *Geschäfts-* und *Flanierstraßen* sind die av. George Pompidou av. Lamine Gueye (südlich vom Marché Sandaga) und av. Albert Sarraut.

Buchläden

Librairie aux Quatre Vents, 55 rue Félix Faure, ℂ 218083; bestsortierte französische Buchhandlung der Stadt; Stadt- und Landesplan, Reisebücher, Romane afrikanischer Autoren, afrikanische Sprachführer, Schreibwaren, Zeitschriften, auch deutsche (Spiegel, Stern, Brigitte) und amerikanische (Time Magazin, Newsweek).

Librairie Clair-Afrique, pl. de l'Indépendance/rue Sandiniéri, ℂ 222169; ebenfalls gut sortiert; große Auswahl afrikanischer Literatur; Schreibwaren und Postkarten.

Librairie Maxi-Livres, 45 av. Georges Pompidou, ℂ 212454; neue, ansprechende Buchhandlung.

Kulturzentren

Ministère du Tourisme, B.P. 4049 Dakar, av. Peytaviux Corniche, ℂ 219813, 225376.

Centre Culturel Allemand, ℂ 225004, Fax 223482, 2 av. Albert Sarraut, 6. Stock. Mo – Fr 8 – 12.30 und 15.30 – 17.30 Uhr. Das Goethe-Institut Veranstaltet gelegentlich Ausstellungen, Filme, Vorträge, Lesungen und bietet natürlich Deutsch-Kurse an. Außerdem gibt es einen Lesesaal mit deutschen Zeitungen.

American Cultural Centre, ℂ 220124, place de l'Indépendance/rue Carnot. Klimatisierter Lesesaal mit amerikanischen Zeitungen und Zeitschriften; Mo – Fr 8 – 12.30 und 14.30 – 17 Uhr

Centre Culturel Français, 89 rue Joseph Gomin/rue Carnot, ℂ 211821; mehrmals pro Woche internationale Veranstaltungen; Eintritt für ausländische Gäste etwa 6000 CFA.

British-Senegalese Institute, 18 rue de 18 Juin.

Sport & Freizeit

Schwimmbad im *Hôtel Indépendance,* 17. Etage (Dachterrasse), und im *Hôtel Savana,* route de la Corniche Est (Olympiabecken).

Sprachkurse: *Alliance Franco-Sénégalaise,* ℂ 210822, 2 rue Assane Ndoye; Kurse in Französisch-Wolof.

Tauchen: *Club Océanium de Dakar,* ℂ 222441, Route de Petite-Corniche Est; bietet Tauchkurse für Anfänger und Fortgeschrittene. Eine Woche inklusive Übernachtung, Verpflegung und zwei Tauchgänge pro Tag kosten 280.000 CFA. Vorsicht: Der Monat September ist wegen der starken Winde sehr ungünstig zum Tauchen!

Yoga: *Institut international de Yoga,* 7 rue Sandiniéri.

CAP VERT & HINTERLAND

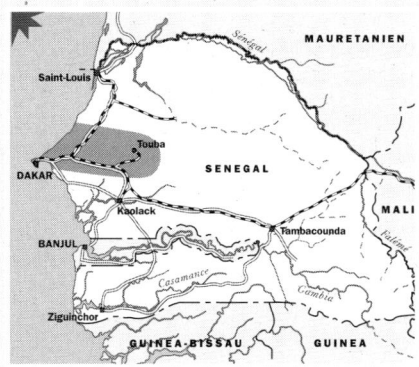

DAS CAP VERT
UND SEIN HINTERLAND

*Von Dakar aus bietet sich die Erkundung der sich weit in den
Atlantik hinausreckenden Landspitze des Cap Vert an. Unbedingt sehenswert
ist die der Hauptstadt vorgelagerten Insel Gorée, die als ehemaliger
Sklavenhandelsstützpunkt unrühmliche Geschichte schrieb. Ebenfalls einen
Ausflug wert sind das Vogelparadies der im Westen vorgelagerten
Madeleine-Inseln sowie die Fischer- und Badeorte N'gor und Yof an der
Nordküste des Cap Vert.*

Das östliche Hinterland der *Région
du Cap Vert* ist eine weitläufige Ebene. Über die vielbefahrene Nationalstraße 1 erreicht man *Rufisque,* eine
lebendige Industriestadt, von wo aus
man zu den in nordöstlicher Richtung
an der stürmischen *Côte Sauvage* gelegenen Fischerdörfern Kayar und
Mboro gelangt oder Richtung Süden
zu den Badestränden der *Petite Côte.*

Die überwiegend von bizarren Affenbrotbäumen bestandene Savannenlandschaft bietet den Besuchern nur
wenige Orte, die zu einem längeren
Verweilen einladen.

Ein vielbesuchter, fast schon über-
laufener Fischerort ist Kayar, doch
was es dort zu sehen gibt, läßt sich
auch in einem weniger touristischen
Rahmen in jedem anderen Fischerdorf an der Küste beobachten. Rufisque und Thiès sind wenig reizvolle,
aufstrebende Industriestädte.

Lohnend ist allerdings ein Abstecher nach *Touba,* dessen große Moschee zu den beeindruckendsten
Zeugnissen islamischer Architektur in
Senegal zählt.

Die Insel Gorée

Gorée ist ein Ausflug nicht nur zum
Eingewöhnen, sondern auch zur hi-
storischen Einstimmung. Zum einen
ist das Eiland genau das Richtige,
wenn Sie noch nicht ganz Fuß in Afrika gefaßt haben, zum anderen entpuppt es sich sich als eine Zeitreise in
die Vergangenheit. Die in sanften Pas-

*Überall wachsen Blumen und
blühen Sträucher: Seitengasse auf Gorée*

telltönen gehaltenen Häuserfronten mit den für Afrika ganz untypischen Fensterläden täuschen ein getreues Abbild eines mediterranen Städtchens vor, wie es vielleicht vor hundertfünfzig Jahren in Südfrankreich gestanden haben mag. Die schmalen, autofreien Gäßchen werden abends von schmiedeeisernen Straßenlaternen erhellt. Es ist kaum faßbar, daß sich so ein Ort in Afrika befindet und sich dazu noch durch die Wirren der Geschichte fast in Reinkultur erhalten hat. Um ihre Unversehrtheit zu bewahren, hat die UNESCO die ganze Insel als kulturelles Welterbe der Menschheit unter Denkmalschutz gestellt. Doch Gorée ist weitaus mehr als ein Stück Melancholie. Auf Gorée ruht der Fluch des Sklavenhandels, der den zweifelhaften Ruhm und Reichtum der Insel begründete.

Historischer Rückblick

Die ersten Europäer, die auf der Suche nach einem Handelsposten vor der westafrikanischen Küste segelten und sich der Insel bemächtigten, waren Portugiesen. Man schrieb das Jahr 1444, und das portugiesische Königreich gehörte in jener Zeit zu den mächtigsten Nationen Europas. Der kleine Stützpunkt, der bald durch eine erste Kirche ergänzt wurde, entwickelte sich schnell zu einem wichtigen Ankerplatz für so berühmte Seefahrer wie Vasco da Gama und Christoph Columbus.

Mit dem Niedergang der portugiesisch-spanischen Armada im Krieg gegen England verloren 1588 die Portugiesen die Insel an die Holländer.

Diese gaben dem Eiland den Namen *Goede Rede* (gute Reede), woraus später Gorée wurde. Zur Sicherung des neuen Besitzes wurde zunächst ein bulliges Fort erbaut.

Die florierende holländische Handelsfaktorei, in der große Mengen an Elfenbein, Wachs und bald auch die ersten Sklaven umgeschlagen wurden, lockte andere europäische Länder an. 1663 setzten die Engländer zum erstenmal einen Fuß auf Gorée, doch konnten die Holländer ein Jahr später die Insel erfolgreich zurückerobern.

Der Friede währte nicht lange. 1677 traten die Franzosen auf den Plan, jagten Gorée den Holländern ab und machten die Insel zu einem der wichtigsten Verschiffungshäfen für den sich immer stärker ausweitenden Sklavenhandel. Gorée fungierte als Zwischen- und Verladestation, von der aus Millionen von Sklaven als billige Plantagenarbeiter nach Übersee deportiert wurden.

Durch die geographisch und strategisch ausgesprochen günstige Lage wurde Gorée zum Schlüssel für den Handel mit Westafrika. Nicht umsonst war es für das expansive Streben der Europäer ein begehrtes Streitobjekt. Die Franzosen hatten sich besonders der Briten zu erwehren. Binnen weniger Jahrzehnte wechselten auf Gorée neunmal die Herren – viermal eroberten die Engländer die Insel, fünfmal gewannen sie die Franzosen zurück. 1815 schließlich wurde die Île de Gorée Frankreich zugeschlagen.

Die wechselhafte Geschichte tat den weiterhin florierenden Geschäften keinen Abbruch. Während der

Blütezeit des Sklavenhandels zählte die kleine Insel an die 6000 Einwohner. Der Niedergang setzte erst 1848 mit dem Verbot der Sklaverei ein. Nach der Gründung Dakars wanderten zudem viele Geschäftsleute und Einwohner in das aufstrebende Zentrum ab.

Heute bevölkern etwa 1000 Menschen das idyllisch anmutende Eiland. Für eine Art Renaissance sorgt der Tourismus – an manchen Wochenenden fallen mehrere tausend Besucher in die verträumten Gassen ein.

Inselspaziergang

Für einen Rundgang über die gerade 900 Meter lange und 300 Meter breite Insel sollte man sich mindestens zwei bis drei Stunden Zeit nehmen. Ausgangspunkt ist die Anlegestelle am kleinen, geschützten Fischerhafen. Linkerhand vom Kai geht die *rue St. Germain* ab, in der sich mit der **Maison des Esclaves** gleich die Hauptsehenswürdigkeit Gorées befindet. Das zwischen 1776 und 1778 erbaute zweigeschossige *Sklavenhaus* ist heute das einzige aus der Sklavenzeit komplett erhaltene Gebäude der Insel. Man kann sich nur schwerlich ein Bild machen, welche Dramen sich darin einstmals abgespielt haben mögen. Im Erdgeschoß gehen vom Innenhof die ehemaligen Sklavenzellen ab – dunkle, fensterlose Verließe, in denen die an Händen und Füßen angeketteten Menschen auf ihren Abtransport nach Amerika warteten. Zu sehen sind noch dick in den Wänden eingelassenen Eisenringe. Männer, Frauen, junge Mädchen und Kinder wurden in separaten Zellen untergebracht, »zusammengepfercht wie Ölsardinen in der Dose«, wie es ein einheimischer Führer schonungslos umschreibt. Alle, die weniger als 60 Kilo wogen, fanden sich in einer weiteren Zelle wieder, wo sie vor dem Abtransport erstmal »gemästet« wurden. Schließlich lag es im Interesse der Kolonialherren, daß ihre »Menschenware« lebend in Übersee ankam, um dort zu einem möglichst guten Preis verkauft zu werden. Am Ende des dunklen Ganges führt eine Tür direkt zum Meer hinaus, die *Tür ohne Wiederkehr.* Über die einstige Funktion dieser Tür kursieren zwei Versionen: einmal wird vermutet, daß durch sie die Sklaven auf die Schiffe verladen wurden; zum anderen nimmt man an, daß die Leichen der in den Zellen an Epidemien und Mißhandlungen zu Tode Gekommenen durch jene Tür einfach ins Meer geworfen wurden – gesichert scheint lediglich, daß vermutlich außer den Wärtern niemand wieder lebend zur Tür hineinkam.

Das Sklavenhaus ist eines der erschütterndsten und grausamsten Zeugnisse über die beispiellose koloniale Ausbeutung Afrikas durch die Europäer. Direkt über den Zellen in den geräumigen Zimmern des oberen Stockwerks wohnten die Sklavenhalter. Eine detailgetreu rekonstruierte holländische Küche vermittelt ein anschauliches Bild der damaligen Wohnkultur. Grausames Elend unten und gehobener Luxus oben waren nur durch eine Treppe getrennt.

Lesen Sie bitte weiter auf Seite 187

*D*ie Sklaverei, die einen Menschen zum Eigentum eines anderen macht, zieht sich wie ein roter Faden durch die Geschichte der Menschheit. Nicht nur in der Antike bei den Römern, auch unter Türken und Arabern ebenso wie in den mittelalterlichen innerafrikanischen Königreichen gab es geknechtete und teils völlig entrechtete Sklaven. Bereits lange vor der europäischen Kolonialisierung wurden in Afrika vornehmlich Kriegsgefangene als Haussklaven gehalten, die im Laufe der Zeit jedoch mehr und mehr in die Lebensgemeinschaft der Familie integriert wurden, selbst Familien gründen durften und in kleinem Maße auch über privates Eigentum verfügen konnten.

Die tragische Vergangenheit einer kleinen idyllischen Insel

Nachdem die Europäer im 15. Jahrhundert auf dem afrikanischen Kontinent Fuß gefaßt hatten, nahm die Sklaverei jedoch einen ganz anderen Lauf. Als erste europäische Großmacht bedienten sich die Portugiesen aus dem »afrikanischen Supermarkt«. Nicht nur Elfenbein, Gold und Gummi wurden außer Landes gebracht – die Ware Mensch entwickelte sich schon bald zu einem weitaus lukrativeren Geschäft. An den europäischen Höfen galt es bald als chic, »Mohren« als Diener und Lakaien zu halten.

Im 16. Jahrhundert verselbständigte sich der Menschenhandel mehr und mehr und nahm gewaltige Ausmaße an. Mit der Eroberung neuer Gebiete in Mittel- und Südamerika, der Karibik und dem Anlegen von weitläufigen Zuckerrohrplantagen stieg auch der Bedarf an Arbeitskräften. Afrika diente Portugiesen ebenso wie Holländern, Franzosen und Engländern als schier unerschöpfliches Arbeitskräftereservoir. Im Laufe von vier Jahrhunderten wurden aus West- und Zentralafrika 60, vielleicht aber auch an die 100 Millionen Menschen nach Amerika verschleppt, die fortan als völlig rechtlose Plantagenarbeiter ihr Leben fristen mußten. Für den Schwarzen Kontinent bedeutete dies einen Aderlaß ohnegleichen. Bereits 1796 berichtete der schottische Forschungsreisende Mungo Park, daß im inneren Afrika ganze Dörfer verlassen und entvölkert waren.

Sklavenhandel auf Gorée

In Westafrika entwickelte sich Gorée und der Gambia River zu Drehscheiben des internationalen Sklavenhandels. Viele der Stammeshäuptlinge waren dabei in nicht unerheblichem Maße am Handel beteiligt. Die eigenen Landsleute wurden ohne Skrupel gegen billigen Fusel, Eisen und bunte Glasperlen eingetauscht. Gorée fungierte als »Zwischenlager«. Im Bauch von Sklavenschiffen wurde die menschliche Fracht unter unwürdigsten Bedingungen nach Übersee deportiert. Man legte die Sklaven in Ketten und stapelte sie unter Deck wie

Säcke. Wegen der fehlenden Hygiene und deshalb auftretender Seuchen überlebten die Überfahrt oft nur ein Drittel der Eingeschifften. In Amerika wurde die »Ware« schließlich meistbietend wie Vieh versteigert, zur Besitzkennzeichnung mit einem Brandmal verstümmelt und verschwand auf den Zuckerrohrfeldern.

Obschon im Zeichen der Aufklärung 1848 der Sklavenhandel offiziell verboten wurde, machte man bis ins 20. Jahrhundert hinein weiterhin mit Sklaven gute Geschäfte. Die unermeßlichen Profite des Sklavenhandels bildeten quasi eine der Grundlagen für die Entwicklung der modernen Industrieländer. Afrika dagegen sank zu einem geplünderten, ausgebeuteten und bis heute größtenteils verarmten Kontinent herab.

Voltaire (1694 – 1778), der französische Philosoph, der auch am Hof Friedrichs II. sehr geschätzt war, schrieb u.a. über die Sklaverei: »... wenn der hohe Verbrauch von Kaffee, Zucker, Tabak und Schokolade ein Zeichen für den Fortschritt Europas ist, so ist er auch die Ursache des Negersklavenhandels...«. Der Preußenkönig trank trotz gelehrter Gespräche darüber gerne heiße Schokolade, wie übrigens unser Dichter-und-

Denker-Vorbild Goethe auch. Diese Zusammenhänge erkannten damals noch nicht viele; ebenso wie heute der Zusammenhang von reicher »erster« und armer »dritter Welt« immer noch nicht durchschaut wird. Gedanken darüber kommen einem jedoch automatisch in der bedrückenden Atmosphäre belasteter Vergangenheit im Sklavenkontor von Gorée, hier in einem Aquarell von 1839 zu sehen.

▶ *Fortsetzung von Seite 184*

Geöffnet täglich außer montags 10.30 – 12 und 14.30 – 18 Uhr, freitags nur bis 15 Uhr; Eintritt 200 CFA. In einem dreimal täglich (11.30, 15.30 und 16.30 Uhr) auf französisch gehalten Kommentar werden die Besucher über die Geschichte der Sklaverei und insbesondere über die grausame Bedeutung der Maison des Esclaves aufgeklärt. So schmerzhaft die Ausführungen auch sind, versuchen Sie unbedingt, der Rede beizuwohnen!

Unmittelbar dem Sklavenhaus gegenüber befindet sich das **Musée de la Femme,** das sich als Hymne an die Frau – dem Mittelpunkt der Familie – versteht. Zu sehen sind Gegenstände aus dem täglichen Leben afrikanischer Frauen, also Musikinstrumente, religiöse Kultgegenstände, Haushaltsgerätschaften wie Körbe, Hirsemörser und Kalebassen, außerdem Schmuck, Kleider und Pfeifen. In einem Raum werden Werke moderner senegalesischer Künstlerinnen ausgestellt. Nach dem Besuch kann man in einem wunderschönen, kleinen, schattigen Innenhof – dem *Café Jardin* – ausruhen oder in der museumseigenen Boutique Souvenirs kaufen. Das *Museum der Frau* ist Di – Fr 10.30 – 13 und 14 – 17.30 Uhr, Sa bis 16.30 Uhr und So bis 17 Uhr geöffnet. Eintritt 350 CFA, Kinder 200 CFA.

Vom Ende der rue St. Germain gelangt man rechts einbiegend, zu der etwa in der Inselmitte gelegenen **Eglise St. Charles Borromée.** Das nach einem italienischen Priester benannte Gotteshaus wurde 1829 erbaut und gleicht sozusagen aufs Haar einer typisch französischen Dorfkirche. Dann jedoch wäre die Statue der Jungfrau Maria gewiß nicht schwarz.

Über die *rue du Castel* kommt man auf eine mit alten Affenbrotbäumen bestandene schmale Allee, die zu dem auf einem Basalthügel gelegenen **Kastell** hinaufführt. Die Allee ist ein beliebter Platz für junge Musiker und Fliegende Händler, die zumeist Kleinkunst aus eigener Produktion anbieten. Von den durch Holländer und Franzosen angelegten *Befestigungsanlagen* ist nicht mehr viel übrig geblieben; jene Bunker und Schützengräben, die man heute sieht, stammen aus dem Zweiten Weltkrieg. Was den Aufstieg zum Kastell dennoch lohnend macht, ist der beeindruckende Ausblick über die einstige Sklaveninsel hinweg auf die zumeist in Dunst getauchte Skyline von Dakar. Bei klarer Sicht ist es sogar möglich, die Umrisse der Petite Côte auszumachen. Beachtenswert ist die etwas seitlich am Fuße des steil abfallenden Basaltplateaus gelegene kleine **Moschee.** Sie soll eine der ersten aus Stein gebauten Moscheen des Landes sein.

Vom Kastell erreicht man über die *rue des Dongeons* die **Place du Gouvernement,** die heute von der Dorfjugend als Fußballplatz genutzt wird. Etwas störend für die Spieler mag lediglich der inmitten des Feldes stehende dicke Affenbrotbaum sein. Der Platz wird linkerhand vom ehemaligen *Gouverneurspalast* begrenzt. Eines der ältesten Gebäude der Insel ist die gegenüberliegende alte *Schmiede,* die heute als Polizeiposten dient.

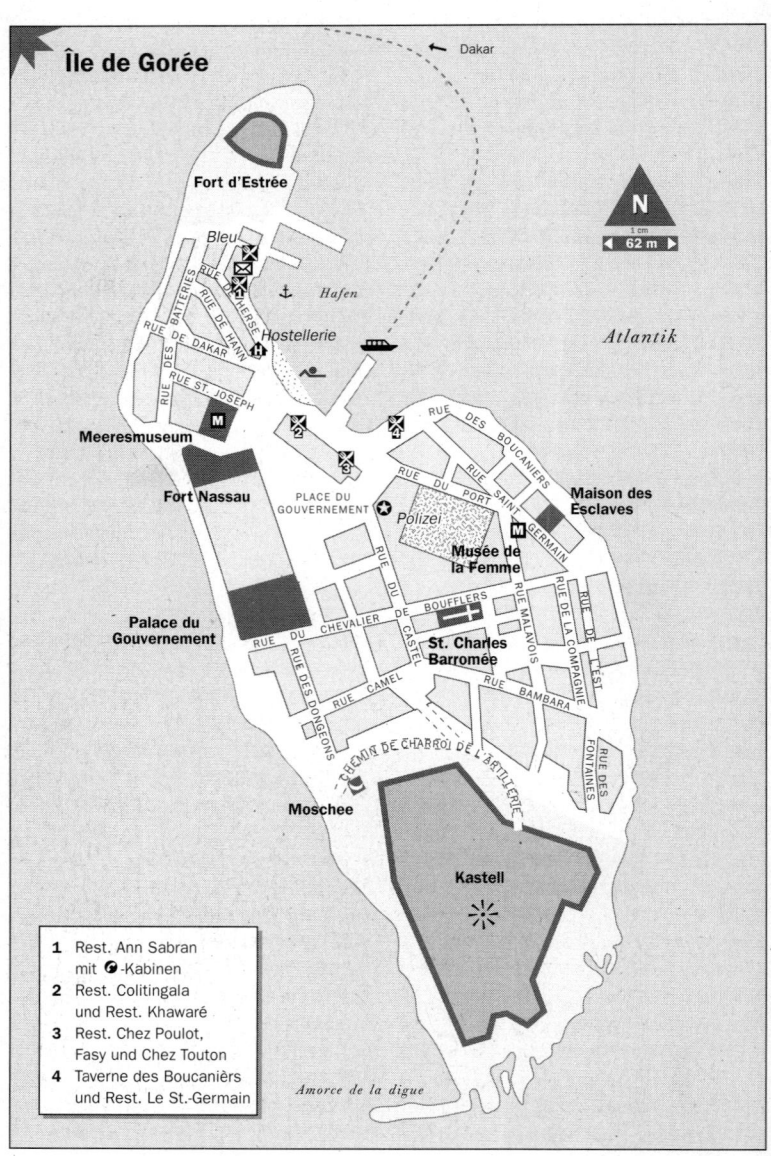

Île de Gorée

Dakar →

Fort d'Estrée

Bleu

RUE MALHERBE
RUE DE HANN
RUE DES BATTERIES

Hafen

Hostellerie

Atlantik

RUE DE DAKAR
RUE ST JOSEPH

Meeresmuseum

Fort Nassau

PLACE DU
GOUVERNEMENT

Polizei

RUE DES BOUCANIÈRS

RUE SAINT GERMAIN
RUE DU PORT

Maison des
Esclaves

Musée de
la Femme

Palace du
Gouvernement

RUE DU CHEVALIER DE BOUFFLERS

RUE DU CASTEL

St. Charles
Barromée

RUE MALAVOIS
RUE DE LA COMPAGNIE
RUE DE L'EST

RUE DES DONGEONS

RUE CAMEL

RUE BAMBARA

RUE DES FONTAINES

CHEMIN DE CHABROI DE L'ARTILLERIE

Moschee

Kastell

Amorce de la digue

1 Rest. Ann Sabran
   mit ☎-Kabinen
2 Rest. Colitingala
   und Rest. Khawaré
3 Rest. Chez Poulot,
   Fasy und Chez Touton
4 Taverne des Boucanièrs
   und Rest. Le St.-Germain

N
1 cm
◄ 62 m ►

Am nördlichen Ende des Platzes liegt ein weiterer auffallender Kolonialbau mit einem langgestreckten, grün gestrichenen Balkon. Hier ist das **Meeresmuseum** untergebracht. Zu den Ausstellungsstücken gehören präparierte Fische und Weichtiere, das Skelett eines kleinen Delphins, Seesterne, Korallen und Muscheln. Darüberhinaus sind ozeanographische Meßinstrumente, Utensilien zum Fischen und Fotos der überwiegend vom Fischfang lebenden Lebou zu sehen. Das Museum wurde 1995 renoviert und kostet 200 CFA Eintritt. Geöffnet Di – So 9 – 13 und 14.30 – 18 Uhr.

Zu beiden Seiten des Meeresmuseums führen malerische, von lilafarbener Bougainvillea, Hibiscus und anderen Zierpflanzen überwucherte Gassen zur Nordspitze der Insel, auf der – hinter Fächerpalmen und über eine kleine Zugbrücke zugänglich – das hufeisenförmig angelegte **Fort d'Estrée** thront. Die Befestigungsanlage wurde lange Zeit als Gefängnis benutzt und beherbergt jetzt das **Historische Museum,** in dem die bewegte und bewegende Inselgeschichte dokumentiert wird. Zahlreiche Ausstellungsstücke, Tafeln und Dokumente machen zudem mit der westafrikanischen Frühgeschichte, der Kolonialisierung und den politischen Geschehnissen bis 1988 bekannt. Di – So 10 – 13, 14.30 – 17 Uhr; Eintritt 300 CFA. Von der Nordspitze aus hat man einen weiteren schönen Blick auf die Hochhauslandschaft Dakars.

Am Hafen von Gorée

Fahrplan der Chaloupe

Mo bis Sa ab		So und Fei ab	
Dakar ...... Gorée		Dakar .... Gorée	
6.15 .... 6.45		7.00 .... 7.30	
7.30 .... 8.00		9.00 .... 9.30	
10.00 .... 10.30		10.00 .... 10.30	
11.00 .... 12.00		12.00 .... 12.30	
12.30 .... 14.00			
14.30 .... 15.00		14.00 .... 14.30	
16.00 .... 16.30		16.00 .... 16.30	
Mo–Fr 17.00...18.00		17.00 ......17.30	
18.30 .... 19.00		18.30 ..... 19.00	
19.30 .... 20.00			
20.00 .... 20.30		20.30 .... 21.00	
22.30 .... 23.00		22.30 .... 23.00	
Fr 23.30 ... 24.00		23.30 .... 24.00	
Sa 0.45 ...... 1.15			

Auf dem Weg zurück zur Anlegestelle sollten Sie auch in die idyllischen Gäßchen der *rue Herse, rue de Hann* und *rue de Dakar* hineinschauen, in denen sich zum Teil schön restaurierte Häuser befinden, umgeben von üppigen Zierpflanzen und begrünten Innenhöfen.

Neben den großen und kleinen Sehenswürdigkeiten ist es vor allem die friedvolle Atmosphäre, die Gorée heute für den Besucher so sympathisch macht. In den einstigen Kolonialhäusern ist typisch afrikanischer Alltag eingekehrt. In den Hinterhöfen tummeln sich Ziegen und Warzenenten, spannen sich Wäscheleinen mit grellbunten Baumwollstoffen, hinter denen überwiegend junge Frauen Getreide stampfen. Rastafaris sitzen sanftmütig im Schatten und entlocken ihren Djembés gute Rhythmen.

Fährverbindung

Gorée ist mit Dakar durch eine regelmäßige Schiffslinie verbunden. Ab dem Hafen Dakar, *Mole 1, Embarcadère de Gorée* am bd. de la Libération etwa in Höhe der Esso-Tankstelle verkehrt die *Chaloupe* täglich bis zu zwölfmal. Die Überfahrt dauert etwa 20 Minuten. Für Touristen kosten Hin- und Rückfahrt zusammen 3000 CFA, für Kinder die Hälfte. Die Schiffe legen pünktlich ab.

Unterkunft

☆ *Hostellerie du Chevalier de Boufflers*, ℂ und Fax 225364, Île de Gorée. DZ 11.000 CFA. Das in einem rostrot getünchten Kolonialhaus mit grünen Fensterläden untergebrachte Hotel ist die einzige offizielle Übernachtungsmöglichkeit. Es verfügt nur über sechs Zimmer, vorherige Reservierung ist daher dringend zu empfehlen. Ruhig und schön am alten Fischerhafen gelegen, ist es im Gegensatz zu so manchem Hotel in Dakar eine friedvolle Oase.

Darüberhinaus kann man an den Snackbars am Hafen auch nach einfachen *Privatzimmern* fragen. Sie sind allerdings ohne viel Komfort und kosten 5000 – 6000 CFA.

Restaurants

Das *Hôtel Chevalier de Boufflers* ist für seine exquisite, aber nicht ganz billige Küche bekannt. Als Spezialitäten werden Langusten (12.000 CFA), Bouillabaisse und gegrillte Fischvariationen angeboten.

Im direkt daneben liegenden *Restaurant Ann Sabran* läuft immer der

*D*ie schroffen Felseninseln sind der westlichen Küste Dakars vorgelagert und bieten von der Corniche Ouest aus einen eindrucksvollen Blickfang. Die Hauptinsel wird auch **Île aux Serpents**, *Schlangeninsel*, ge-

Madeleine-Inseln

nannt, abgeleitet vom Namen eines aus der französischen Armee ausgestoßenen und dorthin verbannten Soldaten namens Sarpan. Schlangen gibt es dort also keine. Vielmehr ist die unbewohnte Inselgruppe ein geschütztes Vogelparadies, das 1976 zum *Nationalpark* erklärt wurde. Einem alten Glauben der Lebou-Fischer zufolge sind die Inseln allerdings von Ahnengeistern bewohnt – nach mehreren fehlgeschlagenen Besiedlungsversuchen zogen es die Lebou schließlich vor, sich auf Gorée niederzulassen.

Das *British-Senegalese Institute* (siehe Seite 180) organisiert gelegentlich Ausflüge zu den Inseln. Die Fahrzeit beträgt 30 Minuten. Die Fahrt mit kleinen Motorpirogen ist nur bei einigermaßen ruhiger See ratsam, da die Inseln der rauhen Atlantikküste zugewandt sind. Die Boote können nur auf der Hauptinsel anlegen. In der Größe etwa mit Gorée vergleichbar, besteht die Insel aus einem etwa 30 Meter hohen Kliff, das nach Süden hin sanft abfällt. Es ist ein weitgehend unberührtes Fleckchen, auf dem Vogelkundler voll auf ihre Kosten kommen. An außergewöhnlichen Pflanzen finden sich ein kleiner Zwerg-Baobab sowie wilde Kaffeesträucher.

Fernseher, was vor allem die Inselbewohner anzieht. Hier gibt es aber auch – und das macht Ann Sabran für Touristen zu einem wichtigen Ort – Telefonkabinen.

Im benachbarten *Le Resto-Bleu* ist ein Menü ab 2500 CFA zu haben.

In einfacherem Ambiente und etwas preiswerter läßt sich in den kleinen **Snackbars** am Fischerstrand speisen. Beispielsweise im *Restaurant Khawaré* oder bei *Chez Poulot*, wo das Dutzend Austern nur 1500 CFA kostet. *Chez Tonton* bietet gute und günstige senegalesische Küche.

Auf der anderen Seite des Anlegestegs stehen die *Taverne des Boucanièrs* (Menü 3800 CFA) und das Restaurant *Le Saint Germain* zur Auswahl. Hier kann man auf der Terrasse unter Sonnenschirmen ebenfalls relativ preiswert gegrillten Fisch oder Yassa Poulet essen.

N'gor und andere Badeorte an der Côte Sauvage

N'gor, an der Westspitze des Cap Vert und verkehrsgünstig nah bei Dakar gelegen, wurde als einer der ersten Orte Senegals für den Pauschal-Tourismus erschlossen. Verkehrsgünstig an die Hauptstadt und den Flughafen angebunden, entstanden am feinen Sandstrand der geschützt gelegenen Bucht und der wenige Kilometer entfernten *Pointe des Almadies* im Westen mehrere große Luxushotels, Beach-Clubs und exklusive Restaurants mit internationaler Küche. Die Bucht ist besonders bei Windsurfern und Tauchern sehr beliebt.

Seit der Tourismus in N'gor Einzug gehalten hat, hat sich dort so manches verändert. Nicht nur in der Bucht, auch an der Straße nach Yof haben große Hotels eröffnet. Das Gebiet um den alten Ortskern herum wirkt durch zahlreiche Rohbauten aus Hohlblocks und Beton etwas zersiedelt. Die spärliche Vegetation trägt nicht dazu bei, den Reiz der Gegend zu erhöhen. Lohnend dagegen ist ein Ausflug zu den Stränden auf der vorgelagerten gleichnamigen *Insel N'gor.*

Sehenswertes und Strände

Das alte Lebou-Fischerdorf N'gor ist im Kern noch weitgehend erhalten, wenn auch viele unverputzte neue Häuser hinzugekommen sind. Beeindruckend ist das Gewirr von schmalen Gassen, manche davon so eng, daß gerade zwei Personen aneinander vorbeikommen. Das Dorf wird von zwei schönen *Moscheen* mit jeweils zwei viereckigen Minaretten überragt.

Durch die gewundenen Gäßchen kommt man in die Bucht und zum

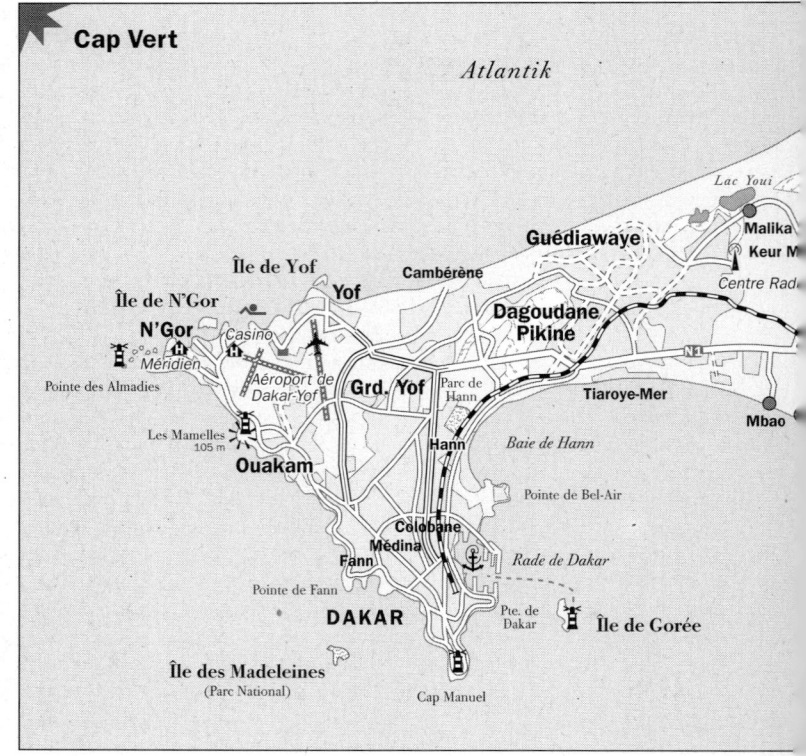

Strand, wo bereits ein paar Pirogen darauf warten, einen auf die vorgelagerte Insel überzusetzen (300 CFA pro Person). Der östliche Teil der kleinen Bucht mit schönem Palmenstrand wird von einem Hotelkomplex dominiert. Nicht zu übersehen ist der elfstöckige, gradlinig konstruierte Hochhauskasten, der von einem Schüler des französischen Kubisten Le Corbusier entworfen wurde, dennoch eher nüchtern und unbeholfen wirkt. Am bewachten Hotelstrand ist

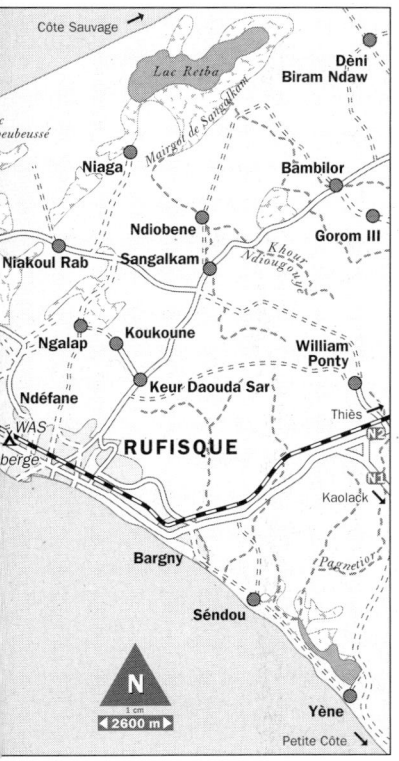

man relativ ungestört. Durch die vorgelagerte Insel geschützt, rollt in die Bucht so gut wie keine Brandung.

Wem es hier zu touristisch ist, dem sei empfohlen, mit einer Piroge auf die **Île N'gor** überzusetzen. Auf der dem Festland zugewandten Seite gibt es zwei kleine, ruhige Sandstrände, die durch die Insel ebenfalls vor den großen Brechern des Atlantik geschützt sind und sich gut zum Schwimmen und Tauchen eignen. Bei Flut kann der Platz auf den schmalen Sandstreifen etwas knapp werden. Eine Snack-Bar mit halbwegs Erschwinglichem sorgt für das leibliche Wohl.

An der zerklüfteten Nordseite der Insel ist die See oftmals zu rauh zum Baden. Die Insel wurde die letzten Jahre zu einem beliebten Wochenendausflugsziel betuchter Städter aus Dakar. Zwischen nadligen Casuarina-Bäumen haben sich viele private eingezäunte Strandvillen breitgemacht.

Verbindungen

Das Fischerdorf N'gor liegt 2 km nördlich vom Flughafen Yof und ist etwa 14 km von der Innenstadt Dakars entfernt. Von Dakar aus zu erreichen ist der Ort mit dem **Taxi** oder, um ein vielfaches preiswerter, per **Bus:** Die Fahrzeit mit dem Linienbus 7 beträgt normalerweise 45 Minuten, in der Rush-hour manchmal auch doppelt so lang.

Unterkunft

An Hotelzimmern ist in N'gor kein Mangel. Rund um das Dorf stehen mehr als 800 Betten, überwiegend von

Pauschaltouristen bevölkert, zur Verfügung.

★★★★ *Les Almadies (Club Méditer-ranée)*, ℂ 200951, Pointe des Almadies, B.P. 3236; 300 klimatisierte Zimmer, Restaurants, Discothek, Pools, Sportmöglichkeiten und mit allem erdenklichen Luxus; direkt am Meer, circa 3 km vom Flughafen Yof.

★★★★ *Le Méridien*, ℂ 202122 und 201515, Fax 203030, Pointe des Almadies, B.P. 8181; häßlicher, steriler Bau mit 374 super luxuriösen Zimmern und allem erdenklichen Komfort wie Swimmingpool, Tennis, Golf, Discothek, zwei Restaurants; DZ 65.000 CFA; Leihwagen können bei *Budget* direkt im Haus gemietet werden.

★★★★ *Hôtel N'gor-Diarama-Calao*, ℂ 231005, Fax 202723, Plage N'gor; Komplex von drei zusammengehörigen Luxus-Hotels; insgesamt 477 klimatisierte Zimmer, mehreren Restaurants, zwei Swimmingpools, zwei Discotheken, Tennis; direkt in der Bucht von N'gor gelegen.

★★★★ *Su-nu-Gal*, ℂ 200331, route de N'gor; 50 klimatisierte Zimmer; DZ 20.800 CFA; Restaurant (ℂ 200330), Discothek, Swimmingpool; an der Straße nach Yof gelegen, zum Strand 15 Minuten.

★★ *Darkasse*, ℂ 200353, route de N'gor; 20 klimatisierte Zimmer; EZ 8400 CFA, DZ 10.400 CFA; eines der wenigen einigermaßen preisgünstigen Hotels in N'gor und nicht ausschließlich für Pauschalreisende; gelegen an der Straße nach Yof, zum Strand 15 Minuten.

Restaurants

Karabane, Plage N'gor; eines der Restaurants des N'gor-Diarama-Calao-Komplexes. Direkt am Strand, mit offener Terrasse; Fischspezialitäten und gute senegalesische Küche; gehobene Preisklasse.

La Brazzarde, ℂ 200364, Plage N'gor, Fisch- und Grillspezialitäten ebenfalls am Strand, Menü 4000 CFA.

Am Strand gibt es außerdem ein paar kleine einfache *Hütten-Restaurants*, wo ein Menü bereits ab 2000 CFA zu haben ist.

Alle Restaurants **an der Straße nach Yof** öffnen erst gegen 19 Uhr:

La Buvette de N'gor, ℂ 200941, route de N'gor, neben der Shell-Tankstelle; schattiges Gartenrestaurant, gute Pizzen.

Auberge de N'gor, ℂ 200340, route de N'gor; französische Küche (um die 4000 CFA), Mo geschlossen.

Angkor, ℂ 200210, route de N'gor; gute chinesische Küche.

Le Virage, ℂ 200657, route de N'gor; internationale Küche ab 3000 CFA, Mo geschlossen. Spezialitäten: Bouillabaise, Langusten.

Le Casino du Cap Vert, ℂ 200974, route de N'gor; gepflegtes Restaurant mit Piano-Musik, angemessene Preise. Außerdem Night-Club und Spielcasino mit Roulette, Black Jack, Einarmige Banditen etc.

Le Grand Bleu, ℂ 203293, hinter Le Virage der Ausschilderung 5 Minuten Richtung Meer folgen. Senegalesische Spezialitäten werden auf der großen Terrasse mit Blick aufs Meer serviert; jeden Abend geöffnet; Menü 3500 CFA.

Weitere Informationen

Gegenüber der Total-Tankstelle gibt es eine BICIS-*Bank* (Sa geschlossen).

Am Restaurant La Brazzarade kann man *Windsurfbretter* mieten, die Stunde zu 2500 CFA bzw. 5000 CFA für einen halben Tag. Das Hotel Diarama vermietet ebenfalls Windsurfbretter, für eine Stunde zahlt man 2000 CFA.

Yof

Yof ist ein nur wenige Kilometer östlich von N'gor gelegenes Fischerdorf der Lebou, das im Vergleich mit N'gor noch viel von seiner Ursprünglichkeit bewahren konnte. Es ist zugleich Zentrum der islamischen *Layen-Bruderschaft*, deren Glauben und Ritus aus einer Mischung von islamischen, christlichen und animistischen Elementen zusammengewürfelt ist. Den Mittelpunkt der kultischen Verehrung bildet das tempelartige **Mausoleum** des Gründers *Saidi-Limamou Laye,* das am Ende des Ramadan zahlreiche Pilger anzieht. Yof ist auch für die **N'deup-Tänze** bekannt, eine Art Besessenheitstänze, die Geisteskranke wieder gesund machen sollen. Die Tänze finden jeden Donnerstagnachmittag statt und ziehen nicht nur Kranke an.

Das Dorf hat einen bislang wenig besuchten **Strand**, der durch eine kleine, nur von ein paar Ziegen bewohnte, vorgelagerte Insel von den Brandungswellen geschützt ist. Der Strand zieht sich von Yof aus ununterbrochen nordwärts bis zum etwa 250 km entfernt gelegenen Mündungsdelta des Sénégal.

Verbindungen & Unterkunft

Yof ist von Dakar aus mit dem Taxi oder den Bussen 7 und 8 erreichbar.

Im Dorf selbst gibt es keine nennenswerten Unterkünfte. Am 3 km entfernten Flughafen liegt das ★★★ *Hôtel de l'Aerogare,* ✆ 200735 mit 15 Doppelzimmern.

Lac Rose/Lac Retba

Ein Tagesausflug zum auch als *Lac Retba* bekannten *Rosa See* gehört zum Standardprogramm der Dakarer Reisebüros und großen Hotels. Einzig lohnender Anblick ist die andersartige Färbung des Wassers. Die pinkrosa Farbe wird durch Eisenoxid abgebende Bakterienstämme verursacht. Ein besonderes Spektakel bietet sich vor Sonnenuntergang, wenn der See sich in verschiedenen Rottönen bis hin zu einem satten Violett präsentiert. An den Ufern wird Salz aus dem extrem salzhaltigen Wassers gewonnen. Die Arbeit ist sehr hart und wird schamlos schlecht bezahlt, für 35 kg Salz gibt es 100 CFA! Durch die Salzgewinnung baut sich der Lac Rose mehr und mehr ab, einst war er doppelt so groß.

Über Sanddünen gelangt man zur nahegelegenen Atlantikküste, die jedoch meist zu rauh für ein sorgloses Badevergnügen ist.

Verbindungen

Der Lac Rose/Retba liegt etwa 40 km nordöstlich Dakars. Will man sich keiner organisierten Tour anschließen, so fährt man mit dem Bus Nr. 15 zunächst nach Rufisque. Von dort gehen ab der Gare routière Buschtaxis zum

Frauen bei der Arbeit zwischen dem zu Pyramiden aufgehäuften Salz

kleinen Dorf *Niaga.* Nach etwa 20 Minuten zu Fuß gelangt man zum See.

Unterkunft

🔸 *Campement Keur Kanni* in Niaga; hier bekommt man für 8000 CFA ein DZ mit WC/Dusche und Frühstück in einem der 45 zur Verfügung stehenden Rundbungalows.

🔸 *Intertourisme Sénégal – Campement de Lac Rose,* in der Nähe des Sees gelegen; hier kann man für 2000 CFA pro Person übernachten.

🔸 *Kumba Lamba;* klimatisierte DZ mit Dusche 8000 CFA; sehr touristisch und viel teurer.

Zum Tanz lädt hier die *Disco Rio,* Eintritt 2000 CFA; gespeist wird im *Relais de Lac Rose.*

Kayar

Kayar liegt 58 km nordöstlich der Hauptstadt an der rauhen Côte Sauvage. Der Ort ist eines der bedeutendsten Fischereizentren des Landes und wird vornehmlich von Sérèrn bewohnt. Sie zählen zu den tüchtigsten Fischern des Landes. Früh morgens laufen an die 700 bis 800 bunt bemalte Motorpirogen aus, jedes besetzt mit einer Crew von vier bis fünf Fischern, die vor der äußerst fischreichen Küste ihr Tagwerk verrichten. Bei der Rückkehr am Nachmittag, wenn die kleinen Pirogen die Brandung überwinden, werden die Fischer von einer riesigen Menschenmenge in Empfang genommen. Die Stimmung ist ähnlich ausgelassen wie bei einem Volksfest. Von den Frauen der Fischer wird der Fang an Ort und Stelle verlesen, geschuppt, ausgenommen und anschließend verteilt.

Die Rückkehr der Fischer in Kayar hat sich zu einem Touristenspektakel ersten Ranges entwickelt. Seit der ersten Stunde des Fremdenverkehrs in Senegal gehört der Ort zum Standardausflugsprogramm. Wenn Sie ein ähnliches Schauspiel etwas weniger touristisch genießen wollen, fahren Sie besser nach Joal oder M'bour, selbst Cap Skirring ist dagegen noch ruhig.

Ein Ausflug kann Sie von Kayar aus zum weiter nördlich gelegenen Fischerdorf **M'boro** (90 km von Dakar, 35 km nordöstlich von Kayar) führen. Das Dorf liegt schön eingebettet zwischen Dünen und einem kleinen See.

Verbindungen & Unterkunft

Buschtaxi: mehrmals täglich ab der Gare routière in Dakar.

☆ *L'Auberge des Cocotiers;* nicht ganz billiges Hotel mit Restaurant

⚓ *Campement,* direkt am Strand gelegen

Rufisque

Das portugiesische *Rio Fresco* aus dem 15. Jahrhundert war eine der ersten französischen Handelsstationen in Senegal. In der zweiten Hälfte des letzten Jahrhunderts wuchs die Siedlung neben Dakar zu einer der wichtigsten Kolonialstädte heran. Rufisque gehörte neben Saint-Louis, Gorée und Dakar zu den vier ältesten Gemeinden Senegals, deren Bürger 1916 formell den Franzosen gleichgestellt wurden. Noch heute trägt Rufisque mit den charakteristischen, von hölzernen Balkonen gesäumten Handels-

faktoreien unverkennbar koloniale Züge. Nur 28 km von der Hauptstadt entfernt, ist Rufisque mittlerweile deren Vorstadt. Man erreicht sie mit dem **Bus** Nr. 15 (175 CFA) in circa einer Stunde. Bis auf die riesige Zementfabrik macht die Stadt einen leicht provinziellen Eindruck – für den Reisenden ist Rufisque lediglich ein Durchgangsort, außer dem kleinen *Fischerhafen* und dem *Markt* gibt es hier nichts Interessantes zu sehen.

Östlich von Rufisque liegt mit Thiès eine weitere Industriestadt, die gleichzeitig einer der wichtigsten Knotenpunkte für den Bahn- und Straßenverkehr ist. Von Thiès aus gibt es gute Straßenverbindungen in den Norden nach Saint-Louis, in den Osten nach Tambacounda und in südlicher Richtung den Transgambia-Highway über Kaolack nach Ziguinchor in der Casamance.

Unterkunft

Auberge l'Oustal de l'Agenais, ✆ 361648, Fax 341006, km 25, route de Rufisque. Einfache, von einer Französin geführte Herberge mit 4 Zimmern; DZ mit Dusche 10.000 CFA.

Hôtel Le Koussan, ✆ 366641, Fax 267637, rue Ous. Socé Diop, in der Stadtmitte. 10 Zimmer, Bar, Restaurant.

▲ *WAS – West Afrika Safari,* route de Rufisque, B.P. 398; Alexandra und Thomas haben hier den ersten Campingplatz Senegals eröffnet; sie organisieren Ausflüge zum *Forêt de Bandia* und verstehen sich auch als eine Art Auskunftsbüro; guter Zwischenstop für Afrika-Reisende mit eigenem

Fahrzeug. Es gibt Duschen und Toiletten; Übernachtung 2000 CFA pro Person.

Keur Moussa

Das circa 50 km von Dakar entfernte, westlich von Thiès gelegene *Benediktinerkloster* hat sich durch seine außergewöhnliche Messe einen Namen gemacht. Von Reisebüros und Hotels gecharterte Busse steuern jeden Sonntag morgen um 10 Uhr das Kloster an, wo den Zuhörern eine eigenartige Synthese aus gregorianischen Gesängen und afrikanischer Musik mit Kora und Tam Tam geboten wird (Discographie, »Koramusik aus Gambia«, Seite 90). Ohne eigenes Fahrzeug ist das Kloster nur umständlich zu erreichen, so daß eigentlich nur die organisierte Bustour übrig bleibt.

Thiès

70 km von der Hauptstadt landeinwärts liegt Thiès am Schnittpunkt der alten Wolof-Königreiche Cayor, Baol und Sine-Saloum. Mit rund 185.000 Einwohnern ist Thiès die zweitgrößte Stadt und neben Dakar zugleich das wichtigste industrielle und kulturelle Zentrum Senegals. Das nördlich der Stadt abgebaute Phosphat ist für das Land eines der Hauptexportgüter. Daneben haben sich in Thiès Textilfabriken, Färbereien, Aluminiumhütten und Chemiewerke angesiedelt. Die Stadt ist darüberhinaus ein wichtiger Standort der Erdnußverarbeitung.

Trotz der vielen Industriebetriebe überrascht die alte französische Kolonialstadt seine Besucher mit breiten schattigen Alleen, kleinen Parkanlagen und soliden Häusern aus Stein und Ziegeln.

Die 1966 im *Quartier Dixième* eröffnete **Manufactures Sénégalaises des Arts Decoratifs** macht Thiès zu einem der bedeutendsten künstlerischen Zentren des Landes. Hergestellt werden vor allem hochwertige Wandbehänge. Jedes Werk wird in einer limitierten Auflage produziert. Die Quadratmeterpreise liegen bei 400.000 CFA. Als Vorlagen dienen Motive aus dem afrikanischen Dorfleben sowie Geschichte und Mythologie, die in beeindruckender Weise graphisch umgesetzt werden. Früher konnte man die Kunstmanufaktur besichtigen und die verschiedenen Arbeitsschritte, angefangen vom Anfertigen der Originalzeichnungen, über das Färben der Wolle bis hin zum eigentlichen Webvorgang mitverfolgen. Heute muß man sich mit einen Blick in den Ausstellungsraum begnügen. Neben der Weberei sind der Kunstmanufaktur verschiedene Ateliers angeschlossen, in denen Keramiken, Batikarbeiten und anderes angefertigt werden. Die Manufaktur ist Mo – Do 7 – 18 Uhr, Fr 7 – 13.30 und 15 – 18 Uhr sowie Sa 10 – 12 und 16 – 18 Uhr geöffnet; Eintritt frei.

Ebenfalls im Quartier Dixième, unweit der Manufaktur, befindet sich das **Musée de Thiès.** Das ehemalige französische Fort wurde früher von französischen Soldaten als Zwischenstation auf dem Weg von Dakar nach Saint-Louis genutzt. Heute ist hier ein winziges *Künstleratelier* eingerichtet, in dem Glasmalerei betrieben und verkauft wird; Eintritt 200 CFA. Dem

Museum ist eine kleine Jugendbücherei angeschlossen.

Verbindungen

Buschtaxi: Von Dakar per Buschtaxi in einer Stunde über eine gut ausgebaute, von Baobabs gesäumte Straße erreichbar. Es bestehen Verbindungen in alle größeren Städte des Landes. Die große Gare routière liegt 3 km außerhalb an der Straße nach Dakar. Von dort nimmt man sich am besten für 50 CFA einen Car Richtung Bahnhof.

Bahn: Täglich kommen zwei Züge von Dakar an, der erste erreicht Thiès um 16.30 Uhr und fährt weiter nach Saint-Louis, der zweite trifft um 18.30 ein und setzt seinen Weg nach Kaolack und Tambacounda bzw. weiter nach Bamako fort. Die Fahrzeit Dakar – Thiès beträgt etwa eineinhalb Stunden. Preise siehe Dakar.

Unterkunft & Restaurants

★★ *Hôtel de Thiès,* ✆ 511526, rue Faidherbe; 21 klimatisierte DZ zu 13.800 CFA; Restaurant mit französischer Küche.

☆ *Hôtel Rex,* ✆ 611081, rue Joffre; einfache Zimmer und Restaurant; DZ 5400 CFA, klimatisiert 7400 CFA.

☆ *Hôtel du Rail,* ✆ 512313, sehr abgelegen, aber ruhig in der schönen Parkanlage Cité Balabey gelegen; 8 einfache Zimmer, klimatisiertes DZ mit Dusche um die 10.000 CFA.

Le Caïliedrat, ✆ 511130, av. Général de Gaulle, zentral nahe Bahnhof und Markt gelegen; einfaches Restaurant mit kleine Terrasse und gutem Essen um die 3000 CFA.

»Treu sein, eine Bürgschaft der Sicherheit – AIDS geht alle an«. Der Slogan der Anti-AIDS-Kampagne wird visuell verstärkt durch ein sich liebevoll-freundschaftlich umarmendes Paar – er westlich, sie traditionell gekleidet (die Rollen sind klar) –, das zukunftsorientiert zum Horizont in Richtung Sonnenuntergang schaut. Die Botschaft ist eindeutig: Treue ist nicht nur gut gegen »SIDA«, sondern auch modern, weil westlich.

Thiès Nightlife

Le Poussin Bley, 9 rue de Paris; Bar und Discothek, ab und zu Live-Musik; Eintritt Fr und So 1000 CFA, Sa 1500 CFA.

Night-Club Dosso, av. Lamine Gueye, gegenüber dem Chambre du Commerce; Disco mit Swimmingpool; bis 4 Uhr täglich außer Mo geöffnet; Eintritt 5000 CFA (inklusive Getränk), nur Schwimmen kostet 1500 CFA.

Cinéma Amitié, an der Route Nationale; Vorstellung um 18.30 Uhr, 300 CFA, und um 21.15 Uhr, 500 CFA. Samstags wird hier auch eine Disco veranstaltet; Eintritt 1000 CFA.

Geld wechseln

… kann man in dem auffällig modernen Gebäude der *BICIS-Bank* an der Place de France. 8 – 11.30 Uhr und 15 – 17 Uhr.

Diourbel

Diourbel ist mit rund 77.500 Einwohnern die Hauptstadt der gleichnamigen Region, inmitten des alten Wolof-Königreiches *Baol* gelegen. 146 km östlich von Dakar und damit bereits jenseits des gemäßigten Küstenklimas, macht sich um Diourbel verstärkt das heißere Kontinentalklima bemerkbar. Das weite, flache Land liegt in der trockenen Sahelzone mit ihrer spärlichen Dornbuschsavanne, die lediglich mit trockenresistenten Affenbrotbäumen durchsetzt ist.

Mit der in den 20er Jahren fertiggestellten Ost-West-Bahnverbindung wurde die verkehrstechnische und wirtschaftliche Erschließung des Binnenlandes eingeleitet. Das trockene Klima und der leicht sandige Boden erwiesen sich für den Anbau der Erdnuß in der Region Diourbel als ideal, so daß die Stadt schnell zu einem wichtigen Anbauzentrum aufstieg. Seit dem Anschluß an das Bahnnetz kann die Ernte problemlos zum Hafen von Dakar geschafft werden.

Neben der Bedeutung als Handels- und Verwaltungsstadt ist Diourbel gleichzeitig eine der heiligsten Städte der islamischen Bruderschaft der *Mouriden.* Deren Begründer Amadou Bamba lebte nach seiner Rückkehr aus dem Exil einige Jahre in der Stadt. Nicht zu übersehen ist die mächtige **Große Moschee,** die mit ihrer riesigen gewölbten Kuppel und den Minaretten architektonisch ganz im orientalischen Stil gehalten ist. Das imposante Bauwerk ist die älteste Moschee der Mouriden.

Die Stadt verfügt über keine weiteren nennenswerten Sehenswürdigkeiten. Es gibt eine Ölmühle und als Zeichen deutscher Entwicklungshilfe eine nach Heinrich Lübke benannte Krankenstation. Erwähnenswert ist noch das in der Stadt gepflegte Kunsthandwerk. Im **Centre artisanal** finden sich schöne Silber- und Goldschmuckarbeiten sowie bronzene Skulpturen.

Verbindungen & Unterkunft

Buschtaxi: Von Dakar fahren täglich mehrere Buschtaxis nach Diourbel.

Zug: Die Stadt ist auch mit den Bahnen auf der Oststrecke von Dakar nach Tambacounda und Kidira erreichbar, Preise siehe Dakar.

★★★ *Hôtel Le Baobab,* ✆ 711007, rue d'Avignon. 14.000 CFA; 16 Zimmer; Restaurant, Swimmingpool, Tennis.

Touba

Der Name Touba findet sich tausendfach im ganzen Land – auf klapprigen Buschtaxis und Bussen ebenso wie über der Eingangstür von Restau-

Lesen Sie bitte weiter auf Seite 202

*E*inmal im Jahr wird Touba zum Mekka der islamischen Bruderschaft der Mouriden. Dann pilgern manchmal mehr als eine Million Gläubige aus dem ganzen Land zum Grabmal von *Amadou Bamba,* dem Gründer und geistigen Führer der Bruderschaft. Etwa um 1850 als Sohn eines berühmten Marabouts geboren, gründete Bamba nach ausgiebigen religiösen Studien die Stadt *Touba* (arabisch: Glückseligkeit), wo sich bald eine große Zahl Anhänger um ihn versammelte. Schon zu seinen Lebzeiten stand er im Mittelpunkt kultischer Verehrung, so daß die französische Kolonialverwaltung ihn für mehrere Jahre in die Verbannung schickte, da er die öffentliche Ordnung störe. Er verstarb 1927.

Amadou Bambas auf Arbeit und religiöser Pflichterfüllung aufgebaute Lehre verhalf der Bruderschaft zu

Magal – die große Wallfahrt der Mouriden

großem Einfluß und wirtschaftlichem Ansehen. Die Mouriden engagieren sich im Erdnußanbau und kontrollieren heute auch weite Teile des Transportwesens in Senegal. Sie sind quasi die mächtigste unabhängige Organisation des Landes, die auch über enge Kontakte zu Regierungskreisen verfügt. Von verschiedener Seite wird einigen Mouriden Bereicherung auf Kosten ihrer asketisch lebenden Anhänger vorgeworfen.

Während der im Sommer stattfindenden Wallfahrt, deren Termin nach dem Mondkalender jedes Jahr neu festgelegt wird, gleicht Touba – ähnlich Mekka – einem riesigen Zeltlager. An der Einfahrt der Stadt wacht der Ordnungsdienst der Mouriden darüber, daß kein Alkohol und Tabak mit in die heilige Stadt genommen werden.

▶ *Fortsetzung von Seite 200*

rants, Schneidereien und anderen kleinen und großen Unternehmen. Sie alle leiten ihren Namen von der gleichnamigen heiligen Stadt der Mouriden ab. Sie liegt 194 km östlich von Dakar und beherbergt mit der **Großen Moschee** eines der prächtigsten Zeugnisse islamischer Baukunst in ganz Westafrika. Die 1963 erbaute Moschee ist mit ihren fünf gewaltigen Minaretten und mächtigen Kuppeldächern bereits kilometerweit sichtbar. Im Zentrum der Moschee liegt das Grabmal von *Amadou Bamba*, dem einstigen geistigen Führer der Mouriden.

Touba ist von Dakar oder Thiès aus mit **Buschtaxis** erreichbar. Die Stadt verfügt über keine nennenswerte touristische Infrastruktur. Außer einem kleinen, oft überfüllten 🛶 *Campement* gibt es keine Unterkünfte, was den Besuch der Stadt auf einen Tagesausflug einschränkt.

☆ Einfache Herbergen sind am ehesten in dem 10 km südlich gelegenen Städtchen **M'backé** zu finden.

Offizielle senegalesische Autoritäten beschränken sich in Touba auf ein Minimum; Recht und Ordnung werden von einer Miliz der Mouriden aufrecht erhalten. Sollten Sie einen Besuch einplanen, lassen Sie Alkohol und Tabak außerhalb der Stadtgrenzen. Auch Fotographieren wird nicht gern gesehen.

NORD-SENEGAL

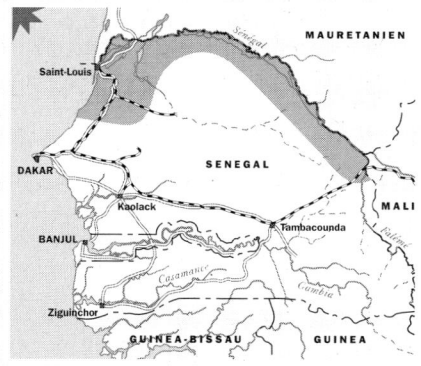

SAINT-LOUIS &
DEN SÉNÉGAL STROMAUFWÄRTS

Der Norden Senegals ist der am dünnsten bevölkerte Landesteil. Mit nur einer Handvoll größerer Siedlungen und einer Landschaft, die am meisten durch ihre Kargheit fasziniert, steht diese Region bereits ganz unter dem Einfluß des Sahel. Nördlich der Linie Dakar – Tambacounda breitet sich eine von Mensch und Tier verödete, größtenteils nur spärlich bewachsene Dornbuschsavanne aus, die dem Auge nur wenig Abwechslung bietet.

Was der Norden den Besuchern nicht bieten kann, ist damit schon vorgegeben. Wer in Senegal eine üppige Vegetation mit Mangrovensümpfen und tropischen Palmenwäldern sucht, dem sei der Süden, insbesondere die Casamance, ans Herz gelegt. Auch mit Badestränden, die eine Reise in nördliche Gefilde lohnend machen könnten, ist es nicht weit her. Die *Côte Sauvage*, die wilde Atlantikküste, die sich vom Cap Vert bis an das Mündungsdelta des Sénégal hochzieht, ist zu rauh und ungestüm, um ungetrübte Badefreuden aufkommen zu lassen.

Dennoch sollte der »hohe Norden« in der Reiseplanung nicht gänzlich unter den Tisch fallen, hat er doch zumindest drei »Top-Attraktionen« zu bieten:

An erster Stelle sei der *Sénégal-Fluß* genannt, der Hunderte von Kilometern die Grenze zu Mauretanien bildet und sich mit seinen fruchtbaren Ufern als ein grünes Band durch den wüstenartigen Sahel windet.

Dann die alte Metropole *Saint-Louis*, die sich im Mündungsdelta des Flusses breitgemacht hat und noch eine gehörige Portion ihrer kolonialen Atmosphäre in die Neuzeit hinüberretten konnte.

Nicht vergessen werden sollte darüberhinaus der *Djoudj-Nationalpark*, der nicht nur eingefleischte Vogelkundler begeistert, sondern mit seinen zigtausend Köpfe zählenden Pelikan- und Flamingopopulationen eines der spektakulärsten Reiseerlebnisse sein kann.

Von Dakar nach Saint-Louis

Straße und Bahnlinie führen fast parallel über den Verkehrsknotenpunkt Thiès nach **Tivaouane** (92 km von Dakar). Das kleine Städtchen ist das Zentrum der *Tidjanes-Bruderschaft*, der größten islamischen Vereinigung Senegals. Die *Große Moschee* ist jährlich an Mohammeds Geburtstag ein vielbesuchter Pilgerort.

Hinter Tivaouane wird die Landschaft bereits merklich karger. Maniokfelder machen Erdnußplantagen Platz, die teilweise fast schon auf Sanddünen kultiviert werden. Kleine Dörfer mit strohgedeckten Kegeldachhütten und schöne Moscheen setzen der Route einige wenige markante Akzente auf. Besonders bemerkenswert ist die *Große Moschee* von **Louga** (203 km von Dakar), deren fernsehturmähnliches Minarett und die beiden smaragdgrünen Kuppeln weithin sichtbar sind. Vereinzelt auftauchende Kamele sind bereits untrügerisches Zeichen für die Nähe und zunehmende Ausbreitung der Wüste.

Saint-Louis

Bester Ausgangspunkt für eine Nordsenegal-Tour ist die 264 km nördlich von Dakar gelegene alte Hauptstadt Saint-Louis, die bekannt ist für ihre teilweise überraschende Frische. Im Winter liegen die Temperaturen deutlich niedriger als in anderen Landesteilen. Insbesondere nach einer Tour durch die heiße Sahelzone weiß man das angenehme Klima der Küstenstadt zu schätzen. Ab Februar läßt jedoch der *Harmattan* die Stadt an manchen Tagen bereits am frühen Nachmittag unter einem diesigen Dunstschleier aus feinem Wüstensand versinken. Es scheint nur eine Frage der Zeit zu sein, bis sie von der ungestümen Sandwoge aus der Sahara verschüttet werden wird, wie es für Timbuktu in Mali bereits Wirklichkeit geworden ist.

Die einstige »Perle Westafrikas« präsentiert sich seinen Besuchern als eine überaus kontrastreiche Stadt. Beschaulich wirkt die koloniale Fassade des schachbrettartig angelegten Stadtkerns. Alte Handelsfaktoreien mit Arkaden und Balkonen, kleine ruhige Parks, baumbestandene Alleen – alles vermittelt eine französisch geprägte Atmosphäre. Auf der anderen Seite ist es nicht weniger faszinierend zu beobachten, wie dieses Fossil aus der kolonialen Epoche dabei ist, zu zerfallen und unterzugehen bzw. wie es von der in den neuen Stadtvierteln vorherrschenden afrikanischen Lebensart aufgesogen wird. Pulsierende Straßenmärkte in *Sor* und ein nicht weniger lebhafter *Fischerhafen* stehen in offensichtlichem Kontrast zu der lethargisch im Dornröschenschlaf dahindämmernden *Altstadt*. Gerade diese Gegensätze machen den Reiz dieser sterbenden Metropole aus.

Historischer Rückblick

Saint-Louis am Sénégal-Fluß ist die älteste französische Siedlung Westafrikas. Zwar segelten auf der Suche nach einem günstig gelegenen Handelsstützpunkt schon im Jahre 1445 die Portugiesen im Mündungsdelta des Flusses, konnten sich auf Grund der rauen Küste aber nicht dazu entschließen, sich hier niederzulassen. Die Franzosen kamen 1638 und richteten sich kurzerhand auf einer kleinen Flußinsel ein, die sie zu Ehren ihres gerade verstorbenen Königs Ludwig XIII. *Île Saint-Louis* tauften.

Die Siedlung entwickelte sich bald zu einem wichtigen Umschlagplatz für alles, was der »Schwarze Kontinent« den Weißen zu bieten hatte – Gummi, Gold, Elfenbein und Sklaven. Unter dem 1854 ernannten Gouverneur Faidherbe wurde die Stadt zum Ausgangspunkt für die militärische Eroberung des Hinterlandes. Faidherbe machte Saint-Louis zur Hauptstadt, die nun immer mehr Menschen anzog. Die kleine Insel platzte bald aus allen Nähten, so daß auf der benachbarten Landzunge neue Wohnviertel angelegt werden mußten. 1878 zählte die Stadt bereits 16.000 Einwohner, deren Kaufleute den

In St.-Louis blättert der Putz

kompletten Handel nach Europa und
Übersee kontrollierten. In Eleganz
und Flair gab Saint-Louis in ganz Senegal den Ton an. Mit der Eröffnung
der Bahnlinie Dakar – Saint-Louis erreichte die Stadtentwicklung schließlich ihren Zenit.

Doch schon bald darauf erfolgte
der unaufhaltsame Abstieg, vor allem,
nachdem das Verwaltungszentrum in
das aufstrebende Dakar verlegt wurde. Mit dem Ausbau des Hafens in
Dakar und der neuen Bahnverbindung nach Osten war das Schicksal
von Saint-Louis besiegelt. Was geblieben ist, ist die malerische, aber schonungslos dem Zerfall preisgegebene
Kulisse einer einstmals blühenden
Kolonialstadt. Wie Gorée wurde auch
Saint-Louis von der UNESCO zum
geschützten kulturellen Welterbe erklärt.

Sehenswertes

Ausgesprochen ausgefallen ist der
geographische Standort der Stadt. Die
gegenwärtig etwa 160.000 Einwohner
verteilen sich auf drei Stadtteile, die
durch Brücken miteinander verbunden sind. Etwas glorifizierend wird
Saint-Louis von daher vielfach als das
»Venedig Afrikas« bezeichnet, was allerdings etwas zu hoch gegriffen ist.
Die *Altstadt* liegt auf der *Île Saint-
Louis,* einer kleinen, fast rechteckigen
Flußinsel von etwas mehr als 2 km
Länge und 300 bis 400 m Breite. Zwei
Brücken halten die Verbindung zu der
nur 100 m breiten, aber an die 25 km
langen Nehrung *Langue de Barbarie*
aufrecht, die sich wie ein schmaler
Finger zwischen Fluß und Meer ge-

schoben hat. Auf der Nehrung befinden sich die beiden Stadtviertel *Guet Ndar* und *Ndar Tout*. Die Neustadt *Sor* hat sich auf dem Festland ausgebreitet, das über die 506 m lange Stahlbrücke *Faidherbe* zu erreichen ist.

Die Île Saint-Louis

Die kleine Insel läßt sich zu Fuß in anderthalb Stunden umrunden. Ausgangspunkt für den Spaziergang soll der vom Festland kommende **Pont Faidherbe** sein. Einen Gang über die 1897 erbaute, aber immer noch imposant wirkende Brückenkonstruktion sollte man sich nicht nehmen lassen. Direkt am Ende der Brücke liegt zentral gelegen das traditionsreiche *Hôtel de la Poste*. Das im typischen Kolonialstil um 1850 errichtete Gebäude mit der von Bögen eingefaßten Fensterfront in der ersten Etage diente zunächst als Faktorei für den florierenden Handel mit »Gummi arabicum«, bevor es als Hotel »zweckentfremdet« wurde. Gegenüber dem Hotel liegt die *Hauptpost*. Direkt dahinter an der **Place Faidherbe** befindet sich der alte *Gouverneurspalast*, eine massige, symmetrisch angeordnete Festung aus dem 18. Jahrhundert. Inmitten des begrünten Platzes thront ein *Denkmal* für den einstigen Gouverneur und Eroberer Senegals, dessen Andenken nicht nur von den Franzosen in Ehren gehalten wird. Neben dem Gouverneurspalast steht die 1827 erbaute katholische *Kathedrale,* die ganz im Stil einer typisch französischen Provinzkirche gehalten ist.

Eine der lebhaftesten Geschäftsstraßen ist die in den Nordteil der Insel führende **rue Blaise Diagne**. Gesäumt von Buchläden, Lebensmittelgeschäften, Restaurants und dem Hôtel de la Résidence hat die Straße einige schöne Beispiele alter *Handelsfaktoreien* aufzuweisen. Im Erdgeschoß dieser typisch französischen Kolonialhäuser waren die Verkaufskontore untergebracht. Im oberen Stockwerk lagen die Wohnräume, die zur Straße hinaus zumeist mit einem langgestreckten Balkon ausgestattet sind. Große Holztüren, teilweise noch mit Messingbeschlägen versehen, führen in die abgeschirmt ruhigen Innenhöfe. Viele der alten Faktoreien präsentieren sich heute in erbärmlichem Zustand. Ausgeblichene Farbe, bröckelnder Putz, schief hängende Fensterläden, zerbrochenes Glas und baufällige, fast schon lebensgefährlich gewordene Balkone sind offensichtliche Zeichen des ungehinderten Zerfalls. So manches ehemals stolze Gebäude ist nur noch ein bloßer Schatten seiner selbst, oftmals nur noch eine Ruine aus Schutt und Trümmern. Niemand in der Stadt scheint Interesse am Erhalt zu haben. Vor allem fehlt es natürlich an dazu notwendigen Geld. Aber Afrika hat vielleicht auch dringlichere Probleme zu lösen, als alte Kolonialbauten zu restaurieren!

Die rue Blaise Diagne führt direkt zur **Mosquée,** deren weißes Minarett wie ein Fremdkörper die koloniale Szene überragt – doch im Grunde auch nicht exotischer wirkt als die katholische Kirche an der Place Faidher-

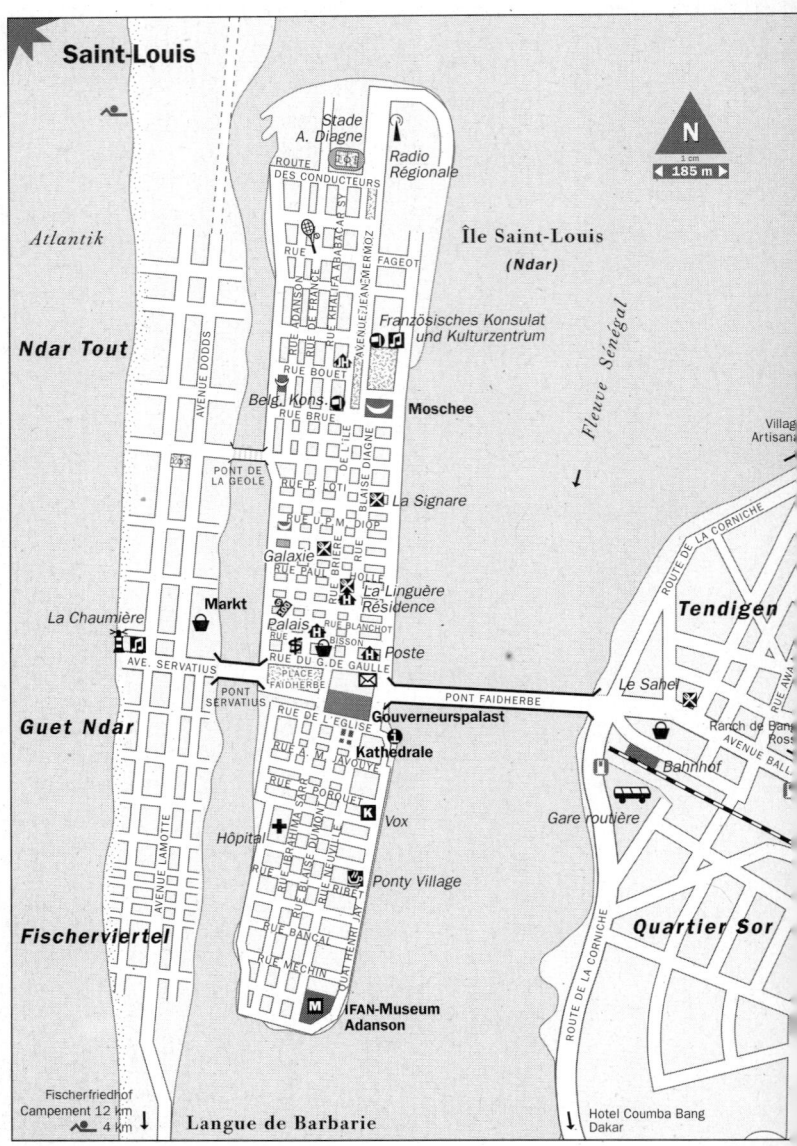

Saint-Louis

Atlantik

Ndar Tout

La Chaumière

Markt

AVENUE DODDS

ROUTE DES CONDUCTEURS

Stade A. Diagne

Radio Régionale

RUE TABAC

AVENUE JEAN MERMOZ

FAGEOT

RUE ADANSON

RUE DE FRANCE

RUE BOUET

Île Saint-Louis
(Ndar)

Französisches Konsulat und Kulturzentrum

Belg. Kons.

RUE BRUE

Moschee

PONT DE LA GEOLE

RUE BLAISE DIAGNE

RUE B

RUE DE

RUE POTIN

La Signare

RUE BRIERE

RUE DIOP

Galaxie

RUE PAUL HOLLE

La Linguère
Résidence

Palais

RUE BISSON

RUE BLANCHOT

RUE DU G. DE GAULLE

Poste

AVE. SERVATIUS

PLACE FAIDHERBE

PONT SERVATIUS

RUE DE L'EGLISE

Gouverneurspalast

PONT FAIDHERBE

Guet Ndar

RUE L'OYDVE

Kathedrale

RUE F. FORQUET

RUE THIAM

K

Vox

Hôpital

RUE BRUN

Ponty Village

RUE RIBET

AVENUE LAMOTTE

RUE BANCAL

QUAI HENRY

RUE MECHIN

M

**IFAN-Museum
Adanson**

Fischerviertel

Tendigen

ROUTE DE LA CORNICHE

Villag Artisan

Fleuve Sénégal

Le Sahel

Ranch de Bang Ross

AVENUE BALL

Bahnhof

Gare routière

ROUTE DE LA CORNICHE

RUE AWA

Quartier Sor

Fischerfriedhof
Campement 12 km
4 km

Langue de Barbarie

Hotel Coumba Bang
Dakar

N
1 cm
◀ 185 m ▶

be. An der Moschee beginnt die **Avenue du Général Villiers,** eine breite schattige Allee mit einladenden Bänken auf dem Mittelstreifen. Folgt man der ausgesprochen ruhigen Straße weiter, erreicht man die am nördlichen Ende der Insel gelegene **Radiostation,** eines der wenigen Zeugnisse des modernen 20. Jahrhunderts.

Zurück durch die **Rue de France** mit ebenfalls noch beeindruckenden alten Faktoreien gelangt man über die Place Faidherbe zur südlichen Inselhälfte. An der äußersten Spitze befindet sich das **Musée Adanson.** Es wurde frisch renoviert und beherbergt nicht uninteressante historische Dokumente zur Stadtentwicklung, einige ausgestopfte Tiere sowie verschiedene afrikanische Masken, Holzschnitzereien, Gegenstände des täglichen Lebens und allerlei Waffengerät. Vor dem Eingang steht eine Reihe geköpfter Palmen, aus deren meterhohen Stümpfen bizarre Skulpturen geschnitzt wurden.

Das Museum ist täglich außer sonntags 8 – 12 Uhr und 15 – 18 Uhr geöffnet. Eintritt: 500 CFA.

Ndar Tout

Von der Place Faidherbe aus erreicht man über den während Gouveneur Faidherbes Amtszeit erbauten **Pont Servatius** die **Langue de Barbarie,** eine maximal nur 100 m breite Landzunge, die weiter nördlich vom mauretanischen Festland abgeht und sich bis 25 km südlich von Saint-Louis erstreckt.

Nördlich der Servatiusbrücke wird die Landzunge vom Stadtteil Ndar Tout eingenommen. Hauptstraße ist die von verstaubten, ungepflegten Palmen gesäumte **Avenue Dodds,** die zur Zeit der Kolonialisation eine der elegantesten Prachtstraßen von Saint-Louis war. Außer einigen wenigen zweigeschossigen, mit Holzbalkonen geschmückten Faktoreien ist davon so gut wie nichts übrig geblieben. Rechterhand liegt das besonders in den Morgenstunden stark frequentierte *Marktviertel* mit dem **Marché** im Zentrum. Doch schon einige hundert Meter weiter nördlich ebbt das Leben merklich ab, und es wird zunehmend mühsam, sich auf den versandeten Bürgersteigen vorwärts zu kämpfen. Um der »Avenue« neues schattenspendendes Grün zu verschaffen, hat man an die hundert junge Bäumchen gepflanzt, die durch Flechtwerk vor allenthalben weidenden Ziegen geschützt werden. Man kann der Straße noch circa zwei Kilometer bis an die mauretanische Grenze folgen, wird dann jedoch durch ein Totenkopfschild und einen bewaffneten Soldaten höflich zurückgewiesen.

Guet Ndar

Biegt man von der Île Saint-Louis kommend hinter der Servatiusbrücke links auf die Landzunge ein, befindet man sich inmitten des lebhaften **Fischerviertels** Guet Ndar, das durch eine gänzlich andere Atmosphäre überrascht. Die **Avenue Lomotte** wird von zahlreichen Kindern bevölkert, durch die sich mühsam einspännige Pferdekutschen, die *Calèches,* ihren Weg bahnen. Zwischen mehr oder weniger verfallenen Kolonial-

Calèche vor der École Khayar Mbengue

bauten haben sich aus Hohlblocks, Treibholz und Wellblech zusammengeflickte Behausungen breitgemacht. Koloniales Erbe vermischt sich mit urbaner afrikanischer Lebensart. Die Straße führt in südlicher Richtung an mit Unrat übersäten Arbeitsplätzen der Fischer vorbei, an denen Fische getrocknet und Netze gerichtet werden.

Nach einigen hundert Metern, am Ende des Viertels, taucht hinter einer Mauer verborgen der stille **islamische Fischerfriedhof** auf, der weitläufig die sandigen Dünen der Landzunge einnimmt. Vor dem Betrachter breitet sich ein chaotisch anmutendes Gewirr von mit Fischernetzen umhüllten Gräbern, Familiengruften und Sarkophagen aus. Von zerzausten Casuarinabäumen überschattet, finden sich

dazwischen einige im Sand aufgeworfene frische Grabhügel, die lediglich von ein paar Steinen umfriedet sind.

Auf der Westseite des Friedhofs gelangt man direkt an der *Atlantikküste* ins Fischerviertel zurück, wo man insbesondere in den späten Nachmittagsstunden, wenn die Fischer vom Fang zurückkehren, von dem geschäftigen Trubel am Strand eingefangen wird. Wem das bunte Treiben zu viel wird, der wende sich am *Leuchtturm* nach rechts, um über die Servatiusbrücke wieder die vertrauteren Gefilde der Île Saint-Louis zu erreichen.

Quartier Sor

Auf der Festlandseite des Pont Faidherbe liegt das Quartier Sor. Es ist die **Neustadt** von Saint-Louis, obschon sich mit dem Bahnhof oder der *École Khayar Mbengue* auch einige bemerkenswert schöne ältere Bauten darunter finden. Der *Bahnhof* selbst macht einen ausgesprochen verwaisten Eindruck, außer zur Stunde, wenn der Zug von Dakar einläuft.

Dafür ist es auf dem Vorplatz und rund um die nahegelegene Place de l'Indépendance Tag für Tag um so lebhafter, wenn dort ein quirliger und urwüchsiger **Markt** abgehalten wird. Hier kann man Brot und preiswertes Obst kaufen, daneben finden sich Stände mit getrocknetem Fisch, exotisch duftenden Gewürzen, aber auch einfach nur am Bürgersteig aufgestapeltes Brennholz oder Holzkohle. Aus lärmenden Cassettenshops dröhnen die Talking Drums der Popgrößen Westafrikas.

Unweit vom Bahnhof befindet sich die **Gare routière,** nicht ganz so groß und hektisch wie in Dakar, aber dennoch mit reichlich Leben erfüllt und von Fliegenden Händlern und Bettlern umlagert. Auch hier haben die Buschtaxis – wie fast überall – dem Schienenverkehr schon lange den Rang abgelaufen.

Verbindungen

Buschtaxi: Saint-Louis ist von Dakar aus auf einer gut ausgebauten Asphaltstraße bequem in vier Stunden zu erreichen. Die Gare routière befindet sich im Stadtteil Sor auf dem Festland nahe der Faidherbe-Brücke. Zu den Hotels auf der Île Saint-Louis sind es zu Fuß 15 Minuten.

Von Saint-Louis verkehren regelmäßig Buschtaxis den Sénégal stromaufwärts nach Richard Toll und Podor.

Zug: Von Dakar geht täglich um 15 Uhr ein Zug nach Saint-Louis und von dort morgens um 7 Uhr zurück. Die Fahrzeit beträgt – wenn alles gut geht – fünf Stunden. Der Fahrpreis für die 2. Klasse ist etwa 2250 CFA billiger als das Buschtaxi. Wer in der 1. Klasse etwas mehr Beinfreiheit genießen will, zahlt 3250 CFA. Die Fahrt ist eine recht staubige Angelegenheit, durch die geöffneten Fenster verschafft sich der Savannensand Einlaß. Der Bahnhof befindet sich in Sor nahe der Faidherbe-Brücke.

Flug: *Air Sénégal* bediente bis vor kurzem die Strecke Dakar – Saint-Louis täglich. Zur Zeit der Recherche an diesem Buch war der Flugverkehr vorübergehend eingestellt.

Marktgetümmel vorm Bahnhof

Stadtverkehr: Alle wichtigen Ziele innerhalb der Stadt sind problemlos zu Fuß erreichbar. Neben Taxis verkehren auch Pferdekutschen, sogenannte *Calèches*.

Unterkunft

Hotelzimmer stehen in Saint-Louis nur in begrenztem Umfang zur Verfügung. Das Angebot ist zudem nicht ganz billig. Will man ein einigermaßen komfortables Zimmer, sind für ein Doppelzimmer schnell 15.000 CFA pro Nacht ausgegeben. Die meisten Hotels befinden sich zentral gelegen auf der Île Saint-Louis.

★★★★ *Le Mame Coumba Bang,* ℂ 611850, Fax 611902, Bois des Amoureux, 5 km außerhalb der Stadt an der Route Nationale 2. DZ 18.500 CFA; 50 klimatisierte Zimmer, Restaurant, Discothek, Swimmingpool, Tennis, Reiten, Exkursionen.

★★★ *Hôtel de la Poste,* ℂ 611118, Fax 612313, place de l'Ille, direkt am Pont Faidherbe. EZ 15.100 CFA, DZ 18.200 CFA; 45 klimatisierte Zimmer; Restaurant, Bar, angeschlossene Discothek, Terrassencafé, Exkursionen. Alter Kolonialbau mit viel Atmosphäre. Die Zimmer zur Straße hinaus haben einen kleinen Balkon, sind aber laut.

★★★ *La Résidence,* ℂ 611260, Fax 611259, rue Blaise Diagne. DZ 15.000 CFA; 30 klimatisierte Zimmer; gepflegter Neubau mit gutem Restaurant. Es können diverse Exkursionen gebucht werden: Mit einem allradbetriebenen Fahrzeug zum Nationalpark Langue de Barbarie, der dann per Piroge erkundet wird (11.000

CFA pro Person bzw. 15.000 CFA inklusive Mittagessen) oder zum Nationalpark Djoudj (11.000 CFA, mit Essen 14.000 CFA). Ein Tagesausflug nach Mauretanien kostet, Picknick inbegriffen, 18.000 CFA pro Person. Auf der 200-km-Tour wird vor allem Landschaft pur geboten, Sanddünen soweit das Auge reicht! Alle Exkursionen werden von einer Deutschen geleitet, die viel zur Vogelwelt und Geschichte, aber auch zur Problematik der Dorfgemeinschaften zu erzählen weiß.

★★ *Hôtel du Palais,* ℂ 611772, rue Blanchot/Briére de l'Isle. EZ 12.400 CFA, DZ 14.500 CFA; ruhige Lage, aber etwas angestaubt und den Preis nicht ganz wert.

★★ *Hôtel Le Ranch de Bango,* ℂ 611981, Fax 611259, 15 km außerhalb der Stadt in Richtung Flughafen und Rosso, an der Abzweigung dann Richtung Bango einschlagen. 26 teilweise klimatisierte Zimmer, DZ 14.500 CFA; Pool; Restaurant (Menü 5800 CFA).

☆ *Batteling Siki,* ℂ 611883, 7 rue Potin; mit 6000 CFA für ein DZ das billigste Hotel der Stadt. Es macht allerdings auch einen äußerst schäbigen Eindruck.

JH *Auberge de Jeunesse Atlantide,* ℂ 612409, Fax 613392, Ecke rue Bouet/avenue Mermoz, im Quartier Nord gegenüber dem Französischen Konsulat. Die Jugendherberge ist sehr gepflegt und 100prozentig zu empfehlen. Es gibt 26 Betten, die sich auf 2-, 3-, 4- und 6-Bett-Zimmer aufteilen. Übernachtung inklusive Frühstück

4500 CFA, Kinder bis 12 Jahre zahlen nur die Hälfte; Menü ab 2500 CFA.

🔸 *Campement Auberge Yemoufa*, 5 av. des Grands Hommes, B.P. 158. Eine im Stadtteil Sor (5 Gehminuten vom Bahnhof) gelegene »Oase« mit angenehmer Atmosphäre. Es gibt saubere Duschen, Möglichkeit zum Essen und einen Vorgeschmack auf die Campements der Casamance. 3500 CFA pro Person.

Restaurants

Restaurant La Signare, ✆ 611932, rue Blaise Diagne, Eingang rue Pierre Loti, geöffnet Di – So ab 20 Uhr. Gutes französisch geführtes Lokal zu annehmbaren Preisen, um 3000 CFA.

Restaurant im Hôtel de la Poste; europäisch-senegalesische Küche mit Fisch- und Fleischgerichten um die 3500 CFA. Spezialität: gefüllter Fisch à la saint-louisiennes.

Restaurant im Hôtel La Résidence; internationale Küche, gut, aber nicht ganz billig; Menü ab 3500 CFA.

Restaurant Galaxie, ✆ 612468, 25 rue Briére de l'Isle; gemütliches und gutes senegalesisches Restaurant, Gerichte ab 2000 CFA, täglich geöffnet.

Restaurant La Linguère früher O'Kane, rue Blaise Diagne/Potin; preiswerte afrikanisch-europäische Küche in einfachem Ambiente; Essen zwischen 1500 und 2500 CFA. Täglich 8 – 16 und 18.30 – 23 Uhr.

Nützliche Adressen

Information & Ausflüge: *Syndicat d'Initiative et de Tourisme*, ✆ 612455, Fax 611902, Infos zu diversen Exkursionen, werktags 9 – 13, 15 – 19 Uhr.

Agence de voyage SSOVET, ✆ 612995, rue de France/Aynina Fall. Hier werden auch die Flüge mit Air France gebucht.

Bank: *BICIS*, 7 rue Blanchot/rue de France. Geöffnet 8 – 11.30 Uhr und 14.30 – 16.30 Uhr.

Post: am Pont Faidherbe auf der Insel, gegenüber dem Hôtel de la Post.

Telefon: *Télécentre des 2 Rakas*, Place Faidherbe, neben dem Touba Supermarché.

Rat & Tat: *Consulat général de France*, ✆ 611542

Commissariat Central, ✆ 611025, zentrale Polizeistelle.

Apotheke: *Pharmacie Centrale Sayegh*, rue Khalifa Ababacar Sy.

Hôpital, ✆ 811058, rue Ibrah. Sarr

Einkaufen: *Märkte* am Pont Servatius und gegenüber vom Hauptbahnhof.

Mehrere kleine *Lebensmittelgeschäfte* in der rue Blaise Diagne.

Das beste Angebot findet sich in dem kleinen *Supermarkt* genau gegenüber dem Buchladen Wakhatilene (französischer Käse, Pasteten und anderes).

Außerdem *Touba Supermarché* an der Place Faidherbe unweit des Hôtel de la Poste.

Librairie Wakhatilene, rue Blaise Diagne. Gut sortiertes französisches Buch- und Zeitschriftenangebot, afrikanisches Sortiment; auch Newsweek und Spiegel.

Librairie Africa, ein paar Häuser weiter.

Kultur & Ausgehen: *Centre Culturel Français*, ✆ 611578, avenue Jean Mermoz. Hier finden öfters Konzerte und Theateraufführungen statt.

NORD-SENEGAL

Discothek La Chaumière, Ndar Tout, nähe Pont Servatius, an der Place Pointe-à-Pitre, ist ein vom Hôtel de la Poste gemanagter Club (freier Eintritt für Hotelgäste, sonst 1500 CFA). Überwiegend junges Publikum, dementsprechende Discomusik und viel Zouk von den Antillen.

Kino Vox, Quai Henry Jay. Es werden bevorzugt indische Liebesdramen gezeigt.

Strände: *Langue de Barbarie* südlich des islamischen Friedhofs.

Fahrradverleih: *Hôtel La Résidence,* Mountainbike 5000 CFA pro Tag bzw. 3500 CFA für einen halben Tag.

Angeln: Das *Hôtel de la Post* unterhält auf der Langue de Barbarie ein schön gelegenes Anglercamp.

Ausflüge zu den Nationalparks

Saint-Louis kann in unmittelbarer Nähe gleich mit zwei Nationalparks aufwarten – dem *Parc National de Langue de Barbarie* nur wenige Kilometer südlich der Stadt sowie dem *Parc National du Djoudj* im Schwemmland des Sénégal nahe der mauretanischen Grenze.

Langue de Barbarie

Der Nationalpark Langue de Barbarie umfaßt ein circa 20 km² großes Gebiet von kleinen, im Sénégal-Fluß gelegenen Inseln am südlichen Ende der gleichnamigen Landzunge. Zu sehen gibt es verschiedene Vogelarten: Vor allem Seevögel, darunter graue und weiße *Pelikane, Seeschwalben, Seiden-, Grau-* und *Silberreiher, Eisvögel, Graukopfmöwen* und natürlich

Flamingos. Es ist wunderbar anzuschauen, wenn eine ganze Kolonie zum Flug ansetzt und die Flamingos ihre rosaroten Flügel ausbreiten! Auf den Bäumen bevölkern Kormorane sämtliche zur Verfügung stehenden Äste, aus der Ferne könnte man meinen, sie seien angewachsen. Die Nistzeit der Seevögel liegt zwischen Februar und August.

Früher war das seit 1976 geschützte Gebiet auch als Brutstätte für Meeresschildkröten bekannt, aber leider sind sie hier schon seit einigen Jahren nicht mehr anzutreffen. Eine Erklärung für das Verschwinden der Meeresschildkröten konnte man mir nicht geben.

All die Vögel von der Piroge aus nächster Nähe beobachten zu können, ist ein wahres Erlebnis. Denken Sie unbedingt an eine Kopfbedeckung und Sonnenschutzmittel, die Sonne brennt hier am Wasser besonders gnadenlos!

Öffnungszeiten & Eintritt

Der Park ist ganzjährig geöffnet, täglich 7 – 18 Uhr. Der Eintritt kostet 2000 CFA.

Anfahrt & Organisierte Touren

Der Haupteingang zum Park ist auf der Festlandseite in der Nähe des Dorfes *Gandiol,* zu erreichen mit einem gecharterten Taxi oder von der Gare routière aus mit dem Buschtaxi.

Am bequemsten ist es, sich einer der *Ganz-* oder *Halbtages-Exkursionen* anzuschließen, die von den Hotels in Saint-Louis angeboten werden. Besonders zu empfehlen ist die vom

Hôtel La Résidence organisierte Tour. Vor allem wer der französischen Sprache nicht mächtig ist, kann hier aufatmen: Alle Informationen werden auch auf Deutsch geliefert!

Unterkunft

Auf der Landzunge de Barbarie gibt es zwei Übernachtungsmöglichkeiten. Beide liegen auf der Insel gegenüber dem Dorf Gandiol. Am Leuchtturm finden Sie eine Piroge, die Sie für 3500 CFA auf die Insel und auch wieder zurück nach Gandiol bringt.

🛏 Das *Campement de la Langue de Barbarie* wird vom Hôtel de la Post unterhalten. Hier nächtigt man in einer von 22 Rundhütten und deswegen auch etwas teurer als beim Nachbarn; 5000 CFA pro Person, Essen 3500 und Frühstück 1500 CFA.

🛏 In dem vom Hôtel La Résidence betriebenen *Campement* gewähren mauretanische Zelte Schutz in der Nacht. Das Essen wird lässig auf dem Teppich lümmelnd im Zelt eingenommen und schmeckt, vielleicht auch angesichts der einzigartigen Atmosphäre, einfach prima. VP 12.000 CFA, HP 8500 CFA pro Person.

Nationalpark Djoudj

Im äußersten Norden des Landes, etwa 60 km östlich von Saint-Louis, liegt der 1971 eingerichtete Djoudj-Nationalpark. Er ist quasi Senegals ornithologisches Aushängeschild und zählt zu den faszinierendsten Sehenswürdigkeiten des Landes. Darüberhinaus bietet der Park auch landschaftliche Reize. Gelegen inmitten der kargen Halbwüste des Sahel, wirken die mit dichtem Schilf bewachsenen Ufer des *Djoudj-Sees* wie eine leuchtend grüne Oase.

Paradiesische Vogelwelt

Man braucht nicht ornithologisch »vorbelastet« zu sein, um von der schlichtweg überwältigenden Präsenz der Vogelwelt in den Bann gezogen zu werden. Der Djoudj-Nationalpark ist das weltweit drittgrößte Vogelreservat. Nur an wenigen anderen Plätzen konzentrieren sich Vögel in so großer Zahl wie hier, schätzungsweise 400 verschiedene Vogelarten leben im Djoudj-Reservat! Besonders auffallend sind die großen Wasservögel. Es soll allein an die 100.000 *Flamingos* geben. Sie vermehren sich im Park, an den Nistplätzen können die noch schwarzgefiederten Vogelkinder beobachtet werden, die im Schutz ihrer langbeinigen Eltern relativ unbesorgt aufwachsen können. Dazu gesellen sich rund 10.000 weiße *Pelikane*, die zu den größten Vögeln überhaupt gehören. Des weiteren sind *Fischadler* und verschiedene Stelzenvögel wie

Im Djoudj-Nationalpark:
Weiße Pelikane, schwarze Kormorane, Reiher und Kraniche so weit das Auge reicht

Reiher, Schwarzstörche und *Kraniche* zu sehen, dazu viele Zugvögel aus Europa, die den Park am Rande der Sahara als Winterquartier nutzen. Insgesamt wird die Zahl der Vögel auf 3 Millionen geschätzt. Die Vögel treten massiv in Clustern auf. Zu Hunderten, ja Tausenden lagern sie dichtgedrängt auf Sandbänken, sitzen auf Bäumen oder schwirren in geschlossenen Formationen durch die Luft.

Welche Vögel gerade zu sehen sind, hängt von der Jahreszeit ab, Flamingos sind insbesondere im Januar anzutreffen. Je trockener die Jahreszeit, desto mehr konzentrieren sich die Tiere an den verbliebenen Wasserstellen. Der im Park gelegene See hat ganzjährig Wasser und zieht die Vögel besonders an. Von der Piroge aus las-sen sich die Nist- und Brutplätze der Pelikane und Kormorane aus nächster Nähe beobachten und fotografieren.

Der Park wird von circa 50 km Pisten durchzogen, die mit dem PKW, besser einem Allradfahrzeug (5000 CFA pro Wagen), befahren werden können. An besonders stark von Tieren frequentierten Plätzen sind Beobachtungsstände angelegt. Neben Vögeln sind auch eine ganze Reihe anderer Tierarten wie *Krokodile, Warane, Pythonschlangen* und *Wildschweine* zu sehen.

Öffnungszeiten & Eintritt

Der Park ist in den Wintermonaten von November bis April täglich 7 – 19 Uhr geöffnet. Während der Regenzeit ist das Delta überflutet und die Pisten sind unpassierbar. Die Eintrittsgebühr für 24 Stunden beträgt 2000 CFA, dazu kommen 3000 CFA für die Pirogenfahrt.

Anfahrt & Organisierte Touren

Der etwa 16.000 Hektar große Park ist von Saint-Louis aus bequem mit dem Taxi oder einem Mietwagen erreichbar. Man verläßt dazu die Stadt über den Pont Faidherbe und folgt der Nationalstraße 2 in Richtung Rosso. Vorbei an den modernen Bauten der neuen Universität zweigt nach etwa 28 km links von der N 2, nahe dem Weiler *Ndiol,* eine sandige Piste ab. Nach weiteren 30 km erreicht man den Parkeingang. Die Strecke ist ausgeschildert.

Organisierte Halbtagestouren in den Park werden von den großen Hotels in Saint-Louis angeboten. Zum Beispiel ab Hôtel de la Poste um 7 Uhr und zurück gegen 13 Uhr für 11.000 – 14.000 CFA pro Person, inklusive Transport im Safaribus, Eintrittsgebühr und zweistündiger Pirogenfahrt; oder ab Hôtel La Résidence, gleiches Preis-Leistungsverhältnis, Tour mit deutscher Leitung.

Morgens kann es noch ziemlich kalt sein. Es empfiehlt sich, einen Pulli sowie ein Kopftuch gegen Wind und Sand mitzunehmen.

Unterkunft

🏠 Für Besucher, die den Park mehrere Tage erkunden wollen, steht am Eingang ein im Rundhüttenstil gehaltenes *Campement* zur Verfügung; DZ etwa 16.000 CFA.

Entlang des Sénégal von Saint-Loius nach Kidira

Im Buschtaxi den Sénégal-Fluß aufwärts Richtung Osten zu fahren, zählt sicherlich nicht zu den ganz großen Abenteuern. Doch ein bißchen Unternehmungsgeist, Zeit und Ausdauer gehören schon noch dazu, um die etwa 680 km lange Strecke zwischen Saint-Louis und Kidira in Angriff zu nehmen.

Doch *Kidira* an der Grenze zu Mauretanien ist erst die halbe Miete und zudem nicht der Ort, der zu längerem Verweilen einlädt. Entweder man plant die Reiseroute auf den Tag genau, so daß man von dort Anschluß an die Zugverbindung zurück nach Dakar hat (vorher reservieren). Oder man benutzt Kidira als Durchgangsort, um über Tambacounda in den *Niokolo-Koba-Nationalpark* (circa 280 km) oder in die Casamance nach *Ziguinchor* (circa 600 km) weiterzureisen. Alles in allem kommen so je nach Route 1000 – 1500 sandige und entbehrungsreiche Kilometer zusammen. Entlang der ganzen Strecke gibt es mehrere kleine Landepisten, so daß unterwegs nach Bedarf vom Buschtaxi ins Flugzeug umgestiegen werden kann. Doch auch hierbei ist wiederum exaktes Timing erforderlich, da die Flüge nicht täglich gehen und es sich zudem empfiehlt, im voraus zu buchen.

Die Straße führt ausnahmslos durch die karge Sahelzone. Alleinstehende Akazien und spärlicher Bewuchs mit Dornbüschen machen die einzig nennenswerte Vegetation aus. Vereinzelt aufgegebene Gehöfte –

schon halb vom Wüstensand verschluckt – sind deutliche Vorboten der sich immer weiter nach Süden ausbreitenden Sahara. Durchbrochen wird die durch ihre Eintönigkeit auf manch einen faszinierend wirkende Monotonie lediglich wenige Male, nämlich dort, wo die Straße direkt am Fluß entlang läuft. Dessen fruchtbares Schwemmland wird intensiv für den Anbau von Reis, Mais und Hirse genutzt und bietet besonders kurz nach der Regenzeit einen wohltuenden Kontrast zum wüstenhaften Umfeld.

Die Straße ist bis *Bakel* durchgehend geteert. Einzige Behinderung können peitschende Sandstürme sein, die mit aller Regelmäßigkeit bereits kurz hinter Saint-Louis einsetzen. Bei wolkenlosem Himmel kann sich dabei tagsüber die Sichtweite auf nur hundert Meter beschränken, so daß die Dörfer am Straßenrand nur noch als schattenhafte Umrisse auszumachen sind. Der Wind trocknet die Kehle und Schleimhäute aus, der staubfeine rötliche Sand setzt sich auf Haut und Haaren fest, dringt in jede Pore und durch jede noch so kleine Ritze ein. (Die Fotoausrüstung sollte deshalb unbedingt in eine undurchlässige Plastiktüte eingepackt sein.)

Von Bakel geht es über Kidira bis *Tambacounda* auf Sandpiste weiter. Doch auch dieses letzte Stück ist zu bewältigen. Buschtaxis verkehren auf der ganzen Strecke regelmäßig. Für die gesamte Fahrt von Saint-Louis bis Niokolo Koba bzw. Ziguinchor sollte man sich zumindest eine gute Woche Zeit nehmen, obschon das Ganze auch in fünf Tagesetappen zu schaffen

ist – man verbringt dann allerdings die meiste Zeit davon im Auto.

Die Route führt durch eine bislang touristisch nahezu vollständig unberührte ursprüngliche Gegend. An Übernachtungsmöglichkeiten stehen folglich zumeist nur einfache Herbergen ohne größeren Komfort zur Verfügung. Außergewöhnliche Sehenswürdigkeiten sind nicht vorhanden. Es ist die Reise selbst, die Kargheit des Sahel und die zufällige menschliche Begegnung, die zum Erlebnis wird.

Rosso

Die erste große Siedlung nordöstlich von Saint-Louis ist das 95 km entfernt gelegene Rosso, direkt an den Ufern des Sénégal. Der Fluß markiert die Grenze zwischen Wüste und Dornbuschsavanne. Rosso war als Bindeglied zwischen Saint-Louis und der nur 200 km entfernten mauretanischen Hauptstadt *Nouakchott* einstmals das Tor zu Mauretanien. Mit der Fähre setzten damals zahllose LKWs, Buschtaxis und selbst noch vereinzelte Kamelkarawanen auf das mauretanische Ufer über, wo sich der eigentliche Stadtkern befindet. Der senegalesische Teil Rossos ist lediglich eine Ansammlung einiger Häuser mit einem kleinen Markt und der Zollstation. Durch den Grenzkonflikt von 1989 ist der Grenzort zwischendurch etwas verwaist gewesen. Die Fähre war damals außer Betrieb, die Souvenirshops hatten geschlossen und die indigoblauen Djellabahs der mauretanischen Händler waren aus dem Straßenbild verschwunden – die einzigen

Gründe, weswegen man in Rosso überhaupt Halt macht. Die Grenze ist zur Zeit wieder auf, aber die Lage kann sich schnell wieder ändern.

🛏 *Campement Auberge de la Taverne du Wallo,* direkt am Ortseingang gelegene Bungalows mit sauberen WC und Duschen. 7000 CFA. Restaurant, samstags Disco.

Richard Toll

Richard Toll liegt nur 6 km von Rosso entfernt. Die ausgefallene Ortsbezeichnung – in Wolof bedeutet sie *die Gärten Richards* – geht auf einen französischen Gärtner namens Richard zurück, der 1816 im Sénégal-Tal ein landwirtschaftliches Projekt startete. Um Richard Toll herum wird heute intensiver Bewässerungsfeldbau betrieben. Angebaut werden Mais und Reis. Besonders auffallend sind die lindgrünen Zuckerrohrplantagen, die das Flußtal in eine üppige Kulturlandschaft verwandeln. Gleich am Ortseingang findet sich ein rauchendes Ungetüm von Raffinerie, in der das Zuckerrohr zu weißem Raffinade-Zucker verarbeitet wird. An der Hauptstraße im Ort liegen kleinere Restaurants und Geschäfte. Es gibt Obst und Brot zu kaufen, Fliegende Händler bieten leckeres Gebäck an. Der große Ort ist windig und verstaubt, wirkt aber außerordentlich lebhaft. Die bodenlangen Boubous und Djellabahs der Händler flattern im Harmattan, der Kopf ist mit einem Turban vermummt, frei bleibt lediglich eine Sichtblende für die Augen, die oftmals noch durch eine Sonnenbrille geschützt sind., als besonderer

Clou manchmal auch durch eine kleine Taucherbrille.

Koloniales Überbleibsel ist das am *Taouey* (dem östlich der Stadt in den Sénégal einmündenden Nebenfluß) gelegene *Herrschaftshaus* des früheren Baron Roger. Der auch heute noch imposant wirkende Bau mit Säulen, Freitreppe und Terrakotta-Statuen ist in eine üppige, verwilderte Parklandschaft eingebettet.

Unterkunft

★★ *Le Gîte d'Étape du Fleuve,* ✆ 633240. DZ etwa 12.000 CFA; 17 zum Teil klimatisierte Zimmer. Gelegen am Westende der Stadt nahe der Gare routière, direkt am Fluß; angeschlossenes Restaurant.

☆ *Hôtel Keur Massada;* in der Stadtmitte mit Restaurant und Nachtclub; nicht ganz so komfortabel, dafür etwas billiger.

Ausflug zum Lac de Guiers

Mit eigenem oder gemietetem Wagen ist ein Abstecher zum circa 30 km südlich von Richard Toll gelegenen Lac de Guiers möglich. Die Piste zu dem See führt durch eine rauhe, deutlich vom Sahel geprägte Landschaft mit überwiegend Dornbüschen und vereinzelten Baobabs und Akazien. Am See hat sich eine bemerkenswerte Vogelwelt angesiedelt, daneben gibt es Warzenschweine, und mit etwas Glück können auch Gazellen gesichtet werden. Den See ganz zu umfahren, ist nicht möglich. Einen guten Zugang hat man von dem Fischerdorf *Mbane* am Westufer. Der See wird teilweise durch den östlich von Bakel

Am Sénégal bei Podor

entspringenden, nur temporär wasser-
führenden *Valée du Ferlo* gespeist.
Durch den *Taouey* ist er mit dem
Sénégal-Fluß verbunden, jedoch
durch einen Damm vor dessen salzi-
gem Brackwasser geschützt. Trotz geringer werdender Niederschlagsmengen ist der See noch ein wichtiges
Trinkwasserreservoir zur Versorgung
Dakars. Das Wasser wird in einer 300
km langen Pipeline in die Hauptstadt
gepumpt.

Dagana

Etwas abseits der Hauptstraße liegt
Dagana (20 km von Richard Toll), ein
alter Handelsposten für Gummi arabicum. Was aus der Vergangenheit geblieben ist, sind ein paar alte Kolonialbauten und das 1821 erbaute *Fort*,
aus dem mal ein Hotel werden soll.
Dagana bezeichnet eine ethnische
Grenze: man verläßt hier das Land
der Wolof, das Siedlungsgebiet der
Tukolor und Fulbe beginnt.

Podor

Podor ist ein geschichtsträchtiger Ort,
der bereits im alten Tekrur-Reich des
11. Jahrhunderts eine bedeutsame
Rolle gespielt hat. Der Name ist jedoch jünger und leitet sich vom französischen Wort für Gold *(or)* ab, das
früher vom oberen Flußlauf nach Podor geschifft wurde. Die große Siedlung zählt heute etwa 8000 Einwohner, zumeist Tukolor. Das alte *Fort*,
einige *Faktoreien* am Flußufer, die
teilweise im Sudanstil aus Lehm erbauten *Flachdach-Häuser* sowie der
kleine *Markt* geben dem Dorf eine gewisse Atmosphäre, die zu längerem
Verweilen einladen könnte.

Verbindungen & Unterkunft

Buschtaxi: von Saint-Louis direkt in etwa 4 Stunden erreichbar, täglich weiter nach Matam.

Seit das *Campement Ange Negre* geschlossen hat, gibt es keine offizielle Übernachtungsmöglichkeit mehr. So bleibt nur, sich privat ein (anspruchsloses) Zimmer vermitteln zu lassen. Die Einheimischen sind sehr freundlich und hilfsbereit.

Matam

Matam liegt am Rande einer vom Fluß geschaffenen Steilwand, von der sich ein grandioser Ausblick über den Sénégal bietet. Die Landschaft ist nicht mehr ganz so flach, sondern leicht hügelig, auch die Vegetation ist etwas dichter. Matam war einst eine florierende Sklavenhandelsstation. Die heute etwa 9000 Einwohner setzen sich überwiegend aus Tukulor, Fulbe und Sarakole zusammen. Sie leben in erster Linie von der Landwirtschaft. Matam ist eine der wichtigsten Kornkammern im Sénégal-Tal. Es wird vor allem Hirse angebaut, daneben auch Kichererbsen, Kartoffeln und in geringerem Umfang Gemüse. Das kleine Städtchen ist ein belebter *Marktflecken*. Kunsthandwerklich bedeutsam ist die Herstellung von einfacher Töpferware und Schmuck. Sehenswert ist die aus einem Gemisch aus Lehm und Stroh erbaute *Moschee* mit zwei Minaretten. Die große Attraktion abends ist das *Freilichtkino*.

Verbindungen & Unterkunft

Buschtaxi: Regelmäßige Verbindung nach Bakel.

Es gibt derzeit keine offiziellen Unterkünfte, private Zimmer werden vom Verwaltungsposten vermittelt.

Bakel

Zwischen Matam und Bakel verläuft die landwirtschaftlich reizvollste Etappe der Tour. Die Straße folgt größtenteils direkt dem Flußlauf, der sich beeindruckende Steilwände durch die Landschaft gegraben hat.

Bakel hat etwa 5000 Einwohner, die meisten davon sind Sarakole, die ihren Lebensunterhalt vornehmlich mit Landwirtschaft und Fischfang bestreiten. Viele sind jedoch mangels Arbeit nach Frankreich ausgewandert. Der abgelegene, geschichtsträchtige Ort liegt fast im Dreiländereck von Senegal, Mali und Mauretanien und wird von einem massigen *Fort* dominiert, von wo aus man einen schönen Rundblick auf die Landschaft genießt.

Lohnenswert ist auch ein Blick in den *Pavillion René Caillé*, ein dem Andenken des französischen Abenteurers gewidmeter Bau. Calliér kam 1828 als erster Europäer lebend aus Timbuktu zurück und machte auf seinen Reisen durch den Sahel in Bakel Station.

Das große Dorf wirkt noch sehr ursprünglich. Es gibt einen malerischen kleinen *Markt*. In den Straßen kann man Webern bei der Arbeit zusehen.

Verbindungen & Unterkunft

Buschtaxi: Regelmäßige Verbindungen nach Bakel und Kidira.

♠ Es gibt ein einfaches *Campement*.

Kidira

Von Bakel führt eine 63 km lange Piste nach Kidira an der Grenze zu Mali. Der typische Grenzort lädt nicht zu längerem Aufenthalt ein. Kidira ist aber an die Bahnlinie Dakar – Bamako angeschlossen. Zweimal wöchentlich, jeden Mittwoch und Samstag gegen Mitternacht, läuft der von Dakar kommende Zug nach Bamako ein. Etwa zur gleichen Zeit kommt in Kidira der aus Mali nach Dakar rollende Zug an, immer vorausgesetzt, es geht alles nach Plan. Mit zum Teil erheblichen Verspätungen ist zu rechnen. Die Waggons sind in der Regel hoffnungslos überfüllt.

Besser ist es, von Kidira per Buschtaxi weiter ins 180 km entfernte *Tambacounda* zu fahren, siehe Seite 284. Von dort gibt es Straßenverbindungen nach Dakar, Niokolo Koba und Ziguinchor.

»Die Schwäche vieler Menschen besteht darin, daß sie nicht wissen,
wie man zum Stein wird oder zum Baum.«   Aimé Césaire, 1976

Der Sahel im Norden Senegals: lebensfeindlich, und doch bewohnt und bewirtschaftet. Von den Kapverdischen Inseln bis nach Äthiopien dehnt sich die Sahelzone in West-Ost-Richtung aus und in Nord-Süd-Richtung breitet sie sich unaufhaltsam und stetig über viele Hundert Kilometer weiter aus. Hungersnöte, die uns Wohlstandskinder in den 70ern noch erschreckten, sind schon lange keine Schlagzeile mehr wert, Hunderttausende Nomaden und Bauern sind durch die veränderten Umweltbedingungen zugrunde gegangen, oft ebenso erbarmungsvoll verendet wie ihr Vieh, das kein Futter, kein Wasser findet. Fällt einmal Regen, ist er schneller verdunstet als das sich etwas regenerieren kann. In seiner Folge brechen oft Heuschreckenschwärme über das frisch sprießende Grün her. Besonders schlimm betroffen ist auch das benachbarte Mauretanien, mit ein Grund für die gelegentlich angespannte Grenzsituation.

PETITE COTE & SINE SALOUM

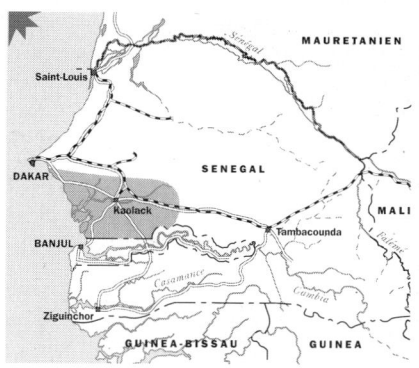

DIE ATLANTIKKÜSTE SÜDLICH VON DAKAR BIS GAMBIA

*So klein, wie der Name vielleicht suggerieren mag,
ist die Petite Côte, die »kleine Küste«, nicht, zieht sie sich doch südlich von
Dakar etwa 150 km am Atlantik entlang bis hinunter zum Mündungsdelta des
Saloum. Zwischen den einstmals ruhigen Fischerdörfern der Lebou und
Sérèr sind in den letzten beiden Jahrzehnten große Ferienkomplexe
entstanden. Als das Ferienzentrum mit der größten Bettenkapazität Senegals
verfügt die Petite Côte über eine gut ausgebaute touristische Infrastruktur.
Extravagante Hotel- und Clubanlagen, direkt an den kilometerlangen
weißen Sandstränden gelegen, bieten sonnenhungrigen Gästen gewohnten
europäischen Standard.*

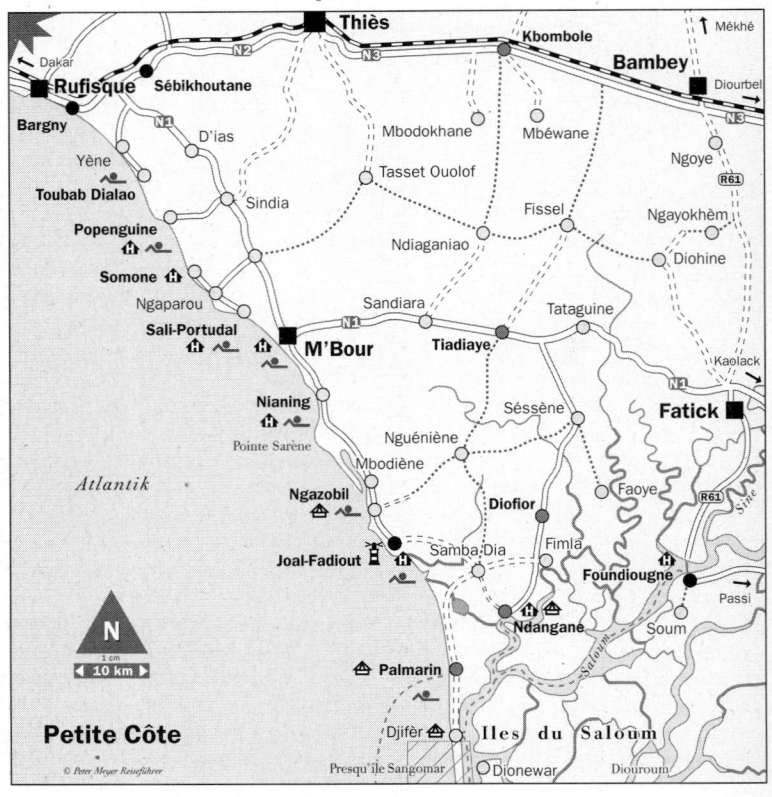

Obschon die Küstenregion dem trockenen Sahelklima zugerechnet wird, ist es lange nicht so heiß wie im Binnenland. Sanfte Passatwinde sorgen immer für eine angenehm kühle Meeresbrise. Fast ganzjährig günstige Luft- und Wassertemperaturen geben einem erholsamen Badeurlaub ideale Rahmenbedingungen. Das der Küste vorgelagerte *Cap Vert* sorgt zudem für eine relativ geringe und ungefährliche Brandung.

Verkehrsgünstig gelegen, ist die Petite Côte von Dakar aus in einer guten Autostunde erreichbar. Auf der Nationalstraße N 1 führt die Route über Rufisque zunächst in östlicher Richtung. Wenige Kilometer hinter *Bargny* biegt die N 1 rechterhand nach Süden ab, verläuft jedoch nicht direkt an der Küste entlang, sondern durch eine von Affenbrotbäumen und Akazien gesäumte offene Savannenlandschaft. Mehrere kleine Stichstraßen führen zu den Stränden bei *Toubab Dialao, Popenguine* und der touristischen Enklave *Sali-Portudal.* Vor *M'bour,* dem Hauptort der Petite Côte, zweigt eine Straße von der N 1 ab, auf der man weiter südlich *Joal* und *Fadiout* erreicht, die zu den interessantesten Ausflügen und meistbesuchtesten Zielen des Landes zählen.

Popenguine

Von der N 1 zweigt bei *Sindia* eine Stichstraße ab, auf der man nach 9 km das Fischerdorf Popenguine erreicht. Der lediglich etwa 1000 Einwohner zählende Ort liegt in einer schönen Bucht und ist für viele Städter aus Dakar ein beliebtes Naherholungsziel.

Auch der ehemalige Präsident L.S. Senghor, der heute in der französischen Bretagne lebt, hat hier ein Feriendomizil. Es gibt verschiedene einfache Übernachtungsmöglichkeiten und Restaurants. Jedes Jahr am Pfingstmontag wird Popenguine zu einem vielbesuchten katholischen Wallfahrtsort. Ziel der Pilger ist das in einer Grotte befindliche Antlitz einer als heilig verehrten schwarzen Madonna.

Somone

Die *Somone* ist ein kleiner Fluß, der wenige Kilometer südlich von Popenguine in den Atlantik mündet. An der Mündung hat sich ein idyllisches Mangrovendickicht ausgebreitet, das zahlreichen Wasservögeln als Nist- und Brutstätte dient. Zu beobachten sind bei der Suche nach nahrhaften Fischen, Krusten- und Weichtieren vor allem rosa Flamingos, Pelikane und Fischreiher.

Unterkunft

An dem nahegelegenen schönen Sandstrand befindet sich ein im afrikanischen Bungalowstil gehaltenes Feriendorf, das sich relativ harmonisch in die Landschaft einfügt: ★★★ *Le Club du Baobab,* ✆ 577404. Postanschrift: Somone, c/o Touso, BP 2059, Dakar. 96 Bungalows mit insgesamt 200 Betten; Restaurant, Discothek, Swimmingpool, verschiedene Sportmöglichkeiten wie Tennis, Bogenschießen und Windsurfen. Luxuriös und teuer.

Sali-Portudal

Sali ist eine 1984 vom Präsidenten Abdou Diouf persönlich eingeweihte Ferienanlage, die zu den größten und modernsten Urlaubszentren in Westafrika zählt. Auf einem Areal von etwa 600 Hektar konzentrieren sich ein halbes Dutzend großer Luxushotels. Eingebettet in eine zum Teil üppige Gartenlandschaft stehen Pauschalreisenden alle denkbaren touristischen Einrichtungen zur Verfügung. Für Aktivurlauber werden unter anderem Möglichkeiten zum Windsurfen, Wasserski, Fischen, Reiten, Tennis, Golf, Bogenschießen angeboten. Die Hotels verfügen über Discotheken, Videoräume, Bars, Nachtclubs und mit Souvenirs gefüllte Boutiquen. Wie alle größeren Ferienkomplexe dieser Art wirkt Sali steril, aufgesetzt und künstlich – außer dem tropischen Ambiente erinnert nur wenig an Afrika. Entlang der Hauptstraße reiht sich ein Hotel ans nächste, das ursprüngliche Dorf wirkt nun, angesichts all der luxuriösen Ferienanlagen, geradezu irreal.

★★★★ *Saly Hôtel,* © 571125, M'bour, BP 69. 70 klimatisierte Bungalows; HP 28.000 – 37.000 CFA pro Person.

★★★★ *Savana Koumba,* © 571112, Fax 237306, M'bour, BP 88; 120 Zimmer; HP 33.000 CFA.

★★★★ *Novotel Saly,* © 571191, BP 70, M'bour. 92 klimatisierte Zimmer.

★★★★ *Hôtel Royam,* © 572070, 60 Bungalows; HP 28.000 – 37.000 CFA.

★★★★ *Le Palm Beach – Framissima,* © 571137, M'bour, BP 64; HP 40.000 CFA pro Person; 260 klimatisierte Zimmer, Tennis, Swimmingpool, Bar, Restaurant, super schick.

Die »Traumstrände« der Petite Côte locken vor allem im Winter die sonnenhungrigen Toubabs

★★★ *Les Fialos,* ✆ 571180, Fax 571258; 110 Bungalows, Ausflüge und Animation, Tennis, Reiten, Wasserski, Disco, Swimmingpool, kurz: schön und dekadent; DZ mit Frühstück 31.200 CFA.

Hôtel Espadon Club, ✆ 572066, Fax 572000; 30 Zimmer, Reiten, Tennis, Wasserski, Golf, Disco; DZ 31.000 CFA.

Les Bougainvillées, ✆ 572099, Fax 228970, schräg gegenüber von Les Fialos; nagelneue, sehr stilvolle Bungalowanlage mit 100 Zimmern und Restaurant; DZ 30.700 CFA. Überall leuchten Bougainvilleen, die Atmosphäre ist wesentlich weniger künstlich als in allen anderen Hotels in Sali-Portudal.

Les Cocotiers, ✆ 571491, etwas weiter abseits vom Savana Koumba gelegen, 14 Bungalows, DZ 22.500.

La Ferme de Saly Portudal, M'bour, BP 78; völlig abgelegen (vom Les Coctiers aus noch 20 Minuten am Strand entlang laufen), aber günstig.

M'bour

M'bour, 83 km südlich von Dakar, ist der Hauptort der Petite Côte. Hier führt die N 1 fast ans Meer heran, um sogleich wieder ins Landesinnere nach Kaolock und Tambacounda abzuknicken. M'bour ist eine Kleinstadt mit rund 120.000 Einwohnern, zumeist Sérèr. Die Stadt wirkt überaus hektisch und nur wenig einladend. Der seit Jahren anschwellende Touristenstrom ging nicht spurlos an dem Ort vorbei. Aufdringliche und teils aggressive Händler, Nepper und Schlepper machen M'bour für Fremde zu einem ausgesprochen stressigen und ungemütlichen Platz.

Trotz des nur wenige Kilometer entfernt liegenden Touristenzentrums ist der Fischfang für die meisten Einwohner die Lebensgrundlage geblieben. Lohnend ist ein Spaziergang zum großen **Fischerhafen,** wo auf einem halben Kilometer Länge auf unzähligen Holzgestellen Fische geräuchert werden oder in der Sonne zum Trocknen ausgelegt sind. Sehenswert ist auch der lebhafte **Marktplatz** mit zahlreichen Gemüseständen. In den staubigen Seitenstraßen finden sich Schneidereien und kleine Schmuckgeschäfte.

Verbindungen

Von M'bour aus gibt es gute Buschtaxiverbindungen nach Joal, Thiès, Kaolack und weiter an die gambische Grenze. Die große Gare routière befindet sich direkt am Marktplatz.

Unterkunft

★★★ *Centre touristique de la Petite Côte – Coco Beach,* ✆ 571004, rue de la Préfecture. 105 klimatisierte Zimmer, z.T. in modernen Bungalows direkt am Strand; Restaurant, Disco, Swimmingpool, Tennis, Minigolf; HP für 2 Personen 30.000 – 33.000 CFA.

☆ *Centre d'Accueil et de Séjour,* ganz in der Nähe des Coco Beach Hotels; 5 einfache, aber saubere Doppelzimmer zu 11.800 CFA mit Frühstück.

Restaurants

Restaurant Centre touristique, gute europäische und afrikanische Küche, Menü um die 4500 CFA.

Restaurant de l'Islam, av. Cheikh Saabou, nahe dem Markt; sehr einfache, afrikanische Küche, Reis mit Fisch zum Beispiel 400 CFA.

Restaurant Sénégaulois, nahe dem Markt, gute afrikanische und europäische Gerichte um die 5000 CFA, schöne Atmosphäre.

Restaurant The Calabash, ℡ 571310, 276 bd. Demba Diop, am Ortsausgang an der Straße nach Dakar, gute senegalesische und europäische Küche; sehr gemütlich.

Barakuda, winziges Restaurant gleich am Ortseingang von M'bour an der route de Kaolak, nur abends geöffnet, afrikanische und europäische Küche.

Weitere Informationen

Bank & Post: *BICIS* in der rue de la Préfecture auf dem Weg zum Coco Beach Hotel. *Post* in der Nähe.

Ausflüge: *Tourisme Plus Afrique,* ℡ 571256, Fax 571484, M'bour Toucouleure; organisiert Ausflüge mit Geländewagen; z.B. Tagestrip auf die Îles du Saloum oder zum Lac Rose inklusive Mittagessen 20.000 CFA, auch 14-Tagestouren alles inklusive für 500.000 CFA.

Tanz: Jeden Fr und Sa wird im schattigen Hof des Restaurant Caïcedrat, ℡ 571666, im Zentrum, eine Disco veranstaltet; Eintritt 2500 CFA.

Strand: Eine Bademöglichkeit befindet sich südlich des Fischerhafens. Der Strand ist jedoch sehr unruhig, da man immer wieder angesprochen und umlagert wird.

Halbwegs ruhig ist es nur vor dem *Coco Beach Hotel,* wo man sich nach dem Schwimmen im Meer auf das umzäunte Gelände des Hotels an den hoteleigenen Swimmingpool zurückziehen kann.

Nianing

Nianing liegt an der Straße nach Joal, etwa 11 km südlich von M'bour. Hier gibt es zwei große clubartige Feriendörfer – für deutsche Pauschalgäste den *Club Aldiana* von Neckermann und für überwiegend französisches Publikum die *Domaine de Nianing.* Wer auf nicht ganz soviel Luxus erpicht ist, findet weitere, einfachere Unterkünfte.

★★★★ *Le Domaine de Nianing,* ℡ 571085, Fax 571505, M'bour, BP 62; VP 34.400 CFA. Auf der 130 Hektar großen, mit Palmen, Baobabs und Kapokbäumen bestandenen Parkanlage des auf französische Gäste ausgerichteten Feriendorfs verteilen sich 200 klimatisierte Bungalows, 2 Swimmingpools, 8 Tennis- und Volleyballplätze. Info und Buchung über *Jet-Tours,* Paris ℡ 45151700.

★★★ *Club Aldiana,* ℡ 571084, Fax in Dakar 57.15.66, M'bour, BP 2985; VP 27.500 CFA. Der Club Aldiana ist ein exklusives Neckermann-Feriendorf, das in 300 Bungalows Platz für 600 Personen bietet. Die architektonisch ganz im afrikanischen Stil gehaltene Anlage befindet sich an einer landschaftlich reizvollen Lagune. Die zum Teil luxuriös ausgestatteten Rundbungalows liegen verstreut unter schattigen Palmen und Casuarinas, umgeben von blühenden Bougainvilleen und Hibiscussträuchern. Den Gästen steht ein drei Kilometer langer privater

Sandstrand zur Verfügung. Kinderbetreuung, Sport- und Animationsprogramm, Hobbykurse (zum Beispiel Seidenmalerei, Schneidern) und Fitness-Studio sind im Pauschalpreis inbegriffen. Darüberhinaus werden Tennis-, Squash-, Surf-, Segel- und Reitkurse angeboten. Beauty-Farm, Sauna, Discothek, Swimmingpool, Boutiquen, Mountainbike- und Videokamera-Verleih – alles in allem ideale Rahmenbedingungen für den perfekt organisierten Urlaub. Wie auch beim Club Med ist innerhalb des Feriendorfs der Geldverkehr abgeschafft – abgerechnet wird erst vor der Abreise. Das Ganze ist natürlich völlig vom wirklichen Senegal abgekapselt.

** *Auberge des Coquillages,* ℂ 571676, Fax 571428; mit Swimmingpool und Restaurant; DZ 15.800 CFA.

☆ *Le Bougainvillées,* ℂ 571548; einfache Unterkunft ohne jeden Komfort, bietet Platz für 12 Personen; DZ um die 10.000 CFA.

⛺ *Le Ben'Tenier,* ℂ 571420, B.P. 148, M'bour; sehr schönes, gepflegtes, privates Campement mit 11 Bungalows und Restaurant. Übernachtung 6000 CFA, mit Dusche 8000 CFA/Person.

Ngazobil

Folgt man der Straße von Nianing weiter nach Süden, liegt etwa 4 km vor Joal die katholische Mission von Ngazobil. Hinter dem Ortsschild führt rechts eine Piste geradewegs zur Missionskirche. Ngazobil ist die älteste Missionsstation des Landes. 1914 wurde hier ein katholisches Gymnasium errichtet, in dem auch der spätere Präsident L.S. Senghor die Schulbank drückte.

Unterkunft

⛺ Die katholische Mission unterhält ein mehr schlecht als recht geführtes Campement. Vom Kirchturm führt ein parallel zum Strand verlaufender Weg in südlicher Richtung zum *Noviciat des Frères Saint Joseph.* Das Campement macht einen desolaten und ungepflegten Eindruck. Das halbe Dutzend Rundhütten am Strand wurde aufgegeben. Unterkunft ist nur noch in dem unweit vom Strand gelegenen zweistöckigen Missionsgebäude möglich. Nur für niedrigste Ansprüche. Man ist weitgehend auf sich gestellt. Das Management, sofern es überhaupt präsent ist, kümmert sich absolut nicht um die Gäste. Einziger Lichtblick ist der weitläufige, völlig einsame Sandstrand, der jedoch an manchen Stellen von angeschwemmtem Seetang überwuchert ist.

Joal und Fadiout

Joal, 114 km südlich von Dakar, ist ein bereits im 15. Jahrhundert von portugiesischen Seefahrern gegründeter Ort. Außer den geschützten Hafen schätzten die Portugiesen Joal als angenehmen Platz, an dem es vor allem guten Palmwein zu trinken gab. Unter Palmen verborgene, ganz im europäischen Stil gehaltene Häuser erinnern noch an die Gründerzeit. Von Joal aus verbreiteten Kapuzinermönche den christlichen Glauben über die ganze Petite Côte. Heute jedoch bekennen sich die meisten Bewohner zum Islam.

Joal und sein Fischerstrand

Joal ist ein typisches Straßendorf, das sich mehrere Kilometer parallel zum Strand entlang zieht. Es ist der Geburtsort des Dichters und ehemaligen Präsidenten Léopold Sédar Senghor, dessen Geburtshaus schon zu seinen Lebzeiten als bauliches Denkmal geehrt wird. Im Zentrum des großen Dorfes befinden sich der **Markt** und der **Buschtaxistand.** Vor den kleinen Ständen mit frischem Obst und Gemüse stehen einspännige Calèches bereit.

Nur wenige Schritte vom Markt entfernt liegt der **Strand,** der in erster Linie Arbeitsplatz der Fischer ist. Wie in jedem Fischerdorf an der Atlantikküste geht es hier am späten Nachmittag am lebhaftesten zu, wenn die Fischer vom Fang zurückkommen und vom halben Dorf erwartet werden. Als Fremder wird man von der bunten Menge kaum beachtet und kann ungestört dem geschäftigen Treiben zuschauen. Meterlange Katzenhaie, drachenförmige Rochen und anderes werden sogleich verteilt und verkauft, kleinere Kaliber wie Sardinen an Ort und Stelle verarbeitet. Männer sind mit dem Entschuppen beschäftigt oder pökeln die Fische mit grobem Meersalz ein. Der ganze Strand ist mit Schuppen und Fischköpfen übersät. Auf hölzernen Pritschen liegen Abertausende von Fischen zum Trocknen aus. Vor den Räucherhallen lagern aus Mangroven gehauene Brennholzstapel. Aus den Hallen quillt beißender Qualm, drinnen wird über Feuer der im Binnenland begehrte Räucherfisch hergestellt.

Joal!
Ich denke zurück.
Ich denke zurück an die Mulattinnen im grünen Schatten der Veranden.
An die Mulattinnen mit überwirklichen Augen wie Mondschein auf dem Strand.
Ich denke zurück an die Pracht des Sonnenuntergangs Daraus sich Koumba N'Dofène seinen Königsmantel schneiden lassen wollte.
Ich denke zurück an die Totenfeste, die dampften vom Blut der geschlachteten Herden,
Vom Lärm der Kämpfe und den Gesängen der Zauberer.
Ich denke zurück wie die heidnischen Stimmen das Tantum Ergo pochten
Und an die Umzüge und an die Palmen und an die Triumphbögen.
Ich denke zurück an den Tanz der mannbaren Mädchen,
An die Kampfchöre – oh an den Schlußtanz der Jünglinge, schlank
Den Oberkörper geneigt, und an den reinen Liebesschrei der Frauen – Kor Siga!
Ich denke zurück, ich denke zurück …
Und es klopft mein Kopf Seinen müden Marsch die Tage Europas entlang wo manchmal Ein verwaister Jazz auftaucht und schluchzt und schluchzt und schluchzt …

AUS L.S. S.SENGHOR, »CHANTS D'OMBRE«, 1945

Rundgang durch Fadiout

Fadiout ist zweifelsohne einer der malerischsten Orte Senegals, ein Besuch zählt zu den Highlights einer jeden Rundreise. Es handelt sich um drei künstlich mit Muschelschalen aufgeschichtete Inseln. Seit vielleicht 1500 Jahren sammeln, essen und verarbeiten die Küstenbewohner die im Überfluß im Meer vorkommenden Muscheln. Mit den leeren Schalen wurden im Lauf der Zeit bis zu zehn Meter hohe Muschelberge aufgehäuft. Es entstanden Inseln von mehreren Hektar Fläche, eine davon wurde schließlich besiedelt, eine zweite dient als Friedhof, auf der dritten wird in Speichern die Hirse- und Erdnußernte eingelagert.

Der eigentlich Ort Fadiout ist seit einigen Jahren durch einen fast einen halben Kilometer langen Holzsteg mit dem Festland verbunden. Der Steg liegt am südlichen Ortsausgang von Joal am Ende der Asphaltstraße. Als Besucher über den Steg zu kommen, ist gar nicht so einfach. Dutzende von Angeboten erwarten Sie. Die männliche Dorfjugend möchte Ihnen die Insel zeigen, schöne tellergroße Muscheln oder Haifischzähne verkaufen oder am besten eine Pirogenfahrt durch die malerischen *Bolongs* zur Speicherinsel anbieten. Nichts wird unversucht gelassen, um ins Geschäft zu kommen. Glücklich auf der Insel angekommen, nimmt sofort die typische Atmosphäre von Fadiout gefangen. Alles ist aus Muscheln gemacht, die Wege der engen Gäßchen, das Mauerwerk und auf der Friedhofsinsel selbst die Grabhügel. Fadiout ist ein beschauliches Dorf ohne Autoverkehr. Im morastigen Sumpf am Steg tummeln sich zahlreiche schwarze Schweine. Hühner gackern lauthals durch die Gegend. Die verwinkelten Gassen werden gesäumt von schattenspendenden Tamarinden. Die Dorfarchitektur ist sichtlich europäisch geprägt. Die kleinen mit Muschelkalk zusammengehaltenen Häuschen werden überwiegend von christlichen Sérèrn bewohnt, die auf dem Festland Ackerbau betreiben.

Etwa in der Dorfmitte steht eine moderne große *Kirche*, die architektonisch allerdings keine besonderen Glanzpunkte setzt. Interessanter sind die an manchen Wegkreuzungen befindlichen Schreine mit Heiligenfiguren. Die kleine *Moschee* mit ihren beiden Minaretten weist darauf hin, daß viele der Inselbewohner mittlerweile zum Islam konvertiert sind. Sehenswert ist auch der auf der südlichen Inselseite gelegene schattige *Dorfplatz*. Hier treffen sich die älteren Männer zu einem Schwätzchen. Bänke laden zum Verweilen ein.

Biegt man von der Inselmitte am *Wasserturm* in die nach Norden führende Gasse ein, fällt rechterhand zunächst eine naive Fassadenmalerei ins Auge. Das Kunstwerk ist Blickfang für das kleine: *Restaurant Le Ceddo*. Es ist vielleicht nicht ganz der richtige Platz, um ein opulentes Menü zu sich zu nehmen, doch für einen coolen Drink gerade richtig. Sollte der Wunsch aufkommen, auf Fadiout einige Tage zu wohnen, so ist der Besitzer gerne bei der Vermittlung von einfachsten *Privatunterkünften* behilflich; DZ 2500 CFA.

Folgt man der mit einer dicken Muschelschalenschicht ausgelegten Gasse weiter, erreicht man einen zweiten Dorfplatz. Unter der überdachten Halle widmen sich die Männer stundenlang einem dame-ähnlichen Brettspiel, knüpfen Netze oder liegen einfach auf einer Bank und dösen in den Tag hinein.

Unmittelbar vom Dorfplatz führt ein weiterer Holzsteg über das seichte, spiegelglatte Wasser der Lagune zur **Friedhofsinsel** hinüber. Diese Insel ist ebenfalls aus Muschelschalen aufgehäuft und wird gänzlich vom christlichen Friedhof eingenommen. Unter mächtigen Affenbrotbäumen finden sich hunderte von schlichten Holzkreuzen mit portugiesisch und französisch klingenden Namen darauf.

Von der Friedhofsinsel hat man einen grandiosen Panoramablick auf Fadiout und über die von Mangroven gesäumte Lagune hinweg auf die benachbarte **Speicherinsel**. Die auf Pfeilern errichteten runden Hirse- und Erdnußspeicher wirken aus der Ferne wie frisch aus dem Boden geschossene Pilze. Die Speicherinsel ist nur mit Pirogen zugänglich (Preis ist Verhandlungssache; ab 3000 CFA). Daß die Erntevorräte auf einer vom Dorf getrennten Insel gelagert werden, hat zwei Gründe: einmal ist auf der nur 500 m im Durchmesser zählenden, dicht bebauten Hauptinsel der Platz äußerst begrenzt, zum anderen wird in den auf Stelzen über Wasser errichteten Speichern die untergebrachte Ernte vor Schädlingen geschützt. Die Speicher werden heute jedoch kaum noch benutzt.

Verbindungen

Die Strecke M'bour – Joal wird täglich von mehreren Buschtaxis bedient. Direkte Verbindungen sind auch von Dakar aus möglich. Von Joal fahren Buschtaxis weiter nach Palmarin und Ndangane ins Sine-Saloum-Delta.

Unterkunft

☆ *Hôtel Le Finio*, ✆ 576112, am Ende der Asphaltstraße, direkt am Steg nach Fadiout. 11 gepflegte und ansprechende DZ zwischen 7000 und 9000 CFA, zum Teil in Rundbungalows. Dem Hotel ist ein gutes *Restaurant* angeschlossen, Menü 3500 CFA (Langusten, Krabben, Spanferkel, Yassah Poulet). Durch die exponierte Lage am Steg kann es ab und an etwas unruhig werden, da das Restaurant oft von Reisegruppen als Stopover genutzt wird.

☆ *Relais 114*, im Zentrum, 2 Minuten von der Gare routière entfernt (dem Schild am Taxibahnhof folgen); 4 Doppelzimmer à 7000 CFA. In den winzigen, einfach ausgestatteten wellblechgedeckten Räumen kann es ab und an etwas warm werden. Die Zimmer liegen zu einem schönen Innenhof hinaus, in welchem einige Vögel und Pelikane auf erbärmliche Weise gehalten werden. Die Spezialität des *Restaurant*s sind gegrillte Langusten, sehr lecker, 10.000 CFA. Daneben gibt es auch preiswerte Fischgerichte für gerade mal 2000 CFA.

Der **Strand** von Joal wird ganz und gar von den Fischern genutzt. Es ist folglich schwierig bis unmöglich, eine einigermaßen saubere Stelle zum Baden zu finden, Fischabfall ist allgegenwärtig.

Palmarin

Während der größte Teil der Petite Côte, insbesondere die Ferienresorts in Sali-Portudal und Nianing, überwiegend bis vollkommen vom Pauschaltourismus belegt sind, findet sich ganz im Süden des Küstenstreifens bei Palmarin ein nahezu noch unberührter Sandstrand, der bislang ausschließlich von Individualreisenden besucht wird.

Im Schatten von Kokospalmen gibt es direkt am Strand ein staatlich geführtes *Campement*. Palmarin ist das einzige außerhalb der Casamance gelegene Projekt des integrierten Dorftourismus (Seite 258). Das Campement ist ideal für ein paar ruhige, völlig zurückgezogene Badetage, ohne am Strand gleich von Fliegenden Händlern und Kinderscharen umzingelt zu werden.

Verbindungen

Von Joal aus pendeln auf einer befestigten Piste täglich mehrere Buschtaxis (400 CFA). Bis ein Wagen voll ist, muß mit ein- bis zweistündigen Wartezeiten gerechnet werden. Die Fahrzeit variiert je nach Fahrzeugtyp zwischen 30 und 90 Minuten. Die Taxis halten auf Wunsch direkt am Campement. Von Palmarin aus gibt es eine Verbindung auf die Halbinsel Sangomar nach Djifèr.

Weiterreise nach Gambia: Von Palmarin bzw. Djifèr aus legen meist im wöchentlichen Turnus Frachtpirogen ins nur 60 km südlich gelegene Banjul

Was erwartet man von einem Ort namens Palmarin anderes als einen Strand voller Palmen?

ab. Die etwa 6 Stunden dauernde See-fahrt kostet um die 2500 CFA. Das Campement ist bei der Vermittlung behilflich; der nicht immer problem-lose Bootstrip ist allerdings nur aus-gesprochenen Abenteurernaturen zu emphelen.

Unterkunft

♠ Das 1984 eingerichtete Campe-ment ist die einzige Übernachtungs-möglichkeit. Es liegt 15 Minuten außerhalb des Dorfes direkt an einem ruhigen und einsamen von Kokospal-men gesäumten Sandstrand. Die ursprünglich auf Sand errichteten ein-fachen Schilfhütten wurden durch ge-mauerte und strohgedeckte, quadrati-sche Häuschen mit Betonboden er-setzt. Die Ausstattung ist spartanisch,

außer einem gemauerten Bettkasten mit Matratze gibt es kein weiteres Mobiliar. Die Zimmer sind abschließ-bar. Die 40 Hütten bieten Platz für insgesamt 80 Gäste. Alle Häuser sind mit Solarzellen ausgerüstet, die Sa-nitäranlagen sind prima. Die Preise entsprechen etwa denen der Campe-ments in der Casamance (HP 6000 CFA, VP 7000 CFA, jeweils pro Per-son). Das reichhaltige und gute Abendessen nehmen die Gäste ge-meinsam gegen 19.30 Uhr ein, kalte Getränke stehen im Kühlschrank be-reit.

In den umliegenden Dörfern gibt es keine nennenswerte Einkaufsmög-lichkeit. Sie sollten sich vorher auf den Märkten in Joal oder M'bour mit etwas Obst, Peanuts etc. eindecken.

Ausflüge

Naheliegend ist ein Strandspaziergang in nördlicher Richtung nach *Palmarin-Ngalou* oder in südlicher Richtung nach *Palmarin-Gounoumane* (2 ½ km). Das Dorf ist an dem weithin sichtbaren Turm der neuen großen katholischen Kirche auszumachen. Noch weiter südlich kommt man nach *Palmarin-Diakanor,* das in der Regenzeit regelmäßig überflutet wird.

Von Palmarin aus läßt sich auch ein schöner Tagesausflug ins **Sine-Saloum-Delta** unternehmen. Mit dem Buschtaxi kommt man zunächst nach *Djifèr* (Seite 235), Fahrzeit circa eine Stunde; 300 CFA. Dort besteht die Möglichkeit, eine Piroge zu chartern und über den breiten Saloum-Fluß nach *Ndangane* überzusetzen oder einen Ausflug nach *Dionewar* zu machen. Fragen Sie einfach die Fischer am Strand, und vergessen Sie das Handeln nicht. Rückfahrt nach Palmarin mit dem Buschtaxi via *Samba Dia.*

Pirogenfahrten durch die Mangrovenlandschaft des Delta du Saloum werden auch vom Campement aus organisiert, ein Tagesausflug kostet 7500 CFA pro Person, Verpflegung mitnehmen.

Das Sine-Saloum-Gebiet

Die *Région Sine Saloum* ist eine stark von den beiden Flüssen *Sine* und *Saloum* geprägte Wasserlandschaft mit zahlreichen kleinen Inselchen, die von einem labyrinthartigen Gewirr von Bolongs umgeben sind. Sie umfaßt die *Région de Fatick* südlich der Petite Côte bis hinunter zum Gambia River.

In östlicher Richtung reicht sie mehrere hundert Kilometer landeinwärts, geht über in die *Région de Kaolack,* die das prähistorische Megalithengebiet bei *Nioro du Rip* umschließt. Im Zentrum der fruchtbaren mit Erdnüssen kultivierten Region liegt *Kaolock,* das gleichzeitig ein guter Ausgangspunkt für Ausflüge ist.

Die grüne Flußlandschaft bildet einen wohltuenden Kontrast zur trockenen nördlichen Sahelzone. Die Flußarme sind mit dichten Mangroven und Schilf bewachsen. Das Sine-Saloum-Mündungsdelta ist ein belebtes Vogelreservat. Unter den zahlreichen Wasservögeln finden sich Reiher, Störche, Fischadler, Möwen und Pelikane. Seit 1976 ist ein großer Teil der Küstenregion *Nationalpark.* Für den Reisenden ist das Gebiet nur über wenige Straßenverbindungen zugänglich. Zur Erkundung ist die Piroge ein unentbehrliches Verkehrsmittel. An touristischer Infrastruktur stehen neben einer Handvoll luxuriöser Hotel- und Bungalowanlagen bislang nur wenige einfache Unterkünfte zur Verfügung.

Ndangane

Ndangane (*Dangan* gesprochen) ist ein großer Ort an einem aus Norden sich herabwindenden breiten Seitenarm des Saloum. Auf der N 1 von M'bour kommend, zweigt hinter *Tiadiaye* rechterhand eine gut ausgebaute 42 km lange Straße über *Fimla* nach Ndangane ab. Vom kleinen Hafen aus können *Pirogenausflüge* durch die Bolongs und zur Halbinsel Sangomar unternommen werden.

Verbindungen

Von der Gare routière in Dakar fährt frühmorgens ein Buchtaxi direkt nach Ndangane.

Außerdem ist das Dorf per Buschtaxi über Pisten von Joal und Palmarin aus via Samba Dia erreichbar.

Unterkunft

★★★ *Le Pélican du Saloum*, ℭ 498330, Fax 498340; Ndangane, BP 2786, Dakar; DZ mit Frühstück in der HS 50.000 CFA, NS 34.000 CFA. 60 Zimmer, Restaurant, Bar, Pool, Tennis; Hobbyfischer können sich eine Angelausrüstung mieten.

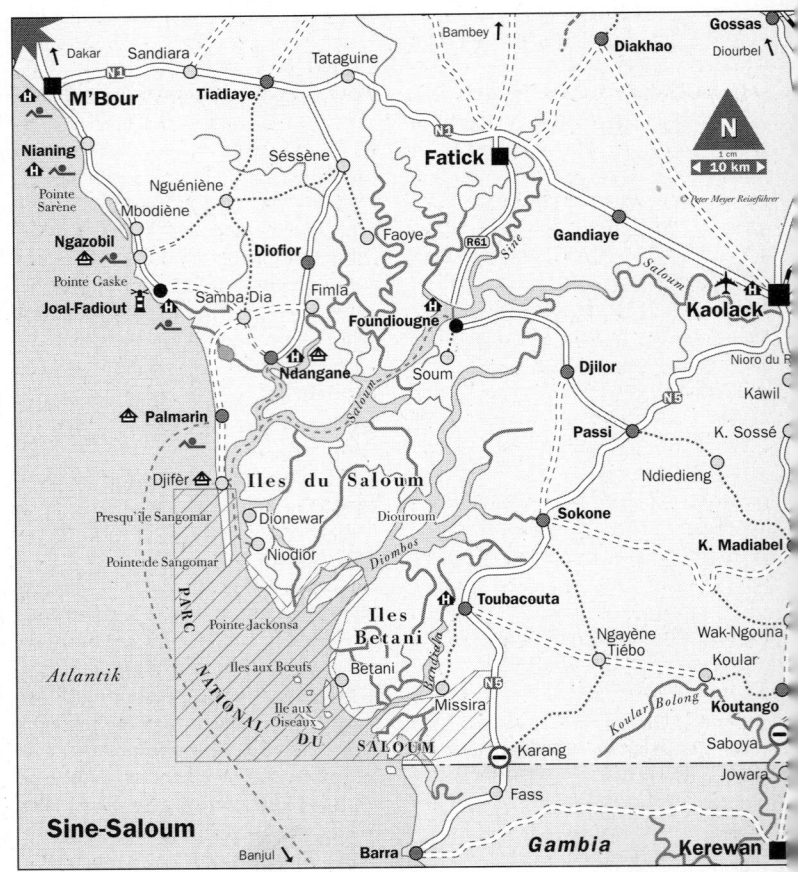

Preiswertere Übernachtungsmöglichkeiten bieten die privat geführten Campements:

🔹 *Fouto Torro,* einfache DZ 6000 CFA, und

🔹 *Keur Sambou,* gegenüber der neuen Moschee, direkt am Seitenarm des Saloum gelegen; 10 einfache DZ für 8000 CFA, HP 14.000 CFA. Hier können Sie für 10.000 CFA eine Piroge mieten und sich zur *Île aux Oiseaux* schippern lassen, um Pelikane, Flamingos und Reiher zu beobachten.

🔹 *Limboko* (besser bekannt unter dem Namen *Chez Thomas*), ✉ Amadou Alpha Bâ, B.P. Joal-Fadiout; Kontakt in Deutschland: *Ingrid Deutschmann,* ✆ 030/3933397. Das privat geführte Campement liegt genau gegenüber von Ndangane auf einer Insel in einem Seitenarm des Saloum. Fragen Sie in Ndangane nach Monsieur Sana Thiam, er bringt Sie in seiner Piroge in 20 Minuten für 2500 CFA (Preis pro Boot) direkt zum Campement. Limboko besteht aus 8 strohgedeckten Rundbungalows, gemeinschaftlich genutzten WCs und Duschen, im Restaurant wird Seafood und senegalesische Kost serviert. Übernachtung pro Person 6000 CFA, HP 9000 CFA. Organisierte Pirogenausflüge, auch Reiten Fischen und Windsurfing sind möglich. Abends gelegentlich Tam-Tam.

🔹 Drei weitere Campements befinden sich auf der nahen Insel *Mar Lodji,* die für 5000 CFA per Piroge zu erreichen ist.

Die Halbinsel Sangomar

Sangomar ist eine schmale Landzunge, die südlich von Palmarin auf einer Länge von circa 25 km wie ein Finger dem Mündungsdelta des Saloum vorgelagert ist. Auf halber Höhe liegt das kleine Fischerdorf **Djifèr**.

Verbindungen

Auf dem Landweg ist der Ort Djifèr durch eine Piste mit Joal und Palmarin verbunden, auf der regelmäßig **Buschtaxis** verkehren. Mit der **Piroge** ist Djifèr von Ndangane aus erreichbar. Umgekehrt können in dem kleinen Hafen von Djifèr Pirogen nach Ndangane oder Niodior angeheuert werden. Die Fahrzeit mit der Piroge nach Ndangane auf dem breiten Saloum beträgt etwa anderthalb Stunden, der Preis ist Verhandlungssache, sollte jedoch nicht über 15.000 CFA liegen.

Unterkunft

Am Dorfrand von Djifèr direkt am Strand liegt das

🔹 *Campement La Pointe de Sangomar;* Reservierung unter ✆ 345404; HP 7500 CFA pro Person.

Île de Dionewar

Von Djifèr aus bietet sich eine schöne Pirogenausflugsfahrt nach Dionewar an. Die 3000 Seelen zählende Insel gehört zu den *Îles du Saloum* und beeindruckt vor allem durch ihre imposante *Moschee.* Schon von weitem erkennt man die in der Sonne strahlend blau glitzernden Kuppeln. Das Leben auf Dionewar geht seinen gemächlichen Gang, Kinder spielen am Anle-

Delta du Saloum

Südlich von Djifèr erstreckt sich das Delta du Saloum bis hinunter an die Grenze zu Gambia. Auf einer Fläche von 73.000 Hektar verteilen sich zahlreiche winzige Inselchen wie *Îles aux Boeufs*, *Îles aux Oiseaux*, *Île de Pontaké* oder die *Îles Senghor*. Hier nisten etliche Vogelarten wie Pelikane, Flamingos und andere Stelzenvögel. Die Meeresfauna ist insbesondere durch Delphine und Seeschildkröten sichtbar. Für das Auge weniger spektakulär nimmt sich die Mikrofauna aus, die geschützt durch dichte Mangrovensümpfe einen idealen Lebensraum vorfindet. Hierzu zählen vor allem vielfältige Insektenarten, Muscheln, Krebse und Quallen. Das Saloum-Delta ist nur mit Pirogen zugänglich. Organisierte Touren werden von den großen Hotels der Region angeboten. Auf eigene Faust gelingt es Ihnen sicher, am Strand von Djifèr einen Fischer zu finden, der seine Piroge für eine Rundfahrt zu den Inseln zur Verfügung stellt. Der Preis ist wie immer Verhandlungssache.

Kaolack

Kaolack liegt 192 km südöstlich von Dakar und ist das verwaltungstechnische und wirtschaftliche Zentrum der Sine-Saloum-Region. Es ist mit seinen 150.000 Einwohnern nach Dakar, Saint-Louis und Thiès die viertgrößte Stadt Senegals. Kaolack ist zugleich einer der wichtigsten Verkehrsknotenpunkte des Landes. Östlich der Stadt breitet sich eines der weitläufigsten Erdnußanbaugebiete aus. Die Ernte wird in Kaolack zwischengela-

Das Brüderchen auf dem Rücken hat die Kleine über ihren Lutscher sicher längst vergessen – die Sorge um die jüngeren Geschwister ist den Mädchen ohnehin früh schon eine Selbstverständlichkeit.

gesteg, alte Männer sitzen im Schatten, bearbeiten Holzskulpturen oder sind mit dem Bau einer Piroge beschäftigt, und die Frauen beherrschen – wie überall – das Treiben auf dem Markt.

Unterkunft

Le Relais Niominka: 8 klimatisierte Zimmer mit Blick aufs Meer; ruhige Lage direkt am Sandstrand; kleines Restaurant; DZ mit HP 23.800 CFA. Es werden Tages- und Halbtagesausflüge zum Fischen angeboten, Material kann ausgeliehen werden. Reservierung in Dakar © 216831, Fax 214492.

gert bzw. in einer Ölmühle weiterverarbeitet. Obschon mehr als 100 km vom Meer entfernt, verfügt die Peanut-City durch den großen Hafen am Saloum über einen direkten Zugang zum Atlantik. Der Fluß ist bis Kaolack das ganze Jahr über schiffbar. Umgeschlagen wird ein Großteil der senegalesischen Erdnußernte, daneben auch das in den Salinen rund um die Stadt gewonnene Meersalz. Kaolack ist auch ein bedeutendes religiöses Zentrum der islamischen *Tidjane*-Bruderschaft.

Sehenswertes

Kaolack wird von den meisten Reisenden lediglich als Durchgangsstation genutzt. Für einen längeren Aufenthalt bietet die heiße Stadt mit ihren staubigen, von einspännigen Pferdekutschen geprägten Straßen keine nennenswerten Anreize. Lohnend ist jedoch ein Spaziergang über den **Markt,** der zu den größten und buntesten des Landes zählt. Von Arkaden umsäumt, trägt er deutlich orientalische Züge und wirkt ähnlich wie ein nordafrikanischer Souk. Mit etwas Gespür kann man Stände ausmachen, an denen Kaurimuscheln und allerlei andere Gris-gris und Zaubermittel angeboten werden. Die außerhalb an der Straße nach Dakar gelegene neu erbaute **Moschee Ndiouka Kébé** wurde nie fertiggestellt. Da der Geldgeber vorzeitig verstab, konnten die finanziellen Mittel nicht mehr aufgebracht werden und die Bauarbeiten mußten eingestellt werden. Von weitem gibt die Moschee mit ihren fünf extrem schlanken Minaretten, die wie

gespitzte Bleistifte zwischen den stahlblauen Kuppeldächern der Gebetshallen in den Himmel ragen, ein imposantes Bild ab. Es lohnt sich allerdings nicht, näher heranzutreten und einen Blick in das runtergekommene Innere zu werfen.

Gebetet wird in Kaolack in der **Moschee Merina**, sie befindet sich im Quartier *Merina Baye Laye,* das von der Stadtmitte aus in 5 Minuten per Taxi (75 CFA) zu erreichen ist.

Verbindungen

Buschtaxi: Über Kaolack wird praktisch der ganze Verkehr in den Osten und Süden des Landes abgewickelt. Die Nationalstraße 1 führt von Dakar kommend über Kaolack nach Tambacounda und weiter an die Grenze zu Mali. Wichtigste Verkehrsader in den Süden ist der von der N 1 bei Kaolack abzweigende *Transgambia-Highway* (N 4) über Farafenni nach Ziguinchor. Eine zweite Route in den Süden ist die in Kaolack beginnende N 5 nach Banjul/Gambia. Direkte Buschtaxiverbindungen reichen darüberhinaus nach Thiès, Diourbel, M'bour und Joal. Ins Sine-Saloum-Delta besteht eine Straßenverbindung bis nach Foundiougne, das auch mit Pirogen erreichbar ist. Die Gare routière von Kaolack befindet sich an der Straße nach Dakar.

Zug: Kaolack liegt nicht an der Hauptlinie Dakar – Tambacounda. Von Dakar aus gehen aber mehrmals wöchentlich direkte Züge über Diourbel und Guinguineo nach Kaolack.

Die »neue« Moschee von Kaolack sieht nur von außen so beeindruckend aus, innen ist sie bereits recht verfallen.

Unterkunft
★★★ *Hôtel de Paris,* © 411019, Fax 411017, rue Résidence, BP 334; DZ 15.100 CFA. Gemütliches Hotel in zentraler Lage mit 27 klimatisierten Zimmern, Restaurant (Tagesgericht ab 2400 CFA), Swimmingpool.

Weitere Informationen
Bank: *Société Générale de Banque au Sénégal* gegenüber dem *Marché Central,* etwas weiter gibt es eine Filiale der *CBAO.*
Post: in der av. du Port, gegenüber dem auffällig bunten Gebäude der *Alliançe Franco-Sénégalaise,* die gelegentlich kulturelle Veranstaltungen organisiert.
Telefon: In der rue Résidence, unweit des Hôtel de Paris, gibt es ein *Sonatel.*

Ausflüge: Kaolack ist Ausgangspunkt für Exkursionen in das Mündungsdelta des Sine-Saloum und zu den megalithischen Steinkreisen bei Nioro du Rip (Seite 242).

Foundiougne
Foundiougne ist ein völlig »ab vom Schuß« gelegenes größeres Dorf am südlichen Ufer des Saloum. Einige von malerischen Flammenbäumen umsäumte verwaiste und verwitterte Kolonialhäuser bezeugen noch, daß das französische Kolonialreich seine Macht selbst in abgelegenste Landesteile ausgebreitet hatte. Der ansonsten typisch westafrikanische Ort ist heute ausgesprochen ruhig und bietet sich für einige erholsame Tage an. Man kann romantische Pirogenfahrten

durch die verzweigten Bolongs des Saloum unternehmen, die sich schlangenartig um zahlreiche grüne Inseln winden.

Verbindungen
Von Dakar kommend, zweigt von der N 1 bei *Fatick* rechts eine 27 km lange Piste zum Nordufer des Flusses nach *Dakhonga* ab. Dort setzt man mit einer **Fähre** nach Foundiougne über. Abfahrtszeiten: 8.30, 10.30, 12.30, 16.30 und 18.30 Uhr. In umgekehrte Richtung von Foundiougne zurück nach Dakhonga legt die Fähre jeweils eine Stunde früher ab.

Sicherer gelangt man von Kaolack aus mit dem **Buschtaxi** auf der N 5 bis *Passi*, von wo aus rechterhand eine 33 km lange Piste via *Djilor* nach Foundiougne abgeht.

Von Kaolack aus tuckern auch regelmäßig **Pirogen** nach Foundiougne. Dort wiederum gibt es Pirogenverbindungen nach *Ndangane* (Richtwert 20.000 CFA), nach *Niodior* (25.000 CFA) und nach *Toubakouta* (30.000 CFA).

Unterkunft & Restaurants
★★★★ *Les Piroguiers,* ✆ 481212, Fax 481210, BP 4, Foundiougne. DZ mit Frühstück 38.000 CFA; 60 klimatisierte Zimmer, zum Teil als oktagonalförmige Bungalows. Luxuriöse Ferienanlage mit Restaurant, Bar, zwei Swimmingpools und Privatstrand am Fluß. An sportlichen Aktivitäten bieten sich Volleyball, Radfahren, Windsurfen, Wasserski, Tennis und Reiten an. Für ein 4-Sterne-Hotel gut, aber auch teuer.

☆ *Chez Anne-Marie,* einfach und preiswert; DZ 6000 CFA. Das zugehörige *Restaurant Le Baobab,* ✆ 481108, befindet sich auf der gegenüberliegenden Straßenseite.

Außerdem gibt es günstige *Privatunterkünfte;* DZ 2500 CFA; fragen Sie einfach die Jungs am Anlegesteg nach einem solchen »chambre chez l'habitant«.

Restaurant Jonik, hinter dem Anlegesteg, Nähe Markt, einfach und anheimelnd.

Sokone
Auf dem Weg von Kaolack nach Süden führt die N 5 nach 47 Kilometern durch Sokone. Der Ort hat absolut nichts zu bieten, außer einer sehr schönen Übernachtungsmöglichkeit: ⚜ *Campement Le Caïman,* ✆ und Fax 483140, Route de Koalack; ansprechende, kleine Bungalowanlage, gemütliche Zimmer mit Dusche und WC; DZ nur mit HP möglich, 26.800 CFA; gutes Menü.

Toubacouta
Die überwiegend von Mandingo bewohnte, nur wenige hundert Einwohner zählende Ortschaft liegt 66 km südlich von Kaolack, direkt an der Straße nach Banjul. Toubacouta ist der beste Ausgangspunkt für Exkursionen in den südlichen Teil der Sine-Saloum-Region.

Ein besonders reizvoller Ausflug ist eine Pirogenfahrt zum Dorf **Bétanti** und den dort vorgelagerten *Îles aux Boeufs.* Sechs km nördlich von Toubacouta liegt inmitten des breiten *Diombos*-Stroms die künstlich aufgebaute Muschelinsel **Diouroum**. Ganz ähnlich wie in Fadiout (Seite 231) wurden die Muschelberge im Laufe von Jahrhunderten angehäuft. In zahlreichen prähistorischen Grabhügeln konnten verschiedene Grabbeigaben, insbesondere Keramiken und Schmuck gefunden werden.

Von Toubacouta aus ist es auch möglich, von Reiseveranstaltern organisierte Pirogenausflüge nach Ndangane und Djifèr zu unternehmen.

Unterkunft

★★★ *La Keur Saloum,* ℂ und Fax 485716, Toubacouta. 30 klimatisierte Zimmer; Ferienanlage im Bungalowstil mit Restaurant, Bar, Swimmingpool, Tennis und Gelegenheit zum Fischen. DZ mit Frühstück 24.600 CFA, HP 36.000 CFA.

★★★ *Les Palétuviers,* ℂ 485714, Fax 485706, Toubacouta. 80 Zimmer; DZ mit Frühstück 29.000 CFA, HP 40.400 CFA; mit Restaurant, Casino und Gelegenheit zum Fischen. Buchungen auch in Dakar, 2 Place de l'Indépendance, Boîte Postale 1917, ℂ 220988.

Megalithische Steinsetzungen

Verläßt man Kaolack auf dem *Transgambia-Highway* (N 4) in südöstlicher Richtung, so überquert man zunächst das riesige Flußbett des Saloum. An den seichten Ufern sind von kleinen Erdwällen umrandete Salzgärten zu sehen, in denen Meersalz gewonnen wird. Der stellenweise mit abgrundtiefen Schlaglöchern gespickte »Highway« führt weiter durch eine fruchtbare Kulturlandschaft. Zu bei-

den Seiten der Straße breitet sich eines der größten Erdnußanbaugebiete des Landes aus. Während der trockenen Wintermonate lagern am Straßenrand haldenweise aufgeworfene Peanut-Berge, um per Lastwagen in die Ölmühle bzw. zum Hafen verfrachtet zu werden. Dazwischen liegen kanonenkugelgroße grüne Melonen zum Verkauf aus.

Östlich von **Nioro du Rip** (55 km von Kaolack) liegt ein von Menhiren, Steinkreisen und prähistorischen Grabhügeln durchsetztes Gebiet, das von seiner Bedeutung durchaus mit den Megalithkulturen in Carnac (Bretagne) und Stonehenge (Südengland) oder im westlichen Mittelmeerraum verglichen werden kann. Zwar finden sich weniger spektakuläre und auch nicht ganz so hohe Steinsetzungen wie beispielsweise in Stonehenge, doch konnten im Grenzgebiet zu Gambia bislang an die 30.000 Megalithen geortet werden! Megalithe nennt man große behauene Steinblöcke, die zu einer vorgeschichtlichen Grabanlage gehören. Anders als die jungsteinzeitlichen und vorchristlichen europäischen »Steinbrüder« stammen die hiesigen archäologischen Untersuchungen zufolge aus dem 7. oder 8. Jahrhundert. Die bis zu anderthalb Meter hohen Lateritsteine wurden zu Kreisen angeordnet oder in Richtung Sonnenaufgang ausgerichtete Reihen gesetzt. Inmitten einiger Steinkreise sind alte Grabhügel erkennbar, in deren Umfeld man zahlreiche Knochenfragmente, Waffen und Töpferwaren oder Scherben ge-

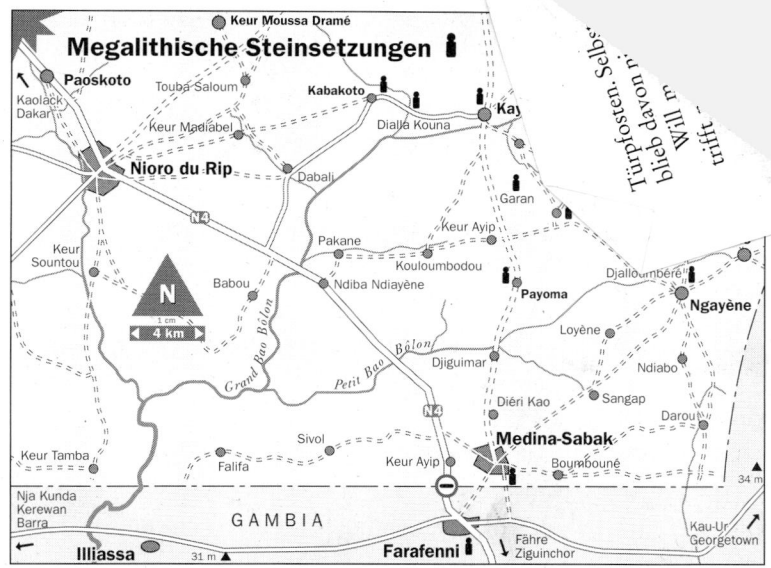

Megalithische Steinsetzungen

funden hat. Die Urheber der sene-
gambischen Megalithkultur konnten
bislang jedoch nicht bestimmt werden. Es wird angenommen, daß es
sich um keine der heute in der Region
ansässigen Volksstämme handelte.
Auch inwieweit die Menhire als Kult-
und Opferplätze benutzt wurden, ist
nicht geklärt, jedoch ist anzunehmen,
daß sie im Zusammenhang mit einem
ausgeprägten Ahnenkult standen.

Anfahrt und Besichtigung

Die Besichtigung der megalithischen
Steinkreise ist am einfachsten mit einem gemieteten fahrbaren Untersatz
zu bewerkstelligen. Ein ortskundiger
Führer erleichtert die Suche erheblich,
wenn auch viele Steinkreise direkt am
Weg liegen. Etwa 11 km südöstlich

von *Nioro du Rip* biegt vom Transgambia-Highway linkerhand Richtung *Kaymor* eine unbefestigte Piste
ab. Die ersten Steinkreise sind bei den
Dörfern **Kabakoto** (10 km vom Abzweig) und **Kaymor** (15 km) auszumachen.

Die größten und beeindruckendsten Formationen liegen an einem als
Djalloumbéré bekannten Platz, bereits ganz dicht an der Grenze zu
Gambia, nördlich des Dorfes **Ngayè-
ne**. Dort finden sich auf engstem
Raum mehr als 1000 zu konzentrischen Kreisen angeordnete Menhire.

Sehenswert ist außerdem die etwa
10 km südlich von Kaymor gelegene
kleine Ortschaft **Payoma**, wo einzel-
ne Menhire zum Hausbau zweckentfremdet wurden – beispielsweise als

die kleine Moschee
...cht ausgenommen.
...n weiter nach Gambia, so
...an bei **Médina Sabak** wieder

auf die N 4. Die Megalithenkultur setzt sich grenzüberschreitend auf gambischer Seite fort, insbesondere bei *Wassu* und *Kerr Batch* (Seite 337).

CASAMANCE & SÜDOSTEN

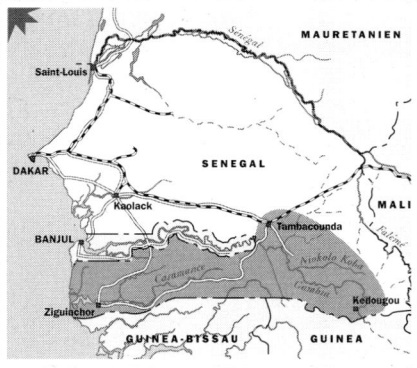

DIE CASAMANCE:
SENEGALS TROPISCHER SÜDEN

Kommt man von der trockenen Sahelzone im Norden über den Transgambia-Highway in die Casamance, so überrascht ein völlig verändertes Landschaftsbild. Die Trockensavanne mit hohen Gräsern und vereinzelten Akazienbäumen weicht mehr und mehr einer immergrünen tropischen Vegetation. Mächtige Kapok- und Affenbrotbäume, hochgewachsene Palmenwälder, grellrot blühende Flamboyants, wohlriechender Eukalyptus, dichte Mangrovensümpfe und selbst noch Reste des tropischen Regenwaldes beherrschen zunehmend das Bild.

Als Ausläufer der feucht-tropischen Guinea-Zone sind die Niederschläge in der Casamance weitaus höher als im Norden. Dichter Wald wechselt mit weiten Grasflächen und fruchtbarem Kulturland. Obschon auch hier menschliche Eingriffe, etwa Brandrodung, Holzeinschlag und das zunehmende Vorrücken des Erdnußanbaus deutlich Spuren hinterließen, präsentiert sich die Casamance als feuchtgrüne, noch weitgehend erhaltene Idylle.

Die Casamance ist geographisch weitgehend von Nordsenegal abgetrennt. Sie bezeichnet den Landstrich zwischen Gambia im Norden und Guinea-Bissau im Süden. Verwaltungstechnisch wird sie in die Obere, Mittlere und Untere Casamance eingeteilt: Die *Haute-Casamance* umfaßt den östlichen Teil der Region, mit der Stadt *Kolda* im Zentrum; die *Moyenne-Casamance* bezeichnet das Gebiet um die alte Hauptstadt *Sedhiou*; die *Basse-Casamance* schließlich erstreckt sich von *Ziguinchor* bis hin zum Atlantik. Alles in allem umfaßt die Region 28.000 km², was in etwa der Fläche Belgiens entspricht. Zentrale Lebens-

ader der Casamance ist der gleichnamige Fluß, der im Osten bei Kolda entspringt und sich als breiter Strom 300 km nach Westen windet und schließlich in den Atlantik mündet. Zahlreiche *Bolongs,* Seitenarme der Casamance, bilden ein wirres Geflecht von malerischen Wasserstraßen.

Die Casamance gestern und heute
Der Name Casamance geht auf den im 15. Jahrhundert am Unterlauf des Flusses regierenden Mandingo-König *Kasa Mansa* zurück. Hundert Jahre, nachdem der König das Zeitliche gesegnet hatte, ließen sich die Portugiesen als erste Europäer am Fluß nieder und gründeten Militärposten und Handelstationen. Die Franzosen folgten später. Beide Kolonialmächte hatten große Mühe, den sumpfigen, nur schwer zu durchdringenden Regenwald und vor allem dessen Bewohner unter Kontrolle zu bringen. Ihr Einfluß beschränkte sich lange Zeit auf das Gebiet um die militärischen Stützpunkte. Das Hinterland, insbesondere die Basse-Casamance, blieb bis ins 20. Jahrhundert hinein unkontrollierbar.

In der Basse-Casamance siedelt hauptsächlich das überaus heitere und freundliche Volk der *Diola,* das gerade auf Grund des schwer zu kontrollierenden Geländes noch teilweise seine kulturelle Eigenständigkeit bewahren konnte. Die in ganz West- und Zentralafrika verbreitete Islamisierung machte allerdings auch nicht vor den Diola Halt, wenn auch noch überdurchschnittlich viele der traditionellen animistischen Religion treu geblieben sind. Beschneidungsriten an Jungen und Mädchen sind unabhängig davon auch bei ihnen üblich.

Die äußerst fruchtbare Basse-Casamance ist die Kornkammer Senegals. Der tonige Schwemmlandboden gestattet einen intensiven Feldbau. Die Diola schufen aus der Region eine einzigartige Kulturlandschaft, wie sie in Westafrika ansonsten nur selten zu finden ist. Zu beiden Seiten des Flusses bauen sie in erster Linie Reis an, teils im Trockenanbau, teils wird er im Schwemmland des Flusses kultiviert. Der Reis ist für die Diola das wichtigste Grundnahrungsmittel. Vor diesem Hintergrund erklärt sich, warum gerade diese Grä-

serfrucht Eingang in kultische Zeremonien gefunden hat. Obstplantagen versorgen die Bevölkerung mit Orangen, Mangos, Papayas und Bananen, die Ölpalme liefert Fett und den nicht nur von den Diola geschätzten Palmwein.

Die üppige Natur und nicht zuletzt die gastfreundlichen Diola machen die Basse-Casamance zu einer Region mit einem beachtlichen touristischen

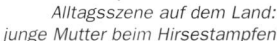

Alltagsszene auf dem Land:
junge Mutter beim Hirsestampfen

Potential. Sie vereinigt geradezu alle tropischen Klischees auf sich, angefangen vom sonnigen Klima über weite, palmenbestandene Sandstrände bis hin zu malerisch in die Feuchtsavanne eingebetteten Dörfern, die von leuchtend grünen Reiskulturen, Papayas und Mangobäumen umgeben sind. Neben den Badezentren an der Atlantikküste konnte durch den sogenannten integrierten Dorftourismus auch das Landesinnere für die ausländischen Gäste erschlossen werden. In verschiedenen Dörfern stehen insbesondere Individualreisenden einfache und preiswerte Unterkünfte zur Verfügung, die Gelegenheit bieten, Land und Leute besser kennenzulernen. Die einheimischen Diola entpuppen sich als eines der herzlichsten Völker Westafrikas. Scheuen Sie sich nicht, hundert mal am Tag »Bonjour« oder »Kasumai« zu sagen – Sie bekommen es doppelt und dreifach zurück. Die Casamance setzt zweifelsohne das Glanzlicht einer jeden Senegal-Reise.

Das Herz ist kein Knie,
das man einfach beugen kann.
DIOLA-SPRICHWORT

 Wie sicher ist das Reisen in der Casamance?

Auf Grund der unstabilen politischen Lage warnte das Auswärtige Amt in Bonn kurz vor Drucklegung dieses Buches (November '95) vor Reisen ins Innere der Casamance, inklusive Ziguinchor. Der Küstenstreifen um Cap Skirring, die Küste bei Kafountine sowie das restliche Senegal galten nach Auskunft des AA »als sicher«. Zurückkehrende Reisende berichteten, daß im Oktober 1995 im Raum Ziguinchor bis auf die obligatorischen Straßenkontrollen durch die senegalesische Militärpolizei die Lage »normal« sei. Vereinzelte militante Auseinandersetzungen zwischen Seperatisten und Regierungstruppen konzentrieren sich um den Ort Santiaba Mandjak nahe dem Nationalpark Basse Casamance sowie im übrigen Grenzgebiet zu Guinea-Bissau. Bitte erkundigen Sie sich vor Ort (z.B. bei der Deutschen Vertretung in Dakar; oder beim Auswärtiges Amt in Bonn: ✆ 0228/173662-170, automatische Ansage) über die aktuelle Situation.

*D*ie Diola werden von den Wolof vielfach etwas abschätzig als »die Leute aus dem Wald«, »Palmweintrinker« oder gar als rückständige, alten Kulten anhängende Animisten bezeichnet. Tatsächlich heben sich die überwiegend in der Casamance ansässigen Diola deutlich vom übrigen Senegal ab. Im Grunde genommen wollen sie gar nicht dazu gehören. Widerstand und Autonomiestreben ziehen sich durch die ganze Geschichte des Volkes. Schon die Portugiesen und Franzosen hatten ihre Mühe, das nur schwer zugängliche, von Wasserläufen durchzogene und dichten Wäldern bedeckte Siedlungsgebiet unter Kontrolle zu bringen. Die Diola weigerten sich, Abgaben zu leisten.

Heutige Gegner sind nicht mehr die fremden Kolonialisten, sondern die aus dem Norden hereindrängenden Verwaltungsbeamten und Geschäftsleute, sprich die »Senegalesen«. Konflikte innerhalb einer Nation, die willkürlich durch die Kolonialisierung geschaffen wurde, sind eigentlich nicht weiter verwunderlich. Die geographische Isolierung vom senegalesischen Norden durch Gambia tut ein Übriges, um gegen die aus Dakar empfundene Bevormundung zu protestieren. Die Diola fürchten die Überfremdung durch die Wolof nicht nur hinsichtlich Religion, Sprache und kultureller Eigenheiten. Sie wehren sich vor allem gegen das von den Franzosen übernommene zentralistische, hierarchische Ordnungsprinzip, gegen die von

Das Autonomiestreben der Diola

Ortsfremden ausgeübte Macht, die fortwährend mit der individuellen Lebensart der Diola kollidiert.

Das kleine Volk hat eine ganz andere Politikauffassung. Bei den Diola gab es nie Griots, die Wissen als Monopol besaßen. Sie kannten darüberhinaus auch keine übergeordneten politischen Strukturen. Einige Dörfer besaßen zwar Könige, die jedoch weniger als Herrscher auftraten, sondern klar abgegrenzte Befugnisse hatten. Auch Sklaven gab es nie, ebenso kein in Berufsstände aufgeteiltes Kastenwesen. Die ökonomische Einheit war die Großfamilie, die in den typischen Sippengehöften (Seite 59) unter einem Dach zusammenlebte. Bei der Feldarbeit herrschte das Prinzip der gegenseitigen Hilfe.

Die Diola fürchten zu Recht um ihre Eigenständigkeit. Der Einfluß der Wolof aus dem Norden wird immer stärker. Seit Anfang der 80er Jahre fordern daher Separatisten erneut lautstark größere Autonomie für die Casamance, 1982 gingen rund 100.000 Menschen dafür auf die Straße. Die Freiheitsbestrebungen werden mit Unterdrückung beantwortet, Parteimitglieder der 1947 gegründeten *Bewegung der demokratischen Kräfte der Casamance* (MFDC) verschwinden in Gefängnissen oder kommen unter ungeklärten Umständen zu Tode. Schlimme Kämpfe wie jene 1983, als Sicherheitskräfte eine in den Heiligen Hainen der Diola stattfindende Versammlung der Separatisten gewaltsam aufzulösen versucht hatten, fordern

Widerstand gegen die senegalesisch besetzten Behörden, lokale Aktionen und Unruhen heraus.

Seither hat sich die Lage in der Casamance nie ganz entspannt. Der senegalesische Staat sieht die nationale Integrität des Landes bedroht. Verschärfte Kontrollen, zeitweiliger Ausnahmezustand und Verhaftungen sogenannter Rädelsführer sind keine Einzelfälle. Angeblicher Drogen- und Waffenhandel geben oft die Begründung für Razzien ab. Nach einem 1990 von *amnesty international* veröffentlichten Bericht kam es während der Haft wiederholt zu Folterungen und Todesfällen.

Seit dem Herbst 1992, als der radikale bewaffnete Zweig der MFDC zum ersten Mal sogar Militärstützpunkte, die man als Provokation empfindet, überfiel, werden regelrechte Waffenstillstandverhandlungen geführt. Vertreten wird *Mouvement des forces démocratiques de Casamance* vor der Diouf-Regierung von Abt *Augustin Diamacoune Senghor,* der von dem einstigen »Mutterland« Frankreich einen Schiedsspruch verlangt. Denn Frankreich habe der Casamance in den Protektoratsverträgen von 1882 bereits die Autonomie zugesichert, sei aber aus taktischen Gründen bei den Unabhängigkeitsverhandlungen 1960 nicht mehr für die Casamance eingetreten; man wollte sich quasi ein Eisen im Feuer bewahren.

Die Autonomie ist der MFDC heute nicht mehr genug. Sie will die Unabhängigkeit. Eine eigene Verfassung, die der traditionell demokratischen Gesellschaft der Diola entspricht, ist bereits ausgearbeitet. Darin ist unter anderem festgeschrieben, daß die UNO alle fünf Jahre prüfen soll, ob gemäß der Menschenrechte regiert wird. Französisch soll Amtssprache bleiben, doch soll niemandem eine nationale Sprache aufgezwungen werden, denn schließlich leben in der Casamance außer Diola auch andere Ethnien wie Wolof, Mandingo und andere. »Ernähren, pflegen, erziehen sind die Prioritäten in unserem Programm«, sagt der Waffengewalt ablehnende Diamancoune Senghor, der im Bistum Ziguinchor lebt.

Der Konflikt wirft seine Schatten auf den Fremdenverkehr. In der Saison 1990/91 nahmen erstmals einige französische und belgische Reiseveranstalter die Casamance aus dem Programm. Grund für Sorge um die Sicherheit der Gäste gibt es für die Franzosen mehr als genug, seitdem im April 1995 vier französische Touristen spurlos verschwanden. Die Spannungen nahmen wieder zu, eine bewaffnete Rebellen-Gruppe, die offensichtlich auch zur MFDC in Opposition steht, lieferte sich mit der senegalesischen Armee eine Reihe von Gefechten. Doch da sich diese Gruppe durch illegale Grenzwechsel nach Guinea-Bissau dem Zugriff bisher entziehen konnte, bleibt die Lage unübersichtlich. Bei Drucklegung warnte das Auswärtige Amt in Bonn vor Reisen in bestimmte Gebiete der Casamance, siehe Seite 248. Vor einer Reise sollte man sich aktuell informieren. Mit Behinderungen durch verstärkte Straßenkontrollen, vor allem in Ziguinchor, muß in jedem Fall gerechnet werden.

Ziguinchor

Bester Ausgangspunkt für eine Reise durch die Casamance ist Ziguinchor, die am südlichsten gelegene Metropole Senegals mit 170.000 Einwohnern. Alle Ziele in der Casamance lassen sich von hier schnell und bequem erreichen. Die Stadt hat sich entlang des Südufers des Casamance-Flusses ausgebreitet und liegt inmitten Senegals fruchtbarem Naturgarten, umgeben von immergrünem Baumbestand, sumpfigen Mangrovenwäldern und in der Regenzeit sattgrün leuchtenden Reisfeldern. Vom Nordufer führt eine erst vor einigen Jahren fertiggestellte 640 m lange Brücke über den gemächlich dahinfließenden Strom. Der Hafen von Ziguinchor ist 70 km von der Mündung in den Atlantik entfernt, aber dennoch ein wichtiger Umschlagplatz für den Binnenhandel mit Erdnüssen, Reis, Fisch, Krabben und Austern.

Für seine Größe ist Ziguinchor eine ganz untypische westafrikanische Stadt. Der erste Eindruck mag überhaupt nicht städtisch erscheinen, sondern eher provinziell. Zugegebenermaßen geht es teilweise recht ländlich zu. Die staubigen Straßen sind relativ ruhig ohne nennenswerten Autoverkehr. Zahlreiche herumstreunende Schweine weisen nicht nur auf den ländlichen Charakter hin, sie sind zugleich auch Zeichen der nur wenig islamisch durchsetzten Bevölkerung. In den selbst noch im Stadtkern anzutreffenden mächtigen Baumriesen flattern große tropische Vögel herum.

Aus Dakar oder Banjul kommend, wird man sofort von dem deutlich gelasseneren Lebensrhythmus der Einheimischen eingefangen. In Ziguinchor geht alles etwas entspannter und langsamer zu – ausgenommen natürlich die Gare routière, die wie überall in Westafrika von hektischem Getriebe erfüllt ist. Die manchmal fast unerträgliche Hitze veranlaßt jeden, »einen Gang herunterzuschalten«. Ziguinchor kann ausgesprochen heiß sein. Es liegt an der Grenze zum guineischen Feuchtwald, was lästigerweise durch die allabendlich ausschwärmenden Moskitos bestätigt wird.

Die lockere Atmosphäre, die liebenswürdigen Diola und nicht zuletzt das vergleichsweise niedrige Preisniveau – es lebt sich hier beträchtlich billiger als in Dakar oder Banjul – machen es einem leicht, sich in der Stadt auf Anhieb wohlzufühlen.

Historischer Rückblick

Ziguinchor (ausgesprochen *Siginschor*) heißt in der Sprache der Diola soviel wie »Ort, an dem du weinen wirst«, eine deutliche Anspielung auf den einstmals florierenden Sklavenhandel, der vom Hafen des Ortes seinen unheilvollen Ausgang nahm. Einer anderen Deutung zufolge leitet sich der Name von den *Izguichos* ab, einem Clan der in Ziguinchor ansässigen *Bainuk*.

Die Siedlung wurde von den Portugiesen gegründet, die bereits im Jahre 1457 auf dem Casamance-Fluß weit ins Innere der Region vordrangen. Doch erst etwa 200 Jahre später errichteten sie am Südufer einen kleinen Handelsstützpunkt. Ziguinchor entwickelte sich schnell zu einem wichti-

CASAMANCE & SÜDOSTEN

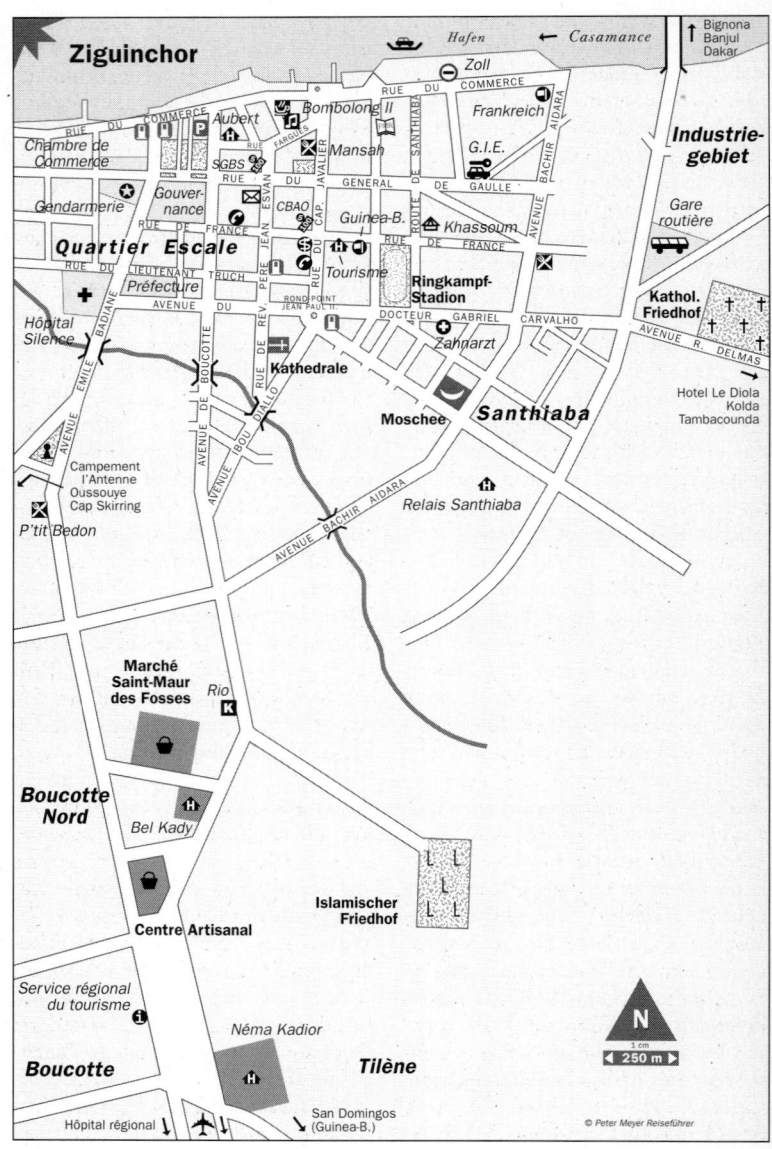

Ziguinchor

Hafen ← Casamance

↑ Bignona
Banjul
Dakar

Zoll

RUE DU COMMERCE

Bombolong II

Frankreich

Industrie-
gebiet

Chambre de
Commerce

Aubert

Mansah

G.I.E.

RUE DU COMMERCE

SGBS

Gendarmerie

Gouvernance

CBAO

Guinea-B.

RUE GENERAL DE GAULLE

Gare
routière

Quartier Escale

RUE DE FRANCE

Khassoum

Préfecture

RUE DU LIEUTENANT TRUCH

Tourisme

RUE DE FRANCE

Ringkampf-
Stadion

Kathol.
Friedhof

AVENUE DU

Hôpital
Silence

ROND-POINT
JEAN PAUL II.

DOCTEUR GABRIEL CARVALHO

AVENUE R. DELMAS

Kathedrale

Zahnarzt

Santhiaba

Hotel Le Diola
Kolda
Tambacounda

Campement
l'Antenne
Oussouye
Cap Skirring

Moschee

P'tit Bedon

Relais Santhiaba

AVENUE BACHIR AIDARA

Marché
Saint-Maur
des Fosses

Rio

Boucotte
Nord

Bel Kady

Centre Artisanal

Islamischer
Friedhof

Service régional
du tourisme

Néma Kadior

Boucotte

Tilène

Hôpital régional ↓

San Domingos
(Guinea-B.)

N
1 cm
◄ 250 m ►

© Peter Meyer Reiseführer

gen Umschlagplatz für Sklaven, Palm-kernfett, Bienenwachs und Kautschuk. Auf Druck der Franzosen, die sich um 1830 zunächst auf der Insel Karabane im Mündungsdelta der Casamance niedergelassen hatten, trat 1886 der portugiesische König den Ort an die Franzosen ab.

Noch um die Jahrhundertwende zählte die Siedlung wenige hundert Einwohner. Erst unter der Verwaltung der Franzosen, die Ziguinchor auf Grund seiner geographischen Lage bald zur Provinzhauptstadt machten, wanderten aus Nordsenegal, Gambia und dem nahegelegenen heutigen Guinea-Bissau zahlreiche Menschen zu, so daß sich in Ziguinchor heute die verschiedensten westafrikanischen Volksgruppen finden.

Sehenswertes

Das Stadtbild trägt sichtbar koloniale Züge. Im alten **Quartier Escale** am Fluß sind noch guterhaltene, von hölzernen Balkonen umrandete Kolonialbauten zu sehen. Großzügig angelegte Alleen, schattige öffentliche Parks und kleine Plätze bezeugen nachhaltig den stilgebenden französischen Einfluß. Das **Geschäftsviertel** mit Banken, Hotels und von Libanesen geführten Läden macht einen verhältnismäßig lebhaften Eindruck, vorausgesetzt, es ist nicht gerade Mittagszeit, wenn die vor Hitze flirrende Stadt in einer stundenlangen, reglosen Siesta versinkt. Rund um den Wasserturm direkt am Flußufer wird ein bunter **Marché** abgehalten, wo hauptsächlich Fisch, Muscheln, Austern und Gemüse gehandelt werden.

Etwas abseits vom Geschäftszentrum, in einem von typischer Wellblecharchitektur geprägten, mehr afrikanischen Viertel, sind die Märkte **Saint-Maur des Fosses** und das **Centre Artisanal** zu finden. Ersterer ist ein großer Lebensmittelmarkt mit allen denkbaren Eßwaren, angefangen von exotischen Früchten und Gewürzen bis hin zu Trockenfisch und den allgegenwärtigen Peanuts. Mitte Februar 1995 wurde der Markt teilweise durch einen Brand zerstört. Das in unmittelbarer Nachbarschaft gelegene Centre Artisanal ist ein Kunsthandwerkermarkt von beachtlicher Größe. Der Markt trägt bereits deutlich touristische Züge, obschon er im Unterschied zum *Village Artisanal* in Dakar noch ursprünglicher wirkt. Angeboten werden vornehmlich Holzschnitzereien, Schmuck und Baumwolltextilien. Interessant ist es, den Handwerkern bei der Arbeit zuzuschauen. Wen das ewige Handeln und Feilschen zu sehr gestreßt hat, kann sich anschließend in der angrenzenden Kneipe *Le Manguier* erholen.

Ausflüge

Von Ziguinchor bieten sich verschiedene Ausflüge zu Wasser an. Etwa 5 km flußabwärts liegt inmitten des breiten Stromes die **Vogelinsel,** *Île aux Oiseaux,* die zwar nicht unbedingt mehr an Vögeln beherbergt als andere, aber dennoch ein lohnender Halbtagesausflug ist. Organisierte Touren werden vom *Hôtel du Tourisme* angeboten.

Weitaus spektakulärer ist eine Pirogenfahrt auf die Nordseite des Flusses

Eine festlich gekleidete Familie in Vorfreude auf die bevorstehende Taufe ihres jüngsten Sprosses

nach **Affiniam** (Seite 270). Die Fahrt verläuft durch ein überaus malerisches Gewirr von schmalen Bolongs, die von dichten Mangrovenhainen gesäumt sind und den zahlreichen Wasservögeln ein geschütztes Biotop bieten.

Verbindungen

Buschtaxi: Die Hauptstadt der Basse-Casamance ist auf drei Hauptstraßen erreichbar:

Von Dakar kommend auf dem Transgambia-Highway über Kaolack und dem Grenzübergang Farafenni. Die 454 km lange Strecke ist je nach Wartezeit an der Fähre über den Gambia in 8 bis 10 Stunden zu bewältigen. Die Buschtaxis von der Gare routière in Dakar aus fahren bereits früh morgens gegen 6 Uhr ab. Der Fahrpreis beträgt 5390 CFA pro Person.

Von Banjul (179 km) oder von Serekunda in Gambia aus gehen mehrmals täglich Buschtaxis über Brikama zum Grenzübergang Seleti (circa 25 D) und von dort weiter auf der N 5 via Bignona nach Ziguinchor (1400 CFA). Fahrtdauer ab Serekunda im Peugeot 504 etwa 3 Stunden, der Preis liegt um die 2000 CFA.

Von Tambacounda (420 km) im Osten Senegals aus führt die N 6 über Vélingara und Kolda nach Ziguinchor. Auch diese Strecke ist bei früher Abfahrt in Tambacounda innerhalb eines Tages zu bewältigen.

Von Ziguinchor aus fahren Buschtaxis in alle Richtungen des Landes. Innerhalb der Casamance bestehen tägliche Verbindungen nach Oussouye, Cap Skirring, Djembering und Kafountine.

Schiff: Das Linienschiff *Joola* verkehrt zweimal wöchentlich zwischen Dakar und Ziguinchor. Anlegestelle in Ziguinchor ist der nur wenige Minuten vom Zentrum entfernte Hafen. Ab Dakar jeden Di und Fr um 20 Uhr; zurück ab Ziguinchor jeden Do und So um 13 Uhr. Die Fahrzeit beträgt circa 18 Stunden. Auf der Insel Karabane kann zu- und ausgestiegen werden (Preise siehe Seite 173).

Flug: *Air Sénégal* bedient die Linie Dakar – Ziguinchor sechsmal in der Woche. Am Mi, Sa und So bestehen Weiterflugmöglichkeiten nach Cap Skirring, und freitags nach Bissau in Guinea-Bissau. Air Sénégal am Flughafen: © 911081.

Stadtverkehr: Ziguinchor ist relativ weit auseinandergezogen, so daß man für bestimmte Routen auf die Stadttaxis angewiesen ist. Sie fahren innerhalb der Stadt zum Einheitspreis von 300 CFA.

Unterkunft

★★★★ *Le Diola,* © 912844, av. Robert Delmas, BP 236. 2 km außerhalb. DZ 32.000 CFA; 50 klimatisierte Zimmer. Architektonisch einem »traditionellen Dioladorf« nachempfundenes Luxusresort mit Restaurant, Swimmingpool, Discothek und sportlichen Möglichkeiten wie Tennis und Bogenschießen.

★★★★ *Le Néma Kadior,* © 911052, av. Djignabo, BP 236. DZ 32.000 CFA; 50 klimatisierte Zimmer. Bungalowanlage, eingebettet in eine 6 Hektar große tropische Parklandschaft mit Restaurant, Swimmingpool, Tennis und Volleyball.

★★★ *Hôtel Aubert,* © 911379, Fax 911015; BP 55. DZ mit Dusche 12.000 CFA, 34 klimatisierte Zimmer. Das älteste Hotel in der Casamance mit gutem Restaurant, Pool.

★★★ *Hôtel N'daary,* © 911472, Fax 911493 rue de France, BP 157; DZ 13.500 CFA; Restaurant.

★★ *Hôtel du Tourisme,* © 912223, Fax 912222, rue de France, BP 208. DZ 9000 CFA, im ersten Stock 10.000 CFA; 10 Zimmer, zum Teil klimatisiert, im ersten Stock alle mit Dusche und WC, Restaurant. Zentral gelegen und für das Gebotene relativ preisgünstig. Ausflugsangebote.

★★ *Hôtel L'Escale,* © 911204, rue Fode Kaba Doumbouya/rue du Gén. de Gaulle. Restaurant; ruhige Lage.

★★ *Le Perroquet,* © 912329, rue du Commerce, B.P. 307; DZ mit Frühstück 13.000 CFA.

Einfache Unterkünfte

★★ *Hôtel Relais Santhiaba,* © 911199, BP 524, im Quartier Santhiaba; einfache DZ 6000 CFA, bessere DZ mit WC und Dusche 12.000 CFA; Restaurant; Pirogenausflüge möglich; Mountainbike-Verleih 2500 CFA für einen halben Tag.

☆ *Auberge Clara,* av. Ibon Diallo, 300 m vor dem Rond Point Jean Paul II Richtung Marché Saint Maur; DZ mit Frühstück ab 6500 CFA; französisches oder senegalesisches Menü ab 4500 CFA.

☆ *Hôtel Bel Kady,* © 911122, am Marché Saint Maur. Mit DZ ab 3000

CASAMANCE & SÜDOSTEN

CFA das billigste Hotel der Stadt mit einfachster Ausstattung ohne jeglichen Komfort.

🛏 *Campement N'daary Khassoum;* ℂ 911189; rue de France; DZ 5850 CFA.

🛏 *Campement l'Antenne – Centre Touristique de Colobane,* Fass, BP 373; 2 km außerhalb an der Straße nach Cap Skirring. 2300 CFA pro Person, HP 5500 CFA. Kleine Zimmer ohne Komfort, privat geführt, gute Küche; es werden Tagesausflüge mit Pirogen in die Bolongs für 5500 CFA angeboten; Fahrräder können für 2000 CFA pro Tag gemietet werden.

Restaurants

Le Perroquet, ℂ 912329, rue du Commerce; schöner Blick auf den Casamance-Fluß; auch europäische Küche, 3500 CFA.

Hôtel Aubert, sehr gute aber nicht ganz billige französische Küche, circa 4000 CFA.

Hôtel du Tourisme, rue de France, und *Hôtel L'Escale,* bieten internationale Küche.

Le P'tit Bedon, ℂ 912653, av. Emile Badiane; täglich außer Mo, nette Atmosphäre, nur europäische Küche, Tagesgericht circa 3000 CFA.

Le Mansah, einfaches afrikanisches Restaurant unweit des Hafens in der rue Javelier.

Nützliche Adressen

Reservierungen für die Dorf-Campements: *Service Régional du Tourisme,* ℂ 911268, M. Ibou C.Ndao, BP 545, route de l'Aviation.

Bank: *Societé Générale de Banques au Sénégal,* gegenüber der Post. Mo – Do

8 – 11.15 und 14.30 – 16.30, Fr 8 – 11.15 und 15.15 – 17 Uhr geöffnet; akzeptiert Reiseschecks nur in französischen Francs.

Post & Telefon: *Post,* rue du Général de Gaulle. *Sonatel,* rue Javelier.

Apotheke: *Le Croix Blanche,* av. Dignabo, am Rond point. Medizinische Versorgung auch im *Hôpital régional de Néma.*

Konsulate: *Frankreich,* ℂ 911030, nähe Hafen;

Guinea-Bissau, ℂ 911046, nahe dem Hôtel du Tourisme.

Autovermietung: *G.I.E.,* ℂ 911038, av. du Général de Gaulle; Mietwagen ab 15.000 CFA pro Tag.

Fahrradverleih: In den Hotels *Néma Kadior* und *Relais Santhiaba* (jeweils 5000 CFA/Tag) und im *Campement l'Antenne* für 2000 CFA/Tag.

Swimmingpool: im Hôtel Néma Kadior; Eintritt 2000, Kinder 1000 CFA.

Buchladen: zwischen Post und Wasserturm nahe dem Fluß; französische Bücher und Zeitschriften, Kunstpostkarten, Reiseführer.

Kino: *Rio,* av. Ibou Diallo, neben der Total-Tankstelle.

Discos (Eintritt jeweils 1000 CFA): *Katmandou,* rue du Gén. de Gaulle, und *Bombolong II,* nahe Hafen.

Kolda

Am Oberlauf des Casamance liegt 180 km östlich von Ziguinchor das wichtige Handelszentrum Kolda. Die Stadt ist Durchgangsstation für LKWs, die von Ziguinchor oder Guinea-Bissau kommend das Hinterland versorgen. Abgesehen von dem *Markt der Blechschmiede* am Fluß, gibt es für Touristen nicht viel zu sehen. Jedoch lassen sich in Kolda Mitbringsel aller Art zu noch unverdorbenen Preisen erstehen.

Unterkunft

★★ *Hôtel Hobbe*, ✆ 961039, 961170, Fax 961039, 961024, unweit der Gare routière. Komfortables Haus, klimatisierte Zimmer (DZ 16.250 CFA), Nachtclub und großes Restaurant (Menü 4000 CFA). Organisiert werden Exkursionen in den Niokolo-Koba-Nationalpark sowie Jagdausflüge.

★ *Hôtel Moya*, ✆ 961175, Fax 961357, 60 Betten. DZ 7800 CFA, klimatisiertes DZ 10.800 CFA. Von der lauten Discomusik abgesehen angenehmes Ambiente. Das Restaurant liegt auf der anderen Straßenseite, Menü 3000 CFA.

Vélingara

Von Ziguinchor aus führt die N 6 über Kolda und Vélingara weiter nach Tambacounda. Vélingara ist ein ruhiger Ort, der Touristen höchstens als Zwischenstop auf dem Weg in den Osten dient. **Übernachtungsmöglichkeit** bietet der *Centre Touristique de Vélingara*, ✆ 971046, 7400 CFA.

Bandial am Südufer der Casamance

U rsprünglich als »Entdeckungs-tourismus« geplant, entstand Anfang der 70er Jahre in der Casamance ein heute vielfach beachtetes alternatives Tourismusprojekt. Unter dem Begriff »ländlich integrierter Tourismus« werden verschiedene dörfliche Herbergen zusammengefaßt, die den Besuchern die Möglichkeit geben sollen, das Hinterland zu entdecken und gleichzeitig Kontakte mit der einheimischen Bevölkerung zu knüpfen.

Durch die überaus üppige Vegetation, das sonnige Klima, eine außergewöhnliche traditionsreiche Architektur sowie die noch weitgehend erhaltene Sozialstruktur der Diola-Dörfer, bot sich die Casamance für das Projekt geradezu an. Um die zunehmende Landflucht aufzuhalten, wollte man vor allem für die jungen Dorfbewohner neue Anreize und Beschäftigungsmöglichkeiten schaffen.

Von staatlicher Seite aus wurde das Projekt von Anfang an gefördert. Mit bescheidener Hilfe von außen entstanden ab 1973 in verschiedenen Dörfern einfache, teilweise an die traditionelle Architektur angelehnte Unterkünfte. Die jeweilige Dorfgemeinschaft war sowohl an der Planung als auch der Ausführung beteiligt.

Gemessen an den Badezentren am Meer hält sich das Interesse an den Campements bislang in Grenzen. Die meisten Besucher der Casamance ziehen einen Badeurlaub an der Atlantikküste vor und machen, wenn über-haupt, lediglich kurze Abstecher zu dem einen oder anderen Campement. Für jene Besucher, die sich zu einer Rundreise durch die Campements entschieden haben, kann dieser Umstand durchaus vorteilhaft sein. Die Campements liegen ruhig und abgeschieden in unverbrauchter Natur, das Sozialgefüge der Dörfer ist noch weitgehend intakt, und man findet zumeist genügend Platz vor. Das Ganze belastet die Reisekasse nur wenig. Auch auf Badefreuden braucht man nicht immer zu verzichten – liegen doch im Norden der Casamance zwei staatliche Campements direkt an den feinen Sandstränden des Atlantiks.

Integrierter Dorftourismus in der Casamance

Verwaltung & Ausstattung

E in Team von fünf bis sechs Personen verwaltet und führt die Herbergen. Es handelt sich dabei ausnahmslos um Dorfbewohner. Die erwirtschafteten Gewinne kommen ausschließlich dem Dorf zugute. Über deren Verwendung wird in der Dorfversammlung gemeinsam entschieden. In den ersten Jahren wurden die Überschüsse vor allem in den Bau von Dorfschulen, Gesundheitszentren, Brunnen und Moscheen investiert. In letzter Zeit werden damit landwirtschaftliche Projekte finanziert, um nicht allein vom Tourismus abhängig zu werden. Die Landwirtschaft ist nicht rückläufig, sondern wird durch den zusätzlichen Bedarf an Lebensmitteln eher stimuliert. Die Campements genießen eine Art gemeinnützigen Status und brauchen an den Staat keine Steuern abzuführen. Das Geld der Besucher fließt somit direkt dem Gemeinwesen zu und hilft mit, die dörfliche Infrastruktur zu verbessern und auszubauen.

Die Unterkünfte sind weitgehend aus lokalen Baumaterialien errichtet, die Wände aus Lehm, die Dächer aus Stroh. In gewisser Weise sind die Campements allerdings fast schon zu Museumsinseln geworden, denn so »echt« sieht ansonsten kaum noch ein Dorf aus – die Hütten der Einheimischen sind bereits vielfach mit Wellblech gedeckt.

Die Zahl der Gästebetten ist jeweils auf 30 bis 40 beschränkt, so daß das Dorfleben durch die Besucher nicht übermäßig belastet wird. Die Ein- bis Mehrbettzimmer sind äußerst einfach ausgestattet, alles Lebensnotwendige ist jedoch vorhanden. Meistens gibt es elektrisches Licht, die sanitären Anlagen sind akzeptabel und die Zimmer verfügen über Moskitonetze. Als Betten dienen gemauerte Podeste, die mit einer Matratze belegt sind. Tische, Stühle, Schränke sucht man allerdings vergebens. In vielen Campements kann die Zimmertür nicht abgeschlossen werden.

Wie ist die Verpflegung?

Die angebotene Verpflegung entspricht der lokalen afrikanischen Küche. Gekocht wird auf offenem Feuer. Ein Menü besteht aus einer Vorspeise, dem Hauptgericht aus Reis, Fisch und einer scharfen Sauce sowie einem kleinen Dessert. An Fleisch werden Geflügel und Schweinefleisch gereicht. Lediglich beim Frühstück macht man Konzessionen und bietet ein »europäisches Frühstück« an. Dazu benötigte teure Produkte wie Kaffee, Tee, Butter, Marmelade und der Weizen für die Baguettes müssen importiert werden. Man nimmt die Mahlzeiten gemeinsam ein, teilweise »à la natte«, das heißt auf dem Boden sitzend auf ausgebreiteten Matten (siehe auch Seite 142).

Die Idee der Integration

Die Gäste haben die Möglichkeit, Schulen, Moscheen und andere dörfliche Einrichtungen zu besichtigen. Sofern gerade ein öffentliches Fest stattfindet, kann daran teilgenommen werden. Auf die Besucher wartet in den Campements jedoch kein fertiges Programm. Es wird nichts speziell für sie organisiert, animiert oder arrangiert. Als Ausnahme werden von manchen Campements lediglich Pirogenausflüge angeboten. Ansonsten gilt der Grundsatz, daß eine organisierte Begegnung immer eine künstliche Begegnung ist. Die dahinterstehende Philosophie wird von *Adama Goudiaby,* dem langjährigen Projektleiter so formuliert: »Der integrierte Tourismus setzt voraus, daß sich der Tourist in das Dorfleben integriert und nicht das Dorf sich dem Leben des Touristen anpaßt. Anders gesagt: Die Reise ist das, was der Reisende daraus macht.«

Gerade hieraus ergeben sich so manche Probleme des integrierten Tourismus. Aus den einstmals fast unberührten Dörfern sind im Lauf der Jahre mehr oder weniger stark frequentierte Plätze geworden. Von Seiten der Dorfbewohner wich die erste Neugier und das Interesse am ausländischen Gast mehr und mehr Gewöhnung, Routine und Zurückgezogenheit. Für spontane Begegnungen bleibt dem Gast kaum ein Raum, zumal die meisten Besucher im Schnitt nur ein bis zwei Nächte bleiben. Die Kontakte beschränken sich zumeist auf die Angestellten der Campements. Kaum haben sich erste Kontakte angebahnt, ist der Gast schon wieder abgereist. Sich »in ein Dorf zu integrieren«, erfordert vom Fremden vor allem Zeit, Offenheit und ein bestimmtes Maß an Einfühlungsvermögen.

Vielen Besuchern ist der angebotene Komfort zu gering. Sie klagen über schlechtes (oder das ungewohnte) Essen und zu wenig Abwechslung. Beides ist oftmals auf mangelnde Information und Vorbereitung auf den Campement-Urlaub zurückzuführen. Die meisten wissen einfach zu wenig darüber, was sie tatsächlich erwartet. Sie können sich zudem nur schwerlich vom antrainierten Konsum- und Freizeitverhalten lösen. In den Dörfern gibt es weder Restaurants, Bars, Discos noch außergewöhnliche Sehenswürdigkeiten. Nicht einmal eine Postkarte kann man abschicken. Man ist also weitgehend darauf angewiesen, sich andere Zerstreuungsmöglichkeiten zu suchen.

Eine Reise durch die senegalesischen Dorf-Campements erfordert Gelassenheit. Es gilt, bestimmte Erwartungshaltungen abzubauen und die Dinge mehr auf sich zukommen zu lassen. Die ganze Reise kann so eine überraschend neue Richtung bekommen. Ganz sicher gibt der integrierte Dorftourismus neue Impulse zu einer sanfteren Form des Reisens.

Sanft – und doch nicht teuer: Die Kosten

Der Aufenthalt in den Dorf-Campements ist ausgesprochen preiswert. Alle staatlichen Campements haben festgesetzte einheitliche Preise: HP 5400 CFA, VP 7600 CFA pro Person. Die Campements als bloße Übernachtungsmöglichkeit zu nutzen und sich weitgehend selbst zu versorgen, ist nicht möglich. Es wird erwartet, daß zumindest eine Hauptmahlzeit eingenommen wird.

Staatlich oder privat?

Neben den staatlichen Campements sind in den letzten Jahren zahlreiche privat geführte Campements entstanden. Sie sind von der Anlage und Verwaltung ganz ähnlich konzipiert wie die staatlichen Campements. Das Preisniveau liegt geringfügig höher, ist aber immer noch sehr günstig. Die privat erwirtschafteten Gewinne kommen dem Dorf nur zum Teil zugute. Die Lage und Beschreibung der Privatcampements finden Sie in den jeweiligen Ortsbeschreibungen. Sie sind ebenfalls mit einem ♠ gekennzeichnet.

Dorf-Campements westlich von Ziguinchor

Günstigster Ausgangspunkt für diese Besuche ist Ziguinchor.

Enampore

♠ Enampore ist eines der architektonisch gelungensten und beeindruckendsten Campements. Der imposante runde Lehmbau mit 30 Betten ist im Stil einer *Case à impluvium* erbaut, einem traditionellen Regenhaus, wie es für die Diola-Dörfer der Gegend bis noch vor wenigen Generationen charakteristisch war. Mit Hilfe einer ausgetüftelten trichterförmigen Dachkonstruktion werden in der Regenzeit die Niederschläge aufgefangen und in einem Becken im Innenhof gesammelt. Um den runden Innenhof gruppieren sich die Wohnhäuser. Unter einem Dach lebten bis zu 40 Mitglieder der Großfamilie und gleichzeitig waren darunter die Stallungen für das Vieh untergebracht. Durch das Bohren von Tiefbrunnen erübrigte sich der Bau von neuen Regenhäusern immer mehr. Der verstärkte Trend zur Kleinfamilie tat ein übriges, so daß nur noch wenige der großen Regenhäuser erhalten sind.

Bei der Planung des 1975 eröffneten Campements entschieden sich die Dorfbewohner von Enampore bewußt für ein Regenhaus. Die Wände des Innenhofes sind mit alten Arbeitsgeräten der Diola geschmückt und geben dem Campement fast schon einen musealen Anstrich. Gegessen wird *à la natte* auf dem Boden. Die Atmosphäre ist ausgesprochen einfach und ruhig.

Anreise: Enampore liegt von *Brin* an der Regionalstraße 20 9 km, von Ziguinchor 23 km entfernt. Es gehört zu den Campements, die ohne fahrbaren Untersatz relativ schwierig erreichbar sind. Bequem, aber nicht ganz billig ist es, von Ziguinchor aus ein Taxi zu mieten. Mit regelmäßig verkehrenden Buschtaxis kommt man auf der Hauptstraße Richtung Cap Skirring lediglich bis Brin. Von dort zweigt eine Sandpiste nach Enampore ab, eine wunderschöne Wanderung, vorbei an Reisfeldern und kleinen Weilern. Für die 9 km sollte man mindestens 3 Stunden einplanen und möglichst früh aufbrechen, um nicht in die pralle Mittagshitze zu geraten. Eine andere Möglichkeit ist, sich in Ziguinchor ein Fahrrad zu mieten und die ganze

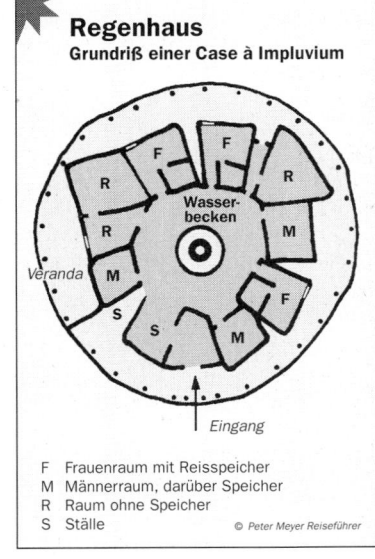

Regenhaus
Grundriß einer Case à Impluvium

Wasserbecken

Veranda

Eingang

F Frauenraum mit Reisspeicher
M Männerraum, darüber Speicher
R Raum ohne Speicher
S Ställe

© Peter Meyer Reiseführer

Strecke per Rad hinter sich zu bringen.

Ausflüge: Von Enampore aus lassen sich schöne Wanderungen in die benachbarten Dörfer *Séleki* und das 15 km entfernte, völlig abgelegene *Bandial* machen. In Séleki besteht die Möglichkeit, ein weiteres Regenhaus zu besichtigen und sogar in einem zu wohnen:

🔻 *Séleki,* mitten im Dorf, im Regenhausstil erbautes neues Campement mit Duschen und WC. 5600 CFA für HP.

Diohèr

🔻 Diohèr an der Hauptstraße nach Cap Skirring ist eines der neueren staatlichen Campements (eröffnet 1986, 30 Betten), das vorher jedoch bereits als privates Campement geführt wurde. Die kleinen aus Lehm erbauten Hütten liegen nur wenige Minuten von der Straße entfernt. Es ist bislang relativ wenig besucht und von daher ausgesprochen ruhig. Einzige Attraktion ist ein großer Affenbrotbaum, der von den Dorfbewohnern als heilig verehrt wird.

Anreise: Von Ziguinchor aus ist das 30 km entfernte Dorf mit dem Fahrrad oder Buschtaxi zu erreichen.

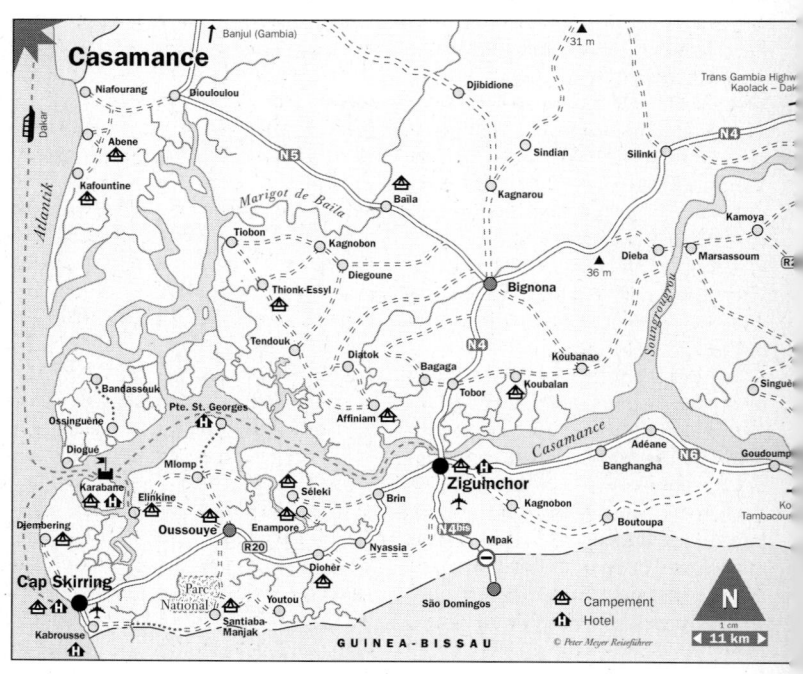

Oussouye

Das große Dorf Oussouye liegt etwa auf halbem Weg an der Straße nach Cap Skirring. Es ist nach Ziguinchor der größte Ort im Süden der Casamance und ein wichtiges Verwaltungs- und Handelszentrum, daneben auch ein bedeutender Verkehrsknotenpunkt. Das Dorf liegt am Schnittpunkt der Straßen nach Mlomp, Elinkine, Cap Skirring und in den Nationalpark Basse Casamance. Die mehreren tausend Einwohner sind überwiegend nicht islamisierte Diola, es leben aber auch viele Fulbe, Tukulor und Sérèr dort. Unmittelbar neben der Gare routière führt ein kleiner Durchgang zum Marktplatz, der allerdings keine besonderen Reize zu bieten hat. Zu beiden Seiten der Hauptstraße gruppieren sich verschiedene kleine *Läden*, eine *Apotheke*, ein *Fahrradverleih* sowie mehrere kleine *Bars* und einfache *Restaurants*. Manche der Bars haben eine Lizenz für Alkoholausschank, zum Beispiel das urwüchsige Etablissement von *Gouho Diatta*, bei dem man hinter einem Zaun aus Palmwedeln auf niedrigen Holzhockern kühles Bier aus der Flasche trinkt. Es gibt auch französischen Rotwein, die Qualität ist jedoch billiger als der Preis. Die Bar liegt auf der linken Straßenseite, etwa 100 m vor dem Kreisverkehr und ist durch ein Flag-Reklameschild auszumachen.

🍂 *Das Campement* wurde 1984 eröffnet. Es liegt hinter einer Lehmmauer verborgen inmitten eines idyllischen Palmenwaldes. Das sehr schöne große zweistöckige Hauptgebäude ist architektonisch den Etagenhäusern von *Mlomp* nachempfunden. Von beiden Etagen gehen spartanische Zwei- und Mehrbettzimmer ab, die als Sichtschutz nur mit einem Vorhang im Türrahmen versehen sind. Die sanitären Anlagen befinden sich im sandigen Vorderhof, wo auch ein schönes Exemplar *Ravenala madagascariensis* steht, eine fächerförmige Staude, die auch unter dem schmückenden Beinamen »Baum der Reisenden« bekannt ist. Unter den schattigen Palmen im Hinterhof gibt es ein paar aufgespannte Hängematten, in denen sich die Mittagshitze problemlos überstehen läßt und die einem das Gefühl geben, mitten im Dschungel zu liegen. Ein an die Kette gelegter Pavian sorgt für Unterhaltung. Gelegentlich kreuzt eine vielköpfige Schweinefamilie den Hof – rundum also eine ausgesprochene Idylle.

Aufgrund der verkehrsgünstigen Lage, der architektonisch gelungenen Anlage und dem interessanten Umfeld gehört Oussouye zu den meistbesuchten Campements. Die 50 Betten werden regelmässig auch von kleineren organisierten Reisegruppen belegt, so daß es sich zumindest in der Hauptsaison empfiehlt, vorher in Ziguinchor zu *reservieren*. Vom Management werden an manchen Abenden folkloristische Tanzdarbietungen organisiert, aufgeführt von einer einheimischen Gruppe junger Diola und Fulbe. Obschon von ihrem ursprünglichen rituellen Zweck losgelöst, sind die von Gesang begleiteten Tänze dennoch ein eindrucksvolles Erlebnis. ☆ Eine weitere Übernachtungsmöglichkeit in familiärer Atmosphäre bie-

Das Campement von Oussouye

tet die privat geführte *Auberge du Routard;* 6 Zimmer; DZ 3600 CFA; Essen 1500 CFA; Gäste dürfen sich Fahrräder ausleihen.

Anreise: Von Cap Skirring 32 km, von Ziguinchor 40 km entfernt und mit dem Buschtaxi bequem in einer Stunde erreichbar. Die Gare routière befindet sich von Ziguinchor kommend am Ortseingang.

Weg zum Campement: Am Kreisverkehr am westlichen Dorfausgang biegt die Hauptstraße scharf nach links ab; nach Mlomp führt eine Asphaltstraße in halbrechter Richtung; zwischen den beiden Teerstraßen geht eine Sandpiste geradewegs zum Campement, vorbei an den funktionalen Flachbauten und dem Sportplatz der großen Schule. Vom Kreisverkehr zum Campement sind es knapp 15 Minuten zu Fuß. Auf halbem Weg geht linkerhand eine Piste zur Routard-Herberge, zum Campement hält man sich jedoch immer geradeaus bis ein Schild anzeigt, daß man richtig ist.

Radtouren rund um Oussouye

Es lassen sich mehrere schöne Tagestouren in die Umgebung unternehmen. Fahrräder können täglich zwischen 8.30 und 18.30 Uhr bei *Casamance VTT*, ✆ 931004, gemietet werden; 1 Tag 5500 CFA, ½ Tag 3000 CFA; die Räder sind gut in Schuß; auch organisierte Fahrradtouren.

Günstiger, aber in schlechterem Zustand sind die Fahrräder bei

Adiaké (an der Hauptstraße wenige Meter vom Kreisverkehr); hier sind auch etwas kleinere Kinderräder zu haben. Es empfiehlt sich, die Profile zu begutachten und eine Bremsprobe zu machen. Auf Wunsch wird eine Luftpumpe mitgegeben.

Radtour nach Mlomp

Die asphaltierte Straße nach Mlomp (10 km) weist keine größeren Steigungen auf, es verkehren kaum Autos, so daß es sich fast ungestört durch den üppigen Palmenwald radeln läßt. Die Fahrzeit für die einfache Wegstrecke beträgt 45 Minuten.

Das 6000 Einwohner zählende Dorf ist durch seine Etagenhäuser bekannt, vor allem deshalb, weil in der traditionellen afrikanischen Dorfarchitektur zweistöckige Häuser ansonsten unbekannt sind. Der Ort wird entsprechend häufig von Reisenden besucht.

Die Häuser liegen zum Teil versteckt unter Palmen und riesigen Kapokbäumen, die mit ihren ausladenden Bretterwurzeln eine Attraktion für sich sind. Ein leicht zu findendes *Etagenhaus* liegt an der asphaltierten Straße nach Elinkine (am Kreisverkehr links abbiegen und der leicht ansteigenden Straße etwa 1 km folgen). Auffällig ist die von runden Lehmsäulen gestützte Eingangstür. Die Säulen sind kunstvoll mit Dreiecks- und Wellenmustern verziert. Andere Etagengehöfte sind nur mit Hilfe eines einheimischen Führers zu finden. Bei der Besichtigung der Familiengehöfte sollte vorher immer die Erlaubnis dazu eingeholt und die Privatsphäre re-

spektiert werden – die Häuser sind keine Museen, sie sind bewohnt.

Am Kreisverkehr im Mlomp gibt es einen *Erfrischungsstand* mit kühlen Softdrinks und Peanuts. Rechterhand führt eine sandige Piste zur 10 km entfernt gelegenen **Pointe Saint Georges**, einem kleinen Dorf direkt am Ufer des Flusses, der hier zu einem beachtlichen, mehrere Kilometer breiten Strom angewachsen ist. Für das Fahrrad ist die Piste allerdings stellenweise zu sandig.

★★★ *Bungalow-Hotel* in Pointe St. Georges, komfortabel mit Swimmingpool, Windsurfen, Wasserski, Tennis und einem guten Restaurant. Für Reisende, die mit den spartanisch ausgestatteten Dorf-Campements nicht ganz zurechtkommen, eine luxuriöse Oase. Das Hotel wird vornehmlich von aus Cap Skirring und Ziguinchor kommenden Reisegruppen als Lunch-Basis für Tagesausflüge genutzt. Buchungen über *Hôtel du Tourisme*, Ziguinchor.

Radtour in den Parc National de Basse-Casamance

Zur Zeit der Recherche für die Neuauflage 1996 war der Nationalpark wegen seperatistischer Aktivitäten im Grenzgebiet zu Guinea-Bissau geschlossen, er soll aber wieder geöffnet werden. Der 11 km lange Weg bis zum Parkeingang ist mit dem Fahrrad erreichbar. Vom Kreisverkehr in Oussouye aus führt die Route zunächst auf die Hauptstraße Richtung Cap Skirring, vorbei am linkerhand liegenden christlichen Friedhof. Nach etwa

2 km geht links eine Sandpiste Richtung *Santiaba Mandjak* ab.

Für die Erkundung des Park sollte man sich zwei Tage Zeit nehmen, da die besten Zeiten für Tierbeobachtungen immer der späte Nachmittag und der frühe Morgen (6 Uhr) sind. Selbst wenn der Park geöffnet sein sollte, kann er nur in der Trockenzeit von Dezember bis Juni besucht werden. Fahrräder können mit hineingenommen werden.

Das relativ gut überschaubare Naturreservat wurde 1970 eingerichtet und umschließt ein 4000 Hektar großes Gebiet mit einem 40 km langen Pistennetz und 15 km Fußwegen. Um Tiere zu sehen, bedarf es viel Zeit und etwas Geduld. An von Tieren besonders frequentierten Plätzen und Wasserstellen sind geschützte Beobachtungsposten eingerichtet. Allgegenwärtig sind in Bäumen akrobatisch herumturnende Affenfamilien. Daneben können Zwergkrododile, Büffel und Hyänen beobachtet werden. Scheu dagegen sind Antilopen. Im Park soll es auch noch scheuere Leoparden geben. Um sie zu sichten, ist allerdings ein gehöriges Quentchen Glück notwenig. Trotz der Präsenz von Raubtieren gilt der Park auch zu Fuß und per Rad als sicher, lebensbedrohende Angriffe auf Menschen sind bislang nicht bekannt. Sollte trotz Ausdauer und Geduld keiner der großen tierischen »Stars« sich blicken lassen, fasziniert ganz sicher die grellbunt gefiederte Vogelwelt. Überaus urwüchsig und reizvoll ist zudem die üppige Vegetation mit Palmen, majestätischen Kapokbäumen und kleinen Bambushainen. Der Nationalpark ist in Senegal einer der letzten Überbleibsel des tropischen Feuchtwaldes.

Ausflug nach Elinkine

Die Route von Oussouye nach Elinkine ist eine der schönsten Touren durch die Casamance. Die Piste führt genau am Campement vorbei (vom Ausgang des Campements wende man sich nicht zum Dorf, sondern nach links). Für die 14 km ist mit dem Rad eine Fahrzeit von zwei Stunden zu veranschlagen. Es empfiehlt sich, bereits in den frühen Morgenstunden aufzubrechen, wenn der Weg noch einigermaßen im Schatten liegt. Die Route auf der schmalen Piste führt zunächst fast schnurgerade durch einen wunderschönen Palmenwald, vorbei an Maniok, rot blühenden Bisapstauden und meterhohen Termitenburgen. In den Palmwipfeln der Borassuspalmen sind zahlreiche kleine kegelrunde Nester von Webervögeln zu sehen. Die Strecke ist total einsam, man ist mit sich und der Natur völlig eins. Mit etwas Glück kreuzen ein paar Affen Ihren Weg. Stellenweise ist die Piste zum Fahren etwas zu sandig, so daß das Rad einige Meter zu schieben ist.

Auf halbem Weg lichtet sich der Palmenwald etwas. Über eine kleine Brücke ist ein erster Bolong zu überqueren, einige vereinzelte Gehöfte und kleine Weiler tauchen auf. Der Weg führt geradeaus über zwei weitere von Mangroven gesäumte, seichte Bolongs, in denen Fischreiher nach Beute Ausschau halten. Im Uferbereich der Bolongs wird Reis kultiviert.

Unter die Fächerpalmen mischen sich vereinzelt Affenbrotbäume und als besonderes botanisches Highlight ein wunderschönes, an die 15 m hohes Bambuswäldchen mit armdicken Stämmen von intensiv gelblicher Färbung.

Nach gut anderthalb Stunden mündet die Piste in die von Mlomp kommende Asphaltstraße ein. Der Feuchtwald macht hier bereits einer offenen, eintönig werdenden Savannenlandschaft Platz. Weiter geradeaus tauchen schließlich nach etwa 2 km die ersten von Sérèrn bewohnten Rundhütten von Elinkine auf. Die Mittagshitze verbringt man am besten im dortigen Campement, wo die Möglichkeit besteht, Mittag zu essen und/oder einen Pirogenausflug zur Insel Karabane zu unternehmen.

Alternativ zur eben beschriebenen Route durch den Palmenwald bietet sich der Rückweg von Elinkine nach Oussouye über die gute Asphaltstraße *via Mlomp* an. Diese Strecke ist zwar einige Kilometer länger, zeitlich jedoch etwa gleich aufwendig, da es sich auf Teer schneller treten läßt. Vorbei an Reisfeldern geht es zurück durch offene Savanne. Als interessanter Blickfang sind eng um Baumstämme sich windende orchideenartige Schmarotzerpflanzen auszumachen. Vor Mlomp nimmt einen wieder der dschungelähnliche Feuchtwald mit riesigen Kapokbäumen und Fächerpalmen gefangen. Bis zum Kreisverkehr in Mlomp benötigt man eine Stunde Fahrzeit, von dort rechterhand zurück nach Ossouye nochmals 45 Minuten.

Am Strand von Elinkine, wo wieder ein Campement auf Sie wartet

Elinkine

Elinkine ist ein kleines Dorf, gelegen in einer schönen Bucht an einem breiten Seitenarm des Casamance-Flusses. Das Dorf wird von Reis anbauenden Diola und vom Fischfang lebenden Sérèr bewohnt. Von Mlomp kommend, liegen links die Ziegel- und Zementhäuser der Diola, während auf der anderen Straßenseite fein säuberlich getrennt die aus Palmzweigen und Ästen erbauten einfachen Hütten der Sérèr stehen. Viele der Sérèr kehren während der Regenzeit in ihre Heimat weiter nördlich zurück. Sehenswert ist der kleine *Fischerhafen* mit buntbemalten Pirogen und Gestellen zum Trocknen der Fische.

⚜ Das *Campement* liegt etwas außerhalb des Dorfes am feinen aber schmalen Sandstrand des Flusses. Bereits 1974 eröffnet, ist es das erste und älteste Projekt des integrierten Dorftourismus. Etwa zur gleichen Zeit öffnete der Club Med in Cap Skirring seine Pforten und beschickte die ersten Jahre das Campement regelmäßig mit Reisegruppen für jeweils zwei Nächte. Immer wiederkehrende Klagen der luxusgewohnten Club-Med-Gäste über mangelnden Komfort, schlechtes Essen und bettelnde Kinder reduzierten den Besuch auf Kurztrips zum mittäglichen Lunch – frische Baguettes, französischer Rotwein und Käse wurden der Einfachheit halber gleich mitgebracht. Elinkine hat sich nie ganz von den Problemen der Anfangsphase erholt. Auf Grund der schönen Lage am Fluß und weil es von Cap Skirring und Ziguinchor aus mit Pirogen gut erreichbar ist, blieb es dennoch eines der meistbesuchten Campements.

Die Anlage besteht aus einem runden Küchenhaus und mehreren quadratischen oder runden strohgedeckten Hütten (54 Betten), die teilweise etwas ungeschützt der prallen Sonne ausgesetzt sind. Die sanitären Anlagen sind separat in kleinen Flachbauten untergebracht. Am Strand gibt es Duschen und ein paar einladende Hängematten.

⚜ Eine weitere sympathische Übernachtungsmöglichkeit bietet das privat geführte, im Impluviumstil gebaute *Campement Le Fromager;* direkt am zentralen Platz des Dorfes am riesigen Fromager-Baum; DZ 4600 CFA, HP 10.800 CFA.

Anreise: Täglich einige Buschtaxis von Ossouye (22 km), die Fahrtdauer beträgt etwa 30 Minuten (350 CFA), und von Ziguinchor (55 km). Pirogen von Ziguinchor und Cap Skirring.

Ausflug zur Insel Karabane

Vielleicht lohnenswerter als der Besuch des Campements selbst, ist ein Ausflug zur geschichtsträchtigen Insel Karabane. Das Management des Campements ist bei der Anmietung einer Piroge behilflich. Das ganze Boot kostet 6000 CFA, je mehr Personen mitfahren, desto billiger wird es. Die Fahrzeit über den von Mangroven gesäumten Flußarm zur Anlegestelle auf der Insel beträgt etwa 30 Minuten. Für einen Inselrundgang sollte man sich zwei Stunden Zeit lassen, wenngleich nur ein kleiner Teil begehbar ist; der größte Teil ist sumpfiges, undurchdringliches Mangrovendikkicht. Übernachtet man nicht im Campement Elinkine, kann der Ausflug mit der Radtour von Oussouye kombiniert werden. Die Insel ist auch mit Pirogen von Cap Skirring erreichbar.

Historischer Rückblick

Die im Mündungsgebiet der Casamance gelegene Insel war bereits in der kolonialen Anfangsphase ein wichtiger strategischer Stützpunkt für die Eroberung des Hinterlandes. Als erste nahmen die Portugiesen Karabane in Beschlag und errichteten darauf einen Handelsposten. 1836 mußten sie die Insel den Franzosen überlassen. Für diese war Karabane der erste Stützpunkt in der Casamance, den sie zum Hauptort der Region machten. Erst mit dem Aufstieg von Ziguinchor verlor die Insel ihre Bedeutung als Verwaltungssitz. Seither ist es auf dem Eiland wieder ruhig geworden.

Sehenswertes

An die Kolonialzeit erinnert die große, 1880 errichtete katholische **Kirche,** die ihre beste Zeit allerdings schon lange hinter sich hat. Das einstmals stolze Kirchenschiff ist – ganz den heutigen afrikanischen Gepflogenheiten entsprechend – mit Wellblech bedeckt. Durch die sicherlich früher schön verglasten Rundfenster weht der Wind, an den hölzernen Heiligenstatuen neben dem Altar nagt ebenfalls der Zahn der Zeit – sie sind sichtlich von Termiten zerfressen. Relativ gut über die Runden kamen die beiden Gipsstatuen der Apostel *Paulus* (rechts vom Altar) und *Petrus* (links). Trotz des desolaten Zustandes wird das Gotteshaus nach wie vor genutzt – nachmittags wird darin die Dorfjugend im Katechismus unterrichtet. Vor der Kirche stehen einige überaus mächtige Baobabs und Kapokbäume.

Um die alte **Handelsfaktorei,** in der einstmals Sklaven und Elfenbein gegen Alkohol und Eisen getauscht wurden, ist es noch schlechter bestellt als um die Kirche. Erhalten sind nur ein paar Grundmauern und einige Verschläge, in denen die Sklaven untergebracht waren. Der Rest gleicht einem Trümmerfeld.

Als weiteres sichtbares Zeichen der kolonialen Epoche gibt es den teilweise überwucherten christlichen **Friedhof,** angelegt für die Gebeine französischer Soldaten, die im Kampf gegen die Diola und die Unbillen der Tropen ihr Leben lassen mußten. Auffallend ist ein umzäunter, pyramidenförmiger, mannshoher Grabkegel. Hier soll ein französischer Kapitän stehend begraben worden sein. Auch missionierte Schwarze wurden auf dem Friedhof beigesetzt. Die Gräber sind akurat nach Hautfarbe getrennt – auf der einen Seite liegen die Weißen, auf der anderen die Schwarzen.

Ungeachtet des ruinösen Zustandes beherbergt Karabane heute ein kleines idyllisches **Dorf** ganz im afrikanischen Stil. Souvenirshops, drei Unterkunftsmöglichkeiten und weitere in Bau befindliche kündigen an, daß der Dornröschenschlaf der Insel langsam dem Ende zugeht.

Unterkunft

Übernachten kann man in dem einstigen Gebäude der katholischen Mission, das zu dem adrett aussehenden ☆ *Hôtel Carabane* umfunktioniert wurde; ✆/Fax 912781; 22 schöne Zimmer; DZ mit Dusche und WC 14.000 CFA.

♠ Das private *Campement Le Cocotier* befindet sich gleich neben dem zerfallenen Verwaltungssitz direkt am Sandstrand; 20 Betten; gutes Restaurant; Ausflüge zum gemeinsamen Fischen oder zu den nahen Vogelinseln.

♠ Das Campement des Kunstmalers *Malang Badji* bietet 12 brandneue Zimmer, weitere befinden sich noch in Bau. Der Künstler zeigt gerne sein winziges Atelier und eine dicke Kladde mit Anschriften seiner in der ganzen Welt verstreuten Bilderkäufer. Die im modernen Stil gehaltenen Aquarelle zeigen überwiegend Inselmotive. Die handlichen Bilder, teilweise auch im Postkartenformat, passen in jedes Reisegepäck. Hotel und Campement liegen direkt an dem von Kokospalmen gesäumten Muschelstrand, von dem aus man einen weiten Blick durch die Flußmündung hinaus auf den Atlantik hat.

Dorf-Campements nördlich des Flusses

Bester Ausgangspunkt für die Campements nördlich der Casamance ist wiederum Ziguinchor. Von Gambia kommend, können einige Camps auch auf umgekehrtem Weg als Stopover nach Ziguinchor genutzt werden.

Affiniam

Affiniam ist von der Lage eines der schönsten und deshalb meist besuchten Campements. Das etwa 3000 Einwohner zählende Dorf wird hauptsächlich von Diola, daneben auch von Fulbe und Mandingo bewohnt. Die zum Teil stattlichen Gehöfte liegen versteckt am Rande eines immergrünen, von hohen Kapokbäumen durchsetzten Palmenwaldes. Die Luft vibriert von Vogelgezwitscher, dem Gesumm der Insekten und Grillen und dem rhythmischen Stampfen der Getreidemörser. Die teils mit Reisstroh gedeckten Häuser sind von Mango- und Orangenbäumen eingerahmt. Im Dorf gibt es drei kleine Moscheen, eine Koranschule sowie eine katholische Kirche und eine Grundschule. Es haben sich verschiedene Wohnviertel herausgebildet, in denen je nach Religionszugehörigkeit zusammengelebt wird.

In der Nähe des Dorfes ist ein **Staudamm** zu besichtigen. Der von Chinesen als Entwicklungsprojekt erbaute Damm soll verhindern, daß die Böden durch das salzige Flußwasser noch weiter versalzen, so daß die Felder besser für den Reisanbau genutzt werden können.

♠ Das 1979 eröffnete *Campement* besteht aus einem im traditionellen Impluviumstil gebauten riesengroßen Rundhaus. Die Räume gehen zellenartig vom ebenfalls runden Innenhof ab, der teilweise von einer überdachten Veranda beschirmt wird. Der massive Lehmbau wirkt – bis auf das Wellblechdach – ausgesprochen rustikal. An den Wänden hängen bäuerliche Arbeitsgeräte, Reusen, Kalebassen und Steiggürtel zum Palmweinzapfen. Die Zimmer haben einen Betonsockel mit Schaumstoffmatratzen darauf. Es gibt keine Türschlösser. Gegessen wird auf flachen Tischchen in der Mitte des Innenhofes. Zum Abendessen wird frisch gezapfter Palmwein serviert, an dessen milchig-säuerlichen Geschmack man sich erst gewöhnen muß. Oftmals findet bis in den späten Abend hinein ein improvisiertes afrikanisches Tam Tam mit Tanz und Gesang statt, bei dem die Gäste gerne miteinbezogen werden. Die 40 Betten des Campements sind öfters ausgebucht, da es regelmäßig von Reisegruppen besucht wird.

Anreise: Vom Hafen in Ziguinchor aus legt Mo, Mi und Fr gegen 9 Uhr eine Motorpiroge nach *Diatok* mit Stop in Affiniam ab. Es ist der einfachste, schönste und billigste Weg hinzukommen. Die Fahrt dauert 90 Minuten und kostet 250 CFA pro Person. Von der Anlegestelle zum Campement sind es zu Fuß 15 Minuten. Um die nächste öffentliche Piroge zurück nach Ziguinchor zu kriegen, muß man mindestens zweimal übernachten, es sei denn, man chartert eine private Piroge für 7000 – 10.000 CFA.

Im traditionell erbauten und eingerichteten Campement von Affiniam

CASAMANCE & SÜDOSTEN

Über Land ist das Campement über das 35 km entfernte *Bignona* (von Ziguinchor 30 km) erreichbar. Auf der von dort abgehenden Piste gibt es zur Zeit jedoch keinen regelmäßigen Buschtaxiverkehr.

Koubalan

Der einstige kleine französische Handelsposten an einer noch heute wichtigen Wasserstraße nordöstlich von Ziguinchor liegt völlig abgeschieden, so daß das Campement nur wenig be-

---

Routenvorschlag für eine 10tägige Rundreise durch die Dorf-Campements

Der Routenvorschlag führt Sie zu einigen relativ verkehrsgünstig gelegenen und mit dem Buschtaxi problemlos erreichbaren Campements. Je nachdem, ob es Sie mehr im Busch oder am Strand hält, läßt sich die Tour beliebig kürzen oder verlängern. Sollten Sie darüberhinaus noch ein paar extra Tage verfügbar haben, besuchen Sie auch die sehr schön gelegenen und architektonisch außergewöhnlichen Campements in Enampore und Affiniam.

1. Tag
Ankunft in Ziguinchor; Übernachtung im Campement l'Antenne.

2. Tag
In Ziguinchor Geld wechseln, Besorgungen und eventuell Campement-Reservierungen machen; Spaziergang über die Märkte St.-Maur des Fosses und Centre artisanal.

3. Tag
Mit dem Buschtaxi nach Oussouye. Eventuell am Nachmittag Radtour nach Mlomp; Übernachtung im Campement Oussouye.

4. Tag
Radtour von Oussouye nach Elinkine; Mittagessen im Campement Elinkine. Nachmittags Pirogenausflug zur Insel Karabane; mit dem Fahrrad zurück nach Oussouye.

5. Tag
Mit dem Buschtaxi via Cap Skirring nach Djembering; Dorfbesichtigung und Relaxen am Strand. Übernachtung im Campement Chez Cherif oder Chez Albert.

6. Tag
Strandtag in Djembering oder Ausflug nach Cap Skirring.

7. Tag
Mit dem Buschtaxi zurück nach Ziguinchor und eventuell gleich weiter nach Koubalan oder Baila. Übernachtung in einem der dortigen Campements.

8. Tag
Mit dem Buschtaxi nach Abéné; Dorfbesichtigung, Strand, Übernachtung im Campement.

9. Tag
Strandtag oder Ausflug nach Kafountine, dort Mittagessen im Campement Le Filao.

10. Tag
Frühe Abfahrt Richtung Gambia, bzw. Dakar.

sucht wird. Auf dem Bolong lassen sich schöne Pirogenfahrten unternehmen. Im Dorf finden an manchen Sonntagen senegalesische Ringkämpfe, *luttes sénégalaises*, statt.

🏛 Der große Rundbau aus Lehm befindet sich etwa 10 Minuten außerhalb des Dorfes direkt am Bolong. Das 1979 eröffnete 30-Betten-*Campement* ist extrem ruhig und die Mehrbettzimmer sind ausgesprochen einfach. Von der Kooperative im Dorf werden leckere Marmeladen hergestellt, die auch in anderen Campements den Frühstückstisch bereichern.

Anreise: Vom etwa 30 km entfernten Ziguinchor fahren wenige Buschtaxis nach Kabiline. Rechnen Sie mit mehreren Stunden Wartezeit, bis das Buschtaxi voll und damit abfahrbereit ist und eine Stunde, 250 CFA.

Baila

Baila hat 1500 Einwohner und ein kleines *Campement*. Der von überwiegend islamisierten Diola bewohnte Ort ist das Heimatdorf von Adama Diaby, der den integrierten Dorftourismus maßgeblich mitentwickelte.

🏛 Die *Campement*-Anlage wurde 1977 eröffnet und besteht aus einem großen Hauptgebäude mit einem Schlafsaal in der Mitte und seitlich abgehenden Doppelzimmern (insgesamt 30 Betten). Aufgrund der verkehrsgünstigen Lage an der N 5 wird Baila des öfteren von französischen Reisegruppen als Stopover benutzt.

Anreise: Von Bignona 20 km, von Diouloulou 34 km, von Ziguinchor 46 km. Das Campement liegt verkehrsgünstig an der Hauptstraße von Ziguinchor über Diouloulou nach Banjul und ist sowohl von Süden als auch von Norden kommend gut mit Buschtaxis zu erreichen. Von der Haltestelle im Dorf sind es zu Fuß nur wenige Minuten zum Campement.

Thionk-Essyl

Thionk-Essyl (oder Tionk-Essil) ist ein etwas abgelegenes großes Dorf an einem mit Mangroven umstandenen Bolong südwestlich der N 5. Die dort ansässigen Diola und Fulbe sind in erster Linie Reisbauern und Fischer. Das Dorf ist für seine kunsthandwerklichen Produkte bekannt, insbesondere werden bunte Stickereien hergestellt. Im Dorf kann auch eine *Batikwerkstatt* besichtigt werden.

🏛 Das *Campement,* das mit 30 Betten 1977 außerhalb des Dorfes eröffnet wurde, mußte inzwischen seinen Standort verlegen. 1995 wurde das neue Campement direkt am Dorfeingang eingeweiht. Aufgrund der abgeschiedenen Lage und der relativ schweren Erreichbarkeit wird Thionk-Essyl nur wenig besucht. Pirogenausflüge nach Affiniam, Niomoune und Karabane sind möglich.

Anreise: Der Ort liegt von Ziguinchor 87 km entfernt. Mit dem Buschtaxi sind es von Bignona via Tendouk 60 km. Bis Bignona beträgt die Fahrzeit etwa eine Stunde, dort angekommen, muß man zunächst auf ein Buschtaxi nach Thionk-Essyl warten und ist dann nochmal auf extrem holpriger Piste circa zwei Stunden unterwegs. Von Thionk gibt es sowohl eine

Piste als auch eine Wasserverbindung mit Affiniam, es verkehren jedoch weder regelmäßig Buschtaxis noch Pirogen.

Abéné

Abéné ist ein überwiegend von Mandingo bewohntes Dorf nur wenige Kilometer von der Grenze zu Gambia entfernt. Die Bewohner bauen Reis, Hirse und Maniok an. Eine wichtige Erwerbsquelle ist daneben der Obstanbau, das Dorf ist umgeben von Mango- und Papayabäumen sowie kleinen Grapefruit- und Orangenplantagen. In der Ortsmitte steht eine kleine wellblechgedeckte Moschee.

Ganz in der Nähe ist das **Restaurant** *Belle Danielle* mit gemütlichem Ambiente und preiswerter Küche. Direkt am Weg zum Campement ist *La belle Fafa* ein weiteres einfaches Lokal mit naiver Malerei an der Fassade. ♠ Das schöne staatliche 40-Betten-Campement *Le Villageois Samaba Diabang* wurde 1981 eröffnet und liegt direkt am Atlantik an einem einsamen Sandstrand. Das große Lehmhaus beeindruckt durch seine eigenwillige architektonische Gestaltung. Die bogenartigen Türen und Fenster weisen deutlich islamische Stilelemente auf. Das Campement wird von englischsprechenden Mandingo geführt. Als besonderen kulinarischen Genuß werden auf Bestellung Langusten serviert.

♠ Nur 100 m nördlich liegt das private Campement *Le Kossey.* Die sehr ansprechenden Rundhütten sind durch Muschelwege miteinander verbundenen; HP 9500 CFA pro Person.

♠ Ebenfalls direkt am Strand hat *Le Casamar,* ein weiteres privat geführtes Campement neu eröffnet; 10 Zimmer, DZ 7000 CFA, HP 13.000 CFA.

★★★ *Hôtel Kalissaï,* © 935188, Fax 935117, BP 55, DZ 28.000 CFA. Etwa 2 km nördlich des Dorfes. Das komfortable Haus wird vornehmlich von Reisegruppen belegt. Im Hotel-Restaurant wird das Menü für 6900 CFA angeboten. Geldwechsel möglich.

Pirogen am Strand von Kafountine

Anreise: Vom 98 km entfernten Ziguinchor (von Bignona 71 km) geht ein direktes Buschtaxi nach Kafountine (10 km vorher in Abéné aussteigen). Mit dem Buschtaxi von Gambia kommend, muß in Diouloulou (an der N 5, 18 km von Abéné) umgestiegen werden.

Vom Ortsschild Abéné führt eine Sandpiste quer durch das Dorf zu den Campements, zu Fuß benötigt man etwa eine halbe Stunde. Unmittelbar vorm Samaba-Diabang-Campement überquert man einen idyllischen, mit Seerosen bewachsenen Bolong.

Ausflug: Am Strand entlang kann man in südlicher Richtung eine schöne zweistündige Wanderung zum Campement Sitokoto von Kafountine unternehmen.

Kafountine

Kafountine ist ein schönes großes Dorf nur wenige Kilometer südlich von Abéné am Ende der Asphaltstraße. Aufgrund der schönen Strände sind Kafountine und Abéné auf dem besten Wege, ein zweites Badezentrum in der Casamance zu werden. Erste zaghafte Ansätze einer touristischen Infrastruktur sind bereits vorhanden. Verglichen mit Cap Skirring im Süden ist es in Kafountine jedoch noch ausgesprochen ruhig.

Sehenswert ist der malerische **Marktplatz** im Schatten von mächtigen Mangobäumen. Auf kleinen Tischchen bieten die Marktfrauen Früchte, Gemüse und Kokosnüsse an. Direkt am Marktplatz gibt es das einfache **Restaurant** *Mama Kendo* mit kühlen Drinks, cooler Reggae-Musik

und bunter Wandbemalung. Wenige Schritte weiter Richtung Strand, befindet sich das afrikanische *Restaurant Integro*. Der **Strand** und der von Pirogen gesäumte Fischerhafen liegen etwa 2 km westlich der Dorfmitte.

Die Campements von Kafountine

🔥 Das 1987 eröffnete staatliche Campement *Sitokoto* (50 Betten) liegt nur durch eine Düne getrennt direkt an einem schönen Sandstrand. Die Unterkünfte bestehen aus zwei im rechten Winkel zueinander stehenden langgestreckten Lehmhütten mit Strohdächern. Separat davon befindet sich das große Speisehaus. Die Anlage wirkt etwas nüchtern, die Atmosphäre ist jedoch angenehm, ruhig und erholsam. Als Ausflug kann man eine Strandwanderung nach Abéné (einfach etwa 2 Stunden) unternehmen.

🔥 Hinter einem Casuarinawäldchen, gleich neben der Pirogen-Tankstelle am Hafen, verbirgt sich das private Campement *Le Filao*, DZ mit Dusche und WC 3900 CFA. Es verfügt über 40 Betten in Rundbungalows. Im dazugehörigen Restaurant kann man für 2500 CFA gut essen.

🔥 In einem wunderschön angelegten Garten versteckt sich das neue private Campement *Le Kumpo;* im Impluviumstil angelegte Zimmer, sehr gute sanitäre Anlagen, DZ 4800 CFA, Tagesmenü ab 1500 CFA.

🔥 In unmittelbarer Nachbarschaft können im ebenfalls privat geführten Campement *Ismaela Kane* DZ für 2000 CFA gemietet werden; auf Vorbestellung bekommt man auch etwas zu essen.

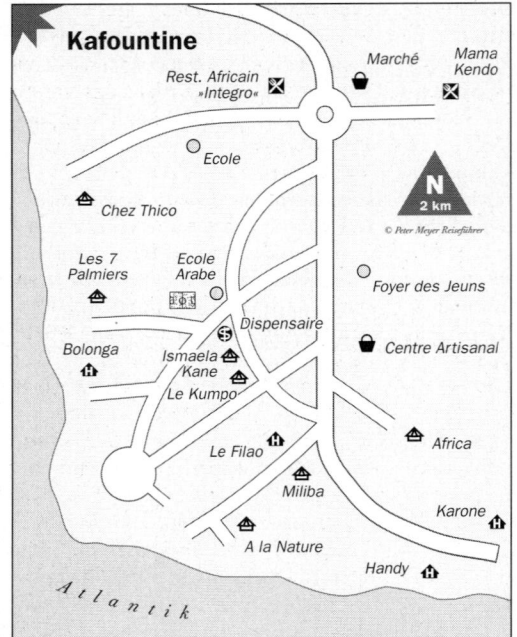

Kafountine

Rest. Africain »Integro«

Marché

Mama Kendo

Ecole

Chez Thico

N 2 km

© Peter Meyer Reiseführer

Les 7 Palmiers

Ecole Arabe

Foyer des Jeuns

Dispensaire

Bolonga

Ismaela Kane

Centre Artisanal

Le Kumpo

Le Filao

Africa

Miliba

Karone

A la Nature

Handy

Atlantik

391949, Preis liegt um die 70 DM.

★★ Eine weitere Übernachtungsmöglichkeit, allerdings 4 km außerhalb, bietet das komfortable Pauschalhotel *Le Karone.*

Anreise

Direkte Buschtaxiverbindung von Ziguinchor aus (104 km, genaue Abfahrtszeit erfragen, von Bignona 77 km). Die Fahrzeit im Peugeot 504 beträgt etwa 2 ½ Stunden. Von Gambia kommend, muß in Diouloulou (von da noch 24 km, Fahrzeit 30 Minuten, 500 CFA) umgestiegen werden. Vom Taxistand in Kafountine aus zum Sitokoto-Campement sind es etwa 2 Kilometer.

🔥 *Campement A la Nature,* direkt am Strand; 8 einfache Zimmer, DZ 400 CFA; orginelles Restaurant, am Abend oftmals Lifemusik; organisierte Pirogenausflüge.

🔥 Sehr ruhig gelegen ist das *Campement Kunja* an der Straße zum Campement Sitokoto. Privat geführtes Campement mit strohgedeckten Hütten und angeschlossenem Restaurant. Zum Meer nur wenige Minten zu Fuß. Preis pro Person etwa 2300 CFA, Kontakt in Deutschland: *Arnim Cramer,* ✆ 06142/32278. Von Gambia aus gibt es regelmäßig zum Campement eine Landrover-Safari, Kontakt: *Kunta Kinte Kunja Tours,* Serekunda, ✆

Cap Skirring und die Badestrände am Atlantik

Für die erholungssuchenden Gäste aus Europa sind die weitläufigen Sandstrände der Casamance einer der Hauptgründe, eine Senegalreise zu buchen. Und die palmenbestandenen Strände von Cap Skirring zählen zu den schönsten des Landes. Kein Wunder, daß die letzten beiden Jahrzehnte sich gerade hier eine beachtliche touristische Infrastruktur entwickeln konnte. Seit Eröffnung des Club Méditerranée zu Anfang der 70er Jahre gehört Cap Skirring neben Gambia und Côte d'Ivoire zu den entwickeltsten Ferienresorts Westafrikas. Neben luxuriösen, mit allem Komfort ausgestatteten Feriendörfern für Pauschalreisende gibt es in Cap Skirring auch zahlreiche einfache Hotels und den staatlichen Campements nachgeahmte Privatcamps zu relativ günstigen Preisen.

Cap Skirring hat nicht mehr zu bieten als Sonne und Strand. Rund um die staubige Gare routière gruppieren sich einige Dutzend flüchtig zusammengezimmerte Buden und Souvenirstände à la Afrika. Aber im Grunde genommen ist der Ort ein Kaff ohne jegliche Atmosphäre.

Sehenswert ist lediglich das ursprüngliche und lebhafte **Fischerviertel** am Strand. Von der Gare routière führt eine sandige Piste vorbei am *Campement Palmier* direkt darauf zu. Das Fischerdorf liegt in einer langgezogenen Bucht. Vor den kleinen strohgedeckten Rundhütten »parken« lauter farbenprächtige Pirogen.

Am geschäftigsten geht es am späten Nachmittag zu, wenn die Fischer vom Meer zurückkommen. Dutzende hilfreiche Hände ziehen die vollbeladenen Pirogen über runde Holzstämme an Land auf die Böschung. Der Fang wird sodann auf dem Sandstrand ausgebreitet. Da sind zentnerschwere, anderthalb Meter lange Zackenbarsche zu sehen, daneben drachenartige Mantelrochen mit langen Schwänzen, gefährlich anzuschauende Tiger- und Hammerhaie, Langusten und sogar vom Aussterben bedrohte Seeschildkröten, die darauf warten, von den örtlichen Restaurantbesitzern in Empfang genommen zu werden. Frauen springen herbei mit scharenweise Kindern im Schlepptau, alles palavert und begutachtet sachkundig den Fang. Die Männer sind bereits wieder dabei, die Netze für den nächsten Tag zu richten. Andere sitzen im Schatten einer Piroge und knüpfen neue Netze, als Schiffchen wird Sepia vom Tintenfisch verwendet. Interessant ist es auch, den Bootsbauern über die Schultern zu schauen, wie aus dem Holz der Kapokbäume neue Pirogen gezimmert werden.

Nördlich vom Fischerhafen liegt das Vier-Sterne-Hotel *Savana*, in der Bucht südlich hat sich der in Cap Skirring allmächtige *Club Med* breitgemacht. Der französische Nobelclub füllt mit seiner mondänen Anlage die ganze Bucht aus. Sollten Sie nicht das nötige Kleingeld in der Tasche haben, um Club-Mitglied zu werden, lohnt zumindest ein neugieriger Blick auf das Feriendorf. Der Club konnte sich das »Filet-Stück« von den Stränden Cap Skirrings ergattern. Die von Palmen und Casuarinas eingerahmten Bungalows sind ganz im »afrikanischen Stil« gehalten. Dem Feriendorf angeschlossen ist ein 3 km langer 9-Loch-Golf-Parcours. Einen negativen Beigeschmack hinterläßt beispielsweise, daß das Rasengrün mit kostbarem Süßwasser gesprengt wird, das andernorts sicherlich dringender benötigt würde. Um den Club-Gästen ein möglichst ungestörtes Ferienvergnügen zu ermöglichen, ist der ganze Komplex von der Außenwelt weitgehend abgeschirmt. Zäune, Schlagbäume und uniformierte Wachposten sorgen für eine isolierte, ghettoähnliche Atmosphäre. Die Gäste verlassen den Club lediglich zu organisierten Blitztrips. Das Ferienparadies Club Méditerranée ist genau das Gegenteil vom Modell des integrierten Dorftourismus.

Ausflüge

Einen schönen Ausflug kann man nach **Djembering** machen, entweder zu Fuß, per Rad oder mit einem gecharterten, teuren Taxi. Empfehlenswert sind die beiden ersten Varianten, wobei es wiederum zwei Alternativen gibt: entweder am Strand entlang oder durch den Busch; grüner und üppiger ist die Buschpiste. Von der Gare routière geht eine stellenweise etwas sandige, aber mit dem Rad befahrbare Piste ab. Der Weg führt durch einen immergrünen Palmenwald, in dessen Kronen Tausende von Webervögeln nisten. Nach der Überquerung eines kleinen Bolongs lichtet sich der Dschungel. Auf dem letzten Wegstück vor dem Dorf durchquert man sodann kleine parzellierte Reisfelder. Zu Fuß sind für die Strecke gut zwei Stunden einzuplanen. Es besteht die Möglichkeit, in einem der Campements in Djembering zu Mittag zu essen.

Von Cap Skirring kann man auch mit einer Motorpiroge zu der im Mündungsgebiet der Casamance liegenden **Insel Karabane** gelangen. Bootstrips werden von verschiedenen Hotels organisiert (zum Beispiel *Campement Mussuwam*). Die Preise

bewegen sich zwischen 5000 und 7000 CFA pro Person. Einfacher, schneller und billiger kommt man jedoch vom *Campement Elinkine* auf die Insel (Seite 268).

Verbindungen

Buschtaxi: Von Ziguinchor mehrmals täglich, Fahrzeit 60 Minuten.
Flug: *Air Sénégal* fliegt von Dakar via Ziguinchor zweimal wöchentlich die kleine Piste in Cap Skirring an.

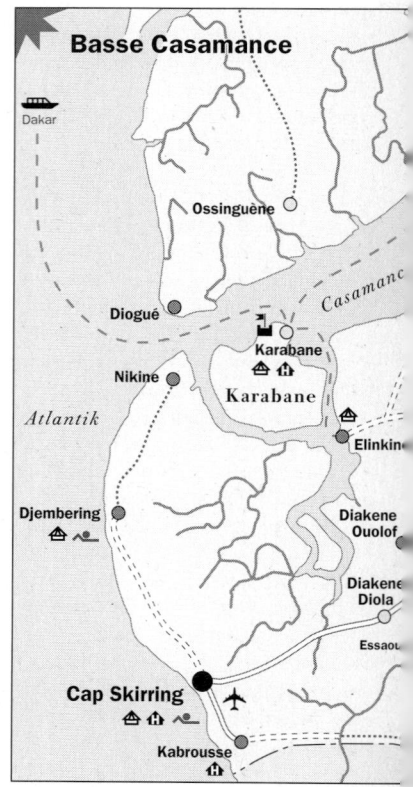

Unterkunft
Luxushotels

★★★★ *Club Méditerranée*, BP 9, ℂ 935135; 205 klimatisierte Bungalows mit allem Komfort; Segeln, Windsurfen, Tennis, Golf, Volleyball, Bogenschießen; VP 64.500 CFA pro Person, alle sportlichen Aktivitäten inbegriffen. Der Club präsentiert sich als völlig abgeschirmtes Ghetto, am Strand patrouillieren Aufpasser, deren Job es ist, die uneingeschränkte Badefreude der Clubgäste sicherzustellen! Nicht umsonst werden die Club-Méd-Urlauber von den Einheimischen »die vom Gefängnis« genannt.

★★★★ *Hôtel Savana*, ℂ 935152, Fax 935192. 104 klimatisierte Zimmer, 2 Restaurants, Swimmingpool, Tennis; super luxuriös; DZ 70.000 CFA.

★★★ *La Paillote*, ℂ 935151, Fax 935117, BP 1; am Abzweig nach Ziguinchor; DZ je nach Saison 34.000, 46.000 bzw. 62.000 CFA; 30 Bunga-

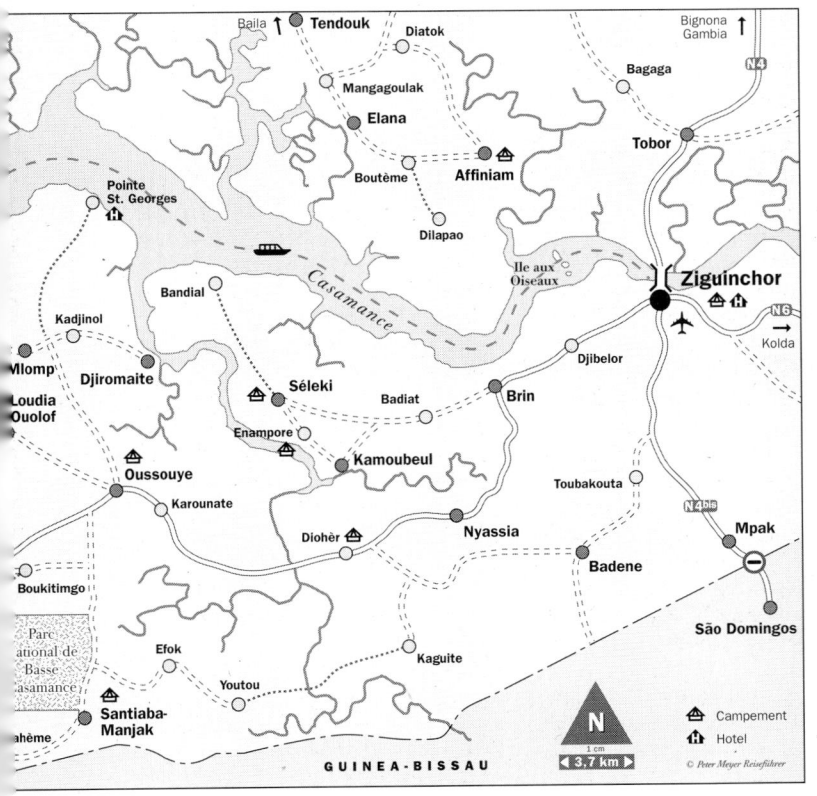

lows, Restaurant (Menü 8500 CFA), Tennis, Volleyball, Windsurfen, Fahrradverleih (5500 CFA pro Tag, 3000 CFA halbtags).

★★ *Les Cocotiers,* © 935151, Fax 935117, BP 1. DZ mit Frühstück 26.000 CFA; 27 klimatisierte Zimmer, Restaurant (Menü 5000 CFA).

Einfache Hotels und Campements

☆ *La Pirogue,* im Ort an der Abzweigung nach Ziguinchor an der Tankstelle; 4 saubere Zimmer mit Dusche; DZ ab 9500 CFA.

🛖 *Le Palmier,* 2 Minuten von der Gare routière, 15 Minuten zum Strand. DZ mit Bad 6800 CFA; Bungalows in kleiner Gartenanlage, korrekt und sauber. Gute Küche.

🛖 *Campement Fogny,* 2 Minuten von der Gare routière, zum Strand 15 Minuten. Nicht sauber, sozusagen letzte Wahl.

Am Strand

An der Straße nach Kabrousse liegen auf einer Düne fünf privat geführte Campements auf engstem Raum nebeneinander. Kommt man per Buschtaxi und will den Weg von der Gare routière nicht zurücklaufen, empfiehlt es sich, bereits am Abzweig Richtung Kabrousse beim Hôtel Paillote auszusteigen. Alle Campements sind mit angeschlossenem Restaurant und bieten HP und VP an. Von den Terrassen der Campements hat man einen schönen Blick über den Sandstrand hinweg auf das Meer. Zum Strand führen Treppen die Düne hinunter.

🛖 *Carabane (Chez M'ballo):* EZ 2000 CFA, DZ 3000 CFA. Architektonisch etwas nüchterner, rechteckiger Flachbau. Menü im zugehörigen Restaurant 2500 CFA.

🛖 *Le Paradiese:* DZ 4000, einfache Reihenbungalows, freakiges Management. HP 5200 CFA pro Person, Fahrradverleih (1500 CFA halbtags, Mountainbike 2500 CFA).

🛖 *Le Mussuwam,* © 935184. DZ 4550 CFA, klimatisiert 13.000 CFA. Rundbungalow in ansprechendem Ambiente, etwas teurer als die anderen Campements, dennoch sehr beliebt. Wird zunehmend von französischen Reisegruppen belegt; gutes Restaurant, Menüs zu 3000 CFA.

🛖 *Auberge de la Paix:* EZ 3000, DZ 6000 CFA.

🛖 *Keur Samba:* DZ 4000 CFA, HP 4500 CFA pro Person. Ansprechend, aber etwas langsames Management. Fahrradverleih: ½ Tag 1500 CFA, 1 Tag 2500 CFA.

Restaurants

Neben den exklusiven Restaurants in den großen Hotels und den preiswerten Menüs in den Campements gibt es eine Reihe weiterer Restaurants:

La Paillote, im gleichnamigen Hotel, sehr gut, aber entschieden zu teuer: Menü 8500 CFA.

La Pirogue, an der Abzweigung nach Ziguinchor neben der Tankstelle; gute internationale Küche zu noch annehmbaren Preisen; hübscher Garten.

Le Faticounda, 10 Minuten außerhalb an der Straße nach Ziguinchor; kleines preiswertes Restaurant mit senegalesischer Küche (Fisch, Cous Cous etc.)

La Griote, 2 Minuten von der Gare routière an der Piste nach Djembering; afrikanische Küche; Menü 2800 CFA.

La Cascade, 2 Minuten von der Gare routière, neben dem Campement Fogny; einfaches Restaurant, afrikanische Küche.

Weitere Informationen

Banken: Es gibt keine! Die großen Hotels wechseln problemlos französische Francs, jedoch keine Reiseschecks. Nächste Wechselmöglichkeit hierfür ist Ziguinchor.

Telefon: direkt an der Gare routière.

Autovermietung: im *Hôtel La Paillote.* Fahrzeuge mit Allradantrieb bei *Cap Safari,* ℂ 935 147.

Fahrradverleih: z.B. in den Campements Le Paradiese, Mussuwam und Keur Samba.

Trommeln: Große und kleine Trommeln werden am Strand von Rastafaris verkauft.

Windsurfen: Brett- und Segelverleih in den großen Hotels

Discotheken: *Le Kassumay,* direkt neben dem Restaurant Griote; bunt gemischte Musik, gute Atmosphäre, täglich ab 22 bis 4 Uhr morgens, am Wochenende 1000 CFA Eintritt, sonntags Jazz live.

Les Palituvièrs, neuer, größer und steriler als Le Kassumay; gemischte Musik, ab 22 Uhr täglich außer sonntags, am Wochenende 1000 CFA Eintritt.

Kabrousse

Kabrousse liegt 4 km südlich von Cap Skirring und ist der südlichste Ort Se-

negals, nur wenige Kilometer vor der Grenze zu Guinea-Bissau. Die große Streusiedlung ist mit Cap Skirring durch eine Asphaltstraße verbunden. Zu Fuß erreicht man das Dorf in einer Stunde. An der Straße Richtung Guinea-Bissau liegt die Rundhütte *Le Tamarin* mit kühlen Drinks und Afropop aus den Boxen. Vor dem Dorf führen Pisten durch eine sanfte Dünenlandschaft zum Meer, wo sich die letzten Jahre die ersten großen Hotels breitgemacht haben.

Unterkunft

★★★★ *Kabrousse Mossor,* ℂ 935 126, Fax 935 127 BP 236. 132 klimatisierte Zimmer, Restaurant, Swimmingpool, Discothek, Fahrradverleih, Wassersport, Tennis, Volleyball, Mini-Golf. HP 38.000 CFA pro Person.

★★★★ *Cap Casamance,* ℂ 935 119, gehört zum Kabrousse Mossor und befindet sich in unmittelbarer Nachbarschaft. Bietet noch etwas mehr Luxus, 50 klimatisierte Zimmer, kleines Restaurant.

★★★ *Houback,* ℂ 935 136, Fax 935 112, case postale 35. HP pro Person 21.000 CFA; 20 klimatisierte Zimmer; Panorama-Restaurant; Fahrradverleih.

Djembering

Woran es Cap Skirring mangelt, hat der malerische Ort Djembering noch in Hülle und Fülle zu bieten: ruhige Atmosphäre, Ursprünglichkeit und Stil. Nur 8 km nördlich von Cap Skirring gelegen, offenbart sich dem Besucher eine ganz andere Welt, obschon sich durch die nahen Ferienresorts am Cap die letzten Jahre auch in Djembering so manches verändert hat. Doch Djembering ist noch immer eine Perle und traumhafte Idylle am Rande des Massentourismus.

Sehenswertes

Sofort auffallend ist der sich inmitten des Dorfes erhebende Hügel. Er ist zwar gerademal 30 m hoch, doch in der ansonsten fast bügelbrettflachen Casamance wirkt das schon wie ein Berg. Von der mit mächtigen Kapokbäumen, Baobabs und Fächerpalmen bestandenen Hügelkuppe hat man einen tollen Panoramablick über das unter Bäumen verborgene Dorf und die Dünen hinweg zum Strand. In der Abenddämmerung bietet sich ein atemberaubendes Schauspiel, wenn Tausende von lautstark kreischenden Fledermäusen batmanartig in dichten Pulks durch die Lüfte flattern, um sich in den Kronen der Palmen niederzulassen.

Aufgrund seiner abgeschiedenen Lage und mangels einer asphaltierten Straßenverbindung konnte Djembering noch viel von seinem ursprünglichen Charakter bewahren. Beeindruckend sind die aus Lehmziegeln erbauten großen Sippengehöfte mit ihren tief heruntergezogenen Dächern aus Reisstroh. Vereinzelt sind bereits auch »moderne« Wellblechdächer auszumachen. Jeder Compound ist mit Palmzweigen umzäumt. In den Innenhöfen wachsen Bananenstauden, große Papayas und Mangobäume. Ein botanisches Highlight besonderer Art ist der am Dorfbrunnen stehende Kalebassenbaum, an dessen Stamm fußballgroße Kapselfrüchte herunterbaumeln.

Das weitläufige Dorf ist von labyrinthartigen schmalen Gäßchen durchzogen, die durch die einheitliche Architektur des Dorfes alle gleich wirken. Man hat das Gefühl, ständig im Kreis zu laufen. Erst nach einigen Tagen stellt sich langsam so etwas wie Orientierung ein.

Das Dorf ist ausgesprochen ruhig. Es gibt fast keinen Autoverkehr. Schweine-Patrouillien durchstreifen ungehindert die sandigen Wege. Das malerische Gesamtbild wird lediglich durch einige über das Dorf verstreute wilde Müllplätze getrübt. Wie fast überall in Westafrika ist das Plastik- und Blechzeitalter auch über Djembering zu schnell hereingebrochen.

Djembering wird überwiegend von animistischen und christianisierten Diola bewohnt. An Fetischplätzen sind Stierhörner und Knochenreste zu sehen. Von den Ästen mancher Bäume hängen große Trommeln herunter. Sollten Sie zufälligerweise Zeuge einer Beerdigungsprozession werden: der in ein weißes Baumwolltuch eingeschlagene, von singenden Frauen begleitete Leichnam wird durchs Dorf hinaus zu den Heiligen Hainen getragen. Lassen Sie die Prozession in gebührendem Abstand vorbeiziehen. Auch mit der Kamera sollten Sie sich zurückhalten.

In der kleinen Dorfkirche wird jeden Sonntag um 10 Uhr eine afrikanische Messe mit von Tam Tams begleiteten Gesängen abgehalten, wobei mit aller Regelmäßigkeit auch zahlreiche Gäste des Club Med zugegen sind.

Am Ortseingang unterhalten spanische Nonnen der *Sœurs piaristes* eine kleine Missionsstation und versuchen tapfer, gegen Tropenkrankheiten und hygienische Unbillen afrikanischer Mentalität anzukämpfen. Viel guter Wille ist vorhanden, woran es mangelt, ist Material. Sollte Ihre Reisetasche überflüssige Gegenstände beinhalten, hier ist der richtige Platz, etwas davon abzugeben. Bevorzugt genommen werden Medikamente aller Art, Malariaprophylaxe, Verbandszeug und Einwegspritzen, aber auch Kleidungsstücke – sollte sich nichts dergleichen finden, tut es auch Cash.

Der Weg zum zehn Minuten vom Dorf entfernten Strand führt durch von Strandhafer und mit spärlichem Grün bewachsene Dünen. Zwischen den Sandverwehungen liegen kleine eingezäunte, mit Zwiebeln und Möhren kultivierte Gemüsegärten. Die Gegend wird auch als Weide für die Haustiere genutzt, um deren zahlreich fallengelassene Stoffwechselprodukte etwas störende Fliegenschwärme herumschwirren. Den kilometerlangen weiten und schönen Sandstrand teilen sich eine Handvoll Badegäste. In der Mittagshitze kann es allerdings allzu heiß werden – es fehlen ein paar schattenspendende Palmen.

Verbindungen

Djembering wird nur wenig angefahren.

Bus: Von Ziguinchor aus fährt am Nachmittag ein Bus, von Cap Skirring aus gegen 18 Uhr. Der klapprige Bus ist meist brechend voll. Zurück nach Cap Skirring bzw. Ziguinchor gibt es nur den Bus um 7 Uhr morgens.

Taxi: Wer von Cap Skirring nicht bis zum Abend warten möchte, kann sich für rund 2000 CFA ein Taxi nehmen oder die schöne Strecke zu Fuß oder per Rad in Angriff nehmen (Fahrradverleih siehe Seite 281).

Unterkunft

◈ *Campement Aten-Elou*, auch bekannt als *Chez Cherif* oder das *Campement »sur la colline«* (auf dem Hügel). HP 5400 CFA pro Person. Sehr schöne Lage auf dem Hügel unter riesigen Kapokbäumen und Baobabs. Gemauerte, strohgedeckte Rundbungalows mit jeweils 4 separaten Doppelzimmern. Ein Generator liefert Strom fürs Licht.

◈ *Campement Albert Sambou (Chez Albert);* unterhalb des Hügels, ebenfalls schön gelegen. HP 5400 CFA; sehr familiär; im traditionellen Impluviumstil gebautes Regenhaus mit 18 Betten.

◈ *Asseb,* direkt am Ortseingang an der Piste nach Cap Skirring; ausgesprochen nüchterne Anlage; 16 Zimmer; HP 5400 CFA pro Person; nur als dritte Wahl zu empfehlen.

Wie in den staatlichen Campements wird auch in den privat geführten Campements vom Gast erwartet, daß er mindestens eine Hauptmahlzeit pro Tag im Camp einnimmt. Es empfiehlt sich, in Ziguinchor bzw. Cap Skirring etwas Obst einzukaufen. In Djembering gibt es außerhalb der Campements so gut wie keine Möglichkeit, Geld auszugeben.

DER SÜDOSTEN SENEGALS

Tambacounda ist ein wichtiger Handelsplatz und der bedeutendste
Verkehrsknotenpunkt im Osten des Landes. Die Stadt ist zugleich
Hauptstadt der großen, aber dünn besiedelten Région Sénégal Oriental. Der
Nationalpark Niokolo Koba zählt zu den Top-Attraktionen Senegals. Er ist
einer der letzten ökologischen Nischen für die Überreste der einstmals so
überaus zahlreichen Großwildarten Westafrikas. Ausgangspunkt für Exkur-
sionen ins Bassariland ist Kédougou.

Tambacounda

Tambacounda, von den Senegalesen
knapp *Tamba* genannt, entstand kurz
vor der Jahrhundertwende während
des Eisenbahnbaus von der Küste in
den Osten. In der an die 50.000 Einwohner zählenden Provinzmetropole
lebt heute ein buntes Völkergemisch
aus Sarakole, Fulbe, Mandingo, Tukulor, Wolof und Bambara.

Selbst nicht gerade mit Sehenswürdigkeiten gesegnet, dient die Stadt
Reisenden in erster Linie als Zwischenstop und Versorgungsstation.
Tambacounda ist der beste Ausgangspunkt für Exkursionen in den Nationalpark Niokolo Koba und ins Bassari-Land. Das Stadtzentrum konzentriert sich um den Bahnhof herum.
Eine der belebtesten Geschäftsstraßen
ist der *Boulevard Demba Diop*, an
dem es auch eine Bank gibt. Vor Ausflügen in den Busch ist Tamba die
letzte Möglichkeit, Geld zu wechseln,
Post abzuschicken oder sich ein paar
Filme zu kaufen. Reiseproviant ist in
gut sortierten Lebensmittelgeschäften
in der *avenue Senghor* erhältlich.

Im *Bureau du Parc National* kann
man sich über den Nationalpark informieren und bereits die Eintritts-
karten lösen.

Verbindungen

Straßen: Tamba ist der wichtigste
Verkehrsknoten in Ostsenegal. Die
Stadt liegt am Schnittpunkt von drei
Nationalstraßen: die N 1 führt von
Dakar (467 km bis Tamba) via *Kaolack* über Tamba nach *Kidira* an die
Grenze zu Mali. In südwestlicher
Richtung ist Tamba durch die N 6 via
Vélingara und *Kolda* mit *Ziguinchor*
(420 km) verbunden. Die N 7 verläuft
durch den *Nationalpark Niokolo Koba* (233 km) in den äußersten Südosten. Zur Zeit wird die Straße komplett asphaltiert. Über mehr als 150
km führt sie auf dem Weg nach Kédougou durch von Flammenbäumen
durchsetzte Bambuswälder.
Buschtaxi: Alle genannten Orte sind
von der Gare routière in Tamba mit
dem Buschtaxi erreichbar.
Zug: Auf der Bahnlinie Dakar – Bamako kann in Tamba zugestiegen
werden, auch Autoverladung nach
Mali ist möglich. Die Züge verkehren
zweimal wöchentlich (siehe Seite
171).
Flug: *Air Sénégal* fliegt Tamba jeden
Mo und Fr an. Es besteht zudem die
Möglichkeit, nach Kédougou weiter-
zufliegen.

Unterkunft

★★★ *Asta Kébé,* © 811028, Fax 811215, BP 194, am südlichen Stadtausgang. Das Jagdhotel verfügt über 61 klimatisierte Zimmer, Restaurant, Bar, Swimmingpool, Tennis und Autovermietung. DZ 27.500 CFA. Unter dem hohen Kuppeldach des Restaurants leben Fledermäuse; keine Angst, sie fallen sicher nicht auf Ihren Teller! ★★★ *Niji Hôtel,* © 811250, Fax 811744, BP 119. Klimatisiertes DZ 14.500 CFA, DZ mit Ventilator 10.700 CFA. Restaurant, Menü 4000 CFA. Es werden Ausflüge in den Niokolo-Koba-Nationalpark, Pirogentouren und Folkloreabende angeboten.

Restaurants

Erstes Restaurant am Platze ist das Hotel-Restaurant *Asta Kébé,* Menü um die 5000 CFA.

Entschieden billiger kann man im *Restaurant de la Gare* am Bahnhof und im *Restaurant Khadim* neben der Tankstelle am südlichen Ortsausgang speisen.

Nationalpark Niokolo Koba

Unter den sechs senegalesischen Nationalparks ist dieser im Südosten gelegene Park nicht nur der älteste und weitaus größte, sondern zweifelsohne auch der spektakulärste, sind doch mit etwas Glück und Ausdauer sogar noch Elefanten, Büffel, Antilopen und auch Löwen zu sichten. Das mehr als 8000 km² umfassende Gebiet ist das größte zusammenhängende Naturschutzreservat Westafrikas. Es entspricht etwa drei Viertel der Fläche Gambias.

Landschaft und Tierwelt

Der Nationalpark liegt an der Übergangszone zwischen trockener Savanne und Feuchtwald und bietet dadurch eine äußerst kontrastreiche Vegetation. Der größte Teil jedoch ist von flacher etwas monotoner Trockensavanne bedeckt. Nur an den Flußläufen des *Gambia* und dessen beiden Nebenflüssen *Koulountou* und *Niokolo Koba* breiten sich üppige Galeriewälder und teilweise unwegsamer Dschungel aus. Dominierend sind die bis zu 50 m hohen Baumriesen der Kapokbäume, daneben gibt es Khai-Bäume *(Kaya senegalensis)* von ebenfalls an die 40 m Höhe mit ihrem intensiv glänzenden immergrünen Blattwerk sowie mehrere Palmenarten, Bambus und andere. Im Südosten

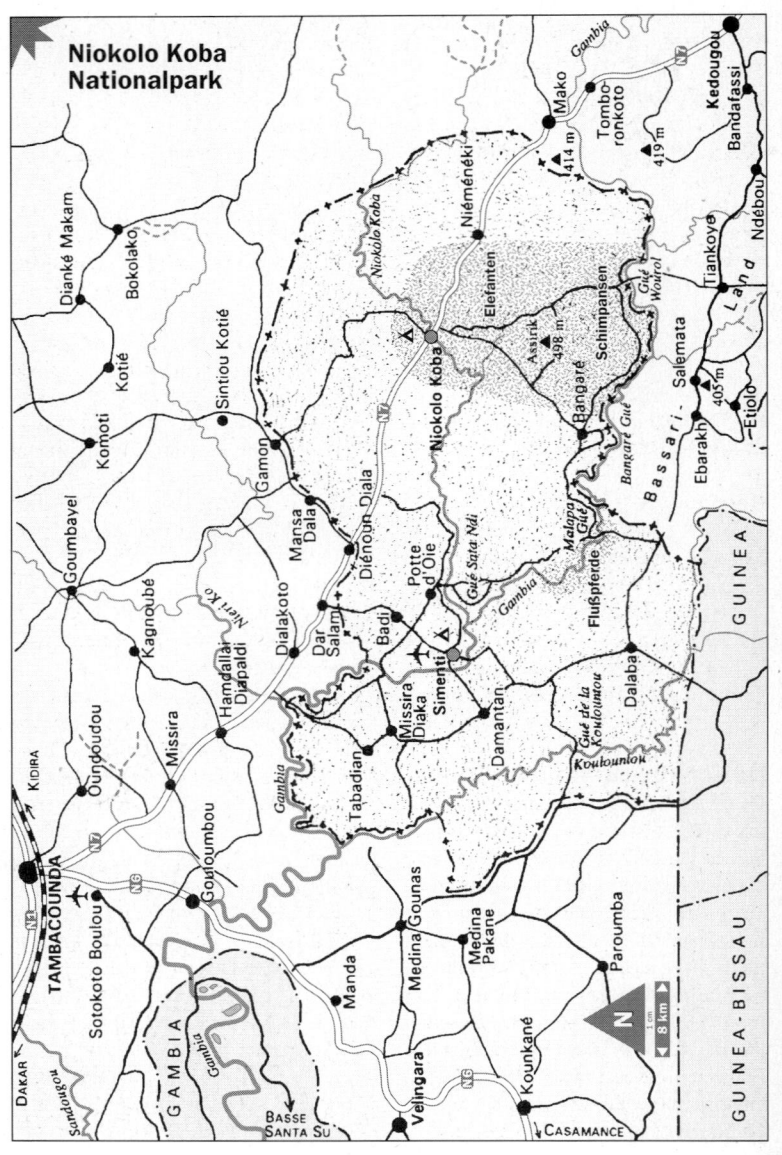

Niokolo Koba Nationalpark

Gambia

Mako

Tombo-
ronkoto

414 m

419 m

Kedougou

Bandafassi

Ndébou

Niéménéki

Dianké Makam

Bokolako

Niokolo Koba

Elefanten

Guia Wourol

Tiankoye

Kotié

Schimpansen

405 m

Etiolo

Assirik
498 m

Salemata

Komoti

Sintiou Kotié

Niokolo Koba

Bangaré

Ebarakh

Bassari-Land

Gamon

Bangaré Gué

Mansa Dala

Diénoun Djala

GUINEA

Dalakoto

Potte
d'Oie

Malapa Gué

Dar Salam

Badi

Gué Sata Ndi

Gambia

Flußpferde

Dalaba

Goumbavel

Niéri Ko

Hamdallai
Diapaldi

Simenti

Kagnoubé

Missira Diaka

Damantan

Gué de la
Koulountou

Koulountou

Oundoudou

Missira

Tabadian

KIDIRA

Gambia

Gouloumbou

Medina Gounas

Paroumba

TAMBACOUNDA

Sotokoto Boulou

Medina
Pakane

GUINEA-BISSAU

DAKAR

Manda

Sandougou

GAMBIA

Gambia

Kounkané

CASAMANCE

BASSE
SANTA SU

Velingara

N

8 km

Das Hornbill-Männchen (Familie der Nashornvögel) hat ein etwas exentrisches Verhalten: es mauert das Weibchen während der Brutzeit in die Bruthöhle (meist in alten Bäumen) ein und füttert seine Familie dann – immerhin – aufopfernd. Das Weibchen nutzt die 7wöchige Klausur zur Mauser ihrer Flugfedern.

des Parks geht die ebene Savanne in eine leichte Hügellandschaft über. Die zweithöchste Erhebung des Parks ist der 311 m hohe *Mount Assirik*, von dessen Anhöhe aus man einen weiten Ausblick auf das 1000 m hohe Bergland des Futa Djalon im benachbarten Guinea hat. Rund 100 m höher ist der *Goléakouto,* zu dessen Füßen der Gambia River vorüberfließt.

Die artenreiche Fauna präsentiert sich beinahe schon wie eine komplette Aufzählung aus Grizmeks Tierleben. An Großwild sind bereits die erwähnten Dickhäuter vertreten. Ihre Zahl im Park wird auf etwa 200 geschätzt. Die Elefanten konzentrieren sich vor allem im Osten des Parks, können aber auch in der Nähe von *Siménti* gesichtet werden. Die schweren Kolosse von Flußpferden (schätzungsweise 800) lassen sich am ehesten von den Beobachtungsplätzen am Gambia River ausmachen. Besonders zahlreich in Niokolo Koba sind Affen, insbesondere Husarenaffen, grüne Meerkatzen, daneben auch Paviane (in der

Gegend von *Bangare)* und Colobusäffchen. Äußerst selten dagegen sind Schimpansen (ungefähr 150 Exemplare), wenn überhaupt sind sie östlich vom Mount Assirik zu orten. Ebenfalls nicht allzu hochgeschraubte Erwartungen sollte man bezüglich Raubtieren wie Löwen, Leoparden und Panthern haben. Doch es gibt sie noch. Die äußerst scheuen Großkatzen sind nur mit einem ortskundigen Führer zu finden. Am ehesten auf einen Löwen trifft man in der Gegend der Kreuzung *Patte d'Oie* südlich vom *Camp Badi.* Im Park leben außerdem Warzenschweine, Hyänen, kleine Säugetiere wie Zibetkatzen, Mangusten, Erdhörnchen und andere. An den Flußufern gibt es Krokodile, in den Flüssen selbst wurden mehrere Dutzend Fischarten und Wasserschildkröten gezählt. Die Vogelwelt ist durch mehr als 200 Arten vertreten, darunter zahlreiche Enten- und Gänsevögel.

Verglichen mit ostafrikanischen Nationalparks nimmt sich die Artenvielfalt und deren zahlenmäßiges Vorkommen dennoch relativ bescheiden aus – und die Zahlen sinken (nicht zu-

Der Doppelzahn-Bartvogel, der mit seinem starken Schnabel harte Kerne knacken kann, fällt im dichten Grün durch sein rotes Unterkleid und das rote Geflügel-gebinde auf.

letzt durch die Jagd). Doch mit der nötigen Zeit, Geduld und nicht zuletzt einer gut gefüllten Reisekasse kommt in Niokolo Koba jeder Tierfreund auf seine Kosten.

Öffnungszeiten & Eintritt

Der Park ist nur in der Trockenzeit von Dezember bis Juni geöffnet und wird jährlich von etwa 5000 Gästen besucht. In der Regenzeit sind weite Teile überflutet und die Pisten unpassierbar. Für eine einigermaßen ausgiebige Erkundung des weitläufigen Naturrefugiums sollte man mindestens drei Tage einplanen.

Die Eintrittsgebühr in den Park beträgt pro Person und Tag 2000 CFA, für ein Fahrzeug einmalig 5000 CFA. *Der Zugang zum Park ist nur mit einem Fahrzeug erlaubt!*

Parkeingänge befinden sich in *Dar Salam* und *Wassa Dou.*

Verbindungen

Buschtaxi: Von Tamba verkehren lediglich ein bis zwei Buschtaxis pro Tag bis zum Eingang *Dar Salam* (80 km). Von dort gibt es keine regelmäßigen Transportverbindungen ins Parkinnere.

Transport innerhalb des Parks

Organisierte Safaris werden von den großen Hotels der Region angeboten. Das Asta Kébé bietet von Tamba aus Zwei-Tages-Safaris für circa 75.000 CFA an. Preiswerte Halbtagestouren werden vom Hôtel Simenti offeriert.

Die beste, aber nicht gerade billigste Art und Weise, den Park zu erkunden, ist im Mietwagen. Die Preise für einen Landrover oder ein ähnliches Allradfahrzeug liegen ausgesprochen hoch (in Tamba etwa 75.000 CFA pro Tag). Billiger kommt es, sich ein Taxi samt Chauffeur für einen Tag zu mieten. An Ausrüstung sollten Ersatzreifen, Benzinvorräte, Verpflegung und genügend Trinkwasser (min. 5 Liter pro Person und Tag) mitgeführt werden. Am Parkeingang ist ein detaillierter Streckenplan erhältlich, mit dessen Hilfe einige Routen zusammengestellt werden können. Der Park kann auf einem etwa 600 km langen Pistennetz befahren werden. Die Wege sind gut ausgeschildert. Um etwas vom Park zu sehen und um den Wagen heil über die Runden zu bringen, empfiehlt es sich, eine Reisegeschwindigkeit von nicht viel mehr als 30 km/h einzuplanen. Die Pisten dürfen nicht verlassen werden.

Unterkunft

★★★ *Hôtel Relais de Siménti;* Klimatisierte EZ 14.000 CFA, DZ 20.000 CFA. Daneben stehen auch einfachste

Strohhütten zur Verfügung. Restaurant, Swimmingpool, Autovermietung. Gelegen direkt am Gambia River mit guten Tierbeobachtungsposten; *Reservierung* über Holding Kebe, 5 av. George Pompidou, Dakar, © 228643. Das Hotel ist vom 1. Juli bis 30. November geschlossen.

★★★ *Hôtel du Niokolo Koba*; 18 zum Teil klimatisierte Zimmer, daneben auch einfache Strohhütten. *Reservierung* über Hôtel Asta Kébé, Tambacounda, © 811028. Das Hotel ist vom 1. Juni bis 15. Dezember geschlossen.

Camping

Camping ist nur an ausgewiesenen Plätzen gestattet. Campingmöglichkeiten in einfachsten Strohhütten ohne jeglichen Komfort an den Beobachtungsplätzen *Camp du Lion, Malapa, Badoye, Fourou, Bangare, Koulountou* und *Camp du Koba.*

Das Bassariland

Das Siedlungsgebiet der etwa 2500 zählenden *Bassari* liegt südlich des Nationalparks Niokolo Koba in den hügeligen Ausläufern des *Futa Djalon.* Vom Nationalpark abgesehen, ist der Südosten die am wenigsten vom Reiseverkehr berührte Region des Landes. Es ist so gut wie keine touristische Infrastruktur vorhanden. Für Exkursionen auf eigene Faust muß man auf gewohnten Komfort verzichten und sich weitge-

hend selbst versorgen. Organisierte Touren werden bislang vornehmlich in der Hauptsaison (Weihnachten und Ostern) angeboten, sind jedoch ausgesprochen teuer.

Ausgangspunkt für eine Reise ins »Land« der Bassari ist das kleine, etwa 7000 Einwohner zählende Städtchen **Kédougou**, nahe der Grenze zu Guinea. In Kédougou besteht die letzte Möglichkeit, sich mit Lebensmitteln und Trinkwasser einzudecken. Von Kédougou aus führt eine holprige Piste in das überwiegend von Fulbe bewohnte **Salemata** (77 km).

Die Bassari-Dörfer **Nangar**, **Ebarak** und **Etiolo** liegen nur wenige Kilometer von Salemata entfernt, zumeist etwas abseits der Piste auf hügeligen Anhöhen. Die malerischen Dörfer sind noch ganz im traditionellen Rundhüttenstil gehalten. Die kegelförmig zugespitzten Dächer sind mit Hirsestroh gedeckt. Für den Besucher präsentiert sich eine vom übrigen Senegal ganz verschiedene Kultur. Auf Grund der abgeschiedenen Lage konnten die Bassari die während der letzten Jahrhunderte das ganze Land erfassende Islamisierungswelle relativ unberührt überstehen und ihre animistische Tradition meistenteils beibehalten. Die Bassari werden von den umliegenden Völkern nicht selten als »unzivilisierte Wilde« angesehen. Ahnenkult und Geisterglauben

Gesichts-Maske, aus Holz geschnitzt

sind noch weit verbreitet, auch werden Initiationsriten und Beschneidungszeremonien abgehalten – doch das sind ja keine Kennzeichen von besonderem »Heidentum«, siehe Seite 53. Neben dem Anbau von etwas Baumwolle gehen die Männer noch der Jagd nach. Die Frauen sind für ihren aus Perlen, Kaurimuscheln und Schneckenhäusern hergestellten Schmuck berühmt. Ganz unberührt ist auch das Bassariland nicht mehr. Ursprüngliche, traditionelle Kleidungsstücke wie aus Palmblättern geflochtene Penisfutterale und perlenbestickte Lendenschurze kann man bereits als Souvenir erstehen.

Verbindungen

Kédougou ist Grenzstation für den südöstlichen Landeszipfel auf der Überlandfahrt von Guinea und Mali.
Buschtaxi: Das 700 km von Dakar entfernte Kédougou ist von Tambacounda (233 km) aus auf der nicht asphaltierten N 7 mit dem Buschtaxi erreichbar. Mit längeren Wartezeiten muß gerechnet werden.

Von Kédougou weiter in die Bassari-Dörfer verkehren keine öffentlichen Verkehrsmittel. Mitfahrgelegenheiten sind ausgesprochen rar.
Flug: *Air Sénégal* fliegt von Dakar aus zweimal wöchentlich nach Kédougou. Der einfach Flug kostet etwa 150 DM.

Unterkunft

☆ Einigermaßen komfortabel ist in Kédougou das *Hôtel Chez Diao,* 10 Betten, DZ 5000 CFA, Tagesgericht 2500 CFA sowie das
♠ *Campement Ives.*

In den Dörfern **Salemata** und **Etiolo** gibt es *Campements* einfachster Ausstattung. Ansonsten sollte man sich beim Alkalo (Bürgermeister) wegen einer Schlafstelle oder einem Platz fürs Zelt erkundigen.

Blüte und Fruchtstand einer wilden Bananenstaude (Früchte noch nicht ausgereift)

GAMBIA

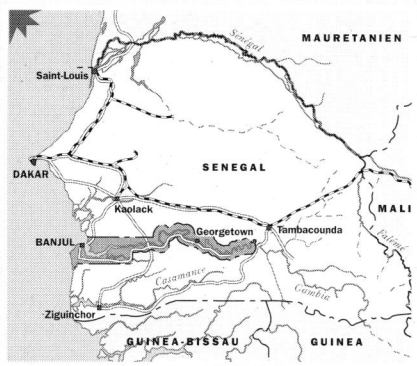

DIE HAUPTSTADT BANJUL
UND DER KOMBO-GROSSRAUM

Banjul liegt auf einer flachen Halbinsel, die hakenförmig in das Mündungsgebiet des Gambia River hineinragt. Die vom Schlick des Flusses aufgeworfene, einstmals mit Bambuswäldern bestandene Insel beherbergt heute die Hauptstadt des kleinen Landes. Ihr Hinterland bildet das in mehrere Unterbezirke aufgeteilte Kombogebiet mit der touristisch entwickelten Kombo-St.-Mary Area, Bakau und Serekunda am Atlantik sowie dem kleinen Abuko-Nationalpark.

Für eine Landeshauptstadt ist Banjul ein Unikum. Zwar wird für die Agglomeration Banjul nach der letzten Volkszählung von 1993 angenommen, daß rund die Hälfte aller Gambier hier lebt. Doch Banjul selbst wirkt mit seinen rund 45.000 bis 60.000 Einwohnern (die Zahlen schwanken) alles andere als hauptstädtisch, eher wie ein Provinznest, dazu noch ziemlich abgewirtschaftet. Aufgrund der Halbinsellage am Rande von schwer zugänglichen Mangrovensümpfen kann sich die Stadt flächenmäßig nicht mehr weiter ausdehnen.

Auch verkehrstechnisch gesehen liegt Banjul in einer Sackgasse, ausgenommen des Fährterminals, das die Hauptstadt mit der Straße nach Dakar verbindet. Mit dem Festland ist Banjul lediglich durch die über den *Oyster Creek* führende *Denton Bridge* verbunden, die mit dem darüberführenden Highway nach Serekunda eine Art Nadelöhr durch die Mangrovensümpfe bildet.

Was Banjul am Leben hält, sind der Hafen und ein paar administrative Stolpersteine in Form von Verwaltungsbehörden. Für den Besucher präsentiert sich Banjul jedoch zu keiner Jahreszeit als besonders einladend. Die nicht asphaltierten Straßen sind im Winter staubtrocken, und während der sommerlichen Regenzeit gleichen sie einem roten Schlammteppich. Der über den Flughafen *Yundum* einreisende Pauschaltourist läßt die Stadt folglich zumeist rechts liegen, um im klimatisierten Coach sogleich in die Badezentren am Atlantik gebracht zu werden. Doch vielleicht ist es gerade die schläfrige Provinzialität, die einen Besuch lohnenswert macht. An kolonialem Flair mangelt es nicht; bis auf den lärmenden Autoverkehr könnte man gar meinen, man sei im falschen Jahrhundert gelandet.

Historischer Rückblick

Nur wenige Jahre nach Mungo Parks unglückseliger zweiter Entdeckungsreise ins Innere Afrikas wurden die Ränder des Kontinents zum Schauplatz verstärkter wirtschaftlicher und militärischer Interessen. Nach dem Verlust ihrer amerikanischen Kolonien hatten die Engländer keine Mühe, sich offen gegen die Sklaverei zu stellen, benötigten sie in Übersee doch selbst keine Sklaven mehr. Auf dem Gambia River kreuzten jedoch nach wie vor Sklavenschiffe anderer europäischer Großmächte. Der britische Vorposten auf *James Island* erwies sich als zu klein, um den Sklavenhandel effektiv zu unterbinden. Auf der Suche nach einem Stück Land für einen geeigneteren Stützpunkt kaufte der englische Kapitän *Alexander Grant* von einem lokalen Kombo-König die direkt im Mündungsdelta gelegene Insel *Banjul*. 1816 wurde damit begonnen, auf ihr eine militärische Garnison einzurichten. Die Engländer nannten die Insel fortan *St. Mary's Island,* die um den Stützpunkt entstehende kleine Siedlung erhielt den Namen des damaligen Kolonialministers *Bathurst*. Kaum standen die ersten Holzhäuser, folgten Methodisten, Quäker und Katholiken, um in Bathurst Kirchen und Schulen zu bauen. Die Siedlung wuchs jedoch erst, nachdem aus dem überbevölkerten Freetown in Sierra Leone zahlreiche befreite Sklaven nach Bathurst umgesiedelt wurden.

Zwar verfügte die Insel Banjul über einen geschützten Hafen, die Stadt selbst lag jedoch zu tief und wurde in der Regenzeit ständig überflutet. Es wird berichtet, daß es möglich war, auf den Hauptstraßen zu fischen und daß – wie der englische Geschichtswissenschaftler J.W. Gray bemerkte – sich selbst Krokodile in die Siedlung verirrten. Die hygienischen Verhältnisse standen nicht gerade zum besten. Periodisch auftretende Seuchen und durch in unmittelbarer Nachbarschaft gelegene sumpfige Mangrovenwälder begünstigte Tropenkrankheiten machten sowohl der darbenden Bevölkerung als auch den Kolonialherren zu schaffen. Noch bis in die 30er Jahre dieses Jahrhunderts galt Bathurst als ein erbärmliches, malariaverseuchtes Nest, in dem aufgedunsene Ratten in der offenen Kanalisation trieben. Erst 1949 konnte das Hochwasserproblem durch den Deich an der Bund Road einigermaßen in den Griff gebracht werden.

Bathurst blieb bis zur Unabhängigkeit Gambias der Verwaltungssitz der britischen Kronkolonie, die einstige koloniale Atmosphäre ist in vielen Bereichen konserviert. Seit 1973 trägt die Stadt wieder den ursprünglichen Inselnamen Banjul – manche verblichene Straßenschilder stromaufwärts weisen aber noch auf den alten Namen hin.

Sehenswertes

Banjul ist so klein, daß alle interessanten Punkte problemlos zu Fuß erreichbar sind.

Im Herzen der City liegt der **Mac Carthy Square**, ein großer rechteckiger Platz, der seinen Namen dem einstigen britischen Gouverneur, *Sir Charles Mac Carthy,* verdankt. Der von ein paar staubgepuderten Bäumen umstandene Platz ist eingezäunt und der Öffentlichkeit nur zu besonderen Anlässen zugänglich, etwa bei politischen Veranstaltungen oder Sportereignissen (beispielsweise *Crikket).* Einzig nennenswerter Blickfang ist das *Bathurst Memorial,* das an die 38 gefallenen Gambier des Ersten Weltkriegs erinnert.

Fast eine ganze Längsseite des Platzes nimmt das im englischen Kolonialstil gehaltene **Quadrangle** ein, ein imposanter, um einen quadratischen Innenhof angeordneter Bau, in dem heute verschiedene Ministerien untergebracht sind. Unweit dahinter befindet sich das nicht weniger koloniale **State House** mit dem Regierungssitz des Staatspräsidenten. Fast schon am Strand thront als Erinnerung an die Kanonenbootpolitik des letzten Jahrhunderts die **Six Gun Battery,** eine englische Geschützstellung, mit deren Hilfe die Flußmündung von unerwünschten Eindringlingen freigehalten wurde.

Südöstlich wird der Mac Carthy Square von der *Gloucester Street* begrenzt. Die für Banjuler Verhältnisse recht belebte Straße wird ganz von der anglikanischen **Cathedral St. Mary** dominiert. Ziegelsteine, gotische Bögen und Strebepfeiler vermitteln einen soliden Eindruck englischer Baukunst. Wäre da nicht das obligate Wellblechdach, man könnte meinen, es handele sich dabei um eine typische Dorfkirche in einer englischen Grafschaft.

Von der Kathedrale nicht weit entfernt liegt in der Gloucester Street das **Nationalmuseum**. Das von schattenspendenden Palmen und Tamarisken eingerahmte Gebäude beherbergte einstmals den Sitz des *British Council*. Obschon es das einzige Museum Gambias ist, sollte es nicht mit allzu hochgesteckten Erwartungen in Augenschein genommen werden. Die Sammlungen umfassen in erster Linie afrikanische Kostüme, Masken, alte Musikinstrumente, dazu historische Karten, Stiche und Dokumente zur

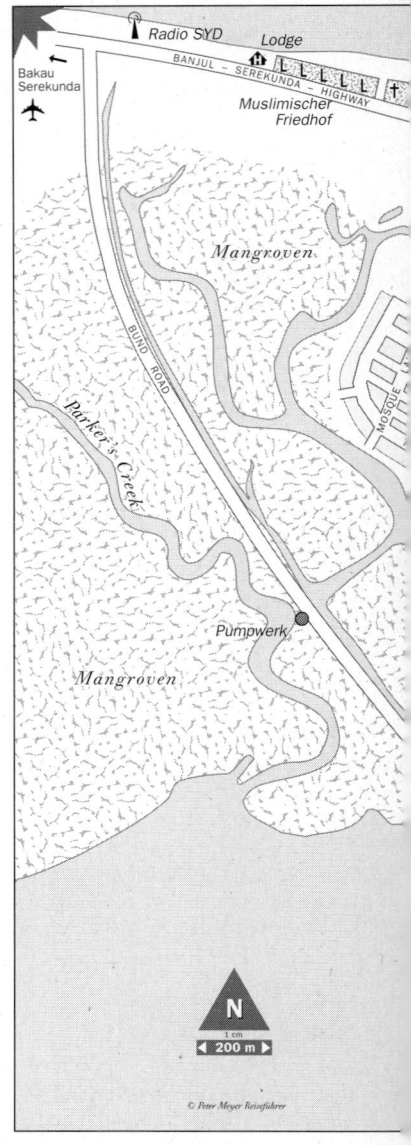

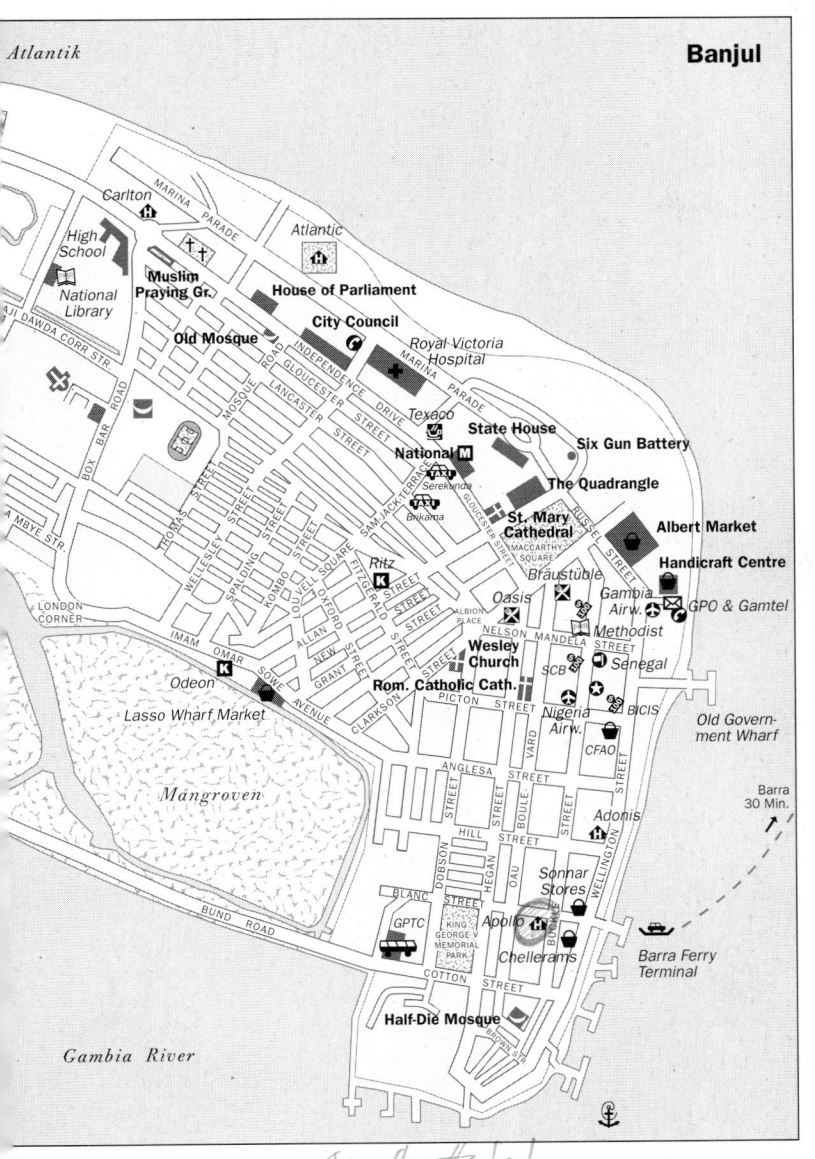

Atlantik

Banjul

Carlton

High School

National Library

Muslim Praying Gr.

Atlantic

House of Parliament

Old Mosque

City Council

Royal Victoria Hospital

Texaco

State House

National

Serekunda

Brikama

Six Gun Battery

The Quadrangle

St. Mary Cathedral

Albert Market

Handicraft Centre

Ritz

Bräustüble

Oasis

Gambia Airw.

GPO & Gamtel

LONDON CORNER

Wesley Church

Nelson Mandela Street

Methodist

Senegal

SCB

Rom. Catholic Cath.

Nigeria Airw.

BICIS

Old Government Wharf

Odeon

Lasso Wharf Market

Picton Street

CFAO

Barra 30 Min.

Anglesa Street

Mangroven

Hill Street

Adonis

Sonnar Stores

Bund Road

GPTC

King George V Memorial Park

Apollo

Chellerams

Cotton Street

Barra Ferry Terminal

Gambia River

Half-Die Mosque

Apollo Hotel
Mo + Di

GAMBIA

Kulturgeschichte des Landes. In einer anderen Abteilung ist alles zum Thema Palmwein zusammengetragen, angefangen von Gerätschaften zum Zapfen bis hin zu Kalebassen, aus denen der milchige, alkoholische Trunk früher konsumiert wurde. Interessant sind auch verschiedene animistische Kultgeräte und Fotos von Beschneidungszeremonien. Mo – Do 8 – 16, Fr und Sa 8 – 12.30 Uhr; Eintritt 10 D.

Nur wenige Schritte vom Mc Carthy Platz entfernt liegt der traditionsreiche **Albert Market.** Das 1986 bis auf die Grundmauern abgebrannte und für gambische Verhältnisse enorm schnell wieder aufgebaute Marktgelände beherbergt den größten Markt des Landes. Die zweigeschossige mit einer doppelten Arkadenreihe geschmückte Neubaufront nimmt fast die ganze Russell Street ein. Das basarartige Gewusel mit winzigen, teilweise überdachten Gängen ist dennoch überschaubar und klar gegliedert. Gleich um die schmalen Eingänge herum gruppiert sich stapelweise billige Elektronik aus Fernost. Banjul ist Freihafen – nicht nur die Gambier werden so mit Uhren, Radios und vor allem mit Recordern versorgt, sondern zum Leidwesen der senegalesischen Finanzbehörden auch die Nachbarn nördlich und südlich des Gambia River. Cassettenshops mit Afro-Pop und Reggae liefern die dazugehörige Software. Überschwemmt wird man geradezu mit Drogerieartikeln und Haushaltswaren. Bekleidung von Kopf bis Fuß wird gleich reihenweise angeboten. Für Reisende interessanter ist die Le-

bensmittelabteilung, die ganz von in farbenprächtige Baumwollkleider gehüllten Marktfrauen gemanagt wird. Da gibt es Maniokwurzeln, Sheabutter und pinkfarbene Kolanüsse; exotische Gewürze sorgen für eine mit dutzenden Gerüchen aufgeladene Atmosphäre. Im hinteren Teil des Marktes befinden sich einige einfache Garküchen, die jedoch einen weniger einladenden Eindruck hinterlassen. Der Albert Market ist täglich außer sonntags geöffnet.

Gleich neben dem Albert Market befindet sich das **Handicraft Centre,** das sich jedoch als ein ganz gewöhnlicher Touristenmarkt entpuppt. Von der Russel Street kommt man rechts neben der kolonial wirkenden, Ende der 50er Jahre erbauten *Hauptpost* durch eine kleine Gasse, vorbei an Tuchgeschäften, auf einen staubigen mit Wellblechhütten bestandenen Platz. Der Souvenirmarkt ist fein säuberlich in zwei Abteilungen geteilt. In der einen findet sich alles, was sich aus Baumwolle schneidern läßt: die allgegenwärtigen Gambia Shirts, leichte weitgeschnittene Kleider, buntbedruckte Hosen, Batikstoffe, Tücher und anderes mehr. Mit teilweise aufdringlichem, aber dennoch charmantem Verkaufsgebahren versuchen die Verkäuferinnen, einen in die winzigen Shops zu locken, zerren dabei ein x-beliebiges, schreiend buntes Textilteil von der Stange, um es dem verdutzten »Interessenten« sogleich über die Schulter zu legen. Geradezu überschäumende Geschäftigkeit stellt sich ein, wenn aus den nahegelegenen Ferienzentren eine Busladung voll

Strandurlauber angerollt kommt. Die zweite Abteilung mit Souvenirs aus Leder, Holz und Malachit ist ganz Domäne der Männer.

Von den beiden Märkten gelangt man in die zum *Hafen* und *Fährterminal* führende **Wellington Street**. Wenn es überhaupt so etwas wie ein wirtschaftliches Zentrum gibt, dann ist die Wellington Street die Lebensader Banjuls. Hier und in der parallel dazu verlaufenden *Buckle Street* gibt es zahlreiche Geschäfte, Banken und Supermärkte. Die meisten Häuser kommen über drei Stockwerke kaum hinaus. Zum Teil finden sich noch halbwegs intakte alte Faktoreien mit Holzbalkonen, aber bereits durchweg mit Wellblech gedeckt. Das nahezu einzige moderne, architektonische

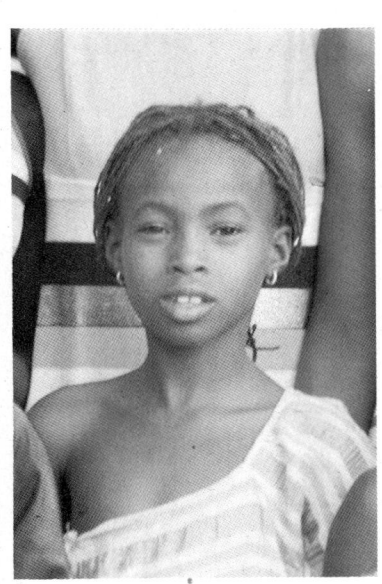

Akzente setzende Gebäude ist das *BICIS-Building* – inmitten von kolonialer Überlieferung wirkt der Beton- und Glasbau nahezu futuristisch.

Moscheen

Die an der *Box Bar Road* auf dem ehemaligen Fußballplatz stehende **Great Mosque** zählt zu den wenigen architektonischen Highlights von Banjul. Das 1988 mit großzügiger saudiarabischer Unterstützung fertiggestellte Bauwerk wirkt allerdings etwas unbeholfen auf den Platz gestellt, wohl deshalb, weil die Große Moschee – wie alle anderen Moscheen auch – geographisch genau nach Mekka ausgerichtet zu sein hat. Die funktionale Architektur wird geschickt durch einige traditionelle Stilelemente aufgelockert, so daß durch die von offenen Rundbögen begrenzten Eingänge und die beiden hohen oktagonalförmigen Minarette am Ende doch eine halbwegs ansprechende Form entstanden ist.

Weniger imposant ist die näher an der City am *Independence Drive* gelegene **Old Mosque,** wenngleich sie fast mehr Stil hat. Besonders die weißen Zwiebeltürmchen lassen einen stark orientalischen Einschlag erkennen. Lediglich das für Banjul sozusagen charakteristische Wellblechdach muß als Stilbruch angesehen werden. Die Alte Moschee war bis zur Eröffnung der Großen Moschee das religiöse Zentrum der Stadt.

Südlich vom Fährterminal bildet der *Half Die District* die äußerste Spitze der Halbinsel. Das ärmliche, aus Wellblech-Compounds zusam-

GAMBIA

mengeschusterte Viertel wird von der in der *Brown Street* stehenden **Half Die Mosque** überragt. Gegen die ansonsten von ästhetischer Symmetrie und kunstvoller Ornamentik beherrschte islamische Architektur nimmt sich diese ebenfalls wellblechgedeckte Moschee äußerst bescheiden aus, vor allem durch die sichtlich unfachmännische Bauweise. Interessant ist weniger das Bauwerk selbst, sondern vielmehr die Geschichte, wie die Moschee und das gleichnamige Viertel zu ihrem Namen kam: 1869 wurde das damalige Bathurst von einer fürchterlichen Cholera-Epidemie heimgesucht, an der die Hälfte der Bevölkerung – *half die* – starb.

Anreise

Mit dem Flugzeug: Der internationale Flughafen *Yundum* (30 km südlich von Banjul) wird von mehreren aus Europa kommenden Charterlinien angeflogen (Seite 110). Die *Gambia Air Shuttle* unterhält zwischen Dakar und Yundum ein bis zwei Linienflüge pro Tag.

Von Yundum nach Banjul gibt es keine Buslinie, die Hauptstadt ist nur per Taxi erreichbar, was etwa 100 Dalasi kostet.

Gambia Air Shuttle, 23 Buckle Street.

Gambia Airways, 87 Hegan Street, © 227778.

Über Land: Von Dakar (308 km; circa 6 Stunden Fahrzeit) und Ziguinchor (289 km, circa 4 Stunden) fahren regelmäßig Buschtaxis nach Banjul. An der Grenze muß zumeist der Wagen gewechselt werden, was aber keine

nennenswerten zeitlichen Verzögerungen mit sich bringt.

Verbindungen

Alle grundsätzlichen Informationen zu Verbindungen in Gambia finden Sie im Kapitel »Reisepraxis« ab Seite 132.

Bus: Die staatlichen GPTC-Busse verbinden Banjul mit allen größeren Orten des Landes. Der zentrale *Busbahnhof* befindet sich in der Cotton Street im Half-Die-Viertel. Bus Stops gibt es auch in der Gloucester Street und am Mac Carthy Square. Steigt man erst dort zu, ist jedoch mit einem Sitzplatz kaum mehr zu rechnen.

Die wichtigste Straßenverbindung *landeinwärts* ist die *Süduferstraße* über Brikama, Soma, Georgetown *nach Basse Santa Su*. Diese Strecke wird von den GPTC-Bussen sechsmal täglich bedient. Am schnellsten ist der morgens um 8 Uhr abgehende Expreßbus, der die 396 km bis Basse Santa Su in 7 Stunden bewältigt. Die Gesamtstrecke kostet etwa 90 D.

Entlang der *Atlantikküste* in den Süden des Landes nach *Gunjur* (50 km) und *Kartong* (61 km) bestehen täglich zwei Verbindungen. Busse nach *Bakau* (12 km) und *Serekunda* (15 km) gehen in dichter Folge.

Buschtaxi: Außer mit GPTC-Bussen können die beiden Hauptorte der Kombo-St. Mary Area (Serekunda, Bakau) auch per Buschtaxi erreicht werden. Der Taxibahnhof ist in der Gloucester Street. Die Taxis gehen alle paar Minuten, sind schneller, nur unwesentlich teurer als Busse und ein Sitzplatz wird garantiert.

Fähre Banjul – Barra: Banjul ist durch die am *Ferry Terminal* (Wellington Street) ablegenden Fähren mit Barra am Nordufer des Gambia River verbunden.

Fähren ab Banjul um 8, 10, 12, 14, 16 und um 18 Uhr ab; *ab Barra* um 9, 11, 13, 15, 17 und 19 Uhr.

Die Überfahrt dauert 30 Minuten. Der Fahrpreis beträgt pro Person 3 D, für PKWs 50 D.

In Barra gibt es einen großen *Buschtaxibahnhof* mit Anschlüssen zur senegalesischen Grenze sowie nach Albreda, Juffure (ein- bis zweimal täglich) und Kerewan. *Aber Achtung*: keine gute Übernachtungsmöglichkeit in Barra!

Auf der nicht asphaltierten Norduferstraße gehen von Barra aus auch mehrmals täglich GPTC-Busse nach Darsilami (bei Kerewan) und täglich zwei Busse nach Juffure.

Unterkunft

Atlantic, ℂ 228601, Marine Parade, P.O. Box 296. Direkt am Strand, 5 Minuten vom Stadtzentrum entfernt. 204 klimatisierte Zimmer, zwei Restaurants, Swimmingpool, Tennis, Squash, Volleyball, Segeln, Wasserski, Paragliding, Vogelpark. Das beste, komfortabelste und teuerste Hotel in Banjul; DZ ab 900 D; ganzjährig geöffnet.

Wadner Beach, ℂ 228239, Cape Road, P.O. Box 377. Gepflegtes Pauschalhotel 4 km außerhalb Banjuls, nähe Denton Bridge, direkt am Strand des Gambia River. 672 Betten, DZ 575 D; zwei Restaurants, Swimmingpool, Tennis.

Carlton, ℂ 227258, Independence Drive, P.O. Box. Neben der Alten Moschee, gegenüber vom Parlamentsgebäude, fünf Minuten vom Zentrum. 40 Zimmer; Restaurant. Fünfstöckiger Bau an der lauten Straße nach Serekunda. DZ ohne Klimaanlage mit Frühstück 200 D, klimatisiert 290 D.

✈ *Apollo*, ℂ 228184, 33 Buckle Street, P.O. Box 419. Relativ zentral gelegen in der Nähe des Fährterminals; 70 Zimmer, DZ 280 D; halbwegs akzeptabel.

✈ *Adonis*, 23 Wellington Street, Eingang Hill Street. 21 Zimmer, relativ preiswert.

Außerdem gibt es noch einige runtergewirtschaftete Billighotels mit einfachster Ausstattung.

Auf Banjuls Straßen herrscht trotz aller Agonie das ganz normale Chaos

GAMBIA

Essen und Trinken

Bräustüble, ✆ 228371, Leman Street. Deutsche und internationale Küche unter deutsch-libanesischer Leitung. Das beste Restaurant der Stadt mit von Souvenirshops umsäumtem Biergarten: gut besucht und sehr touristisch.

African Heritage, ✆ 226906, 16 Wellington Street, nahe CFAO-Supermarkt. Dänisch geführtes schönes Restaurant und Kunstgalerie im oberen Stock eines Kolonialbaus. Preiswerte afrikanische Küche. Vom Balkon aus hat man einen ruhigen Blick hinunter auf den Trubel Banjuls.

Oasis, 1 Clarkson Street. Restaurant im gleichnamigen Nachtclub mit halbwegs guter Küche. Spezialität ist Erdnußsuppe.

Express Fish and Chips, 67 Leman Street. Fast-food-Shop, ganz der typisch englischen Eßkultur nachempfunden; ausgesprochen billig.

Nützliche Adressen

Informationen: *Ministry of Information and Tourism*: Quadrangle Building, Mac Carthy Square, ✆ 229563, Fax 277753.

Geldwechsel: *Standard Chartered Bank,* 8 Buckle Street, und *Meridian Bank,* ebenfalls in der Buckle Street. *BICIS-Bank*, Wellington Street. *International Bank for Commerce*, Picton Street. Öffnungszeiten: Mo – Do 8 – 13, Fr 8 – 11 Uhr.

Post: *General Post Office* (GPO), Hauptbrief- & Paketpost, Russell Street, neben Albert Market, geöffnet Mo – Fr 8.30 – 12.15 und 14 – 16 Uhr, Sa 8.30 – 12 Uhr.

Telephon: *Gamtel,* Russel Street, neben der Post. Tag und Nacht geöffnet.

Polizei: *Police Station,* ✆ 17, Buckle Street, gegenüber Standard Chartered Bank.

Gesundheit: *Banjul Pharmacy,* Apotheke am Independence Drive.

Royal Victoria Hospital, Independence Drive.

Geld- und Sachspenden: Medikamente, Kleidung etc. werden entgegengenommen von *Action Aid,* Blanc Street/OAU Boulevard; *Catholic Relief Service,* Marine Parade, gegenüber Hotel Atlantic.

Straßennamen: Die Cameron Street wurde in *Nelson Mandela Street* umbenannt, die Leman Street heißt jetzt *OAU Boulevard.*

Discothek: *Oasis Nightclub,* Clarkson Street, nähe Mac Carthy Square; typisch afrikanische Discothek.

Botschaften

Büro der *Bundesrepublik Deutschland,* Independence Drive, schräg gegenüber der St. Mary Cathedral.

Guinea-Bissau, Wellington Street, nähe African Heritage; Visum innerhalb 24 Stunden.

Senegal, 10 Nelson Mandela Street *Sierra Leone,* 67 Hegan Street.

Visa: *Immigration Department,* Ministry of the Interior, 71 Dobson Street.

Einkaufen

Supermarkt: *CFAO,* Wellington/Picton Street, Mo – Do 9 – 12.30 & 14.30 – 17.30 Uhr; Fr 9 – 13 & 15 – 17.30; Sa 9 – 13.30 Uhr. Gut sortiert mit westlichen Importen, zum Beispiel französisches Wasser, Wein, Joghurts, Käse,

Drogerieartikel (Sonnencreme). Hyperhygienisch, es riecht förmlich nach Desinfektionsmitteln.

Buchladen: *Methodist Book Shop*, Buckle/Nelson Mandela Street; mäßig sortierter englischer Buchladen mit Literatur, Reiseführern, amerikanischen Zeitschriften, Post- & Grußkarten, Schreibwaren.

Gallerie: *African Heritage Gallery*, Wellington Street, im gleichnamigen Restaurant. Schnitzkunst, Bilder, Schmuck u.a.

Ausflüge nahe Banjul

Die landeinwärts von Mangrovensümpfen eingeschlossene Stadt hat eine beachtliche Vogelwelt zu bieten. Der populärste Platz für Vogelkundler ist ein Spaziergang auf der dortigen **Bund Road.** Sie wurde in den 50er Jahren als Deichstraße angelegt, um die Hauptstadt vor den periodisch wiederkehrenden Überflutungen zu schützen. Die Straße führt von der Südspitze der Halbinsel etwa 3 km durch Mangroven und stößt bei der Radiostation *Syd* auf den Serekunda Highway. Es sind verschiedene Reiherarten, Pelikane, Flußläufer wie Sandpiper, Seeschwalben, Kiebitze und andere Vögel zu sehen.

Von der Bootsanlegestelle an der Denton Bridge in Banjul aus besteht die Möglichkeit, Tagestouren nach *Lamin* und *Mandinari* zu unternehmen. Besonders reizvoll ist ein Pirogentrip zur **Lamin Lodge**, einem auf Pfählen ins Wasser gebauten dreigeschossigen Restaurant und Ausflugsziel am Rande eines Mangrovendickichts. Vom oberen Stockwerk aus hat man eine schöne Aussicht über den *Lamin Bolong.* Die unter deutscher Leitung stehende Lodge ist mit fahrbarem Untersatz auch über Land erreichbar. Der Landausflug läßt sich gut mit einem Besuch des Abuko Reservats kombinieren (Seite 316).

Kombo-St. Mary Area

Westlich der Hauptstadt Banjul gelangt man über den Serekunda Highway an die Atlantikküste. Hier befindet sich das unbestrittene touristische Zentrum Gambias. An dem Küstenstreifen zwischen Cape Point im Norden und dem etwa 10 km südwestlich gelegenen Kololi Point sind seit Anfang der 70er Jahre im Eiltempo ein gutes Dutzend hochmoderner Ferienanlagen aus dem Boden gestampft worden, die den sonnenhungrigen Gästen aus Europa gewohnten westlichen Standard bieten.

Gut ausgebaute Verkehrswege, Restaurants mit internationaler Küche gehobener Qualität, Supermärkte mit importierten Lebensmitteln, dazu Souvenirshops, Batikwerkstätten, Banken, Post und direkte Telephonverbindungen nach Europa sind Teil der gut entwickelten touristischen Infrastruktur. Der mehr und mehr zum Massentourismus tendierende Ferienbetrieb hat diesen Teil Gambias total umgekrempelt. Ein Großteil der einheimischen Bevölkerung ist vom Fremdenverkehr abhängig geworden. Fischerei und die früher verbreitete kleinbäuerliche Landwirtschaft spielen in der *Tourism and Hotel Development Area* kaum noch eine Rolle. Alle wollen am Tourismusgeschäft

GAMBIA

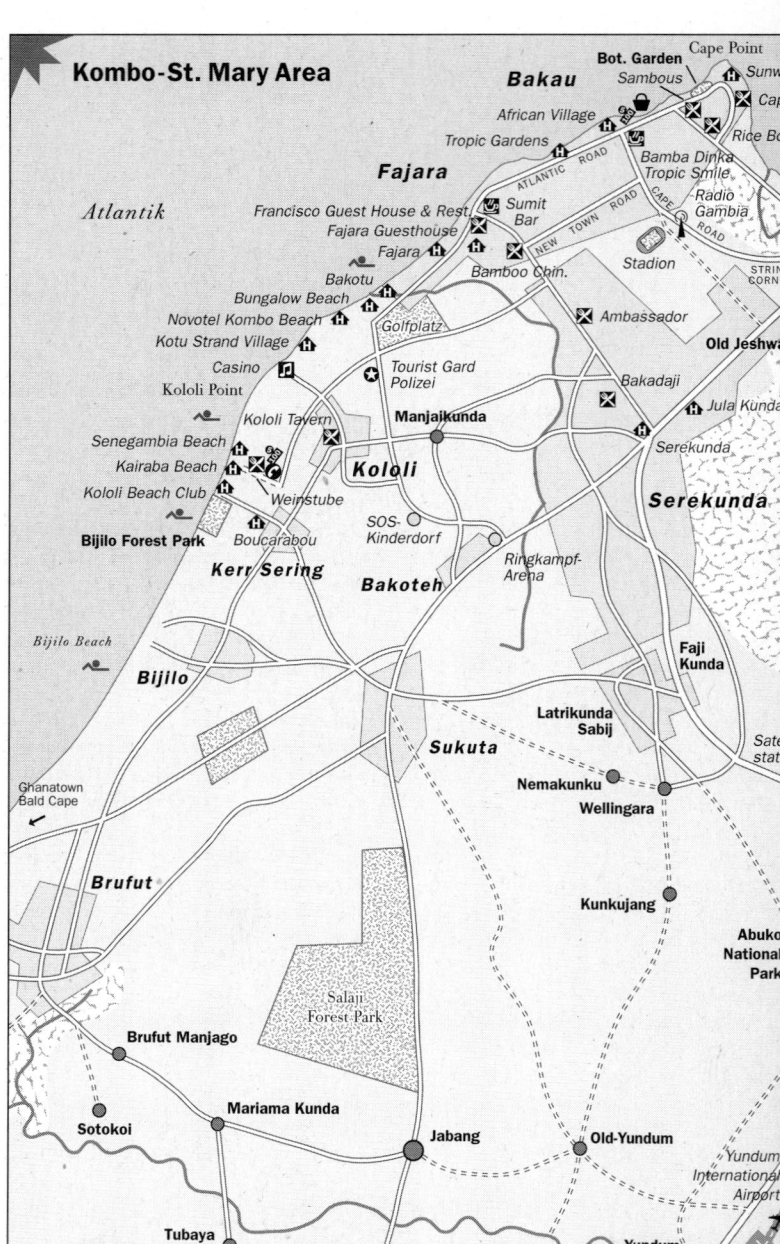

Kombo-St. Mary Area

Bakau

Bot. Garden
Cape Point
Sambous
Sunwir
Cape
Rice Bow

African Village

Tropic Gardens

Fajara

Bamba Dinka
Tropic Smile

Atlantik

Francisco Guest House & Rest.
Fajara Guesthouse
Fajara
Bakotu
Bungalow Beach
Novotel Kombo Beach
Kotu Strand Village
Casino
Kololi Point

Sumit
Bar

Bamboo Chin.

ATLANTIC ROAD

NEW TOWN ROAD

CAPE ROAD

Radio
Gambia

Stadion

STRING
CORNER

Golfplatz

Tourist Gard
Polizei

Ambassador

Old Jeshwar

Bakadaji

Jula Kunda

Senegambia Beach
Kairaba Beach
Kololi Beach Club

Kololi Tavern

Manjaikunda

Kololi

Serekunda

Serekunda

Bijilo Forest Park

Weinstube

Boucarabou

SOS-
Kinderdorf

Kerr Sering

Bakoteh

Ringkampf-
Arena

Bijilo Beach

Bijilo

**Faji
Kunda**

Ghanatown
Bald Cape

**Latrikunda
Sabij**

Sate.
station

Sukuta

Nemakunku

Wellingara

Brufut

Kunkujang

**Abuko
National
Park**

Salaji
Forest Park

Brufut Manjago

Mariama Kunda

Sotokoi

Jabang

Old-Yundum

*Yundum
International
Airport*

Tubaya

Yundum

Barra

Toll Point

DENTON
BRIDGE
Oil Mill

Wadner
Beach
Palm
Grove

Radio Syd

SEREKUNDA
HIGHWAY

Kantora
Carlton
Atlantic

Oyster Creek

Turnbull Bolong

Gefängnis

Banjul

Banjul Point

Mangroven–

Sumpf

Parker's Creek

Chitabong Bolong

Dockyard Point

Chitabong Island

Daranka Island

Daranka Bolong

Lamin-Daranka-Channel

Lamin Island

N

1 cm
1 km

© Peter Meyer Reiseführer

iehmarkt

Lamin Bolong

Mangroven–

Gambia River

Lamin Lodge

Mandinari Bolong

Mandinari
Flats

Sumpf

Mandinari Point

Lamin

izei und
wanderungs-
hörde

Mandinari

Kerewan

Mandina
Point

Kunkujan
Jataya

GAMBIA

teilhaben, sei es als Hotelboy oder Zimmermädchen, Taxifahrer oder Obstverkäuferin. Doch das Geschäft ist lediglich saisonal. Arbeit gibt es nur im Winter, in den Sommermonaten kommen kaum Gäste, viele Hotels haben geschlossen, an den Stränden herrscht gähnende Leere.

Verändert hat sich auch das Landschaftsbild. Die teils architektonisch ansprechend gestalteten, teils auch gesichtslosen Hotelkomplexe bilden mit ihren bewässerten Gartenanlagen künstlich blühende Oasen in einem weitgehend zersiedelten Lebensraum. Die baulich weniger attraktiven, schnell aus Hohlblocksteinen und Wellblech errichteten Compounds der einheimischen Mandingo nehmen sich dazwischen äußerst ärmlich aus. Eingezäunt mit denselben häßlich wirkenden Baustoffen, verkörpern sie die andere Seite der Medaille der manchmal nur wenige hundert Meter entfernten Glitzermeile. Nennenswerte Ortskerne sind kaum auszumachen. An landschaftlichen Reizen oder historisch interessanten Stätten bietet sich den Gästen wenig bis nichts. Die ganze Gegend wirkt profil- und kulturlos – oder im Klartext gesprochen: einfach lieblos dahingeklatscht. Was die Kombo-St. Mary Area zu offerieren hat, sind einzig und allein Sonne und Meer.

Serekunda

Völlig unberührt vom Trubel der Touristenmeile hat sich Serekunda zur größten Stadt Gambias entwickelt. Es liegt zentral inmitten der Kombo-St. Mary Area. Von den Stränden ist es etwa 4 km entfernt, mit Banjul ist die angehende Großstadt durch ein Stück (Vorzeige-) Autobahn verbunden. Serekunda hat von der Bevölkerungszahl her Banjul-City längst überflügelt. Niemand weiß genau, wieviel Einwohner die Stadt zählt – Schätzungen sprechen von mindestens 103.000.

Serekunda ist ein eilig zusammengeschusterter Wellblechkiez ohne nennenswerte Struktur und baulich markante Punkte. Alles ist überaus flach, mehr als zweistöckige Gebäude sind kaum auszumachen. Die Stadt ist jedoch alles andere als eine langweilige Provinzmetropole. Wie kein anderer Ort des Landes verkörpert Serekunda modernes urbanes afrikanisches Leben. Hier ballt sich die Energie des ganzen Landes. Die Straßen sind vollgestopft mit Menschen. Das Marktviertel kommt den ganzen Tag aus der Rush hour nicht heraus und quillt geradezu über vor explosiver Lebendigkeit. Auf den Straßen dröhnen knatternde Dieselgeneratoren; aus plärrenden »Ghettoblastern« hämmern die neuesten westafrikanischen Popsongs, hupende Local Taxis verstopfen hoffnungslos die City. Dazwischen zwängen sich mit Orangen beladene Schubkarren und menschliche Lastenträger, zumeist Frauen, die geschickt schwer gefüllte Plastikeimer oder einen Korb mit Papayas auf dem Kopf balancieren. Ob Sonnenbrillen, amerikanische Zigaretten, Camping-Gas oder Plastiksandalen – jeder zweite Einwohner Serekundas scheint ein kleines Business zu betreiben. Das meiste spielt sich direkt unter freiem

Himmel ab. Neben am Straßenrand gestapelten Softdrinkkästen wird staubbedeckte Importware aus Fernost verkauft. Die sich längs durch den Ort ziehende *Sayerr Jobe Avenue*, die Hauptverkehrsader Serekundas, steht einer orientalischen Basarstraße in nichts nach.

Serekunda ist eine junge Stadt. Teenies mit mühsam geglättetem Haar oder Bürstenfrisuren à la Grace Jones – die Lippen grell lila geschminkt – flanieren selbstsicher durch die Menschenmassen. Rastafaries, mit und ohne Dreadlocks, finden sich meist um einen Cassettenrecorder versammelt, sie tragen verwaschene Jeans und trotz oder gerade wegen der Hitze gestrickte Wollmützen in den Nationalfarben Jamaicas oder, noch schicker, eine lässige schwarze Ledermütze.

Ein Bummel durch die Sayerr Jobe Avenue oder die *Mosque Road,* um die sich das bunte Markttreiben abspielt, gehört zu den beeindruckendsten Erlebnissen, die die Kombo-St. Mary Area zu bieten hat. Afrika hautnah! Für einen längeren Aufenthalt mag Serekunda jedoch nicht der richtige Platz sein. Auch abends kommt die Stadt nicht zur Ruhe, und der Strand ist meilenweit entfernt.

Unterkunft

Will man dennoch eine typisch afrikanische Nacht in Serekunda verbringen, bieten sich gerademal vier Unterkünfte an, für die größte Stadt und heimliche Hauptstadt Gambias ausgesprochen wenig.

Green Line Hotel, © 394245, nahe dem Markt; klimatisisierte DZ für 225

D, derzeit die beste Wahl in Serekunda.

Serekunda Motel, Masa Dukureh Road, P.O. Box 384, nahe Serekunda Modern Bakery. Komfortabel und sauber, die Zimmer mit Videogerät; Restaurant.

Julakunda, Mosque Road, P.O. Box 2166. Gegenüber vom Markt und Buschtaxistand; nur mit Oropax erträglich. DZ 125 D.

People's Guest House, nähe Sayerr Jobe Avenue, gegenüber der BICI-Bank. Korrekt und mit Dachterrasse.

Nützliche Adressen

Banken: *Standard Chartered Bank*, Filialen in Serekunda, Pipeline Road/Sayerr Jobe Avenue; in Bakau, Atlantic Road; in Kololi an der Zufahrt zum Senegambia Beach Club.

BICIS, Bakau, Atlantic Road.

Telephon: *Gamtel-Büros* in Bakau, Atlantic Rd.; in Serekunda, Pipeline Rd.; in Kololi neben dem Senegambia Beach Club.

Britische Botschaft: Atlantic Road, Fajara, © 495133.

Gesundheit: *London Drugstore,* Sayerr Jobe Av., Serekunda, © 292213.

Westfield Private Clinic, Serekunda Kanifing.

Autovermietung: *Black & White Safaris,* © 393174, Serekunda/Kanifing, nahe Chellarams Supermarket. Land Rover für circa 650 D pro Tag ohne Kilometerbegrenzung.

Crocodile Safaris, © 496068, Serekunda, P.M. Bag 347. Land Rover nur mit Fahrer, pro Tag 750 D inklusive Benzin für 80 Meilen; unter englischer Leitung.

GAMBIA

Fritz Enterprises, © 391464, Serekunda, Pipeline Road, nahe Atsont Supermarket. 2 CV's für 280 D/Tag ohne Kilometerbegrenzung. Korrekt, verhältnismäßig günstig.

Fahrrad- und Mofa-Verleih: In vielen der großen Strandhotels, zum Beispiel *Papp's Cycles* vorm Kombo Beach Hotel: Fahrrad 30 – 60 D, Moped 150 D pro Tag.

Einkaufen: *CFAO-Supermarkt,* Atlantic Road. Mo – Fr 9.30 – 12 & 15.30 – 19.30 Uhr

Serekunda Modern Bakery, Serekunda, Sayerr Jobe Av., Bäckerei.

Gena Bes Batiks, Bakau, Bakau Salong Street. Batikwerkstatt.

Durawari Recording Studio, Serekunda, Mosque Rd. Musikcassetten.

Ausflüge: Organisierte Exkursionen werden nahezu von jedem der großen Strandhotels angeboten. Zum Standardprogramm gehören Halbtages- oder Tagestouren nach Juffure, Abuko/Brikama, Jeep Safari nach Kartong, Pirogenfahrten und eine 2-Tages-Tour nach Georgetown.

Kunta Kinte Kunja Tours, Serekunda, © 391949, organisiert Ausflüge in die Casamance nach Kafountine, Preis um die 70 DM.

Bakau

Bakau ist der Hauptort auf der Touristenmeile. Das einstige kleine Fischerdorf am Rande einer beeindruckenden Steilküste besitzt vielleicht noch am ehesten etwas Flair, ist doch zumindest eine Art Siedlung zu erkennen (20.000 Ew.). Nur unweit der ärmlichen Wellblech-Compounds, in denen die meisten der Hotelangestell-

ten wohnen, hat sich Bakau auf Grund seiner exponierten Lage zu einem bevorzugten Villenort reicher Geschäftsleute und Staatsbediensteter entwickelt. Hier zum Beispiel hat der britische Botschafter seine Residenz. Touristische Anlaufpunkte wie *Bank, Post, Supermarkt, Gamtel-Büro* und der **Batikmarkt** finden sich von der Old Cape Road kommend direkt am Anfang der Atlantic Road (siehe auch »Nützliche Adressen« bei Serekunda).

Als Sehenswürdigkeit wird das am Ortsrand gelegene und als heilig verehrte **Krokodilbecken von Kachikally** gehandelt. Mit etwas Glück sind am Rande des seichten Tümpels tatsächlich Reptilien auszumachen. Insgesamt sollen vier oder fünf Krokodile das Becken bevölkern. Kachikally ist eines der drei heiligen Krokodilbecken des Landes. Das nicht gerade appetitliche Wasser soll unfruchtbaren Frauen Kindersegen bescheren. Der heilige Ort ist über einen kleinen, von der Kreuzung Atlantic Road/Old Cape Road abgehenden Pfad erreichbar. Vom ausländischen Gast wird für den Zutritt ein kleiner Obulus verlangt (maximal 10 D).

Direkt an der zum *Cape Point* führenden Straße liegt der bereits von den Engländern 1924 angelegte kleine schattige **Botanische Garten.** Er beherbergt eine Sammlung einheimischer Zier- und Nutzpflanzen, macht aber einen ziemlich vernachlässigten Eindruck. In den trockenen Wintermonaten fehlt es an Wasser, viele der Pflänzchen sind dann halbverdorrt. Der Eintritt ist frei, und der Gärtner

Kunsthandwerkverkauf beim Kaffeetrinken: Touristen-Resort in der Kombo-St.Mary Area

ist gerne dabei behilflich, den Teakholzbaum und die Baumwollsträucher zu orten.

Die *Atlantic Road* führt in nordöstlicher Richtung zum nördlichsten Punkt auf der großen Halbinsel. Von portugiesischen Seefahrern wurde die markante Landspitze bereits im 15. Jahrhundert *Cabo de Santa Maria* getauft. Die Engländer machten daraus *Cape St. Mary;* von den Gambiern wird der Punkt schlicht **Cape Point** genannt. Das einstmals sicherlich idyllische Fleckchen wird heute fast ganz von den Bungalows des *Sunwing Hotels* eingenommen. Rechterhand hat man eine schöne Sicht auf die Mündung des Gambia, bei klarem Wetter bis hinüber zum Norufer nach Barra. Am Strand zurück nach Bakau bieten sich schöne Ausblicke auf die teils imposante Steilküste.

Unterkunft

Die Unterkünfte und Restaurants der Kombo-St. Mary Area sind auf den Folgeseiten zusammengefaßt. Banken und andere nützliche Adressen siehe unter Serekunda und Banjul.

Pauschalhotels von Nord nach Süd

Nirgendwo sonst in Senegal und Gambia konzentrieren sich so viele Hotelanlagen auf so wenigen Strandkilometern wie in der Kombo-St. Mary Area. Alle Hotels liegen in unmittelbarer Strandnähe. Sie verfügen über gute Restaurants, Swimmingpool und Dieselgeneratoren, um vom unzuverlässigen staatlichen Stromnetz unabhängig zu sein. Für ein Doppelzimmer mit Frühstück sind je nach Ausstattung und Komfort etwa 200

GAMBIA

bis 1000 Dalasi anzulegen. In der Regenzeit gibt es teilweise Preisnachlässe. Manche der Resorts haben jedoch im Sommer geschlossen.

Cape Point

Sunwing, ✆ 495428, P.O. Box 2638. Das 1971 von schwedischen Planern konzipierte Hotel liegt in exponierter Lage genau auf dem Cape Point. Die weitläufige Anlage bietet 200 Zimmer in flachen Bungalows, Restaurant, Süßwasserpool mit Kinderbecken, Volleyball, Windsurfen; abends Cabaret-Shows sowie Life-Musik. Nur in der HS geöffnet. Wird überwiegend von skandinavischen Veranstaltern gebucht, aber auch von Kreutzer und TUI. Klimatisiertes DZ 500 D, ohne Klimaanlage 300 D. Fahrradverleih vorm Haupteingang der Anlage.

Cape Point Hotel, ✆ 495005, Fax 495375, Cape St. Mary, P.O. Box 2294 S/K, direkt am Strand; Restaurant, Bar, Swimmingpool, 41 Zimmer, DZ mit Frühstück 225 D.

Amies Beach Hotel, ✆ 495035, direkt am Strand gelegen; 200 Zimmer, Swimmingpool, Supermarkt, Restaurant, Tennis, Volleyball, Discothek, Exkursionen. Klimatisierte DZ 450 D.

Bakau

African Village Hotel, ✆ 495307, Atlantic Road. Das im Stil eines afrikanischen Dorfes angelegte Resort liegt in schöner Lage auf der Steilküste Bakaus und umfaßt 85 strohgedeckte Bungalows. Restaurant, großer Pool mit Inselbar. Nur in der HS geöffnet.

Tropic Garden Hotel, P.O. Box 2576. Liegt neben dem African Village

ebenfalls auf der Steilküste und steht unter gleicher Leitung. 70 Bungalows im afrikanischen Stil. Restaurant, Pool.

Fajara

Fajara ist als Dorf kaum zu lokalisieren. Es handelt sich eher um eine lose Ansammlung von Häusern und einigen Villen am Ende der Atlantic Road.

Fajara Hotel, ✆ 495605, P.O. Box 2489. Das 1971 eröffnete Hotel besteht aus einem 3stöckigen funktionalen wellblechgedeckten Bau sowie einer etwas eintönig wirkenden, ebenfalls wellblechbedeckten Bungalowsiedlung. Insgesamt verfügt das Hotel über 540 Betten. Zur Anlage gehören Swimmingpool, Tennisplatz, Nachtclub und ein Spielcasino. In unmittelbarer Nachbarschaft befindet sich ein 18-Loch-Golfplatz – die (Ressourcen-)Verschwendung nimmt kein Ende. Klimatisiertes DZ mit Frühstück 500 D. Nur in der HS geöffnet. Pauschal bei TUI.

Kotu Beach

Südlich von Fajara liegt Kotu Strand mit mehreren großen Pauschalhotels mit insgesamt 1000 Betten:

Bungalow Beach Hotel, ✆ 465623, P.O. Box 2637. Das Anfang der 70er Jahre von einem schwedischen Konzern finanzierte Feriendorf verfügt über 110 Apartments mit Kochnische und Kühlschrank zur Selbstversorgung. Die Apartments sind in zweistöckigen, wellblechgedeckten Wohnblöcken untergebracht, die von gepflegtem Rasen umgeben sind. Das

Westafrikanische Musik, Trommel und Tanz wirken auf immer mehr Menschen aus Europa faszinierend. Für viele ist es der Grund, nach Gambia oder Senegal zu kommen und vor Ort traditionelle afrikanische Musik zu hören oder zu studieren. Wer über den Badeurlaub hinaus engere Kontakte zu Land und Leuten knüpfen und die überlieferte Musikkultur näher kennenlernen möchte, findet im *Boucarabou* einen idealen Rahmen vor. Das als Musikschule und Hotel konzipierte Projekt wurde mit tatkräftiger deutscher Hilfe initiiert und 1987 eröffnet. Es liegt am Südrand des Dorfes *Kerr Sering,* etwa 20 Fußminuten vom Strand entfernt. Veranstalter für das Boucarabou ist das Berliner Reisebüro *Cool Running Tours,* das Gruppenreisen kombiniert mit verschiedenen Workshop-Programmen offeriert.

Musikreisen ins Boucarabou

• *The Sun & the Drum* ist ein Trommel- und Tanzworkshop, der zweimal jährlich (in den Sommerferien und im Dezember) angeboten wird. Den Workshop gestalten einheimische Musiker und Tanzlehrerinnen, die mit Rhythmus, Trommel (Djembé) und Tanz bekannt machen. Unterrichtet wird täglich zwei bis vier Stunden, unterbrochen durch Ausflüge und freie Tag, die genug Spielraum für Strand und Erholung lassen. Kosten für drei Wochen ab 3300 DM inklusive Flug, Halbpension, Unterricht und Kulturprogramm.

• *Wassermusik* nennt sich eine Flußreise auf den Spuren des schottischen Afrikaforschers Mungo Park. Mit einer umgebauten Piroge, die Platz für 12 Personen bietet, geht es den Gambia River stromaufwärts. An Bord befinden sich Kora- und Balaphonspieler.

• *Frauen treffen Frauen,* eine Frauenreise, die in die verschiedenartige Lebenssituation westafrikanischer Frauen Einblick geben soll. Neben Kontakten zu gambischen Frauenprojekten und Ausflügen gehört auch ein dreitägiger Tanzworkshop zum Programm.

• *Reise in die Schwarze Musik* richtet sich speziell an Musikpädagogen, die von einem Musikprofessor der Universität Würzburg in die westafrikanischen Rhythmen eingeführt werden.

Weitere Angebote sind eine Reise zum Thema *Traditionelle Heilkunst in Westafrika* mit Besuchen bei verschiedenen »Medizinmännern« sowie das *X-Mas Special* mit dreitägiger Bootsfahrt auf dem Gambia River, Trommeln, Tanz und afrikanischem Buffet. Die zweiwöchigen Reisen kosten inklusive Flug, Übernachtung, Halbpension, Workshop- und Kulturprogramm zwischen 3000 und 3700 DM. Der Veranstalter organisiert auch eine zweiwöchige Tour durch Gambia und die Casamance mit Stops im Abuko Nationalpark, auf James Island, in Soma und Abéné.

Info und Anmeldung: *Cool Running Tours GmbH,* Eisenacher Straße 71, 10823 Berlin, ℡ 030/7812048, Fax 7812047.

gehobene Mittelklassehotel verfügt über Restaurant, Swimmingpool, Minisupermarkt und Boutique. Das Hotel ist ganzjährig geöffnet, in der HS ausschließlich für Pauschalreisende. Apartment für 2 Personen mit oder ohne Klimaanlage 540 – 580 D.

Kombo Beach (Novotel), ℡ 465467, Fax 465490, P.O. Box 694. Das Anfang der 80er Jahre erbaute Hotel beherbergt 250 klimatisierte Zimmer, die in vier großen Wohnblöcken untergebracht sind. Das Novotel verfügt über drei Restaurants, Swimmingpool und Discothek. Die Gäste haben Gelegenheit zum Tennisspielen, Windsurfen, Fahrradfahren und Bogenschießen. Ein 18-Loch-Golfplatz ist 15 Gehminuten entfernt. Für abwechslungsreiche Unterhaltung am Abend ist ebenfalls gesorgt. Der Hotelkomplex gehört wegen seines vielfältiges Ferienangebots zu den beliebtesten Ferienzentren des Landes. Pauschal zu buchen über die deutschen Veranstalter Kreutzer und TUI. DZ 1060 D.

Kotu Beach Village, P.O. Box 2532. Das 1977 von einem schwedisch-dänischen Konsortium finanzierte Hotel verfügt über 60 Zimmer in zweistöckigen, wellblechgedeckten Häuschen. Zum Strand sind es 100 bis 200 Meter. Nur in der HS geöffnet.

Kololi Point

Kololi Point markiert den vorläufig südwestlichsten Punkt der touristischen Erschließung der gambischen Atlantikküste. Seit Anfang der 80er Jahre ist hier ein neues großes Ferienzentrum entstanden. An der Zufahrt-straße gibt es eine Bank, Gamtel-Büro, Taxistand und einen Souvenir-markt.

Senegambia Beach Hotel, ℡ 4627-17/19, P.O. Box 2373. Das Senegambia ist mit 325 Zimmern die größte Ferienanlage Gambias. Das 1982 eröffnete Resort umfaßt etwa 8 Hektar parkartige Landschaft mit vielen Kokospalmen und einheimischen Zierpflanzen. Das unter deutscher Leitung stehende Club-Hotel verfügt über 3 Restaurants, Swimmingpool, Kinderplanschbecken und Spielplatz, Videoraum, Discothek, Friseursalon. Zu den sportlichen Aktivitäten gehören Tennis (mit Unterricht), Squash, Minigolf, Bogenschießen, Volleyball, Basketball und anderes mehr. Animateure bieten Yoga- und Gymnastikkurse an. Das offene Club-Hotel ist ganzjährig geöffnet. DZ mit Klimaanlage und Frühstück 900 D, ohne Klimaanlage 700 D.

Kololi Beach Club, ℡ 464897. Exklusive Bungalowanlage mit Swimmingpool und komplett ausgestatteten Küchen zur Selbstversorgung. Pro Woche für 2 Personen 3625 D. Liegt etwa 500 m vom Senegambia Beach Hotel entfernt.

Kairaba Beach Hotel, Kololi, ℡ 462940, Fax 462947. Das 1990 eröffnete First-Class-Hotel ist derzeit das Exklusivste, was Gambia zu bieten hat. Es liegt direkt an der feinsandigen Kotu Beach. Die klimatisierten und geschmackvoll eingerichteten 147 Zimmer, DZ 1000 D, verteilen sich auf mehrere zweistöckige langgezogene Reihenbungalows. Das Kairaba steht unter der gleichen deutschen Leitung

GAMBIA

wie das benachbarte Senegambia Beach Hotel. Besonderheit ist ein Gesundheitsstudio (Aromatherapie, Kosmetik u.a.) und ein Physiotherapiezentrum (Massage, Krankengymnastik) unter ebenfalls deutscher Leitung. Diverse Ausflugsprogramme. Hotelgäste können die Sportanlagen des Senegambia Beach mitbenutzen. Pauschal bei TUI und Kreutzer.

Unterkünfte für Individualreisende

Francisco Guest House, © 495332, P.O. Box 2609, Serekunda. An der Atlantic Road nahe Fajara Hotel. 1988 eröffnetes kleines Hotel unter schottischer Leitung. Verfügt lediglich über 8 Zimmer, alle mit Kühlschrank ausgestattet. Die Anlage ist von einem schönen tropischen Garten umgeben, dazu gehört ein sehr gutes Restaurant. Zum Strand sind es 10 Minuten zu Fuß. Unbedingt im voraus buchen. DZ 350 D; familär und gut.

Boucarabou Hotel, Kerr Sering, P.O. Box, Serekunda. Etwa 2 km südlich von Kololi am Dorfrand von Kerr Sering, 20 Fußminuten zum Strand. Wochenpreis für Übernachtung mit Frühstück pro Person 1400 D. Ökologisch konzipiertes Hotel mit Solaranlage anstelle eines lärmenden Dieselgenerators und geländeeigenem Tiefbrunnen zur Wasserversorgung. In den strohgedeckten Bungalows stehen 26 Betten zur Verfügung, WC und Dusche sind separat. Obst und Gemüse für die ausgezeichnete afrikanisch-europäische Küche kommt teilweise aus dem eigenen Garten. Ein zentrales Angebot im Boucarabou ist afrikanische Musik.

Das Ganze ist nicht gerade billig, DZ mit HP ab 150 DM. Info und Buchung über Cool Running Tours, Berlin, © 030/7812048.

Bantaba Hotel, © 463767, Kololi. Gut geführtes, kinderfreundliches Haus mit deutschem Management; DZ mit Deckenventilator und Frühstück 150 D; kleiner Pool vorhanden.

Kololi Tavern, © 463410, Serekunda P.M. Bag 273. Zum Strand 10 Minuten, nahe dem Dorf Kololi direkt an der Straße zum Casino gelegen. Kleines 1988 eröffnetes Hotel mit 15 Betten; DZ 200 D. Die Zimmer gehen von einem liebevoll gestalteten Patio ab. Viel Atmosphäre, freundliches Management, gelegentlich Koramusik. Auto- und Fahrradverleih kann arrangiert werden.

Friendship Hostel, © 495829, nahe dem Stadion in Bakau, Mile 7, zum Strand anderthalb km; 78 Zimmer. Von der VR China samt Stadion 1973 erbauter, ziemlich nüchterner und schnörkelloser vierstöckiger Bau, mit Restaurant und Tennisplatz. Etwas unpersönlich und zu weit ab vom Strand. DZ, klimatisiert und mit Frühstück, 165 D.

Abis Bar & Restaurant, © 464804, Kololi. In Strandnähe zwischen dem Casino und Palma Rima Hotel. Vermietet einfache Hütten zu je 150 D für 2 Personen, Single 100 D.

Fajara Guest House, Atlantic Road, © 496122. Kleines Gästehaus nahe dem Fajara Hotel mit DZ ohne Klimaanlage für 180 D.

Keneba Hotel, in Kololi, © 470093, 200 m zum Strand; Hütten mit Grasdächern verteilen sich in einer schönen Gartenanlage, preiswerte Pizzeria mit Lehmbackofen; DZ mit Frühstück 200 D.

Essen und Trinken

Kingfisher, Kairaba Beach Hotel, ℂ 462940. Gourmet-Restaurant für gehobene Ansprüche mit niveauvoller internationaler Küche und herrlichen Seafood-Spezialitäten.

Maiskolben

Man sitzt wahlweise drinnen (klimatisiert) oder draußen auf der Terrasse mit tollem Blick über die tropische Parklandschaft aufs Meer. Mit um die 200 D pro Person müssen Sie rechnen.

Rive Gauche, Kombo Beach Hotel; gepflegtes Hotel-Restaurant des Novotel mit französischer Küche. Obere Preisklasse, das Menü kostet um 200 D.

Laybato, Atlantic Road, etwa an der Einmündung der Pipeline Road. Einfaches Strandlokal mit preiswerter Küche. Neben Allerweltsgerichten wird auch westafrikanische Küche offeriert.

Weinstube, Kololi, direkt neben dem Senegambia Beach Club. Gleiches Management wie das Bräustüble in Banjul mit gutbürgerlicher Küche in rustikalem Ambiente. Ganz am deutschen Geschmack orientiert mit Sauerkraut, Pfannkuchen und Apfelkuchen. Hier werden auch Reitausflüge für 95 D pro Stunde angeboten.

Flamingo à la carte, Restaurant im Senegambia Beach Hotel. Außer dem Kellner und der Erdnußsuppe ist absolut nichts afrikanisch, das Essen jedoch ist ausgezeichnet.

Ambassador, Pipeline Road; Restaurant unter deutscher Leitung mit internationaler Küche und gepflegtem Bierkeller. Von den Wänden prangen deutsche Landschaften. Schon Tradition hat das freitagliche Grillhähnchenessen. Hier trifft sich, wer beruflich in Gambia zu tun hat.

Francisco's; ℂ 495332, Atlantic Road, Fajara; exklusives Gartenrestaurant der gehobenen Preisklasse. Internationale Küche in subtropischem Ambiente. Englisches Management. Wer im angeschlossenen Gästehaus wohnt, bekommt 10 % Rabatt.

Bamba Dinka, Atlantic Road, Bakau, neben dem CFAO-Supermarkt. Hauptgerichte ab 40 D; ab und an Live-Musik.

Tropic Smile, Atlantic Road, Bakau. Englisch geführtes Restaurant mit Fischspezialitäten.

Abis Bar and Restaurant, ℂ 464804, Kololi. Einfaches, aber gutes Restaurant, besonders zu empfehlen sind die Fischgerichte. Man sitzt behaglich auf der überdachten Terrasse.

Rice Bowl, Old Cape Road, Bakau. Chinesische Küche.

Il Mondo, nördlich vom Bungalow Beach Hotel, direkt am Strand. Beliebtes Restaurant und Snackbar.

Bakadaji, ℂ 462307, Kairaba Avenue, Latrikunda (etwas abseits der Pipeline Road, nahe Serekunda). Eines der bekanntesten Restaurants mit toller afrikanischer Küche. Samstagabends großes Buffet zum Einheitspreis von 80 D.

Tagesausflüge
Die Roots-Tour nach Juffure

Seit Erscheinen des weltweiten Bestsellerromans *Roots* des amerikanischen Autors Alex Haley und der gleichnamigen Fernsehserie ist das Dorf Juffure – der mutmaßliche Schauplatz der Familiensaga – zu einem Wallfahrtsort avanciert. (Zur Story des Buches siehe Seite 92.) Roots wurde geradezu ein Teil der modernen Mythologie Gambias, das dem kleinen Land zeitweilig eine große Publicity auf der Weltbühne bescherte. Großaufgemachter Medienrummel machte Juffure zum bekanntesten Dorf Westafrikas.

Ende der 70er Jahre wurde der Ort hauptsächlich von Tausenden von Schwarzamerikanern überschwemmt, die alle auf der Suche nach ihrer afrikanischen Identität auf den Spuren Alex Haley's wandelten. Ob Juffure tatsächlich der Geburtsort des Romanhelden Kunta Kinte war, sei dahingestellt. Nicht nur die zahlreichen Besucher scheinen, auch der Autor selbst scheint zumindest davon überzeugt zu sein. Tatsächlich sprechen jedoch einige Fakten dagegen. Juffure lag zum Zeitpunkt der Geschichte, als Kunta Kinte »überraschend« von Sklavenhändlern aufgegriffen wurde, keineswegs mitten im Busch, sondern nur wenige hundert Meter von dem französischen Handelsposten *Albreda* am Gambia River entfernt, wo zu jener Zeit der Sklavenhandel bereits im vollen Gange war. Auch sucht man in der Gegend des Dorfes vergebens nach dem »gewundenen Bolong«, einem Seitenarm des Gambia, an dem Juffure liegen sollte.

Koloniale Reste auf James Island

Die sichtlich berechtigten Zweifel an der Authentizität der Story konnte die Anziehungskraft des Dorfes nicht beeinträchtigen. Betrachtet man den ganzen Wirbel um Juffure als eine Mischung aus Dichtung und Wahrheit, ist der Geschichte zumindest ein symbolischer Charakter abzugewinnen – Juffure steht heute synonym für die katastrophalen Auswüchse des Sklavenhandels und der Name Kunta Kintes für den Leidensweg vieler Millionen Menschen.

Organisierte Anreise

Der Höhepunkt der Pilgerfahrten nach Juffure liegt bereits etliche Jahre zurück. Die »Roots-Tour« gehört heute dennoch zum festen Programmangebot der gambischen Tourismusindustrie. Ein *organisierter Tagesausflug* kann praktisch in jedem der großen Hotels gebucht werden. Die Tour wird zumeist als Schiffsreise angeboten und schließt gleichzeitig einen Besuch der geschichtsträchtigen Orte Albreda und James Island mit ein. Für die etwa 32 km stromaufwärts benötigt das Schiff 1 ½ – 2 Stunden Fahrzeit, der Preis für den Tagestrip beträgt etwa 85 DM pro Person.

Wurzelsuche auf eigene Faust

Wollen Sie Juffure auf eigene Faust über Land erkunden, gestaltet sich die Anreise merklich problematischer, es sei denn, Sie gönnen sich den Luxus eines Mietwagens. Ob mit oder ohne Mietwagen, zunächst gilt es, den Gambia River zu überqueren – Juffure liegt am Nordufer des Flusses. Um den Tag möglichst voll zu nutzen, sollte man sich bereits am frühen Morgen am Fährterminal in Banjul einfinden (Fahrplan der Fähre siehe dort). Das Übersetzen nach Barra dauert circa 30 Minuten.

Barra selbst hat wenig Einladendes zu bieten. Von der einstigen alten Hauptstadt des Mandingo-Königreichs *Niumi,* von dem in vorkolonialen Zeiten einmal der ganze Unterlauf des Stromes beherrscht wurde, sind so gut wie keine Überbleibsel mehr auszumachen. Nicht zu übersehen ist jedoch das einige hundert Meter von der Anlegestelle entfernte, 1826 von den Engländern erbaute *Fort Bullen,* von dem aus ergänzend zum wenige Jahre vorher errichteten Stützpunkt Bathurst (Banjul) zusätzliche Geschütze den Gambia River kontrollieren sollten. Genau gegenüber dem heutigen Banjul stand das Fort strategisch äußerst günstig an der engsten Stelle der Flußmündung. Die massive und schmucklose, von ein paar ausgedienten Kanonen umlagerte Festung lohnt jedoch kaum den Weg.

Von Barra aus fahren täglich zwei GPTC-Busse nach Juffure, außerdem auch ein oder zwei Buschtaxis. Gleich rechts hinter der Fähranlegestelle beginnt die Norduferstraße, auf der man bei *Buniadu* einen kleinen Abstecher zum *Krokodilbecken von Berendig* (10 km von Barra) machen kann. Berendig ist neben Bakau und Kartong einer der drei landesweit als heilig verehrten Krokodiltümpel. Der Platz liegt etwa 250 m östlich des Dorfes. Dem trüben, von Seerosen überwucherten Wässerchen werden diverse

Heilwirkungen zugeschrieben, was die einheimischen Hausfrauen nicht daran hindert, ihre Wäsche im geheiligten Wasser zu waschen.

Die Norduferstraße führt weiter durch eine offene Savannenlandschaft bis man nach etwa 20 km das direkt am Flußufer liegende **Albreda** erreicht. In der einstigen französischen Siedlung ist noch eine unter mächtigen Kapokbäumen verstreute alte *Handelsfaktorei* zu besichtigen. Der kleine französische Stützpunkt inmitten des englischen Machtbereichs gab immer wieder zu Auseinandersetzungen zwischen den beiden Kolonialmächten Anlaß. Während die Franzosen weiterhin auf den Sklavenhandel als einträgliches Geschäft setzten, hatten die Engländer bereits der Sklaverei abgeschworen.

Die unvereinbaren Standpunkte öffneten auch so manches Hintertürchen: Aus Albreda entflohene Sklaven brauchten nur den englischen Fahnenmast erreichen, und sie waren frei.

Juffure liegt nur wenige Minuten zu Fuß von Albreda und vom Fluß entfernt. Nach Dalasi und Kugelschreibern heischende Kinderscharen weisen den Weg. Das überwiegend von Mandingo bewohnte Dorf hat an sich nichts Untypisches zu bieten, bis eben vielleicht auf den Compound der Kintes mit den mutmaßlichen leibhaftigen Nachfahren und Verwandten des Romanhelden.

Wollen Sie noch weiter auf historischem Boden wandeln, ist da noch die inmitten des Flusses gelegene Insel **James Island**. Ernstzunehmendes Hindernis sind lediglich die am Ufer wartenden Pirogenfahrer mit ihren noch aus den touristischen Konjunkturzeiten hochgeschraubten und weit überteuerten Preisforderungen.

Was die Île de Gorée in Senegal für eine Rolle spielte, das bedeutete James Island für Gambia: Handelsstützpunkt, Sklavenumschlagplatz an der Balten, Engländern und Franzosen umkämpftes Eiland mit wechselnden Besitzern. Mittlerweile haben sich die Wogen der Geschichte geglättet. Die Insel ist seit fast 200 Jahren so gut wie unbewohnt. An den kläglichen Überresten des Forts mögen ausschließlich Ruinen-Fans ihre Freude haben. Geblieben sind die bizarren Baobabs und eine auf den Fluß gerichtete Kanone. Wären da nicht die durch den andauernden Besucherstrom ausgetretenen Trampelpfade – das Eiland wäre schon längst der Vergessenheit anheim gefallen.

Abuko-Nationalpark

Das *Abuko Nature Reserve* ist der ornithologische und botanische Schaukasten Gambias. Es ist neben Juffure eine der wenigen touristisch erschlossenen Sehenswürdigkeiten des Landes.

Die Tierwelt des Naturparks

Der 1967 eingerichtete Naturschutzpark ist vor allem wegen seiner *Vogelvielfalt* bekannt. Die Liste der bestimmten Vögel umfaßt mehr als 200 Arten. Um die kleinen Wasserflächen des Parks sind verschiedene Reiherarten zu sehen. Ein besonders faszinierendes Erlebnis ist es, einen Glockenreiher bei der Jagd zu beobachten, wie

er mit seinem zu einer Art Glocke ge-
wölbten Federkleid durch das seichte
Wasser stakst, um in seinem eigenen
Schatten kleine Fische zu fangen.

Ständige Gäste an den Pools sind
auch der afrikanische Schlangenhals-
vogel, Kormorane und Rötelpelikane.
Nicht weniger auffallend ist das Blau-
stirn-Blatthühnchen und der
schwarz-weiß gefiederte Sporenkie-
bitz. Selten auszumachen sind der
überaus scheue Rotbrustsamen-
knacker oder Raubvögel wie Fisch-
und Schopfadler. Nur schwerlich zu
übersehen sind jedoch die mächtigen
Kappengeier und der nicht weniger
imposante Palmgeier. Ein ebenfalls
häufig zu sehender Raubvogel ist die
zur Adlerfamilie zählende Höhlen-
weihe. In paradiesisch leuchtenden
Farben präsentieren sich der winzige
smaragdgrüne Elfennektarvogel, der
orangegefiederte Waldparadies-
schnäpper (Flycatcher), oder aus der
Starenfamilie Purpurglanzstar und
Amethystglanzstar.

Zu den großen tierischen Stars in
Abuko zählt die *Antilope*. Mit etwas
Glück zeigt sich die kleine Schirr-
antilope. Die größere, schöngehörnte
aber »importierte« Sitatunga wurde
zwar zum Wahrzeichen des Nationalparks auserkoren, zu sehen wird das
äußerst scheue Tier allerdings selten
sein.

Allgegenwärtig dagegen sind in
Trupps herumstreifende *Affen*, vor allem Grüne Meerkatzen, die vornehmlich die niederen Baumebenen bevölkern. Das Zuhause der etwas weniger
zutraulichen Roten Colobusaffen
sind die höheren Etagen der Baum-

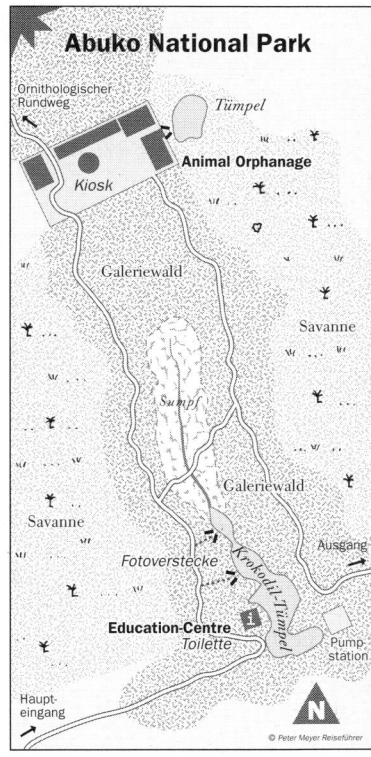

welt. Doch einmal gesichtet, bieten sie
mit ihrem tief orangefarbenen Bauch-
fell und den extrem langen Schwänzen ein besonders beeindruckendes
Bild. Das charakteristische der Colobusaffen sind die ausrucksvollen, fal-
tigen Gesichtszüge mit der markanten
Augenpartie, die sie aussehen läßt, als
ob sie eine Taucherbrille tragen würden. Ebenfalls in Abuko zu Hause
sind die langbeinigen und dadurch
wieselflinken Husarenaffen. Sie bevorzugen jedoch mehr die offene Sa-

Die hiesigen Hyänen sind mit ihren runden Ohren und Gesichtern niedlicher anzuschauen als man es von Bildern gewohnt ist. Hier holt gerade eine Mutter ihr Junges zurück.

vanne und machen sich am Rundweg äußerst rar.

Einer der sichersten Plätze, um in Gambia freilebenden *Krokodilen* zu begegnen, ist der Krokodiltümpel in Abuko. Von der Veranda des mit finanzieller Hilfe des World Wide Fund for Nature errichteten *Education Centre* aus hat man einen ruhigen Blick auf die reglos am Ufer in der Sonne liegenden Riesenechsen. Zumeist handelt es sich dabei um bis zu dreieinhalb Meter lange Nilkrokodile. Zur Beobachtung steht ein kleines mit Münzen zu fütterndes Teleskop-Fernrohr bereit.

Im Park lebende *Schlangenpopulationen* wie die bis zu sechs Meter große afrikanische Python, die äußerst giftige Grüne Mamba und die Schwarze Kobra bekommt man so gut wie nie zu Gesicht.

Am südlichen Ende des Rundweges liegt das *Animal Orphanage*, eine Art Waisenhaus für schutzbedürftige Tiere. Es ist jedoch eher ein kleiner Zoo. Zu sehen gibt es ein paar afrikanische Löwen, gefleckte Hyänen, Antilopen und als Repräsentant der Vogelwelt einen etwa meterhohen, majestätisch herumstolzierenden Kronenkranich.

Vom Animal Orphanage weisen gelbe Schilder auf den *Extended Bird Walk* hin, ein sich anschließender zweiter Rundweg durch ein angegliedertes Vogelschutzgebiet. Der durch offene Savannenlandschaft führende Fußweg ist besonders für eingefleischte Ornithologen lohnenswert.

Flora des Naturparks

Wenn auch größere Tiere nur mit viel Geduld und Ausdauer zu beobachten sind und Vögel lange nicht so konzentriert auftreten wie beispielsweise im Djoudj-Nationalpark in Senegal, so lohnt der Weg nach Abuko allein wegen der üppigen Flora. Inmitten des Reservats konnte sich ein Stück *tropischen Feuchtwaldes* erhalten. An den Ufern des kleinen Lamin River breitet sich dichter, dschungelartiger *Galeriewald* aus, der von typischer *Savannenvegetation* umgeben ist. Leicht zu identifizierende Bäume sind die Ölpalme, die fächerartige Rhunpalme, Mangobäume, Kapok und bis zu 20 m hoher, dickstieliger Bambus. Mit Hilfe der am Parkeingang erhältlichen Baumbroschüre lassen sich Mahagoni, Rosenholz, Tamarinde, Mimose und andere mehr bestimmen. Ähnlich einem Waldlehrpfad sind die Bäume mit Nummern markiert. Die Nummern an den Bäumen und in der Infoschrift stimmen jedoch nicht immer überein.

Anfahrt

Der Park liegt an der Straße nach *Brikama*, 23 km von Banjul entfernt und ist bequem mit dem Bus (Brikama-Linie) oder dem Buschtaxi erreichbar. Etwa 8 km hinter Serekunda passiert man rechterhand einen großen, unter freiem Himmel abgehaltenen Viehmarkt, gefolgt von der links an der Straße liegenden Satellitenempfangsstation, die von einer mit naiven Malerei geschmückten Steinmauer umgeben ist. Der Parkausgang liegt schräg gegenüber auf der rechten Straßenseite, der Eingang weitere 400 m südlich direkt an der Straße.

Öffnungszeiten & Eintritt

Ganzjährig von 8 Uhr morgens bis Sonnenuntergang geöffnet. Der Eintritt beträgt für Erwachsene 15 D, für Kinder 5 D, in der Nebensaison vom 1.6. – 30.9. nur 5 D bzw. 2 D für Kinder. Ein am Parkeingang erhältlicher Lageplan sowie kleine Broschüren und Handzettel informieren über die hiesige Tierwelt und Botanik.

Das lediglich 100 Hektar große Gelände ist nur zu Fuß zugänglich. Der knapp 3 km lange Rundweg ist gut ausgeschildert. Toiletten sind mit »Jane« und »Tarzan« gekennzeichnet – das gehört wohl zur Unterabteilung kolonialen Humors. Für die Besichtigung sollte man mindestens drei bis vier Stunden einplanen. Die beste Chance, ein paar Tiere zu Gesicht zu bekommen, bieten der frühe Vormittag und der späte Nachmittag ab 16 Uhr. Gut plazierte Fotoverstecke erleichtern die Suche.

Bijilo Forest Park

Anfang der 90er Jahre wurde entlang der Küste in Kololi mit deutscher Entwicklungshilfe ein Naturpark eingerichtet, der von den Hotels Senegambia Beach und Kairaba aus leicht zu erreichen ist. Der Park kann auf dem 4,5 km langen Wegenetz zu Fuß erkundet werden, zu sehen gibt es neben der nach der Regenzeit besonders üppigen Flora vor allem zahlreiche Vogelarten und Affen. 9 – 18 Uhr geöffnet, Zugang gegenüber vom Kololi Beach Hotel, Eintritt 15 D.

GAMBIA

Flußaufwärts ins Kemoto Camp

In den Hotels *Senegambia Beach* und *Kairaba* kann eine 3-Tages-Tour ins Kemoto Camp (siehe Seite 311) am Gambia River gebucht werden. Von dem neu eröffneten, relativ komfortabel ausgestatteten Camp lassen sich herrliche Bootstrips unternehmen. Die Gegend bietet sich auch gut zu Vogelbeobachtungen an. Die Tour kostet pro Person knapp 400 DM, inklusive 3 Übernachtungen, Vollpension und 2 organisierten Halbtagesexkursionen.

Ausflug in den Südwesten: Kartong und Brikama

Will man einen vom Fremdenverkehr bislang relativ vernachlässigten und doch schnell erreichbaren Landesteil kennenlernen, so bietet sich die Südtour nach Kartong an. Noch sind die südlich von *Kololi Point* gelegenen Sandstrände fast menschenleer. Mit dem wachsenden touristischen Engagement der Regierung scheint es allerdings nur eine Frage von wenigen Jahren zu sein, bis auch der südliche Küstenstrich Gambias touristisch erschlossen wird.

Anreise & Unterkunft

Vom GPTC-Busterminal in Banjul aus verkehrt täglich um 12 Uhr ein **Bus** in den äußersten Südzipfel des Landes. Er benötigt für die 60 km lange Strecke bis Kartong etwa 3 Stunden. Frühste mögliche Rückfahrt ist

Bambus wächst im Abuko-Nationalpark bis zu 20 m hoch

am anderen Morgen gegen 6 Uhr. Reist man mit dem Linienbus, führt also kein Weg an einer Übernachtung vorbei. Im ganzen Süden gibt es lediglich in Kartong ein einfaches Gästehaus, ansonsten bleibt nur der Weg zum Alkalo, dem Dorfchef, der gerne einfache Privatunterkünfte vermittelt. Weitgehende Selbstversorgung ist angesagt.

Im **Mietwagen** läßt sich die Südtour bequem als Tagesausflug machen. Die Pisten sind allerdings nur in den trockenen Monaten passierbar und schlecht ausgeschildert.

Die Orte

Über Serekunda erreicht man zunächst **Sukuta**, von wo aus sich ein erster Abstecher an die Altantikküste zu dem kleinen Dörfchen **Bijilo** anbietet. Nur wenige Kilometer südlich der letzten Hotelanlagen hat man hier einen schönen, fast unberührten Palmenstrand für sich allein.

Ein zweiter Abstecher führt von Sukuta via *Brufut* nach **Ghanatown**, wie der Name bereits vermuten läßt, ein von ghanaischen Einwanderern bewohntes Fischerdorf. In der kleinen »Enklave« werden Heringe am Strand geräuchert und getrocknet und teilweise in die alte Heimat nach Ghana exportiert.

Von Sukuta geht eine rote, staubige Lateritstraße weiter südlich über Jambanjeli und Sanyang nach Gunjur. Die Piste ist so gut wie nicht ausgeschildert. Als Faustregel gilt, sich immer geradeaus zu halten und im Zweifelsfall auf der breiteren Piste zu bleiben. Auf Stichstraßen kann je nach Bedarf

GAMBIA

einer der westlich gelegenen Strände angefahren werden, beispielsweise bei *Tanje, Tujereng* oder den besonders reizvollen von Kokospalmen gesäumten breiten Sandstrand bei **Sanyang.** Ein verfallenes Feriencamp zeugt in *Sanyang Beach* von dem ersten, jedoch vorerst gescheiterten touristischen Erschließungsversuch.

Die nördliche dichtbevölkerte und zersiedelte Kombo Area verändert sich ab Sukuta zusehends. Je weiter südlich man kommt, desto ursprünglicher präsentiert sich die Region. Die Piste führt durch offene bis dichte Waldsavanne mit den für die Gegend charakteristischen, rötlich eingepuderten Fächerpalmen. Man kommt durch schöne, mitten im Busch gelegene Dörfer mit kleinen wellblechgedeckten Moscheen.

Gunjur (50 km von Banjul) ist eines der bedeutendsten Fischerdörfer Gambias und gleichzeitig ein bunter Marktflecken. Die von Mango- und Zitrusbäumen umstandenen Compounds sind durch Zäune vor neugierigen Blicken geschützt. Von Gunjur aus gelangt man über eine weitere Stichstraße nach **Gunjur Beach**, einem von geschäftigen Fischern dominierten Strand. In der Nähe gibt es drei als heilig verehrte Plätze, der bedeutendste davon ist *Kenye-Kenye Jamango.* Ohne ortskundigen Führer sind die häufig von frommen Moslem besuchten Orte kaum zu finden.

Kartong

Von Gunjur erreicht man schließlich Kartong, die südlichste Siedlung Gambias. Kartong ist durch das als heilig verehrte **Krokodilbecken** bekannt. Der schön und ruhig gelegene Platz ist leicht zu finden. Am Ortsausgang liegt linkerhand die St. *Martins Primary School,* daneben eine kleine türkisgetünchte katholische *Kirche.* Genau gegenüber der Kirche führt ein schmaler, dreiminütiger Fußpfad zum Krokodilbecken. Der von Palmen umrahmte Tümpel ist ganz von Wasserpflanzen überwuchert. Vor dem Betreten der Stätte streifen sich die Einheimischen die Schuhe ab. Ganz ähnlich wie das Kachikally-Becken in Bakau soll das Wasser gegen Unfruchtbarkeit helfen, Magenbeschwerden und andere Krankheiten lindern. Es wird getrunken oder zu rituellen Waschungen verwendet. Ein etwas abseits plazierter, aus Palmzweigen geflochtener Sichtschutz bietet bei Bedarf diskrete Umkleide- und Waschmöglichkeit. Krokodile sind im Tümpel allerdings äußerst selten zu sichten. Zurück auf der Dorfstraße findet sich mit Sicherheit einer der 400 Schüler der Primary School, der einem die Schule und den dazugehörigen Gemüsegarten zeigt.

Auf der Piste gelangt man weiter südlich zu einem Polizeiposten und von dort zum 1 ½ km entfernten Grenzfluß **Allahein River**, von wo aus man einen Blick hinüber in die senegalesische Casamance werfen kann. Die Ufer sind mit dichten Mangrovenwäldern bewachsen. Mit Pirogen wird ein kleiner Grenzverkehr aufrecht erhalten. An der Anlegestelle legen ab und zu an der Denton Bridge in Banjul gecharterte Ausflugsschiffe an. Die Feriengäste werden von bereitstehenden Bussen über Land wieder in die Ferienresorts im Norden zurückgebracht.

Unweit der Anlegestelle kann ein *Entwicklungshilfeprojekt* der Europäischen Gemeinschaft besichtigt werden. Mit deren Finanzhilfe wurden einige Gebäude zur Fischverarbeitung errichtet. Verarbeitet wird 30 bis 40 cm langer Bongafisch, ein wohlschmeckender Weißfisch. Die Fische werden etwa zwei Stunden über Holzfeuer geräuchert, eingesalzen, verpackt und landesweit verteilt. Die rauchgeschwängerte Luft und der strenge Fischgeruch in den Hallen setzt allerdings einen stabilen Kreislauf voraus.

Brikama

Will man nicht denselben Weg zurückfahren, so biegt man bei Gunjur rechts in eine sandige und nicht weniger staubige Piste ab und kommt über *Sifoe* und *Kiti* nach Brikama und von dort aus auf der asphaltierten Süduferstraße nach Serekunda und Banjul (36 km). Brikama (28.000 Einwohner) war bis vor wenigen Jahren Gambias zweitgrößte Stadt und nimmt heute hinter Serekunda und Banjul Platz drei ein. Die Wellblechstadt hat eine große Marktstraße und einen überaus geschäftigen **Buschtaxibahnhof** mit guten Verbindungen nach Banjul, Basse Santa Su und über den Grenzort Seleti in die Casamance nach Ziguinchor.

Brikamas größte Touristenattraktion ist der landesweit bekannte **Holzschnitzermarkt**. Er befindet sich am Ortsausgang an der Straße nach Banjul, schräg gegenüber dem Polizeiposten. Fast alle im Land angebotenen Schnitzarbeiten kommen von hier. Verarbeitet wird zumeist einheimisches Mahagoni. Billige Hölzer werden nicht selten dunkelschwarz eingefärbt und als teures Ebenholz angepriesen. Bevorzugte Motive sind Masken, Antilopen, Elefanten oder kleinere Mitbringsel wie Schälchen, Brieföffner und anderer Nippes. Der Markt ist sehr touristisch, die Preisforderungen sind nicht ohne. Täglich umlagern ganze Busladungen von Feriengästen die zahlreichen Stände. Relativ preiswert arbeiten dagegen die kleinen **Schneiderwerkstätten,** die jedes gewünschte Textil anfertigen. Sie finden sich an der Hauptstraße auf dem Weg zur Moschee.

Für musikalisch interessierte Besucher wird Brikama mehr und mehr zu einer festen Größe im Reiseplan. Die Stadt zählt zu den Hochburgen traditioneller westafrikanischer **Koramusik.** Zahlreiche landesweit bekannte Musiker wie *Malamini Jobateh* und *Foday Musa Suso* haben ihre Compounds in Brikama. In manchen Musiker-Compounds besteht die Möglichkeit, als Gastschüler zu wohnen und Unterricht in Kora- und Balaphonmusik zu nehmen (Kontakt: *Jobarteh Kunda*, Sanchaba, Brikama, Western Division, The Gambia).

Nicht zuletzt kommen in Brikama Nachtschwärmer auf ihre Kosten. Die Provinzstadt ist immer gut für einen heißen **Disco**besuch. Derzeit »in« ist *Sifari*, ein Club mit vernünftigem Eintrittspreis und einem halbwegs guten Soundsystem.

Organisierte Rundreisen ins Landesinnere

Kombinierte Bus- und Bootstouren ins Landesinnere werden von den großen Hotels organisiert, können aber auch pauschal von Deutschland aus gebucht werden.

TUI bietet eine 4tägige Tour an, Stationen sind das Kemoto Camp und Bansang. Von dort geht es auf einem Schiff mit 10 Doppelkabinen stromabwärts zurück nach Banjul. Kosten pro Person inklusive Übernachtung und Vollpension ab 490 DM.

Der Münchner Veranstalter *Kreutzer* hat eine 8tägige Senegambia-Rundreise im Programm. Neben Bri-kama, dem Abuko Nationalpark und den flußaufwärts gelegenen Buschcamps Tendaba und Janjang-Bureh beinhaltet die Tour einen dreitägigen Abstecher in den Nationalpark Sine-Saloum im benachbarten Senegal. Kosten pro Person inklusive Übernachtung und Vollpension ab 940 DM.

Cool Runnig Tours hat eine 14tägige Rundreise durch Gambia und die Casamance im Programm. Die Route führt in den Abuko Nationalpark, von Lamin mit der Piroge nach James Island und weiter nach Georgetown. Der zweite Teil der Reise geht in die Casamance nach Abéné, übernachtet wird dort in einem Campement des Projektes des integrierten Tourismus. Der Preis für eine Person beläuft sich auf rund 3400 DM, inklusive Flug, HP (auf dem Boot VP) und Reiseleitung. Boucarabou-Hotel, links auf dem Foto seine Leiterin, siehe Seite 312.

DEN GAMBIA STROMAUFWÄRTS –
EINE 5-TAGES-TOUR

*Mehr als 90 % der Besucher Gambias kommen über die
Kombo-St. Mary Area und kleinere Ausflüge wie nach Juffure oder
Brikama nicht hinaus. Eine Reise ins »Innere Afrikas« wird vielfach als zu
strapaziös angesehen. Kein Wunder, ist doch das Land östlich von Brikama
kaum für den Reisenden erschlossen. Seit die Flußschiffahrt mit dem
Untergang des einzigen Linienschiffes Mitte der 80er Jahre ein unrühmliches
Ende nahm, hat Gambia nicht nur eine der schönsten, sondern auch der
bequemsten Reisemöglichkeiten verloren.*

Stromaufwärts gibt es lediglich eine Handvoll halbwegs akzeptabler Unterkunftsmöglichkeiten. Elektrizität ist kaum vorhanden, die Transportmöglichkeiten sind begrenzt, die Straßenverhältnisse teilweise chaotisch. In den sumpfigen Flußniederungen tummeln sich gierige Moskitos, und das merklich heißere Kontinentalklima kann so manchen Kreislauf an den Rand eines Kollaps bringen. Lohnt es sich überhaupt, eine solche Strapaze auf sich zu nehmen? Meine Antwort ist ein deutliches »Ja«. Will man das ursprüngliche Gambia entdecken, führt kein Weg daran vorbei.

Reiseplanung

Um die Tour möglichst reibungslos zu gestalten, bedarf es einiger Vorausplanungen. Zunächst gilt es zu entscheiden, ob man mit öffentlichen Verkehrsmitteln oder im Mietwagen reisen möchte.

GPTC-Busse verkehren auf der gut ausgebauten Süduferstraße *(South Bank)* täglich von Banjul bis Basse Santa Su mit Stops in allen größeren Ortschaften (Seite 298). Die Busse halten nicht direkt vor der Hoteltür –

mit größeren, teilweise mehreren Kilometer langen Fußmärschen muß gerechnet werden. Zudem sind per Bus nicht alle interessanten Punkte erreichbar. Auf der nicht asphaltierten Lateritpiste entlang des Nordufers *(North Bank)* gibt es bislang keine durchgehende Verbindung in den Osten.

Langstreckenreisen in überfüllten Bussen, mit etwas Pech gar nur mit einem Stehplatz zur Verfügung, sind nicht jedermanns Sache. Will man mehr Komfort und vor allem möglichst unabhängig sein, bleibt nur der **Mietwagen.** Ausgenommen in der Regenzeit muß es nicht unbedingt ein Allradfahrzeug sein, ein normaler PKW mit intakten Stoßdämpfern tut's auch. Unverzichtbar sind Ersatzreifen und Benzinkanister. Im Landesinnern ist Benzin kein rund um die Uhr verfügbares Gut, manche Tankstellen sind oft mehrere Tage lang »trocken«. Grundsätzlich sollte bei jeder sich bietenden Gelegenheit vollgetankt werden, auch wenn nur ein paar Liter fehlen. Mit Benzin zu rechnen ist in Soma, Bansang, Basse Santa Su (3. Tag) und Farafenni (4. Tag meiner

GAMBIA

Tour), mit etwas Glück auch in Sibanor, Georgetown (Station des 2. Tages meiner Tour) und Kaur.

Nützliche Hinweise für eine Tour entlang des Gambia River finden Sie auch im Abschnitt »Reisepraxis« ab Seite 132. Wer die Reise in die senegalesische Casamance fortsetzen will, wechselt südlich von Soma oder Basse Santa Su die Grenze und liest unter Ziguinchor auf Seite 254 weiter.

Die Tour und ihre Etappen

Für die bis Basse Santa Su und zurück etwa 1000 km lange Strecke (inklusive einiger kleiner Abstecher), sollten mindestens vier, besser fünf Tage eingeplant werden.

Während der Hauptsaison an Weihnachten und Ostern empfiehlt es sich, die Unterkünfte in Georgetown und Farafenni im voraus zu buchen.

Die Route, die ich Ihnen auf den folgenden Seiten vorschlage, führt Sie von Banjul ausgehend, zunächst nach **Tendaba,** der ersten Übernachtungsstation, die auch Gelegenheit für eine Pirogenfahrt bietet.

Georgetown liegt idyllisch auf einer Flußinsel und ist auch wegen seiner kolonialen Vergangenheit interessant.

Das nächste Etappenziel heißt **Basse Santa Su,** es ist der größte Marktflecken der Region.

Von dort geht es am vierten Tag zu den berühmten megalithischen Steinsetzungen von **Wassu** und in die Stadt **Farafenni** am Trans-Gambia-Highway.

Am fünften Tag geht es wieder zurück nach **Banjul.**

1. Tag
Banjul – Tendaba

Fahrzeit: variiert je nach Fahrzeugtyp, im Jeep 2 ½ Stunden, im PKW eine gute Stunde länger. 150 km Strecke.
Straßenzustand: teilweise ausgesprochen schlecht.
Unterkunft: Kemoto Camp, Tendaba Camp

Die erste Etappe führt über die Süduferstraße nach Tendaba, der ersten Übernachtungsmöglichkeit auf der Strecke. Sobald man den Flughafen Yundum hinter sich gelassen hat, nimmt der Verkehr merklich ab. Vor **Brikama** (Seite 323) erinnern ganz unvermutet am Straßenrand angebrachte Schilder an heimische Gefilde – hier gibt es zwei mit bundesdeutscher Entwicklunghilfe aus Bottrop und Wattenscheid gegründete Kindergärten.

Hinter Brikama nach der Abzweigung nach Ziguinchor beginnt das »eigentliche Afrika«. Die Palmen der Küstenregion weichen langsam einer typischen Savannenlandschaft, die mit Reis- und Erdnußfeldern durchsetzt ist. Die Straße geht in einen mit Schlaglöchern übersäten Holperweg über, auf dem kaum noch Asphalt auszumachen ist. Vom Fluß ist nicht viel zu sehen, es sei denn, man macht zwei Abstecher zu den nur wenige km von der Straße entfernt linkerhand liegenden Siedlungen **Berefet** oder **Bintang.** Beide Dörfer liegen an malerischen Seitenarmen des Gambia River, beide dienten früher zudem als Handelsposten. In Berefet ist davon absolut nichts mehr zu sehen; in Bintang erinnern lediglich noch einige aufgeschichtete Steine und eine von Portugiesen errichtete halbverfallene Kapelle an die Zeit der Europäer.

Während der Küstenstreifen durch den europäischen Baustil beeinflußt wurde, verlieren sich weiter östlich Hohlblocks und Wellblech zunehmend und machen teils idyllisch anzuschauenden Compounds aus Lehm und Stroh Platz. Jedes Dorf gruppiert sich um einen zentral angelegten Brunnen, der zumeist mit arabischer Finanzhilfe gebohrt wurde.

Nach der schmalen Brücke über den *Bintang Bolong* mit ausgetrockneten Mangrovensümpfen macht die Straße einen Knick nach Norden und streift ein Gebiet, das eigentlich einmal der **West Kiang National Park** werden sollte, der jedoch nur auf dem Papier existiert. Dazu bereitgestellte Gelder, unter anderem auch von der Bundesrepublik Deutschland, wurden anderweitig ausgegeben.

♦ Von Banjul nur gute 50 km flußaufwärts, auf der Straße jedoch 140 km von der Hauptstadt entfernt, eröffnete 1995 das **Kemoto Camp.** Es bietet die komfortabelste Übernachtungsmöglichkeit im Landesinnern. Die freundlich eingerichteten Zimmer haben Strom und sind mit einem Deckenventilator ausgestattet. Das großzügig angelegte Camp liegt auf einer kleinen Anhöhe nahe dem Gambia River, von der Terrasse aus genießt man einen herrlichen Panoramablick auf den Fluß. Die spanischen Besitzer organisieren Motorboottouren auf dem Fluß oder in die nahegelegenen vogelreichen Bolongs.

Das Tendaba Camp – hier kann man's schon mal aushalten

◆ Bei *Kwinella* zeigt ein Schild mit einem aufgemalten Wildschwein den Weg zum 5 km links von der Hauptstraße gelegenen **Tendaba Camp.** Eine am Mast gehißte schwedische Flagge weist auf das nordländische Management hin. Als kleiner Service für die überwiegend schwedischen Gäste hütten im afrikanischen Stil sind mit Moskitonetzen ausgestattet. Zur Abkühlung steht ein Swimmingpool bereit. Als Abendessen wird zumeist frischgeschossenes Wildschwein offeriert. Ein ratternder Dieselgenerator spendet Licht und treibt das Videogerät an. Die Bar wird von den skan-

Lamin →

Gambia – Der Westen

45

Karang — ↑ Toubakouta, Dakar
Amdalai
Fass
Kerr Jarga
Dasila

Atlantik

Cape Point
Toll Point
🛕⚓ **Fort Bullen**
Barra
NORTH BANK

Bakau
Fajara
Berending

Kololi
Serekunda
Bakalarr
Kemoto

Bijilo
BANJUL

Ghanatown
Sukuta **Lamin**
Juffure

Bijol Islands
Brufut
Mandinari
Albreda 🏛 **James Island**

Solifor Point
Jabang
✈ **Yundum Intern. Airport**
River

Tanje
Yundum
Gambia

Tujereng
Mandina Bah
Berefet
Bintang

Brikama
Kassagn

Kiti
Kanuma
Sibanor

Sanyang
WESTERN

Sifoe
Darsilami
DIVISION

Gunjur
Selete
Séléti

Allahein River

Kartong
Diouloulou

sind neben der außergewöhnlich üppig bestückten Bar die Lufttemperaturen von Stockholm und Kiruna angeschrieben. Das Anfang der 70er Jahre eröffnete, direkt am Flußufer gelegene Buschcamp bietet heute Platz für 160 Personen (pro Nacht 140 D). Die einfach gehaltenen Rund-

dinavischen Gästen reichlich in Anspruch genommen. Zum Frühstück gibt es ganz stilecht *Smörgasbord.* Die leichte Wikingeratmosphäre wird durch die ausgesprochen schöne Lage des Camps ausgeglichen.

Kommt man zeitig in Tendaba an, läßt sich noch ein *organisierter Bootstrip* auf dem mangrovengesäumten Gambia River unternehmen. Die Gegend um das Camp bietet Gelegenheit, zahlreiche Wasservogelarten zu beobachten (Checkliste liegt im Camp aus). In dem etwas tristen campeigenen Minizoo fristen neben einem Luchs auch zwei von Schlammspringern umlagerte Nilkrokodile ein mehr als kümmerliches Dasein.

stilechte Mandingo- und Fulbedörfer, die noch weitgehend vom Wellblechwahn verschont geblieben sind. Kurz vor Soma passiert man **Toniataba**, wo etwas abseits von der Hauptstraße ein ungewöhnlich großes, strohgedecktes *Rundhaus* zu bewundern ist. Der im 19. Jahrhundert er-

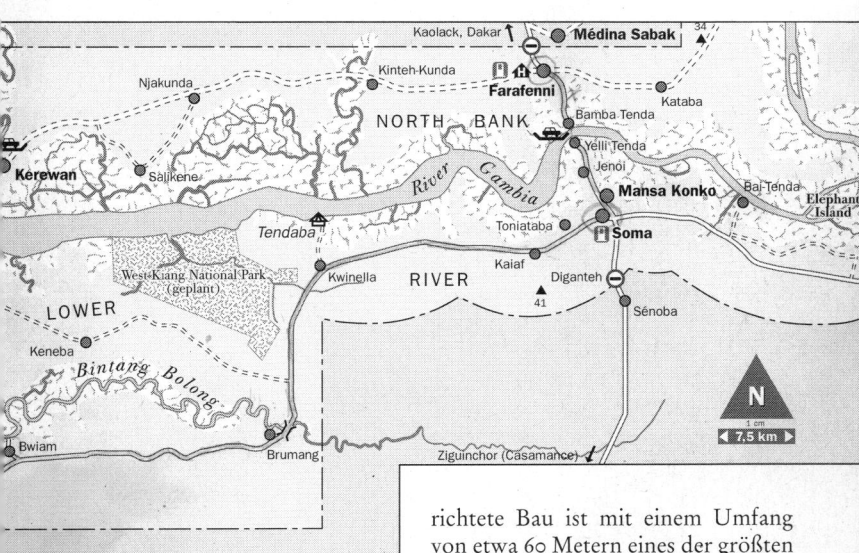

© Peter Meyer Reiseführer

2. Tag
Tendaba – Georgetown
Fahrzeit: 2 ½ Stunden plus Wartezeit an den Fähren. 169 km Strecke.
Straßenzustand: ab Soma sehr gute Asphaltstraße; 2 Fähren.
Unterkunft: Sofanyama, Janjang Bureh oder im Baobolong Camp.

Auf der Süduferstraße geht es weiter östlich durch schöne, fast noch

richtete Bau ist mit einem Umfang von etwa 60 Metern eines der größten traditionellen Häuser Gambias. Das Haus wurde ursprünglich von einem berühmten Marabout bewohnt, sein Nachfahre empfängt gerne Besuch. Für ein Foto wird eine kleine Gebühr erwartet.

Von Toniataba aus gelangt man in wenigen Minuten nach **Soma**, ein überaus belebtes Straßenkreuz mit einer drumherum wild wuchernden Ansammlung von Tankstellen, einfachen Restaurants, Erfrischungsständen mit eisgekühlten Getränken so-

GAMBIA

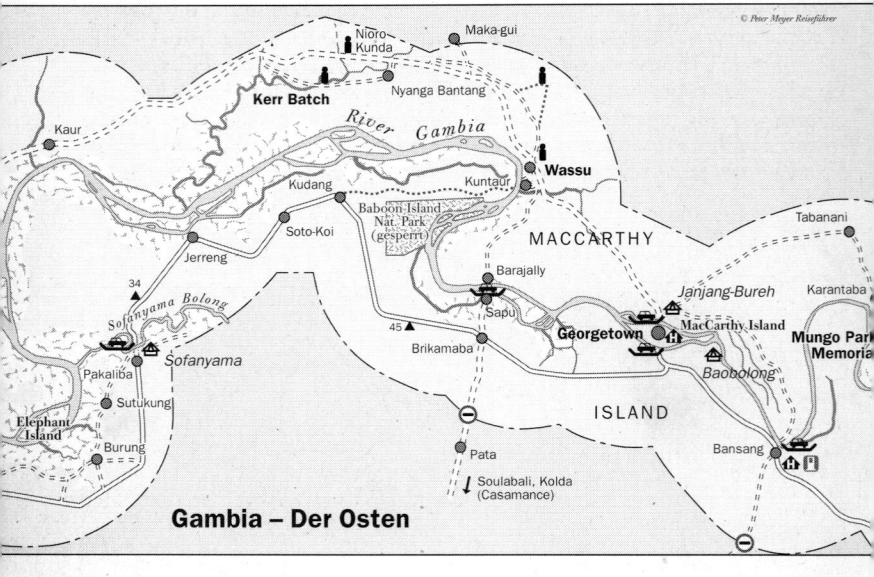

© Peter Meyer Reiseführer

Gambia – Der Osten

wie aus häßlichem Wellblech zusammengeflickte Läden voll mit senegalesischer Importware. Zur Erfrischung kehrt man am besten in den *Roadside Pub* ein, der authentische gambische Atmosphäre und zivile Preise bietet.

In Soma bündelt sich der Verkehr des Transgambia-Highway, der den Norden Senegals mit der Casamance verbindet. Am *Sammeltaxibahnhof* warten Buschtaxis auf Passagiere für die kurze Wegstrecke nach Farafenni.

Ab Soma geht es auf einer Anfang der 8oer Jahre asphaltierten und bis heute sehr gut erhaltenen Straße weiter ins Innere Gambias. Die Straße verläuft immer zwischen dem Fluß und der nie mehr als zehn bis zwanzig km entfernten Grenze zu Senegal entlang. Man durchfährt jetzt schöne

Baumsavanne mit überaus bizarr anmutenden Affenbrotbäumen und urwüchsigen Dörfern, die sich wie aus dem Bilderbuch entnommen präsentieren. Hier finden überkommene Afrika-Klischees plötzlich Bestätigung: nur mit einem Hüfttuch bekleidete Frauen und Mädchen stehen vor strohgedeckten Lehmhütten und stampfen Hirse.

Burung, circa 40 km hinter Soma, ist ein kleiner Marktflecken, in dem es frische Baguettes und ein paar mit Kernen gespickte Orangen zu kaufen gibt. In **Pakaliba** sind Körbe voll mit Flußsalz zu sehen, das aus dem nahegelegenen *Sofanyama Bolong* gewonnen wird – rund 200 km vom Atlantik entfernt wohlgemerkt. Zwar ist das Wasser des Gambia auch in früheren

Zeiten bis weit ins Landesinnere hinein salzhaltig gewesen, doch verstärken und beschleunigen die starke Abholzung der flußnahen Wälder und Mangroven die zunehmende Versalzung des Flusses. Durch den Bau von Staudämmen wird dieser Effekt noch rigkeiten zu kämpfen. Es liegt in schöner Lage direkt an dem gleichnamigen Seitenarm des Gambia River.

Jerreng, ein großes Dorf, ist bekannt für aus Bambus hergestellte Betten und Stühle, die (zum Kauf) einladend zu beiden Seiten der Straße

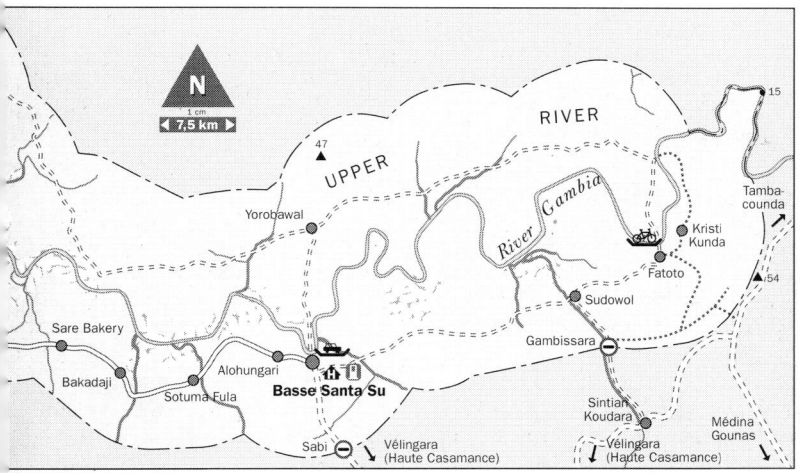

unterstützt, da vom Oberlauf her weniger Süßwasser nachströmen kann. Dies zusammengenommen hat die Zerstörung des natürlichen ökologischen Gleichgewichtes zur Folge. Neben der zunehmenden Desertifikation – ebenfalls durch Raubbau und Erosion begünstigt – eins der größten Probleme des Landes, da es ihm seine Lebensgrundlage nimmt.

🔥 Nahe Pakaliba gibt es seit Anfang der 90er Jahre mit dem **Sofanyama Camp** ein weiteres »Buschhotel«. Durch heftige Monsunregen hatte das Projekt mit erheblichen Startschwie-

aufgestellt sind. In **Brikamaba** besticht eine formschöne, kleine Moschee mit türkisfarbenen Kuppeldächern. Eine Stichstraße führt an das Flußufer nach **Sapu**, wo mit taiwanesischer Hilfe ein Reisanbauprojekt gestartet wurde. Nach der diplomatischen Anerkennung der Volksrepublik China kam es jedoch zum Bruch mit Taiwan, was das Aus für das Reisprojekt bedeutete.

So manches der heutigen Straßendörfer lag noch vor 20 Jahren mitten im Busch. Seit die Straße durchgehend bis Basse Santa Su asphaltiert ist, wanderten ganze Dörfer an die neue Lebensader heran. Die Strohhütten, die ohnehin alle paar Jahre erneuert werden müssen, wurden einfach aufgegeben und neue direkt an der Hauptstraße gebaut.

Georgetown

Schließlich erreicht man den ausgeschilderten Abzweig nach Georgetown. Die auf der Flußinsel **Mac Carthy Island** gelegene, heute etwas verschlafene Siedlung war in der Ära der Kanonenbootpolitik Englands wichtigster und lange Zeit einziger östlicher Außenposten. Der etwa 100 m breite südliche Flußarm wird von einer antiquierten Fähre mit Handseilzug bedient, wo die Fahrgäste noch selbst Hand anlegen dürfen (müssen), um sich samt Vehikel auf die Insel zu ziehen (Fahrpreis für PKWs 5 D, Personenverkehr ist frei).

An die große Zeit Georgetowns erinnert noch der Nordteil der Siedlung, der wie ein Open-air-Museum an koloniale Tage erinnert. Die teils noch gut erhaltenen **Kolonialbauten** beherbergen heute in erster Linie Verwaltungsbüros. Seitdem sich der Verkehr vom Fluß auf die Straße verlagert hat, hat Georgetown spürbar von seiner einstigen Bedeutung eingebüßt. Der einstmals quirlige Markt hat sich auf dem verkehrsmäßig besser angebundene Festland in Bansang neu etabliert. Überlebt hat die *Armitage High School*, eine von Missionaren gegründete Schule, die heute von etwa 500 Schülern aus der ganzen Region besucht wird. Zu sehen gibt es das mit einem hölzernen Eingangsportal geschmückte *Postamt*, die kleine methodistische *Kirche* und das grimmig aussehende *Gefängnis*. Die Engländer spielten einstmals mit dem Gedanken, die ganze Insel als Strafkolonie einzurichten.

Einer der malerischsten Plätze Georgetowns ist die **Fähranlegestelle** nach *Lamin Koto* auf der North Bank. Sie ist zugleich ein stark frequentierter Waschplatz der einheimischen Frauen. Das Waschwasser wird in Plastikwannen aus dem Fluß geschöpft, die Wäsche auf den nächstbesten Büschen oder auf dem Ortsschild zum Trocknen ausgelegt. Direkt neben der Anlegestelle steht ein dem Verfall preisgegebener *Steinbau*, der als die Hauptattraktion Georgetowns gehandelt wird und ein ehemaliges Sklavenhaus sein soll. Wahrscheinlicher ist jedoch, daß das Gebäude den Engländern als Lagerkontor gedient hat. Von einheimischen Führern wird man gerne auf den sogenannten *Running Tree* aufmerksam gemacht. Die britischen Kolonialherren sollen sich einen Spaß daraus gemacht haben, dort Sklaven um ihr Leben laufen zu lassen. Doch bevor diese die Palme – und damit die Freiheit – erreichen konnten, wurden sie hinterrücks abgeknallt. Einige Kerben am Stamm des »Running Trees« zeugen von Fehlschüssen.

☆ Unweit vom Landesteg besteht die Möglichkeit, im **Government Rest House** zu übernachten. Es liegt gegenüber der Polizeistation, halb verborgen unter schattenspendenden Mimosen- und Kapokbäumen. Auf den ersten Blick ist der Flachbau kaum als

Der Gambia-Fluß bei Georgetown

Rest House auszumachen. Als Erkennungszeichen dient die von vier Pfeilern gestützte kleine Veranda vor dem Eingang. Das Rest House verfügt allerdings lediglich über drei große, relativ saubere Zimmer (50 D pro Person). Beamte und Regierungsgäste genießen hier ein Sonderrecht. Es kann also passieren, daß man kurzerhand umziehen muß, wenn »hoher« Besuch ein Zimmer beansprucht. Am besten mietet man sich also gleich in einem der nahegelegenen Camps ein.

🔥 Zu empfehlen ist das flußaufwärts am Südufer gelegene **Baobolong Camp,** ✆ 676133 und 676107. Die 30 Meter entfernte, neu errichtete Wasseraufbereitungsanlage wirkt sehr vertrauenerweckend und sorgt für fließendes, sauberes Wasser. Die acht strohgedeckten Rundbungalows sind mit Strom versorgt und beherbergen jeweils zwei Zimmer mit zwei Betten, Dusche und Toilette. Übernachtung pro Person 80 D, Frühstück 33 D. Das *Restaurant* bietet gute und abwechslungsreiche Küche (50 – 60 D). Diverse *Exkursionen,* wie Halbtagestrips auf dem Gambia-River oder Ausflüge unter Leitung des fachkundigen Vogelkundlers Lawrence, werden angeboten. Eine 2 ½-Tages-Tour inklusive Führer, Bootsmiete und drei Mahlzeiten pro Tag kostet 330 D. Pirogen können für 1100 D gemietet werden.

🔥 Direkt gegenüber am Nordufer bietet sich als Alternative das **Janjang Bureh Camp** (auch *Lamin Koto Camp)* an, ✆ 676182. Die Insel ist mit der North Bank durch eine *Motorfähre* verbunden (PKWs 20 D, Personen

GAMBIA

1 D). Am Nordufer stehen *Buschtaxis* nach Kuntaur und Farafenni bereit. Von der Anlegestelle aus führt rechterhand eine Piste zum nur wenige hundert Meter entfernt gelegenen Camp. Das 1990 eröffnete und unter deutscher Leitung stehende Buschcamp liegt sehr schön direkt am Flußufer mit Blick auf Mac Carthy Island. Es wird von kleineren Reisegruppen als Stopover zwischen der Petite Côte und Ziguinchor genutzt. *Reservierungen* über ✆ 495526 in Banjul oder über die von den gleichen Inhabern geführte *Lamin Lodge* bei Abuko. Die schön angelegten strohgedeckten Rundbungalows bieten Platz für 30 Gäste, eine Übernachtung kostet pro Person 110 D. Die Zimmer sind mit Moskitonetzen und teilweise Dusche und WC ausgestattet. Das sichtlich braungetrübte Wasser ist allerdings außer zum Duschen zu nichts zu gebrauchen; der Generator für die Wasserpumpe lärmt nur kurz. Petroleumlampen spenden Licht. Zwischen den Bungalows stehen Liegestühle bereit, von wo aus sich außerordentlich zutrauliche Affenfamilien beobachten lassen, die fast schon als Haustiere anzusehen sind. Das kleine *Restaurant* mit einer bescheidenen Auswahl an Gerichten (empfehlenswert ist der Curryreis) liegt idyllisch direkt am Fluß.

Als *Exkursion* wird vom Camp ein halbtägiger Bootstrip rund um Mac Carthy Island und weiter nach Sapu angeboten.

Die beiden Camps sind gute Ausgangspunkte für einen **Ausflug** zu den megalithischen Steinkreisen bei *Wassu* (siehe Seite 337). Ein Abstecher in östlicher Richtung läßt sich nach **Karantaba** zum am Flußufer gelegenen *Mungo-Park-Denkmal* machen. Karantaba liegt etwa an der Stelle, an der sich einstmals der florierende britische Handelsposten *Pisania* befand. Pisania war für den schottischen Arzt und Forscher Mungo Park der Ausgangspunkt für seine beiden Entdeckungsexpeditionen ins »Innere Afrikas« zum Niger. Zu sehen gibt es einen schlichten, auf einem Sockel stehenden Zementobelisken. An Pisania selbst erinnert nichts mehr.

Spätestens hier bei Georgetown macht sich das spürbar veränderte Klima bemerkbar. Von der kühlen Meeresbrise, die den Küstenstreifen so angenehm macht, ist hier nichts zu spüren. Auch abends kühlt es nur unmerklich ab. Nach der Dämmerung tut man gut daran, die mitgeführten Mückenschutzmittelchen auszupacken.

3. Tag
Georgetown –
Basse Santa Su

Fahrzeit: 1 ½ Stunden plus Wartezeiten an den Fähren. 75 km Strecke.
Straßenzustand: sehr gut; 2 Fähren.
Unterkunft: Jem Hotel oder zurück zum Janjang Bureh bzw. Baobolong Camp.

Um vom Janjang Bureh Camp wieder auf die *Süduferstraße* Richtung Basse Santa Su zu kommen, müssen nochmals die beiden museumsreifen Fähren in Anspruch genommen werden. Die Fähre von der North Bank aus zur Insel legt um 8.30 Uhr und dann alle 2 Stunden ab, die Fähre zur South Bank verkehrt je nach Bedarf.

Der erste große Ort auf der auch weiterhin guten Teerstraße ist **Bansang**. Kurz vor dem großen *Krankenhaus* an der Hauptstraße geht linkerhand eine Piste ins Dorf. Bansang liegt direkt am Fluß, die Wellblech-Compounds verborgen hinter hohen Bambuszäunen. Der Ort verfügt über eine *Technikerschule,* hat einen lebhaften *Markt* und eine *Discothek.* Leicht als *Tankstelle* auszumachen ist ein kleiner Platz mit Dutzenden fein säuberlich aufgereihten Plastikkanistern. Als Einfüllstutzen dient eine am Hals abgeschnittene Wasserflasche mit einem eingesteckten Schlauchstück.

☆ Eine bescheidene Übernachtungsmöglichkeit bietet die *Traveller's Lodge.*

Der Anblick der leicht hügeligen, aber wenig Abwechslung bietenden Landschaft wird durch schöne Fulbedörfer aufgelockert. Traditionelle strohgedeckte Rundhüttendörfer sind **Sare Bakery** und **Sandi Kunda.** In dem großen Weiler **Bakadi** schmücken fußballgroße Kalebassen die Strohdächer. Der Ort wird von einer stattlichen Moschee überragt. Ausgesprochen idyllisch unter Baobabs liegt **Sotuma Fula.** Hier und in dem kurz vor Basse Santa Su liegenden Serahuli-Dorf **Alohungari** wird landesweit geschätzte irdene Töpferware hergestellt.

Basse Santa Su

Basse Santa Su ist der Hauptort und der wichtigste Verkehrsknotenpunkt im Osten Gambias. Gewöhnlich wird der Name auf *Basse* abgekürzt und so gesprochen wie man ihn schreibt. Die Hauptstraße ist mit röhrenden LKWs vollgestopft. Am großen **Taxibahnhof** stehen Buschtaxis nach Fatoto und ins 20 km südlicher, bereits in Senegal gelegene Vélingara bereit. Die Stadt lebt vom Erdnußgeschäft und dem Grenzverkehr mit dem großen Nachbarn. Ein Bummel über den Markt und die ungeteerten versandeten Straßen ist lohnenswert, es sei denn, Sie kommen gerade in der Mittagszeit an, wenn die Stadt klimatisch einem Backofen gleicht. Da scheint eher **Uncle Peacock's Fulada Bar** mit eisgekühlten Getränken der beste Platz im Ort zu sein.

In den **Geschäftsstraßen** reihen sich zahllose Läden mit billiger Plastikware und überdimensionalen metallenen Kochtöpfen und Kesseln aneinander. Dazwischen finden sich Fotoshops und kleine Schneiderwerkstätten, in denen auf uralten, emsig ratternden Singer-Nähmaschinen Baumwollkleider genäht werden. Auf dem großen überdachten, vor der schlimmsten Hitze geschützten **Marktplatz** werden Flußfische und Gemüse angeboten. Mauretanische Händler, erkennbar an ihren indigoblauen Dschellabahs und kunstvoll gewundenen Turbanen, liegen lässig neben ihren Ständen auf ausgebreiteten Matten am Boden und drehen mechanisch an der Gebetskette. Besonders atmosphärisch geht es in Basse jeden *Donnerstag* zu, wenn die Bewohner der umliegenden Dörfer zusammenströmen, um ihre Töpferware und Webarbeiten unter die Leute zu bringen.

Basse verfügt über zwei *Kinos*, ein *Gamtel-Büro* (Telefon) und eine Filiale der *Standard Chartered Bank* (geöffnet nur bis 11 Uhr). Mehrere kleine Restaurants wie zum Beispiel das *No Fly* bieten wenig Überzeugendes.

☆ *Jem Hotel*, © 668356, zentral gelegen, nahe der Tankstelle. Das 1994 von einer pensionierten englischen Lehrerin eröffnete Hotel verfügt über acht Doppel- und zwei Vierbettzimmer mit Dusche und Ventilator, DZ 250 D. Angeschlossenes Restaurant. In Basse die beste Wahl.

☆ Eine billigere, halbwegs akzeptable Übernachtungsmöglichkeit findet man im stadteinwärts an der Hauptstraße gelegenen **Apollo 2**. Es steht unter derselben Leitung, wie das Apollo in Banjul, das auch Reservierungen für die hiesige Filiale entgegennimmt. Die überaus einfachen 8 Doppelzimmer sind relativ sauber. Die Zimmer sind wahlweise mit Deckenventilator oder Klimaanlage zu haben. Die teurere Variante ist nur sinnvoll, wenn die Stadt nicht gerade von einem Stromausfall heimgesucht wird.

Von Basse aus ist auf einer Lateritpiste ein Abstecher nach **Fatoto** nahe der östlichen Landesgrenze möglich. Die 42 km und eine weitere Fahrstunde entfernte Siedlung wird vornehmlich von viehzüchtenden Fulbe bewohnt,

die neben ihrer eigenen Sprache eher Französisch als Englisch sprechen. Fatoto liegt sichtlich etwas abseits vom Schuß. Außer einem kleinen *Markt*, der *Post* mit *Gamtel-Büro* und einem Erdnußdepot gibt es nicht viel zu sehen.

4. Tag
Basse Santa Su – Wassu – Farafenni

Fahrzeit: 5 Stunden plus Wartezeit an den Fähren. 200 km Strecke.
Straßenzustand: auf der guten Asphaltstraße zurück bis Georgetown, von dort auf Lateritpiste weiter; 2 Fähren.
Unterkunft: Tendaba Camp oder notfalls in Eddie's Hotel.

In Basse kann man mit einer Fähre ans *Nordufer* übersetzen; die dortige Piste stromabwärts ist jedoch in schlechtem Zustand. Besser ist es, die auf dem Hinweg gekommene Asphaltstraße zurückzufahren. Fährt man früh los, kann man am selben Tag bis Banjul »durchbrettern«.

Alternativ bietet sich an, erst von Georgetown aus die **Norduferstrecke** bis Farafenni zu benutzen. Dazu muß ein weiteres Mal mit den beiden Georgetown-Fähren übergesetzt werden, auf denen man bereits als alter Bekannter begrüßt wird.

Direkt hinter der Anlegestelle am Nordufer – das Janjang-Bureh-Camp läßt man rechterhand liegen – beginnt die relativ gut befahrbare Lateritpiste Richtung **Kuntaur**. Sie ist nicht ausgeschildert. Südlich von Kuntaur, genau in eine große Schleife des Gambia

River eingebettet, liegen die Flußinseln des **Baboon Island National Park**. Hier wird versucht, ausgesetzte Schimpansen wieder an die Wildnis zu gewöhnen. Der Park ist Besuchern deshalb nicht zugänglich. (Für Ausnahmegenehmigungen erkundige man sich im *Ministry of Water Resources, Fisheries, Forestry and Wildlife*, Banjul, 5 Marine Parade, ℗ 227431.)

Nach genau 20 Pistenkilometern, kurz hinter Kuntaur, erreicht man das links der Strecke liegende Dorf **Wassu**, berühmt geworden durch die **megalithischen Steinkreise**. Die Steinsetzungen liegen einige hundert Meter rechts der Piste. Von der Straße sind die weißgetünchten, wellblechgedeckten kleinen Häuschen des verwaisten Infozentrums erkennbar. Von einem direkt an der Piste stehenden großen Affenbrotbaum führt ein nach rechts abgehender Pfad durch Felder mit Erdnüssen und Kolbenhirse zu den Steinkreisen. Findet man nicht auf Anhieb den richtigen Pfad, so kommen sicherlich bald hilfreiche Dorfkinder herbeigeeilt.

Zu sehen sind etwa ein Dutzend Steinkreise, die aus bis zu 20 jeweils gleichgroßen monolithischen Pfeilern bestehen. Die Höhe der mehrere Tonnen schweren Steinsäulen variiert von 60 cm bis zu 3 m. Manche der Pfeiler sind umgefallen und liegen achtlos im verdorrten Gras. Wassu ist Teil eines großen mit Megalithen übersäten Gebiets, das sich weiter nördlich bis ins

Die megalithischen Steinkreise bei Wassu werden immer wieder von neuem mit kleinen Lesesteinen belegt – vielleicht bringt es ja Glück? Mein kleiner Führer hatte weniger (Ehr)furcht vor den alten Geistern, doch die Steinsäulen haben sicher schon mehr erlebt.

GAMBIA

Sine-Saloum-Gebiet Senegals hinzieht (Seite 235). Es handelt sich dabei um alte Kult- und Begräbnisstätten, deren genaue Bedeutung bis heute jedoch nicht geklärt werden konnte. Die etwa auf 750 n. Chr. datierten, teilweise in konzentrischen Doppelreihen angeordneten roten Lateritpfeiler bei Wassu gelten in Gambia als die bedeutendste Kultstätte dieser Art.

Will man noch weitere Steinsetzungen erkunden, bietet sich vor allem **Kerr Batch** an. Bei *Nyanga Bantang* geht von der Hauptpiste linkerhand ein kleinerer Weg ab. Das prähistorische Megalithenfeld ist ohne ortskundigen Führer nur schwer zu finden. Kerr Batch ist besonders durch seinen V-förmigen Lateritstein bekannt.

Über **Kaur**, einem großen Verschiffungshafen für Erdnüsse, stößt man schließlich in **Farafenni** auf den *Transgambia Highway*. Die Grenze zu Senegal liegt einen guten Kilometer nördlich der Kreuzung, wo sich ein riesiger *Straßenmarkt* breitgemacht hat. Farafenni ist wie auch Soma ein bunt zusammengewürfelter Ort mit typischer Durchgangsatmosphäre. Hinter dem *Sammeltaxibahnhof* an der Piste nach Kerewan liegt ☆ **Eddie's Hotel.** Das mit *Restaurant* und *Nachtclub* kombinierte Hotel bietet etwa 25 Zimmer und gilt als die beste Unterkunftsmöglichkeit der North Bank, was nicht unbedingt viel heißen mag. Ein bordellhafter Touch des ganzen Etablissements ist nicht von der Hand zu weisen. EZ 100 – 125 D, DZ 155 D. Durch die Disco kann es insbesondere sonnabends recht lautstark zugehen. Ruhiger und idyllischer schläft es sich im nur wenige km entfernten *Tendaba Camp*.

5.Tag
Farafenni bzw. Tendaba – Banjul

Fahrzeit: 3 ½ Stunden plus Wartezeit an den Fähren. Entlang der South Bank 202 km, auf der North Bank 112 km Strecke.

Straßenzustand: teilweise ausgesprochen schlecht; je nach gewählter Route eine bzw. zwei Fähren.

Von Farafenni zurück nach Banjul bieten sich zwei Routen an: Von Eddie's Hotel aus führt eine mehr schlechte als rechte Piste am *Nordufer* entlang über **Kerewan** nach Barra. Bei Kerewan ist mit einer Fähre ein Bolong zu überqueren. Um keine unangenehme Überraschung zu erleben, sollte man sich vor der Abfahrt genauestens über den Straßenzustand und eventuell gestörten Fährbetrieb erkundigen. Glücklich in Barra angekommen, gilt es als letztes Hindernis vor Banjul lediglich nochmals den Gambia zu überqueren (Fahrplan siehe Seite 299).

Wesentlich sicherer folgt man von Farafenni aus dem Transgambia Highway in südlicher Richtung, überquert bei **Bamba Tenda** den Gambia und biegt bei Soma rechts auf die bereits beschriebene *Süduferstraße* ein. Kurz vor Soma bietet sich ein Stop in **Jenoi** an, wo ein von der Deutschen Welthungerhilfe getragenes Reisprojekt besichtigt werden kann.

ANHANG

Erdnußpflanze

Sprachhilfe
deutsch - französisch

Begrüßung
Guten Tag: *bonjour*
Guten Abend: *bonsoir*
Gute Nacht: *bonne nuit*
Auf Wiedersehen: *au revoir*
bitte: *s'il vous plaît*
danke: *merci*
Entschuldigung: *pardon*
Ich habe nicht verstanden: *je n'ai pas compris*
ja: *oui*
nein, nicht: *non, ne … pas*
Wie geht es Dir? *comment vas-tu?*
Wie heißt Du? *comment tu t'appelles?*
Geh weg! *va t'en!*
Komm! *viens!*
Hilfe! *au secours!*
Achtung! *attention!*
ich: *je, moi*
ich habe: *j'ai*
ich möchte: *je voudrais*
ich will nicht: *je ne veux pas*
ihr: *vous*
wir: *nous*
kaufen: *acheter*
können: *pouvoir*
lernen: *apprendre*
sagen: *dire*
schlafen: *dormir*
wollen: *vouloir*

Allgemeines: *generalités*
Bruder: *le frère*
Ding: *la chose*
Frau: *la femme*
Freund: *l'ami*
Geld: *l'argent*
Geschenk: *le cadeau*
Kind: *l'enfant*
Mann: *l'homme*
Mensch: *l'homme*
Name: *le nom*
Schwester: *la sœur*
Wort: *le mot*

groß: *grand/e*
gut: *bon/bonne*
heiß: *chaud/e*
kalt: *froid/e*
klein: *petit/e*
langsam: *lentement*
schlecht: *mauvais/e*
schnell: *vite*
teuer: *cher*
und: *et*

Farben: *les couleurs*
blau: *bleu/e*
braun: *brun/e*
gelb: *jaune*
grün: *vert/e*
rot: *rouge*
schwarz: *noir/e*
weiß: *blanc/blanche*
hell: *clair/e*
dunkel: *sombre*

Fragen
Gibt es …? *y a-t-il …?*
Haben Sie …? *avez-vous …?*
wann? *quand?*
warum? *pourquoi?*
Was ist das? *qu'est-ce que c'est?*
Was kostet das? *ça coûte combien?*
was? *quoi?*
wer? *qui?*
Wie lange dauert das? *ça prend combien de temps?*
wieviel? *combien?*
Wo ist? *où est?*

Mengen: *les quantités*
alles: *tout*
nichts: *rien*
viel: *beaucoup*
mehr: *plus*
wenig: *peu*
weniger: *moins*
genug: *assez*

Zahlen: *les numeros*

0 *zéro*	10 *dix*
1 *un, une*	11 *onze*
2 *deux*	12 *douze*
3 *trois*	13 *treize*
4 *quatre*	14 *quatorze*
5 *cinq*	15 *quinze*
6 *six*	16 *seize*
7 *sept*	17 *dix-sept*
8 *huit*	18 *dix-huit*
9 *neuf*	19 *dix-neuf*

20 *vingt*
21 *vingt et un*
22 *vingt-deux*
30 *trente*
40 *quarante*
50 *cinquante*
60 *soixante*
70 *soixante-dix*
80 *quatre-vingts*
81 *quatre-vingt-un*
90 *quatre-vingt-dix*
91 *quatre-vingt-onze*
99 *quatre-vingt-dix-neuf*
100 *cent*
200 *deux cents*
1000 *mille*
1001 *mille un*
1100 *mille cent*
10.000 *dix mille*
100.000 *cent mille*

Jahr: *l'an*
Frühling: *le printemps*
Sommer: *l'été*
Herbst: *l'automne*
Winter: *l'hiver*

Monat: *le mois*
Januar: *janvier*
Februar: *février*
März: *mars*
April: *avril*
Mai: *mai*
Juni: *juin*
Juli: *juillet*
August: *août*
September: *septembre*
Oktober: *octobre*
November: *novembre*
Dezember: *décembre*

Woche: *la semaine*
Tag: *le jour*
Montag: *lundi*
Dienstag: *mardi*
Mittwoch: *mercredi*
Donnerstag: *jeudi*
Freitag: *vendredi*
Samstag: *samedi*
Sonntag: *dimanche*
Feiertag: *jour de fête*
Zeit: *le temps*
Wieviel Uhr ist es? *quelle heure est-il?*
Es ist 3 Uhr: *il est trois heures*
halb: *demi*
ein Drittel: *un tiers*
zwei Drittel: *deux tiers*
ein Viertel: *un quart*
heute: *aujourd'hui*
gestern: *hier*
morgen: *demain*
vorgestern: *avant-hier*
übermorgen: *après-demain*
jetzt: *maintenant*
bald: *bientôt*
früh: *tôt*
spät: *tard*
nie: *jamais*
immer: *toujours*
manchmal: *quelquefois*
morgens: *le matin*
mittags: *à midi*
nachmittags: *l'après-midi*
abends: *le soir*
nachts: la nuit

Richtung: *Direction*
Norden: *le nord*
Osten: *l'est*
Süden: *le sud*
Westen: *l'ouest*
dort, hier: *là, ici*
geradeaus: *tout droit*
links/rechts: *à gauche/droite*
nah: *proche, près*
neben: *à coté de*
oben: *en haut*
unten: *en bas*
vor/hinter: *devant/derrière*

Nahrung: *nourriture*
Brot: *le pain*
Durst: *le soif*
Ei: *l'oeuf*
essen: *manger*
eßbar: *comestible*
Fisch: *le poisson*
Fleisch: *la viande*
Gemüse: *les légumes*
giftig: *vénéneux*
Hühnchen: *le poulet*
Hunger: *la faim*
Milch: *le lait*
Obst: *les fruits*
Öl: *l'huile*
Pfeffer: *le poivre*
Salat: *la salade*
Salz: *le sel*
süß: *sucré, doux*
Tee: *le thé*
trinkbar: *potable*
trinken: *boire*
Wasser: *l'eau*
Zucker: *le sucre*

Krankheit: *la maladie*
Apotheke: *la pharmacie*
Arzt: *le médecin*
Blut: *le sang*
Darm: *l'intestin*
Durchfall: *la diarrhée*
erbrechen: *vomir*
Fieber: *la fièvre*
gesund: *sain/e*
Kopfweh: *mal à la tête*
krank: *malade*
Krankenhaus: *l'hôpital*
Medizin: *la médicine*
Schmerz: *la douleur*
Sonnenstich: *le coup de soleil*

Stadt: *la ville*
Auto: *la voiture*
Bad: *le bain*
Bahnhof: *la gare*
Botschaft: *l'embassade*
Brief: *la lettre*
Briefmarke: *le timbre*
Bus: *le bus*

Busbahnhof: *la gare routière, le garage*
Dusche: *la douche*
Flughafen: *l'aéroport*
Gepäck: *le bagage*
Haltestelle: *l'arrêt*
Haus: *la maison*
Hotel: *l'hôtel*
Markt: *le marché*
Moschee: *la mosquée*
Paket: *le paquet*
Polizei: *la police*
Post: *la poste*
Postkarte: *la carte postale*
Rathaus: *l'hôtel de ville*
Schiff: *le bateau*
Straße: *la rue*
Telefon: *le téléphone*
Toilette: *la toilette*
Zentrum: *le centre*
Zimmer: *la chambre*
Zug: *le train*

Land: *le pays*
Baum: *l'arbre*
Brücke: *le pont*
Brunnen: *le puits*
Fluß: *la fleuve*
Grenze: *la frontière*
Insel: *l'île*
Küste: *la côte*
Meer: *la mer*
Mond: *la lune*
Palme: *le palmier*
Regen: *la pluie*
Schatten: *l'ombre*
Schlange: *le serpent*
See: *le lac*
Sonne: *le soleil*
Sterne: *les étoiles*
Wind: *le vent*

Basiswörter in Wolof, Diola, Mandingo

Deutsch	Wolof	Diola	Mandingo
Guten Tag!		safi, kasumai	
Friede sei mit Dir	salam malekoum		
Mit Dir sei Friede	malekoum salam		
Wie geht's?	naga def?	bunu kane?	kera be?
Es geht gut	mangi fi rek	kasumai kep	kera dorong
Wie geht es der Familie?	Ana wa-kër gi?		
Es geht ihr gut	ñunga fa rekk.		
Auf Wiedersehen!	ba beneen!	benike	I si kontong
ja waaw	eje	ha; ha da	
nein	deedeet	kani	hani
danke	jëre jëf	a baraka	a barAka
bitte	bu la neexe		
keine Ursache	amul solo		
Wie heißt Du?	Nan nga tudd?		
viel	bari	dioup	baki
wenig	tuti	ni kuge	
billig	yomb	se rut	da dija
teuer	jafe	se ser	da koleja
Wasser	ndox	mu mel	jio
Geld	xalis		
o dara			
1	benn	jokon	kiling
2	ñaar	si gaba	fula
3	ñat	si fegi	saba
4	nient	si bakir	nani
5	juroom	futok	lulu
6	juroom benn	futok jokon	woro
7	juroom ñaar	futok si gaba	worowula
8	juroom ñat	futok si fegi	sei
9	juroom nient	futok si bakir	kononto
10	fukk	ouniane	tang
20	ñaar fukk	kabanane	moang
30	fanweer	kabane ouniane	tang saba
40	nient fukk		
50	juroom fukk		
60	juroom benn fukk		
70	juroom ñaar fukk		
80	juroom ñat fukk		
90	juroom nient fukk		
100	teemeer		kemi
1000	junni		
10.000	fukk junni		
100.000	teemeer junni		

Aussprache Wolof: c = tsch
oft ähnlich wie   j = dsch
im Deutschen,   ñ = nj
mit Ausnahme von   x = ch
c, j,ñ, x, y   y = j

Sprachkurse in Wolof

In Deutschland werden Wolof-Kurse angeboten vom Verein: *Lernbrücke e.V.*, Feurigstraße 62, 10827 Berlin, ℡ 030/7844459.
Ein Wochenendseminar (15 Unterrichtseinheiten) kostet zum Beispiel 235 DM.

COSTA RICA

**Reisehandbuch für das
Naturparadies zwischen
Pazifik und Karibik**

Ob Sie die Reggae-Klänge
der Karibik suchen oder
das Rauschen des Pazifiks
in Ruhe genießen wollen,
ob Sie aktive Vulkane
besteigen oder den geheim-
nisvollen Regenwald
erforschen wollen – die
beiden reiseerfahrenen
Autoren führen Sie per
Bus, Rad oder Boot sicher
durch Costa Rica, nennen
Ihnen zuverlässig, wie und
wo Sie unterkommen, gut
speisen, faul oder aktiv
sein können und zeigen
Ihnen die schönsten Rou-
ten und Wandertouren
durch die Naturparks die-
ses »fabelhaften« Landes.

**416 Seiten, 76 Fotos, 23
Zeichn., 65 Pläne und
Grundrisse, 4 Farbkarten
Peter Meyer Reiseführer
ISBN 3-922057-29-2**
SFr 35,80 • ÖS 268
DM 36,80

MEXIKOS NORDEN

**Von der Baja California
bis Mexiko-Stadt**

Diese beiden aufeinander
abgestimmten Bände werden
den unterschiedlichen
Landesteilen erstmals
gleichermaßen gerecht.
Mit Baja California und
Kupfer-Cañon.

**416 Seiten, 47 Karten,
103 Fotos und Zeichn.,
4 farbige Klappenkarten
Peter Meyer Reiseführer
ISBN 3-922057-60-8**
SFr 35,80 • ÖS 268
DM 36,80

MEXIKOS SÜDEN

**Von Yucatán
bis Mexiko-Stadt**

Cancún und die großen
Mayastätten.
In beiden Bänden ist
Mexiko-Stadt enthalten!

**400 Seiten, 59 Karten,
100 Fotos und Zeichn.,
4 farbige Klappenkarten
Peter Meyer Reiseführer
ISBN 3-922057-61-6**
SFr 35,80 • ÖS 268
DM 36,80

VENEZUELA

**Das praktische Reisehand-
buch für Erlebnisurlaub**

Palmenumsäumte Karibik-
strände, schneebedeckte
Andenberge, wüstenhafte
Sanddünen, weite Savannen
und ein Dschungel, wie er im
Buche steht. Bootstouren auf
dem Orinoco, Trekking
durchs Hochland und der
höchste Wasserfall der Erde
– ein Land wie ein Cocktail.
Wie Sie das alles entdecken
können, sagt Ihnen dieses
Reisehandbuch: Was pack'
ich ein, wie komm' ich
günstig hin, wo komme ich
preiswert unter, und wo geht
es zu den schönsten Stränden? Dazu eine umfangreiche
und einfühlsame Landes-
kunde, die Sie auf Land und
Leute einstimmt. Das Buch
für Erlebnishungrige.

**384 Seiten, 88 Fotos und
Stiche, 45 Karten und Pläne
Peter Meyer Reiseführer
ISBN 3-922057-59-4**
SFr 31,80 • ÖS 238
DM 32,80

Glossar

Alkalo: Dorfältester.

Animismus: Glaube an die Beseeltheit der Natur, verbunden mit Ahnenkult und magischen Riten.

Balaphon: Xylophonartiges Musikinstrument, siehe Seite 89.

Baobab: Affenbrotbaum.

Beschneidung: Ein- oder Abschneiden der Vorhaut des Penis; verbreitet bei Muslimen, Juden und den meisten animistischen Religionen. Steht oft im Zusammenhang mit Initiationsriten.

Bolong: Seitenarm eines Flusses

Boubou: traditionelles senegalesisches langes, weites Gewand. Wird auch im übrigen nordwestlichen Afrika getragen und so genannt.

Calèche: Einspännige Pferdekutsche zur Personen- und Lastenbeförderung.

Case à impluvium: siehe Seite 261.

Casuarina-Baum: schnellwachsender, immergrüner Baum mit schuppenförmigen Blättern.

Commonwealth: Staatenbund der (ehemaligen) Kolonialländer des British Empire unter dem Schutz der britischen Krone; siehe Seite 40.

Compound: Eine Ansammlung von Hütten, die um einen Hof gruppiert sind; typische Siedlungsform westafrikanischer Dörfer; siehe auch Seite 58.

Cuuraay: Mischung aus Weihrauch und verschiedenen Parfüms.

Desertifikation: das Ausbreiten und Vordringen der Wüste *(desert),* speziell der Sahara und der Sahelzone.

Dreadlocks: Verfilzte Haartracht der Rastafaris.

Djembé: afrikanische Trommel, die als Solo- und Begleitinstrument dient.

Dschellabah (auch Djellabah): arabisches langes Gewand mit Kapuze.

Ethnie: Volk, im Sinne einer großen Personengruppe, die der gleichen Kultur angehören, also z.B. die gleiche Sprache sprechen.

Exzision: das Herausschneiden der Klitoris und der ganzen oder Teile der kleinen Schamlippen bei über der Hälfte aller Mädchen in Afrika (etwa entlang der Sahelzone) und Nahost. Religionen und Ethnien unabhängiger Verstümmelungsritus. Siehe auch Seite 56.

Faktorei: Koloniale Handelsniederlassung.

Fetisch: mit magischer Kraft erfüllter Gegenstand.

Futa Djalon: Gebirgszug in Guinea.

Galeriewald: Waldstreifen entlang von Flußläufen, Seen und Sümpfen; in der Feuchtsavanne meistens immergrün, in der Trockensavanne mit laubabwerfendem Bewuchs.

Gongo: erotisch duftendes Puder.

Griot, Griotte: MusikerIn, GeschichtenerzählerIn, auf Wolof: *Gewel.* Siehe auch Seite 62.

Gris-Gris: animistische Amulette, die zum Schutz vor Krankheit und Zauber am Körper getragen werden.

Harmattan: aus der Sahara kommender sandführender Wind.

Infibulation: das Herausschneiden der Klitoris, der kleinen und Teile der großen Schamlippen und das Zusammennähen des größten Teils der Vulva bei Mädchen Nord- und Nordostsenegals, Malis sowie Ostafrikas. Religionen übergreifender Verstümmelungsritus. Siehe auch Seite 56.

Initiation: Zumeist mit der Beschneidung verbundene Feier, durch die Jungen eines Stammes in den Kreis der Erwachsenen eingeführt werden.

Jali: MusikerIn, GeschichtenerzählerIn; auch: Griot/te.

Kalebasse: Kürbis bzw. daraus gefertigtes Gefäß.

Kapokbaum: Wollbaum mit weißen oder gelben Blüten und bis zu 15 cm langen Kapselfrüchten, deren Haare von der inneren Fruchtwand als Polstermaterial verwendet werden. Bäume werden bis zu 50 m hoch und bilden im Alter oft mehrere m hohe Bretterwurzeln aus.

Karthager: In den westlichen Mittelmeerraum eingewanderte Phönizier, die in der Nähe des heutigen Tunis siedelten. Höhepunkt des Einflusses vom 6. bis 3 Jahrhundert v. Chr.

Kinkelibah: Teeaufguß.

Kola-Nüsse: siehe Seite 146.

Kora: harfenartiges Musikinstrument aus einer Kalebasse, siehe Seite 89/90.

Lagune: vom offenen Meer abgetrennter seichter Strandsee.

Laterit: rote, eisenoxidhaltige, lehmartige, aber unfruchtbare Bodenart.

Maghreb: Bezeichnung für die nordafrikanischen Länder Marokko, Algerien und Tunesien, im weitesten Sinne auch Libyen und Mauretanien.

Mangroven: In flachen Meeresbuchten und im Brackwasserbereich von Flußmündungen vorkommende Wasserpflanze mit hohen Stelzwurzeln, die den Schlick fangen und so dichte Sümpfe mit einem bis zu 20 m hohen Wald bilden können.

Marabout: islamischer Führer (Heiliger), dem magische Kräfte zugesprochen werden.

Medina: Altstadt (arab.)

Megalithikum: jungsteinzeitliche Kultur (reichte in Westafrika bis in unser Mittelalter), die Kunstwerke aus großen Steinen (oft Monolithen) schuf.

Menhir: (breton.: Langstein) monolithische Steinsäule der Jungsteinzeit.

Monolith: Fels- oder Steingebilde, das aus einem einzigen Stück besteht. Wie der Menhir in seiner Form oft behauen.

Mouriden: islamische Bruderschaft in Senegal. Magal (Wallfahrt) siehe Seite 201.

Muezzin: islamischer Gebetsausrufer.

Négritude: siehe Seite 39, 63.

Nehrung: flacher, der Küste vorgelagerter Landstreifen aus Sand.

Neolithikum: Jungsteinzeit.

Neosudanesische Architektur: dem sudanesischen Baustil nachempfunden.

Piroge: ursprünglich ein Einbaum mit Plankenaufsatz, heute in ganz Westafrika verwendeter Begriff für kleine Boote.

Ramadan: islamischer Fastenmonat; siehe Seite 115.

Rastafari: christlich-mystische Bewegung aus Jamaica mit afrikanischem Hintergrund. Reggae ist ihre Musik.

Regenhaus: siehe Seite 261.

Sabar: afrikanische Trommel, siehe Seite 74.

Sahel: trockene Übergangszone von der Sahara zur Savanne.

Savanne: Vegetationsgürtel mit oft geschlossenem Graswuchs und weit gestreuten Sträuchern und Bäumen. Liegt in den wechselfeuchten Tropen zwischen Wüste und Regenwald.

Senegambia: 1765 von den Engländern geprägter Name für die beiden Kolonien Senegal und Gambia. Name für die 1982 bis 1989 bestehende Konföderation beider Staaten. Heute oft auch als Oberbriff für beide Länder zusammenfassend verwendet.

Sepia: kalkhaltige Rückenplatte der Tintenfische.

Siesta: Mittagsruhe.

Soccu: Holzstäbchen, die zur Zahnpflege benutzt werden.

Souk: Markt (arab.).

Sudanstil: in Westafrika verbreitete massigstabile Lehmbauarchitektur, zumeist in rechteckigem Grundriß gehalten mit Innenhöfen und auffallend gegliederten Außenfassaden.

Tabaski: wichtiges muslimisches Fest, an dem jede Familie in Gedenken Abrahams einen Hammel schlachtet.

Tangana: kleines Imbiß-Lokal, in dem Baguette, Omlett, Kinkelibah-Tee und Nescafé angeboten werden.

Tam Tam: Trommel, »ein Tam Tam veranstalten«: Trommelabend.

Tama: kleine, auch als *Talking Drum* bezeichnete Trommel, siehe Seite 74.

Tekrur: altes Königreich im Sénégal-Tal.

Terrakotta: bei niedriger Temperatur gebrannter unglasierter Ton.

Toubab: Wolof-Ausdruck für einen Weißen oder Fremden.

WWF: *World Wide Fund for Nature,* die größte (private) Naturschutzorganisation der Welt. Info-Adresse in D: Hedderichstr. 110, 60596 Frankfurt a.M.

Register der Orte und Sehenswürdigkeiten

Städte, (freistehende) Sehenswürdigkeiten, Bauten
Natur, Natursehenswürdigkeiten, Flüsse, Berge, Strände etc.
S = Senegal, G = Gambia, Haupteinträge **fett**, P = Plan

Personenregister